邱傳亮　編著

第一册

楚官璽集釋　下編

學苑出版社

下編官璽印譜

說明：

一、本印譜編號與正文官璽編號完全一致。正文有其詳細著録。

二、凡取自《古璽彙編》者，按《古璽彙編》印面實際尺寸標出。

三、原文有明確尺寸者，按原文尺寸標出。

四、同一方印，著録尺寸不一，其印面尺寸按首次公佈者尺寸標出。

五、原文未提供無尺寸者，按著録實際尺寸標出。

六、邊長尺寸與《古璽彙編》不一者，以《古璽彙編》印面尺寸爲準。

七、原文提供印面尺寸與原文標識尺寸不一致者，以原文標識尺寸爲準。

官璽第一六七

流飤之鉨

28.7mm×29mm

官璽第一六八

弋昜邦栗鉨

23.2mm×21.9mm

官璽第一六九

大㕧

10.4mm×20.2mm

官璽第一七〇

𠩺鉨

16.3mm×16.7mm

官璽第一七一

敀左馬鉨

20mm×20mm

官璽第一七二

魚鉨

18.2mm×23mm

官璽第一七三

鮫鉨

29.0mm×30.6mm

官璽第一七四

畋鉨

24.6mm×25mm

官璽第一七五

畋

16.8mm1×7.7mm

官璽第一七六

畋雁之鉨

20mm×22.2mm

官璽第一七七

辻旨

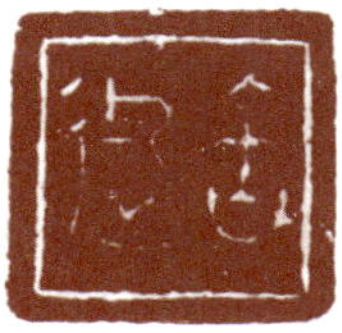

21.6mm×21.2mm

官璽第一七八

辶祝

10.9mm×10.4mm

官璽第一七九

戠戠之鉩

21mm×21.8mm

官璽第一八〇

后戠戠鉩

13.8mm×14.1mm

官璽第一八一

方正戠盥

15.5mm×15.6mm

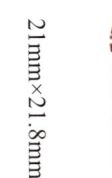

官璽第一八二
下郤戠段

20.3mm×20.7mm

官璽第一八三
建昜識

18.4mm×18.8mm

官璽第一八四
戠載之鈢

13.8mm×14.6mm

官璽第一八五
東鄗戠交（？）

22.9mm×22.4mm

官璽第一八六

郢戠迵敷（？）

19.1mm×19.6mm

官璽第一八七

坊

官璽第一八八

坊

官璽第一八九

坊

官璽第一九〇

坊

官璽第一九一

□□

官璽第一九二

坤

官璽第一九五

攻坤

13.9mm×15.2mm

官璽第一九三

攻坤

官璽第一九四

攻坤

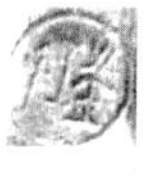

官璽第一九六

夕坤

官璽第一九七

坾人之鈢

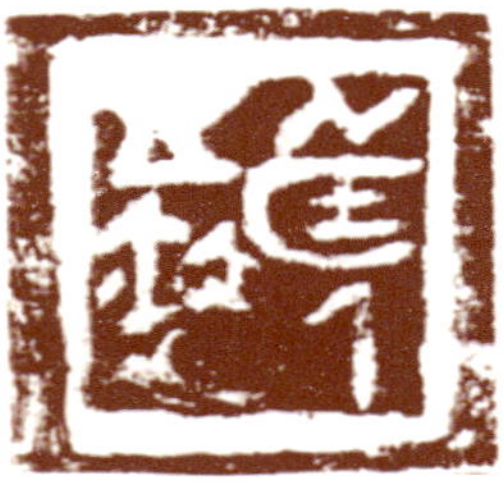

32.1mm×31.7mm

官璽第一九八

畝坾□鈢

25.5mm×26.6mm

官璽第一九九

出（？）坾

官璽第二〇〇

襄·彖坿

官璽第二〇一

成坙坿鉨

官璽第二〇二

□□（？）鉨

官璽第二〇三

异坿戠鉨

官璽第二〇四

□□者之坿鉨

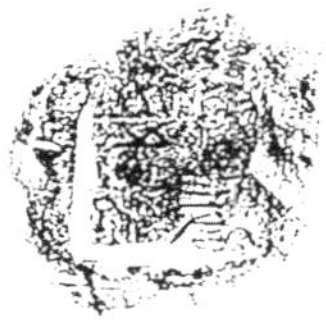

官璽第二〇五

販

官璽第二〇六

販

官璽第二〇七

販

官璽第二〇八

𧵪

璽第二〇九

𧵪

官璽第二一〇

𧵪

官璽第二一一

𧵪

官璽第二一一二

東貭

官璽第二一一三

東貭

官璽第二一一四

南貭

官璽第二一一五

南貭（？）

官璽第二一一六

西貭

官璽第二一一七

北貭

官璽第二一八

北貭

官璽第二一九

北貭

官璽第二二〇

北貭

官璽第二二一

東門貭

官璽第二二二

東門貭

官璽第二二三

北門貭

官璽第二二二四

北門⿱反貝

官璽第二二二五

北門⿱反貝

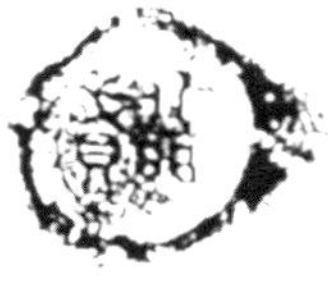

官璽第二二二六

北門⿱反貝

官璽第二二二七

北門⿱反貝

官璽第二二二八

右⿱反貝

官璽第二二二九

□⿱反貝

官璽第二三〇

□昬

官璽第二三一

□門昬

官璽第二三二

門□昬（？）

官璽第二三三

既正於王

58mm×58mm

官璽第二三四

正鉩

官璽第二三五

正官之鉩

21.5mm×21mm

官璽第二三六

五渚正鉩

16.8mm×16.5mm

官璽第二三七

方正敓芝

15.9mm×15.5mm

官璽第二三八

勿正閘鉨

32.9mm×34.1mm

官璽第二三九

□坊之出鉨

22mm×22.8mm

官璽第二四〇

南門出鉨

37.5mm×35.5mm

官璽第二四一

⿰舟岡⿰氵⿱⺊虫

14.2mm×14.7mm

官璽第二四二

⿰舟岡⿰氵⿱⺊虫

15.1mm×14.9mm

官璽第二四三

⿱大冋戒之鉨

26.8mm×27.3mm

官璽第二四四

垤⿰或阝之鉨

24.3mm×24.5mm

官璽第二四五

軍計之鉨

24.6mm×25.1mm

官璽第二四六

橥成之鉨

19.8mm×19.6mm

官璽第二四七

鄗辱洰闅鉨

53.4mm×54.2mm

官璽第二四八

安□之鉨

21.3mm×20.4mm

官璽第二四九

□訐之鉨

22.1mm×21.3mm

官璽第二五〇

加芳□鉨

17.4mm×17.2mm

官璽第二五一

□豆（？）□鉨

官璽第二五二
莁大□鉨

11.7mm×16mm

官璽第二五四
連遲之鉨

19.8mm×20.6mm

官璽第二五三
行□□鉨

25.8mm×24.4mm

官璽第二五五
良宬之鉨

22.5mm×22.3mm

官璽第二五六

周城之鉨

21.5mm×21.5mm

官璽第二五七

行袠之鉨

29.3mm×29.6mm

官璽第二五八

下鄀行袠

13.8mm×13.4mm

官璽第二五九

舍新之鉨

20.4mm×21.3mm

官璽第二六〇

郚鉨

官璽第二六一

田□之鉨

31mm×30mm

官璽第二六二

褚□埜鉨

26.3mm×27.9mm

官璽第二六三

𧡢遡㳅鉨

25.4mm×24.6mm

官璽第二六四

吁昜□鉨

21.9mm×20.7mm

官璽第二六五

鄴昜訐鉨

15mm×15mm

官璽第二六六

龍城□鉨

20.7mm×20.7mm

官璽第二六七

□□鉨

27.9mm×28.2mm

官璽第二六八

窨鉨

16.9mm×21.8mm

官璽第二七〇

⿵門外⿱宀中虛鉨

25.4mm×25.5mm

官璽第二六九

□鉨

31.4mm×31.1mm

官璽第二七一

外閖

16.6mm×18.6mm

官璽第二七二

郝菱鉨

27mm×36mm

官璽第二七三

五□之鉨

21mm×20mm

官璽第二七四

⿱⺮憲⿱余示

24mm×24mm

官璽第二七五

左⿰車卓鉨

17mm×18.1mm

官璽第二七六

左⿰車卓鉨

17mm×17mm

官璽第二七七

誂亦之鉨

17.6mm×17.3mm

官璽第二七八

州𢋆之鉨

14.8mm×15.6mm

官璽第二七九

𨚵□之鉨

8.9mm×9.8mm

官璽第二八〇

䲀呈之鉨

19.1mm×19.1mm

官璽第二八一

大虛之鉨

24mm×24mm

官璽第二八二

□□之鉨

13mm×13mm

官璽第二八三

□善之鉨

15.7mm×15.4mm

官璽第二八四

⿱宀集⿰衤戔之鉨

15.3mm×14.2mm

官璽第二八五

諺忻厶鉨

20.2mm×19.9mm

官璽第二八六

競㣻厶鉨

官璽第二八七

□□之金

12mm×12mm

官璽第二八八

尹之厶鉨

21.3mm×21.2mm

官璽第二八九

厶鉨

22.2mm×26mm

官璽第二九〇

備鉨

24mm×24.3mm

官璽第二九一

事鉨

14.8mm×14.3mm

官璽第二九二

事□

11.9mm×11.3mm

官璽第二九三

鉨

16.7mm×16.7mm

官璽第二九四

□逑之鉨

24mm×23.9mm

官璽第二九五

□門逑

26.3mm×28.1mm

官璽第二九六

陽𨛜之逑

25.4mm×25.4mm

官璽第二九七

中逑之鉩

14.8mm×14.7mm

官璽第二九八

逑保之鉩

19mm×18.5mm

官璽第二九九

畗宛

16.4mm×16.4mm

官璽第三〇〇

畗宛

12.6mm×12.4mm

官璽第三〇一

鄎侯宛鉨

12.3mm×12.6mm

官璽第三〇二

臧英宛鉨

19mm×19.4mm

官璽第三〇三

母義宛鉨

11.7mm×11mm

官璽第三〇四

安昌里鉨

18mm×17.7mm

官璽第三〇五

樊成里鉨

19mm×18.9mm

官璽第三〇六

郛里之鉨

20.1mm×20.7mm

官璽第三〇七

楮里之鉨

22.2mm×22.9mm

官璽第三〇八

犉公里鉨

18.5mm×18.7mm

官璽第三〇九

詢里倠鉩

21.4mm×21.9mm

官璽第三一〇

萸里貣鉩

23mm×23mm

官璽第三一一

戠州之□

31.2mm×31mm

官璽第三一二

州鉨

20.6mm×20.3mm

官璽第三一三

西州巨四

18.8mm×19.3mm

官璽第三一四

代州之鉨

24.9mm×25.1mm

官璽第三一五

中州之鉨

22mm×22mm

官璽第三一六

右州之鉨

31.5mm×30.7mm

官璽第三一七

李是之州

20mm×20mm

官璽第三一八

東昜州鉨

18.5mm×19mm

官璽第三一九

滮州

14.4mm×14.7mm

官璽第三二〇

童亓京鉨

22.4mm×21.6mm

官璽第三二一

鄐郉京鉨

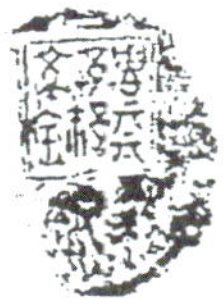

官璽第三二二

京

14.7mm×18.3mm

官璽第三二二三

⿰𧾷己（？）

15.3mm×14.6mm

官璽第三二二四

⿰𧾷己（？）

15mm×9mm

官璽第三二二五

陸之新都

29.5mm×28.2mm

官璽第三二二六

坪阿

26.3mm×19.3mm

官璽第三二七

沅陽

18mm×18mm

官璽第三二八

沅昜㑼

50mm×50mm

官璽第三二九

周族鉨

13.6mm×14mm

官璽第三三〇

鄝族之鉨

15mm×14.8mm

官璽第三三一

筥

官璽第三三二

筥

官璽第三三三

筥

官璽第三三四

筥

官璽第三三五

筥

官璽第三三六

管

官璽第三三七

管

官璽第三三八

管

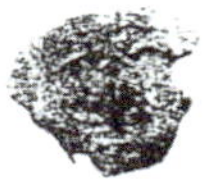

官璽第三三九

管

官璽第三四〇

管

官璽第三四一

埅

10.3mm×14.6mm

官璽第三四二

鉨

10.1mm×5.9mm

官璽第三四四

北孚東三

17.7mm×17.9mm

官璽第三四三

鉨

19mm×19mm

官璽第三四五

海上□鉨

13.6mm×14.3mm

官璽第三四六

鱄革

21mm×19.5mm

官璽第三四七

□中言信

15.2mm×14.7mm

官璽第三四八

鈘鉛

11.7mm×22.6mm

官璽第三四九

紋鉨

16.3mm×17.9mm

官璽第三五〇

倓鉨

14.7mm×14.8mm

官璽第三五一

紋垣

官璽第三五二

紋垣

官璽第三五三

紋垣

官璽第三五四

綮

15mm×15mm

官璽第三五五

綮

官璽第三五六

金塭

官璽第三五七
兩

官璽第三五八
罳

官璽第三五九
身罳

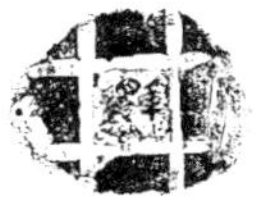

官璽第三六〇
鹽（？）

官璽第三六一
宊亭

官璽第三六二
南偏

官璽第三六三

北門□

官璽第三六四

北□

官璽第三六五

北□

官璽第三六六

□□

官璽第三六七

□□

官璽第三六八

□□

官璽第三六九

□□

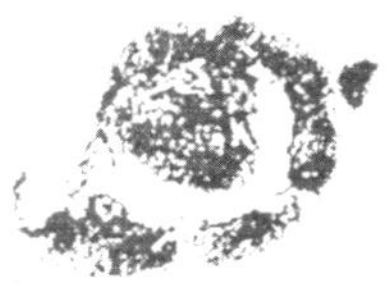

官璽第三七〇

□□鉨

官璽第三七一

□

官璽第三七二

器（？）

官璽第三七三

□

官璽第三七四

□

官璽第三七五

□

官璽第三七六

□

官璽第三七七

□

官璽第三七八

□

官璽第三七九

□

官璽第三八〇

□

官璽第三八一

□

官璽第三八二

□

官璽第三八三

郢𡜏

11mm×11mm

官璽第三八四

郢𡜏

9.7mm×9.7mm

官璽第三八五

郢𡜏

12.7mm×15.5mm

官璽第三八六

郢叟

41.6mm×21.9mm

官璽第三八七

陲叟

19.4mm×26.7mm

官璽第三八八

囚□

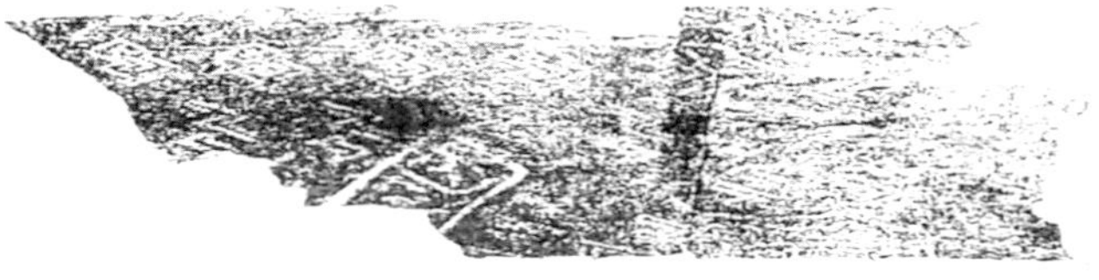

82mm×19.9mm

官璽第三八九
出（？）□

尺寸無法標記

官璽第三九〇
出

9mm×9mm

官璽第三九一
宎

6mm×6mm

官璽第三九二
出

尺寸無法標記

官璽第三九三

不貞旦鉩

14.5mm×14.5mm

官璽第三九四

陲□

尺寸無法標記

官璽首字筆劃索引

〇劃

之者鉨中豆坤門官迒室訏昬善賓

二劃

三劃

豎起：上山

撇起：夕

折起：女

四劃

橫起：王夫五不

豎起：中

六劃

八劃

橫起：邽亞若坪坸東事兩

九劃

十一劃

十二劃

十五劃

十六劃

橫起：噩薹穀

豎起：器畱

撇起：樊

點起：龍

十七劃

橫起：譊藋

撇起：𣪘

點起：襄

十八劃

豎起：槳

凡例

一、本書收錄之楚官璽，以公開發表者爲主。

二、本書專意官璽之收錄，製成官璽印譜，分置於《楚官璽集釋上編》、《楚官璽集釋下編》，方便讀者。

三、本書所收以有字楚官璽爲主，有字之封泥、陶文、錢幣等酌情收錄。

四、本書依「以類相從，適當調整」之原則排列楚官璽之順序先後。

五、文獻有訛誤或特殊交代，有「編按」、「詳見」加以具體説明。

六、本書體例：以每方官璽爲單元，每單元有「編號」、「印面」、「來源」、「釋文」、「著録」、「集釋」、「按語」7部份。

七、本書「集釋」之內容，以涉及楚璽文字的考釋、官制、地名、風俗文化等考證之文獻爲主。涉及篆刻藝術、古璽印鑒別與收藏的諸多文獻，或在各自的領域具有一定意義和價值者，亦有酌情收錄。

八、本書「著錄」之內容，以其出版時間之先後順序羅列。

九、本書「集釋」，以其文獻發表時間之先後順序排錄。

十、同一作者之同一篇論文，併見於期刊、論文集者，「集釋」取其發表或出版時間在先者。

十一、《說文》表意偏旁之術語「从某」，各家「從某」、「从某」使用不一，甚至同一篇文章「從某」、「从某」併用。本書遵從《說文》逕用「从某」。

十二、爲方便檢索，本書有《官璽首字筆劃索引》。筆劃相同者，按横竪撇點折之順序羅列首字。

十三、本書材料收集截止於2016年12月底。

《楚官璽集釋》下編　總目錄

《楚官璽集釋》下編　第一册目録

卷十一

卷十二

卷十三

官璽第一六七：流飤（食）之鉩（璽）

印面：

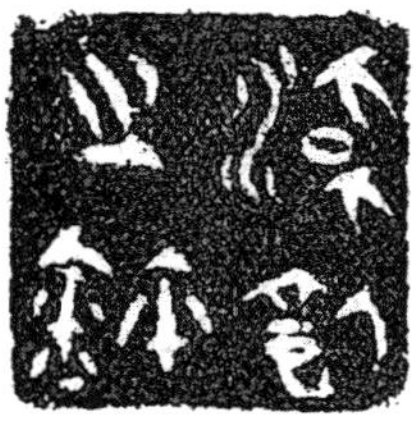

衡齋藏印十六冊、尊古齋古璽集林初二集

著錄：

《古璽彙編》，北京：文物出版社，1981年12月，第36頁。

《印典》（二），北京：國際文化出版公司，1993年5月，第964頁。

《中國歷代璽印藝術》，香港：浙江省博物館、香港中文大學文物館，2000年初版，第51頁。

《中國篆刻全集》，哈爾濱：黑龍江美術出版社，2000年7月，第7頁。

《古璽漢印集萃》上冊，南寧：廣西美術出版社，2001年10月，第33頁。

《戰國璽印分域編》，上海：上海書店出版社，2001年10月，第191頁。

《中國書法全集》第92卷，北京：榮寶齋出版社，2003年2月，第37頁。

《戰國璽印》，上海：上海書畫出版社，2003年8月，第230頁。

《中國璽印類編》，天津：天津人民美術出版社，2004年6月，第150頁。

《古璽彙考》，安徽大學博士學位論文，2006年5月，第164頁。

《戰國璽印分域研究》，長沙：嶽麓書社，2009年5月，第145頁。

《先秦印風》，重慶：重慶出版社，2011年5月，第38頁。

《先秦古璽集粹》，長春：吉林文史出版社，2011年11月，第18頁。

集　釋：

羅福頤：

0212　□飤之鉨　《古璽彙編》，文物出版社，1981年12月，第36頁。

許學仁：

列國湶飤鉩　《楚文字考釋》，《中國文字》新七期，藝文印書館，1983年4月，第104頁。

湯餘惠：

（8）晚周官璽又有：

飤之璽（0212）

四十年代初，曾經有人釋首字爲「隆」（予向《古印文字證》，《中和月刊》第二卷七期十二頁。一九四一年），於字形不類，恐非是。按甲骨文雍字作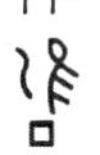、、等形（參看《甲骨文編》），西周金文作（毛公鼎）、（伯雍父簋），戰國文字或作（《古大》234）（編按：「古」當「吉」字之訛），水、兩旁均有不同程度的省略。《説文》的「邕」爲「雍」之省形分化字，籀文省隹旁變爲。以此例之，上揭璽文首字所从的，很可能也是「雍」之省，至於右面的「蛗」當即「蟲」形省作。雍、蟲古音近（同屬東部），其字或即加注蟲省聲的雍字繁構。

璽文「雍飤」疑當讀爲「饔食」。《周禮·天官》：「內饔掌王及后、世子膳羞割亨（烹）

煎和之事。」又「外饔掌外祭祀之割亯……凡賓客之飧饔饗食之事亦如之」。《左傳・昭公二十五年》「季姒與饔人檀通」杜注：「饔人，食官。」「饔食之鉨」當是食官的印信。

《略論戰國文字形體研究中的幾個問題》，《古文字研究》第十五輯，中華書局，1986年6月，第15頁。

石志廉：

（一）「淖飤之鉨」銅鉨

此鉨寬2.8釐米，于省吾《雙劍誃古器物圖錄》和羅福頤《古璽文編》、《古璽彙編》等書著錄。但對鉨文第一字均無釋文。我個人認爲此字可釋作淖，即朝字。按朝字盂鼎作，乙慶尊朝夕之朝作，中殷父毁朝夕之朝作，高伯用毁作，走鼎作，先獸鼎作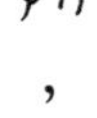。歸夆毁作，陳侯因資敦朝覲之朝作。中國歷史博物館藏有一件戰國灰陶豆，豆頸上部有長方形戳記，上有「城圖蕈里淖豆」六字，其淖字作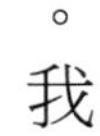。我認爲鉨文即豆文，和陳侯因資毁及高伯用毁的倒書或省文，○即◉之省，有一橫與無一橫相同，有一橫爲繁體。故淖即朝，古代朝、淖爲一字。以上諸器淖字可爲其證。這

種倒書，在古代器物中（甲骨文和金文）還能找到一些實物例證。如中國歷史博物館藏有一件商武丁時期的龜腹甲的上半部刻辭（原爲清華大學所藏，1959年撥與中國歷史博物館陳列），其中有一旁字而爲倒書。《甲骨文合集》第九冊，二九〇七四片，是第三期田獵卜辭，有「[於]桑亡𢦔」，「吉」等字，關於筮法的「六七七六」四個數目字爲倒書。《小屯南地甲骨》上冊第二分冊，四三五二片，爲中國社會科學院考古研究所1973年的發掘品，片上卜辭殘缺不全，關於筮法的「八七六五」四字亦爲倒書。中國歷史博物館還藏有一件西周者生銅鼎，其銘文即一行爲正書，一行爲倒書，共計六行。戰國「區夫相鈢」銅鈢的區字，其中的品即爲倒書。湖南長沙馬王堆出土漢墓帛書的驅字即作，其區旁即倒書，可爲其證。戰國鈢文奇詭多變，令人莫測，不僅一字有繁有簡，上下左右隨意變化，其有倒書亦在情理之中。

我國古代人民日食兩餐，早餐叫朝食，又叫饔。晚餐叫餔食，又叫飧。從其字形和用意看，夕食爲飧即晚飯。古人以朝食爲主，晚飯一般多在下午四點左右吃，饔飧是一天的飲食。《孟子·滕文公上》：「賢者與民並耕而食，饔飧而治。」「飧，《說文新附》作餕，食之餘也」。說明古人吃晚飯時是把朝食剩下的東西一起吃的。這樣可以起到節省時間、燃料和減少浪費的作用。另外古人一日兩餐，與「日出而作，日入而息」有著很大關係。今在晉、冀、豫幾個省山區裏還保留有一日兩餐，晚上吃剩飯而不另做的習慣，且多爲稀飯，而晉東南稱之爲酸飯，酸即餕。我的故鄉河北樂亭、昌黎一帶立冬以後也日食兩餐。故此我認爲我館所藏的戰國「城圜蕈里淖（朝）豆」，是朝食時所用的陶製器皿，而這件「淖（朝）飤之鉨」銅鉨也應是掌管早餐朝食所用的官印。有人將字隸定作澢，看來是不大可能的，同時也是無法讀通的。

《戰國古鉨文字考釋十一種》，《中國歷史博物館館刊》，1989年第13～14期，第235頁。

曾憲通：

第一文見於《古璽彙編》之「官璽」，印文爲「飤之鉨」，湯餘惠以爲首字所从之乃之省變，很可能是雍字之省。至於右旁的「」當即蟲形省作。雍、蟲古音同在「東」部，其字或即加注「蟲省聲」，爲雍字之繁構。鉨文「雍飤」當讀爲「饔食」，與《周禮・天官》掌內饔外饔之食官有關，「饔飤之鉨」當是此類食官之印信。第二、三文

見於晚周「私名璽」。湯氏以爲即上述「雍」字遞省之形，似宜釋爲雍字。「湯餘惠：《略論戰國文字形體研究中的幾個問題》載《古文字研究》第十五輯（北京：中華書局1986年6月第15頁。）」按湯氏考證可從。此字釋「雍」爲東韻字，與冬韻之「蚩」同構一形。東部的「雍」加注冬部的「蚩」爲聲符，正是東冬合用的又一佳證。如果不把冬韻併入東韻，是無法解釋這一現象的。可見湯文把雍、蟲並列爲「東」韻字，並不是偶然的。《從「蚩」符之音讀再論古韻部東冬的分合》，《第三屆國際中國古文字學研討會論文集》，香港中文大學中國文化研究所、中國語言文學系，1997年10月，第749頁。

李　零：

一、滍、[illegible]

《古璽彙編》3200和3201有兩方小璽，印文俱作「⿰舟岡~」，第一字爲第一種寫法。同書0212有一官印，印文作「~飤（食）之璽」。〔按：「璽」字原从金从尔，下同，不再說明〕，第一字爲第二種寫法。《古璽文編》把前者收入卷十一水部（頁274），後者收入附錄卷七（頁419），當作不識字（同樣，這裏的「⿰舟岡」字和該字所从「岡」字又見於《古璽彙編》

附錄五三（頁471），亦屬不識字）。（編按：當是《古璽文編》）。其實這裏所考的兩個字是同一字，即楚文字中的「流」字，三印從字體和印式來看，皆可歸入楚印，下試爲說明之。

案《說文》是把「流」字隸於卷十一下沝部，所出字頭是籀文寫法，故別出篆文附於下。前者見於《石鼓・霝雨》。宋代古文字書的「流」字有許多不同的寫法，如《漢簡》（編按：當爲《汗簡》）頁61所收作：

（《古文尚書》）

（《華嶽碑》）

《古文四聲韻》卷二，頁23所收作：

（《古老子》）

（《古尚書》、王惟恭《黃庭經》）

（《華嶽碑》）

（《古文〔尚書〕》）

上述寫法，《華嶽碑》、《古老子》皆从㳅，似是籀文「流字」的訛變，而《古文尚書》和《黃庭經》則从水从不。這種寫法的「流」字也見於《荀子·榮辱》、《公羊傳》成公五年、八年。

出土銘文中的「流」字目前僅見於戰國銅器⿰予子⿱次虫壺，字作，辭例作「潸潸～涕」。其寫法同小篆相似，但右旁上作，中作，下作虫，與「瀶」字也很相似。又《古璽文編》（編按：當是《古璽彙編》）2211有一私印，印文作「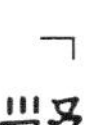乙」，其上字，《古璽文編》收入附錄九（頁383），當作不識字，其實也應釋爲「郗」。

楚文字中的「流」字何以从虫或从虫再夾一，其聲旁值得分析。在楚文字中，帶有這種聲旁的字還有兩個，一個是「融」字，一個是「⿰女虫」字。如望山楚簡和包山楚簡卜筮類都

提到楚人的先祖老僮、祝融和鬻熊。簡文「祝融」作「祝螒」，「鬻熊」作「嬭酓」。李學勤先生指出，簡文「螒」字與邾公釛鐘「陸終」之「終」作「螽」是類似寫法，二者古音都在冬部；「鬻熊」的「鬻」簡文作「嬭」，是因爲「鬻」爲喻母覺部字，幽、覺、冬三部是陰、入、陽對轉的關係。所有這些字都是以蟲省聲的䖝作聲旁，而蟲正是冬部字。（李學勤：《論包山楚簡中一組楚先祖名》，《文物》1988年8期，87～89頁）。這一考證，除蟲省聲之說容可商榷（䖝和蟲無別，正猶古文字艸亦作卉或芔，不一定是省聲），確爲卓識。這裏要指出的是，印文「潹」、「瀶」釋爲「流」，同樣屬於幽、覺、冬三部對轉的關係（流是來母幽部字）。

另外，古文字中从䖝的字還有兩個，一個是李學勤先生提到的黃君孟器銘中的「[illegible]」，因爲辭例作「子子孫孫則永寶～」，李先生讀爲「用」（屬冬、東合韻）；還有一個是蘇埠屯 M8 出土商代器銘中的族徽，字作，從正反雙鬲和左右雙虫，簡報作者釋爲「融」（山東省考古研究所等：《青州市蘇埠屯商代墓發掘簡報》，《海岱考古》第一輯，1989年，254～273頁）。但也有可能是「鬻」字。

楚文字中的「祝融」和「鬻熊」，「融」字的寫法大體同於邾公釛鐘的「陸終」之「終」；而「鬻」字，今體从鬲旁，古體从䖵聲，也與「融」字有相通之處（二字都屬於喻母冬、覺二部對轉字）。況且楚以熊爲氏（楚文字一律作「酓」），也是與鬻熊之名相承（楚文字亦作「酓」）。凡此均暗示，楚國世系中也許確實存在某種類似「父子聯名制」的習俗。過去有些人類學家（如淩純聲、楊希枚）曾推斷楚人使用這種制度，但是他們的例證多有問題〔見文崇一：《楚文化研究》（臺北：中央研究院民族學研究所，1967年，頁82~86）引各家說〕。其實真正反映該制度的材料主要是在「祝融—陸終（融）……鬻（融）熊—熊麗」這幾個環節上。另外一個例子就是楚史上的叔熊（李零：《楚國族源世系的文字學證明》，載《文物》，1991年2期，頁47~54轉90）。因爲這些例子同「流」字有關，附述於此。

上述印文中的「⿰舟岡流」，兩印同文，雖然印比較小，但不一定是私璽，而是與船舶通行有關的官印；如作私璽，恐怕得從左向右讀，讀爲「流（游）⿰舟岡」（「游」是古代常見的姓氏），也不大可能讀爲「⿰舟岡流」。而「流食之璽」，「流食」疑讀「游食」。古書游、流相互通假的例子很多，如「周游」同「周流」，「下游」同「下流」等等〔朱起鳳：《辭通》，上海古籍出版社，1982年，頁1007～1010〕。「游食」也是古代常見的詞彙，如《商君書・農戰》：「高言僞議，舍農游食」，《漢書・食貨志上》：「末技游食之民，轉而緣南畮」，法家雖於「游食」頗有非議，然古之「游食」者眾，應有司其事者。又睡虎地秦簡《秦律十八種》有《傳食律》，內容是講驛傳供給飯食的規定，「流食之璽」也有可能是傳食之璽。

《古文字雜識》（二則），《第三屆國際中國古文字學研討會論文集》，香港中文大學中國文化研究所、中國語言文學系，1997年10月，第757～759頁。

何琳儀：

分域待考　澅飤之鉨

澅，从水，蟲省聲。瀜之異體。《集韻》「瀜，沖瀜，水深廣皃。」水、虫之間或加〇爲飾。古璽澅，讀肜。《書・高宗肜日》，《詩・周頌・絲衣》箋引肜作融。《後漢書・張衡傳》「展洩以肜肜」，注「肜與融同也」。均其佐證。《書・高宗肜日》傳「祭之明日又祭，殷曰肜，周曰繹。」

《戰國古文字典》，中華書局，1998年9月，第276頁。

何琳儀：

楚系　澅飤之鈢

飤，西周金文作（命簋）。从人从食，會進食之意。食亦聲。春秋金文作（鄎子行盆）。戰國文字承襲金文。《說文》：「，糧也。从人、食。（祥更切）。」（五下四）段注：「以食食人物，其字本作食，俗作飤，或作飼。」　《戰國古文字典》，中華書局，1998年9月，第65～66頁。

王人聰、游學華：

11.流飤之鈢　《中國歷代璽印藝術》，浙江省博物館、香港中文大學文物館，2000年初版，第51頁。

王人聰、游學華：

11.印文：流飤之鈢　質料：銅　鈕式：鼻鈕　印形：方形　尺寸（釐米）：2.9×2.9，通高1.1。收藏地及藏品號：浙博（編按：即浙江省博物館）20173　《中國歷代璽印藝術》，浙江省博物館、香港中文大學文物館，2000年初版，第178頁。

徐　暢：

東周・楚系公鉨　雍（饔）飤（食）之鉨　《中國篆刻全集》，黑龍江美術出版社，2000年7月，第7頁。

劉　釗：

學者間對「流」字所从之「㐬」的來源頗多誤解，爲論證清楚，以下先對「㐬」的來源演變做些分析。

「㐬」字本爲「毓」字簡體，甲骨文作如下之形：

　《甲骨文編》五五七頁

字从「倒子」（云），三點表示生子時之血水。金文「毓」字所从之「㐬」作：

　《金文編》九八九頁

三點漸漸與倒子頭部相連，如最後一例，遂成爲後世「㐬」字之形體來源。

戰國中山器「流」字作：

所从的倒子形頭部與身體已呈漸漸分離之勢，並在左右各加一個飾劃。下部因筆勢的關系亦已變得類似於「虫」。

戰國楚文字中「流」字或作（此字考釋見李零：《古文字雜識》（二則），載《第三屆國際中國古文字學研討會論文集》，香港中文大學1997年）：

　《古璽彙編》0212

「㐬」字所从的倒子頭部依然保留，但上下兩部份已與中間割裂變得形同於兩個「虫」。如果進一步簡省，就變成了楚文字常見的「」形。《讀郭店楚簡字詞劄記》，《郭店楚簡國際學術研究會論文集》，湖北人民出版社，2000年5月，第80頁。

戴山青：

□飤之鉢　《古璽漢印集萃》上冊，廣西美術出版社，2001年10月，第33頁。

莊新與：

1076 □飤之鉩　楚系・楚　《戰國璽印分域編》，上海書店出版社，2001年10月，第191頁。

李天虹：

郭店竹簡《緇衣》三〇、《成之聞之》十一、《尊德義》二八、《性自命出》三一、四六及《語叢四》七有「流」字，字作「」。同樣寫法的「流」也見於古璽文（《彙》三二〇〇、三二〇一）。上海簡書《性情論》十九、二十八、三十八號簡與《性自命出》「流」相當之字均作「」，整理者隸定爲「瀘」，讀作「流」。今按「」其實就是「流」字。古璽（《彙》〇二一二）有相同之字，作「」，李零先生已經釋讀爲「流」。（參看劉釗《讀郭店楚簡字詞劄記》，武漢大學中國文化研究院編：《郭店楚簡國際學術研討會論文集》，湖北人民出版社2000年版，80頁、93頁注釋11）。關於「流」字形體的演變，劉釗先生作過詳細分析（參看劉釗《讀郭店楚簡字詞答記》，武漢大學中國文化研究

院編：《郭店楚簡國際學術研討會論文集》，湖北人民出版社2000年版，80頁）。流字所从㐬，甲骨文从倒子和三點，以示嬰兒出生之形。楚簡所从的「」、「」均是其省變之形，如下圖：

（《甲骨文字詁林》479頁「毓」从）

（《金文編》989頁「毓」从）

（戰國中山王壺「流」从）

（楚簡「流」从）

（楚簡「流」从）

值得注意的是，楚簡「㐬」將子旁頭部省略後的形體與「虫」混同，如望山和包山簡中「祝融」之「融」均从虫，就分別作「」（望簡一二三）和「」（包簡二三七）。所以這樣的形體究竟應該隸定爲「㐬」還是「虫」，應當充分考慮文義。《上海簡書文字三

題》，《上博館藏戰國楚竹書研究》，上海書店出版社，2002年3月，第377～382頁。

徐暢主編：

戰國公鉨與印跡・楚系鉨印　71　湋（雍）飤（食）之鉨　《中國書法全集》第92卷，榮寶齋出版社，2003年2月，第37頁。

徐暢主編：

71　湋（雍）飤（食）之鉨

作於春秋晚期。楚系官鉨。《雙劍誃古器物圖錄》、《古璽彙編》〇二一二號著錄。銅質。第一字湯餘惠釋爲雍，「雍飤」當讀爲「饔食」，與《周禮・天官》掌內饔、外饔之食官有關，「饔食之鉨」當是此類官之印信。

印文用筆如蝌蚪文，文字古拙，而佈白疏散，印體扁薄，疑其爲春晚戰初之物。　《中國書法全集》第92卷，榮寶齋出版社，2003年2月，第203～204頁。

莊新與：

□飤之璽（楚）　《戰國璽印》，上海書畫出版社，2003年8月，第230頁。

小林斗盦：

□飤之鉢《中國璽印類編》，天津人民美術出版社，2004年6月，第150頁。

小林斗盦：

淳飤之鉢《中國璽印類編》，天津人民美術出版社，2004年6月，第437頁。

曾憲通：

例之五：、 ⿰氵𡿧（古璽文）　、 ⿰氵𡿧（郭店簡）　 ⿰氵𡿧（上博竹書）。

「⿰氵𡿧」字最早發現於古璽文字，上揭第一組見《古璽彙編》0212、3201。筆者過去根據湯餘惠釋爲「雍」字之省，印文「雍食之璽」讀爲「饔食之璽」。雍饔皆東部字（湯餘惠：《略論戰國文字形體研究中的幾個問題》，《古文字研究》第十五輯15頁，北京中華書局1986年6月）。現在看來此釋有誤。同樣的字形又見於郭店簡和上博竹書。從簡文的上下文意來看，將這類形體釋爲「流」字，於文義均無滯礙。但是，這類形體的「𡿧」符與上面提到的「𡿧」符有著不同的來源。經過劉釗、本人和李天虹諸人的疏釋（見劉釗：《讀郭店楚簡字詞劄記》，《郭店楚簡國際學術研究會論文集》第80頁，2000年5月；曾憲通：《从

「子」字族群論及字族的研究》，第一屆中國語言文字國際學術研討會論文，2002年3月；李天虹：《上海簡書文字三題》，《上館藏戰國楚竹書研究》第377~382頁，上海書店出版社2002年3月），此字形的形成和發展大體上經歷如下的過程：①早期字形來源於甲骨文和金文「毓」字省體的「㐬」，本象倒子離開母體身帶羊水之形；②羊水逐漸向倒子頭部聚攏，形成圓圈（倒子頭部）上下兩個「虫」字的模樣，中山王壺的「」字即爲其過渡形態；③圓圈脫離倒子，移位在旁，乃至脫落，就剩下上下兩個「虫」形相疊了。本來，圓圈的有無是「㐬」與「蚩」的重要區別，但兩者的訛混不是單向而是雙向，所以，判斷孰「㐬」孰「蚩」，還要靠文義才能最後決斷。

上揭古璽文「流食之璽」究竟應當如何釋讀？從音理和文義求之，疑讀爲「廩食之璽」。上古「流」字屬來母幽部，「廩」字屬來母侵部，二字聲母相同，韻屬陰陽對轉，古音十分接近。《周禮・地官・廩人》「掌九國之數，以待國之匪頒、賙賜、稍食。」鄭注：「稍食，祿稟。」孫詒讓曰：「稍食，猶言稟食，與祿異。《孟子・萬章篇》：『廩人繼粟』，此即廩人掌廩食之證。」又於《天官・宮正》「均其稍食」注云：「《校人》先鄭注云：

『稍食謂稟』，此訓最析。稍食亦曰稟食，《聘禮》云「既致饔，旬而稍」。鄭彼（編按「彼」當爲「玄」訛）注云「稍，稟食也。」是稍食、稟食同義。」（孫詒讓：《周禮正義》218-220、1223-1224，北京中華書局，1997年12月）按《說文・禾部》：「稍，出物有漸也。」又云：「稟，賜穀也。」賈疏曰：「稍則稍稍與之，則月俸是也。」《正義》引沈彤曰：「稍食，食之小者。」「稍食」、「稟食」乃同義詞。混言之則含「祿」在內，析言之則稟食指無「祿」者或臨時性的口糧配給。「稟食」之名見於《墨子》、《韓非子》和《史記》，其制一直延續到秦漢，《睡虎地秦墓竹簡・秦律雜抄》和《香港中文大學文物館藏簡牘・奴婢稟食粟出入簿》都有相關的記載。既然古代有稟食的制度和職司，則傳世有「稟食之璽」也就合乎情理了。《再說「⿱十⿴凵田」符》，《古文字研究》第二十五輯，中華書局，2004年10月，第246～247頁。

董蓮池：

……甲骨文中，毓字寫作，它的簡體又寫作，省去了生育主體形符號，只剩下倒子形「」和水液的表示符號「」。劉釗先生研究認爲流字所从的㐬就是這個

毓字的簡體漸變而成（見劉釗《讀郭店楚簡字詞劄記》。載武漢大學中國文化研究院編《郭店楚簡國際學術研討會論文集》。湖北人民出版社，2000年版）。其說極是。由「流」字的形體可知，毓字的簡體到了戰國時期演變成了，中山王圓壺所見流字作是其證。把與比較可以發現倒子兩肩處各加了飾筆變成了，倒子頭下的表示水液的三點訛成了類似「虫」字形的「」。這種「㐬」又漸訛作（《古璽彙編》0212「流」所从），倒子的頭形和身子部份割裂分離成爲，身子部份和表示水液的部份又分別訛成、，更類「虫」形。又寫作，訛變了的倒子頭形竟被省了去，「㐬」旁只剩下表示身子和水液的兩部份了。由此得知，在戰國文字構形中，作上下排列的二「」原來是「㐬」旁的訛省形體，並非「蟲」的簡省。不注意其訛省的那些中間環節，「」是極易被誤認爲从二「虫」的。《釋戰國楚系文字中的幾組字》，《古文字研究》第二十五輯，中華書局，2004年10月，第286～289頁。

施謝捷：

楚系官璽　流飤之鉨（璽）　《古璽彙考》，安徽大學博士學位論文，2006年5月，第164頁。

陳光田：

楚系古璽「流飤之鉨（璽）」（0212）。璽文第一字舊不識，或釋爲雍（湯餘惠：《略論戰國文字形體研究中的幾個問題》，《古文字研究》第15輯，中華書局，1986年第15頁。），爲食官所用之印信。（湯餘惠：《略論戰國文字形體研究中的幾個問題》，《古文字研究》第15輯，中華書局，1986年第76頁。）或將其釋爲淖，讀做朝。（石志廉：《戰國古璽文字考釋十一種》，《中國歷史博物館館刊》1989年第13~14期。）從璽文構形來看當釋爲流，郭店楚簡中有該字。流飤當爲掌管飲食事務的職官名稱。　《戰國璽印分域研究》，嶽麓書社，2009年5月，第145頁。

徐暢：

戰國楚系官鉨　雍飤（食）之鉨　《先秦印風》，重慶出版社，2011年5月，第38頁。

王義驊：

□飤之鉨　《先秦古璽集粹》，吉林文史出版社，2011年8月，第18頁。

官璽第一六八：弋昜（陽）邦粟鉨（璽）

印面：

鐵雲藏印四集四十八冊，上海博物館藏印

著錄：

《上海博物館藏印選》，上海：上海書畫出版社，1979年8月，第7頁。

《古璽彙編》，北京：文物出版社，1981年12月，第47頁。

《印典》（二），北京：國際文化出版公司，1993年5月，第1271頁。

《古璽通論》，上海：上海書畫出版社，1996年3月，第110頁。

《篆字印彙》，上海：上海書店出版社，1999年1月，第742頁。

《中國璽印篆刻全集》，上海：上海書畫出版社，1999年11月，第5頁。

《中國篆刻全集》，哈爾濱：黑龍江美術出版社，2000年7月，第14頁。

《古印集萃·戰國卷》，北京：榮寶齋出版社，2000年11月，第37頁。

《戰國璽印分域編》，上海：上海書店出版社，2001年10月，第186頁。

《中國書法全集》第92卷，北京：榮寶齋出版社，2003年2月，第67頁。

《中國璽印類編》，天津：天津人民美術出版社，2004年6月，第194、233、277、441、494頁。

《古璽彙考》，安徽大學博士學位論文，2006年5月，第165頁。

《戰國璽印分域研究》，長沙：嶽麓書社，2009年5月，第148頁。

《先秦古璽集粹》，長春：吉林文史出版社，2011年11月，第21頁。

集釋：

丁佛言：

古鉨　揚邦栗鉨　《說文古籀補補》，中華書局，1988年2月，第52頁。

上海博物館：

傷邦栗鉨　《上海博物館藏印選》，上海書畫出版社，1979年8月，第7頁。

羅福頤：

0276　□邦栗鉨　《古璽彙編》，文物出版社，1981年12月，第47頁。

吳振武：

弋昜（陽）邦栗鉨　《〈古璽彙編〉釋文訂補及分類修訂》，《古文字學論集》（初編），香港中文大學，1983年9月，第491頁。

吳振武：

〔九二四〕今按：從原璽看，此字作，應釋爲「弋昜」二字合文。原璽全文作「弋昜邦栗鉨」，「弋昜」是地名，應讀作弋陽。《漢書・地理志》汝南郡有弋陽縣，地在今河南省潢川縣西，戰國時屬楚。此璽鉨（璽）字作並有十字界欄，正可確定爲楚璽。楚璽中又有「䢃（弋）昜（陽）君鉨」（《彙》〇〇〇二），可資參校。故此字應復原成後釋爲「弋昜（陽）」合文入本書合文部份。　《〈古璽文編〉校訂》，吉林大學博士學位論文，1984年12月，第655頁。

吳振武：

二、弋陽

此璽重新著錄於《古璽彙編》（○二七六）。璽中字《古璽文編》列於附錄（五八四頁第二欄，鈐打略有失真）。

今按：從原璽看，字顯然是「弋昜」二字合文……楚璽中又有「⿰弋阝（弋）昜（陽）君鉨（璽）」（《古璽彙編》○○○二），從李家浩同志釋，詳其著《戰國⿰弋阝布考》，《古文字研究》第三輯），可資參校。　《古璽合文考》（十八篇），《古文字研究》第十七輯，中華書局，1989年6月，第269頁。

湯餘惠：

楚璽　傷邦臬鉨　《略論戰國文字形體研究中的幾個問題》，《古文字研究》第十五輯，中華書局，1986年6月，第76頁。

黄錫全：

0276　「傷邦粟璽」之「傷邦」也可能是地名，都是這些地方管糧食的官吏所用之璽。《古文字中所見楚官府官名輯證》，《文物研究》總第七輯，黄山書社，1991年12月，第231~232頁。

曹錦炎：

32.弋昜（陽）邦粟鉢

此璽「弋昜」二字爲合文（從吳振武釋，見《〈古璽彙編〉釋文訂補和分類修訂》，《古文字學論集》（初編），香港中文大學，1983年）「邦」字之本義爲「國」，《說文》：「邦，國也。」據《周禮》等文獻，稱邦國是指畿外諸侯之國，弋陽既屬封君之邑（見上揭印），相對楚王而言，自然也可稱「邦」。根據璽文，楚國的封君或可稱「邦君」。粟，製造量器的職司，以楚官習稱某客例之，璽文或即「粟客」之省稱，典籍則稱「粟氏」，見《周禮・冬官・考工記》：「粟氏爲量」。「弋陽邦粟」，指弋陽封邑下設的量器製造機構。　《古璽通論》，上海書畫出版社，1996年3月，第110頁。

何琳儀：

楚系　傷邦桷鉨

《說文》：「桷，榱也。椽方曰桷。从木，角聲。」

楚璽「邦桷」，疑讀「邦交」。《漢書・賈誼傳》：「非親角材而臣之」，注「師古曰，角，校也。」是其佐證。《周禮·秋官·大行人》：「凡諸侯之邦交，歲相問也，殷相聘也，世相朝也。」　《戰國古文字典》，中華書局，1998年9月，第339頁。

何琳儀：

楚系　傷邦桷鉨

傷，从人，昜聲。《玉篇》：「傷，直也。」又蕩之異文。《法言·淵騫》：「藺相如剬而不傷」，注「傷，古蕩字。」　《戰國古文字典》，中華書局，1998年9月，第661頁。

傅嘉儀：

□邦栗璽　《篆字印彙》，上海書店出版社，1999年1月，第742頁。

莊新興：

傷邦栗鉨　戰國　《中國璽印篆刻全集》，上海書畫出版社，1999年11月，第53頁。

徐　暢：

東周·楚系公鉨　弋昜（陽）邦粟鉨　《中國篆刻全集》，黑龍江美術出版社，2000年7月，第14頁。

來一石：

□邦栗鉩　《古印集萃・戰國卷》，榮寶齋出版社，2000年11月，第37頁。

肖　毅：

24.傷邦栗璽

璽文或即「栗客」之省，典籍則稱「栗氏」，見《周禮・冬官・考工記》：「栗氏爲量」。（《璽通》，110頁）。　《古璽所見楚系官府官名考略》，《江漢考古》，2001年第2期，第42頁。

莊新興：

1044　傷邦栗鉩　楚系・楚　《戰國璽印分域編》，上海書店出版社，2001年10月，第186頁。

徐暢主編：

戰國公鉩與印跡・楚系鉩印　67　弋陽邦栗鉩　《中國書法全集》第92卷，榮寶齋出版社，2003年2月，第37頁。

徐暢主編：

67　弋陽邦栗鉨

作於東周時期。楚官鉨。《古璽彙編》〇二七六號著録。方形，邊長一・一釐米×二・一釐米。刻銘陰文四字，大篆。鈐本。《中國書法全集》第92卷，榮寶齋出版社，2003年2月，第203頁。

小林斗盦：

傷邦栗鉢　《中國璽印類編》，天津人民美術出版社，2004年6月，第194、277、441頁。

小林斗盦：

□邦栗鉢　《中國璽印類編》，天津人民美術出版社，2004年6月，第233頁。

小林斗盦：

弋陽邦栗鉢　《中國璽印類編》，天津人民美術出版社，2004年6月，第494頁。

施謝捷：

楚系官璽　愓（弋昜—弋陽）邦㮚（栗）鉨（璽）　《古璽彙考》，安徽大學博士學位論文，2006年5月，第165頁。

陳光田：

楚系古璽　「弋昜（陽）邦粟鈢（璽）」（0276）。璽文第一字舊不識，當是「弋昜」二字的合文，「弋昜」即弋陽。《漢書・地理志》云：「汝南郡有弋陽縣。地在今河南潢川縣西，戰國時屬楚。」邦粟當爲管理糧食事務的官員。「粟」也可能是粟官之省。該璽當爲楚弋陽地區邦粟之官所用。　《戰國璽印分域研究》，嶽麓書社，2009年5月，第148頁。

王義驊：

弋昜邦粟鈢　《先秦古璽集粹》，吉林文史出版社，2011年8月，第21頁。

李守奎按：

首字釋「弋昜」之合文，字形有據，較釋「傷」可信。「邦粟」連讀，猶今之「國糧」，可能是弋陽有糧倉貯藏國用之粟。

官璽第一六九：大廄（廏）

印面：

1956年湖南長沙市焦公廟9號戰國墓出土，湖南省博物館藏印

著錄：

《考古學報》，北京：1957年第4期，第44頁。

《湖南省文物圖錄》，長沙：湖南人民出版社，1964年4月，第59頁。

《古璽彙編》，北京：文物出版社，1981年12月，第509頁。

《中華五千年文物集刊．璽印篇》，臺北：《中華五千年文物集刊》編輯委員會，1985年5月，第55頁。

《湖南省博物館藏古璽印集》，上海：上海書店，1991年6月，第4頁。

《印典》（三），北京：國際文化出版公司，1994年1月，第2148頁。

《楚文物圖典》，武漢：湖北教育出版社，2000年1月，第424頁。

《中國篆刻全集》，哈爾濱：黑龍江美術出版社，2000年7月，第17頁。

《戰國璽印分域編》，上海：上海書店出版社，2001年10月，第183頁。
《中國書法全集》第92卷，北京：榮寶齋出版社，2003年2月，第37頁。
《古璽印通論》，北京：紫禁城出版社，2003年9月，第16頁。
《湖南古代璽印》，上海：上海辭書出版社，2004年12月，第37頁。
《書法新鑒：古璽文新鑒》，西安：世界圖書出版公司，2005年6月，第74頁。
《古璽彙考》，安徽大學博士學位論文，2006年5月，第154頁。
《戰國璽印分域研究》，長沙：嶽麓書社，2009年5月，第153頁。
《二十世紀出土璽印集成》，北京：中華書局，2010年1月，第49頁。
《中國印學》，杭州：中國美術學院出版社，2010年6月，第13頁。
《先秦印風》，重慶：重慶出版社，2011年5月，第38頁。

集　釋：

李正光、彭青野：

（11）銅印鉢……一件爲鉢節一邊，出于E10號墓中。下部作長方形，上部有柱作半圓形，上端有一孔，下端有凸榫兩個。通高2.3，長1.5，寬0.7，柱高2釐米。這個鉥節，另外還有一邊，才能合符。印面有篆文「大×」（圖版肆，10：十一，2）。《長沙沙湖橋一帶古墓發掘報告》，《考古學報》，1957年第4期，第44頁。

石志廉：

（5）「大飤」璽節

《考古學報》1957年第4期刊載了彭青野等《長沙沙湖橋一帶古墓發掘報告》一文，在其中E10號戰國墓葬內出土了一個銅璽節的一邊，下部作長方形，上部有柄，鈕作半圓形，上端有一孔，下端有凸榫兩個，通高2.3釐米，長1.5釐米，寬0.7釐米，柄鈕高2釐米。這個璽節另外應當還有一邊才能合成爲一完整的長方形璽節。

它的作用和性質與長沙出土的戰國郏菫三合璽節是相似的，所不同者，這個璽節是二合。璽節的一邊上有陰文二字作，系二字合文，可釋爲大飤。飤字甲骨文作、，1959年河南安陽後崗南坡圓形殉葬坑出一商鼎，銘文中有飤字作，褱鼎作、，伯就毁作，楚子簠作，龍節作。《説文》：「飤，糧也，从人食。」大飤

者，太飤也。乃掌王及諸侯飲膳者所用的璽節，是與膳夫、⿰亨刂官、司蒸等性質相似的官吏。傳世的戰國璽中有「戠食之鉨」及「淖飤之鉨」，漢代官印中有「北海飤長」、「新興飤長」、「東平飤官長印」，「杜陵飤官□丞」等印，可爲佐證。《戰國古璽考釋十種》，《中國歷史博物館館刊》，1980年第2期，第110頁。

羅福頤：

5590 大□ 《古璽彙編》，文物出版社，1981年12月，第509頁。

朱德熙：

長沙沙湖橋古墓出土的一枚古鉨有⿸厂飤字。

（29）大⿸厂飤 湖南伍玖・一・圖一〇

李家浩先生根據《汗簡》卷下之一引《尚書》簋字作：

釋爲「大廏」是很對的。《說文》簋字古文从匚从飢。飢字可能是飤字之誤。段玉裁改几爲九，根據不足，⿷匚飤字所从的飤很可能是⿰飠攴的簡化形式，即省去了攴字所从的又。「大

廏」是宫廷御廏。《漢舊儀》：

天字六廏：未央廏、承華廏、騊駼廏、路軨廏、騎馬廏、大廏。馬皆萬匹。（孫星衍輯本卷下）

《漢書·百官公卿表》：

太僕，秦官，掌輿馬。有兩丞。屬官有大廏、未央、家馬三令。各五丞一尉。

雲夢睡虎地秦墓竹簡《廏苑律》：

其大廏、中廏、宫廏馬牛殹（也），以其筋、革、角及其賈（價）錢效。

《漢書・武五子傳》「發中廄車」，顏師古注：「中廄，皇后車馬所在。」秦簡以中廄與大廄並舉，亦可見大廄即御廄。楚國的大廄當是楚王御廄。《戰國文字中所見有關廄的資料》，《古文字學論集》（初編），香港中文大學，1983年9月，第419~420頁。

吳振武：

大（太）㕎（飤）《〈古璽彙編〉釋文訂補及分類修訂》，《古文字學論集》（初編），香港中文大學，1983年9月，第526頁。

湯餘惠：

一、「王飤」考

戰國楚文字中有字，見於安徽壽縣出土的銅器太府鎬銘文。舊釋此字爲「創」、爲「儈」，我們認爲這個字左旁不會是「倉」。長沙楚帛書倉字作，字形相差較遠，也不可能是「會」，楚文字的會字中間一律作。而無一例作形。可見此字釋「創」、釋「儈」均有可商。

我們認爲這個字左旁應是「食」。食字由亼、皀兩個偏旁所組成，戰國楚文字的食旁通常寫作、等形。此篆食旁同樣也是由亼、皀兩部份組成的，只是其中的「皀」離析爲兩部份。這種下方作「」形的寫法與上舉食旁構形略有不同，但仍然是一個字。因爲這種特殊寫法在戰國文字中並非僅見。我們知道，齊即墨刀幣上的節字通常寫作（《古錢大字典》1011），又作（《善齋吉金錄·泉錄》3·43·4）、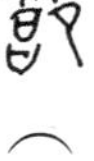（《中國古代貨幣的起源和發展》圖版貳捌一）；所以皀旁都是分爲上下兩部份而下方呈「口」形的；另外，戰國楚器太府鼎（著錄於小校經閣金文拓本）2·38·3）銘文中字的皀旁作，也跟此篆寫法略同，足證左旁是食字。

商周古文字中的「皀」（即、既、毁等字所从）多寫作，戰國齊器陳純釜作（節字所从），即墨刀幣節字从「皀」作，此篆食旁从皀作，顯然都是從商周的傳統寫法訛變來的。

再看此篆的右旁，形很像是「刀」，其實是「人」，戰國文字中「刀」、「人」互訛的現象時有所見，前人已經指出。由此可見這個字左旁从「食」，右旁从「人」，應釋爲「飤」。大府鎬銘文說：「秦客王子齊之戢（載），太賔（府）爲王飤晉（進）鎬。集脰。」關於

此銘，有的學者認爲「秦客王子齊」是指楚考烈王爲太子時到秦國充當人質一事而言，可備一説；但釋「飤」爲「僉」，訓爲合會，並以「僉晉鎬」三字連讀爲句（殷滌非：《壽縣楚器中的「大𢉾鎬」》，載《文物》，1980年，第8期27頁），似乎均有可商的餘地。我們認爲「王飤」是一個專有名詞，飤字不能屬下讀，「王飤」也就是「太飤」，是職掌楚王食飲的有司。1956年長沙北郊戰國楚墓出土一件二合璽，陰刻「大𠩺」二字，舊徑釋「大飤」不夠確切。太字作，是楚文字特有的寫法；飤字增「厂」作「𠩺」，和楚器邵王簋銘文中𣪘字作屬於同類現象，此璽應隸釋爲「太𠩺（飤）」。我們知道，古時直屬王室和中央的機構常常以「大」相稱，如太府、大倉、太學是，因此王飤和太飤應是一回事，「大𠩺（飤）」璽應即楚王食飲機構——王飤所用的印信。

明確了王飤（太飤）的性質，再考察王飤和集脰的關系。關於集脰歷來就爭論，迄今尚無一致意見，不過認爲集脰是準備肴饌的地方，即楚王室的庖廚，大體上説應該是正確的。鎬銘末尾署以「集脰」二字，旨在標明此器使用的處所，壽縣楚器酓胐鼎器蓋上也有這兩個字，用意應該是相同的。因此「太𢉾爲王飤晉鎬。集脰」的意思就是：太府向王飤進送鎬器，用於集脰。細玩文義，鎬器首先是送到王飤，然後再頒發到集脰去使用的，由此我們推測王飤和集脰可能同屬於王室的食膳系統，而王飤可能是管理集脰的有司。《楚器銘文八考》，《古文字論集》（一），《考古與文物》叢刊第二號，1983年11月，第60～61頁。

《中華五千年文物集刊》編輯委員會：

湖南省　39　大□　半圓形柱紐　銅　1.5×0.7　2.3　戰國　民國四十五年（一九五六）　長沙市湖橋E十號墓出土　墓葬品　《考古學報》民國四十六年（一九五七）四期　印紐爲柱狀，半圓形上端有一孔，下端有凸榫一個，是個鉢節，應還有另一邊才能合符。印文第二字有釋爲「廐」者。　《中華五千年文物集刊・璽印篇》，《中華五千年文物集刊》編輯委員會，1985年5月，第55頁。

湯餘惠：

楚璽　太廐（飤）　《略論戰國文字形體研究中的幾個問題》，《古文字研究》第十五輯，中華書局，1986年6月，第77頁。

鄭　超：

54. 大殹（《考古學報》1957年4期圖版肆、10）

「殹」字原作「𢾊」，石志廉釋「𢾊」，李家浩釋「殹」。此從李說。大概因爲「殹」「飤」字形相近，在偏旁中可以混用。楚國的「𢾊」字不从「厂」，上引「職食之璽」可證。「大殹」璽是兩合璽中的一半，估計另一半是「之璽」二字。「大殹」是管理楚王馬匹的官署，大概有兩人負責，因而將一璽分爲兩半，兩人各掌一半，若要璽用，必須兩人同時在場。　《楚國官璽考述》，《文物研究》總第二輯，黄山書社，1986年12月，第94頁。

湖南省博物館：

大廐

年代：戰國　出處：56長焦M9

質地：銅　原大：15×7×23mm　《湖南省博物館藏古璽印集》，上海書店，1991年6月，第4頁。

康　殷、任兆鳳：

大𢾊　《印典》（三），國際文化出版公司，1994年1月，第2148頁。

黃錫全：

22、大厩

（41）「大廏□□」古璽　《考古學報》1957年4期圖版肆

（42）「新大廏之田」　包山楚簡

此璽出土於長沙沙湖橋古墓，僅一半，兩字，再加一半才能合成一完整的長方形璽節，上部有柄，上端有一孔。廏字因似从飤，故石志廉、湯餘惠讀爲「太飤」，認爲是楚王食飲機構——王飤所用的印信。李家浩釋爲「大厩」，朱德熙從之，認爲「飤」乃「毀」形省作。鄭超估計另一半是「之璽」二字。「大厩」是宮廷御廏，見《漢舊儀》、《漢書·百官公卿表》等記載。雲夢秦簡《厩苑律》：「其大厩、中厩、宮厩馬牛也，以其筋、革、角及其價錢效。」據《漢書·武五子傳》顏師古注「中廏，皇后車馬所在」。朱德熙認爲「楚國的大廏當是楚王的御廏」。鄭超進一步指出，「大厩」是管理楚王馬匹的官署，大概有兩人負責，因而將璽分爲兩半，兩人各掌一半，若要璽用，必須兩人同時在場。按，根據此璽有柄、上端有一孔等情形分析，此璽很可能如羅福頤指出的，是一種烙馬用印。

（參見羅福頤《近百年來古璽文字之認識和發展》，載《古文字研究》五輯254頁）至於包山楚簡中「新大厩之田」之「新大厩」，可能是新建之「大厩」。《古文字中所見楚官府官名輯證》，《文物研究》總第七輯，黄山書社，1991年12月，第214～215頁。

牛濟普：

9.太飤

太字作「」，一九五六年長沙戰國楚墓出土一件二合璽，璽文爲「太飤」，「太」字作「」，與此璽文字近似。「飤」字作「」，隸爲「⿸厂飤」，與「飤」字同，楚系文字有此先例，如「𣪘」字也增加「厂」（見《邵王簋》）。「太飤」是職掌楚王食飲的有司。

《楚系官璽例舉》，《中原文物》，1992年第3期，第90頁。

周世榮：

（2）符節印——有雙合印一種。

「大飤」銅印：一九五六年長沙焦公廟一號墓出土，該印系兩塊長方形印，契合而成，印鈕呈圓柱形，現存一半。中剖面有凸榫二個，凹榫一個，以便契合。

「大飲」即「太飲」。「太」爲太官；「飲」指飲食。顏師古說：「太官屬少府，主膳食。凡車駕所幸，太官先往其處供置。」《風俗通》說：「昭帝時太官上食，羹中有髮，切中有土，令史坐不謹敬，皆論罪」。又《漢官儀》說：「尚書即入直臺中……太官供食，五日一美食，下天子一等」。正證。《湖南戰國秦漢魏晉銅器銘文補記》，《古文字研究》第十九輯，中華書局，1992年8月，第207頁。

曹錦炎：

14.大⿸厂既（廏）[之鉢]

「廏」字原作「⿸厂既」，《汗簡》所錄篆字古文作「」，故此當讀爲「廏」（從李家浩說，轉引自朱德熙《戰國文字資料中所見有關廏的資料》，《古文字學論集》（初編），香港中文大學，1983年）。「廏」字包山楚簡均寫作廄。

「廏」，本指飼養牲畜的廏圈，後專指馬舍，《說文》：「廏，馬舍也。」「大廏」是宮廷御廏，《漢舊儀》：「天子六廏：未央廏、承華廏、騊駼廏、路軨廏、騎馬廏、大廏。馬皆萬匹。」楚國的「大廏」當是楚王御廏，是管理、飼養馬匹的機構（朱德熙《戰國文字中所見有關廄的資料》，《古文字學論集初編》，香港中文大學，1983年）。

或以爲「𠪚」仍應釋爲「飤」，「𠪚」即「飤」之繁構，「大飤」當是專管楚王飲食之機構（參見湯餘惠《楚器銘文八考》，《古文字學論文集》（一），《考古與文物》叢刊第二號，1983年）。本璽爲兩合印之半。《古璽通論》，上海書畫出版社，1996年3月，第100頁。

李家浩：

貳

大廐

一九五六年長沙楚墓出土一枚二合印的左半，其上有陰文二字：「大𠪚。」（李正光、彭青野：《長沙湖橋一帶古墓發掘報告》，《考古學報》1957年4期44頁，圖版肆·10）朱德熙先生在《戰國文字中所見有關廄的資料》一文中，引用我的說法，將第二個字釋爲「廄」。（見國際中國古文字學研討會《古文字學論集》419頁，香港中文大學，1983年；《出土文獻研究》247頁，文物出版社，1985年；《朱德熙古文字論集》163頁，中華書局，1995

年）。由於論證不夠充分，恐怕有人會不相信這一說法，因此有必要對「⿸广飤」字的釋讀重新加以說明。爲了便於大家瞭解字形，先把「大⿸广飤」印原文揭示於下。（編按：圖略。）「⿸广飤」从「广」从「飤」。文字學家指出，「廏」是形聲字，从「广」从「𣪘」聲，「𣪘」是「簋」的古文。從表面上看，「飤」與「𣪘」形音都不相同，「⿸广飤」不可能是「廏」字。不過這裡有一個情況應當注意，那就是朱先生在上面提到的那篇文章中指出的，「在楚國文字裏，廏字往往寫作从食」，並且還列舉了楚邵王簋和曾侯乙墓竹簡的「廏」字爲例。我們把邵王簋的「廏」字轉引在這裡作爲代表：

《金文編》三〇一頁

此「廏」字所从「𣪘」作「⿰飠殳」，其字形與「飤」相近。我們曾在一篇小文裏指出，在戰國文字中，兩個形近的字作爲偏旁，往往混用不分，並舉「弓」與「尸」、「人」與「弓」、「弋」與「戈」、「焦」與「魚」、「畐」與「酉」、「云」與「虫」、「缶」等偏旁互訛

的例子。（李家浩：《戰國官印考釋（六篇）》，1992年中國古文字學研討會論文。）

「廏」字的俗體作「廐」。「廐」將「廏」所从的「𣪕」作「既」，也是形近訛誤的例子。璽印文字把「廏（廏）」寫作「⿷匚飤」，即屬於這種情況，它們的關係跟「廏」與「廐」的關係相同。

《說文》古文「簋」也可以證明「⿷匚飤」即「廏」字。《說文》竹部說：

「簋，黍稷方器也。从竹，从皿，从皀。⿷匚飢，古文簋从匚，飢。匭，古文簋或从軌。朹，亦古文簋。」

王筠《說文句讀》「⿷匚飢」作「⿷匚飤」，注云：「朱竹君本如此。……《廣韻》引作『⿷匚飤』，中从『飤』。」王氏在《說文釋例》中又指出，「『⿷匚飢』當依《集韻》作『⿷匚飤』」。王氏在他另一部著作《說文繫傳校錄》中也有類似的說法。主張《說文》古文「簋」第一體从「飤」的還有姚文田、嚴可均《說文校議》、桂馥《說文義證》、朱孔彰《說文粹》等。

（《說文解字詁林》五上・1945-1947，中華書局，1988年）。《汗簡》卷下之一匸部和《古文四聲韻》卷三旨韻引《尚書》古文「簋」，也是从「飤」作「𠥜」。可見《說文》古文「簋」第一體本作「𠥜」，「𠥞」乃是「𠥜」傳寫之誤。《說文》古文「簋」第二體「匭」，大家公認其所从「軌」是聲旁。「𠥜」和「匭」的結構相同，其所从「飤」也應當是聲旁，在此無疑是作爲「𣪘（𣪕）」字來用的，與璽印文字「𢈇」可以互證。更值得注意的是，包山楚墓竹簡也有「𢈇」字。一五四號簡說：

王所舍新大𢈇吕（以）啻蔵之田。（《包山楚簡》圖版七〇）

同墓六一、九九、一八三、一八九號等簡多次說到「新大廏（廄）」的異文，「新大𢈇」顯然是「新大廏（廄）」的異文。《包山楚簡》將簡文「𢈇」釋爲「廏」無疑是正確的，可以說，我們把璽文「𢈇」釋爲「廏」，在此得到進一步落實。〔其實「𣪘（𣪕）」訛作「飤」，早在西周金文中就已出現，如霝簋的「𣪕」即寫作「飤」之形（《金文編》三〇一頁。」

《善齋吉金錄》六・一二著錄一枚陰文璽印，文曰「䣉璽」，也以「䣉」爲「㕢」。此璽印只說㕢，與《秦漢南北朝官印徵存》著錄的八八、八九號「㕢印」形式相同。

總之，「䣉」應當釋爲「㕢」。「大㕢」是宮廷御㕢，屢見於古文獻。朱德熙先生說：「楚國的大㕢當是楚王御㕢。」　《戰國官印考釋兩篇》，《于省吾教授百年誕辰紀念文集》，吉林大學出版社，1996年9月，第168～169頁。

何琳儀：

楚系　大䣉

楚璽「大䣉」，包山簡亦作「大㕢」，官名。　《戰國古文字典》，中華書局，1998年9月，第920～923頁。

陳松長：

大㕢　戰國官璽。1956年湖南長沙焦公廟9號墓出土。該璽出土於墓主頭部位置，同墓出土的還有鼎、敦、壺、銅鏡等隨葬品，是戰國中期之物。該璽銅質，兩合接榫式柱鈕，通高2.3釐米，現存一合的印面長1.5釐米，寬0.7釐米，印文爲「大廄（廄）」二字，那殘逸的另一合印文當是之鉨二字，二合加起來，應是「大廄之鉨」。「大廄」在雲夢睡虎地秦墓竹簡《廄苑律》中即有記載，《漢書·百官公卿表》中說：「太僕，秦官。掌輿馬，有兩丞，屬官有大廄、未央、家馬三令……」該璽的出土，說明早在楚國就設有「大廄」這種掌管王室馬匹的官。但耐人尋味的是，該璽所出的墓規模甚小，隨葬品物亦不多，與一般平民的墓葬差不多，這似乎與「大廄」的身份不相稱，其原因尚待研究。現藏湖南省博物館。

《楚文物圖典》，湖北教育出版社，2000年1月，第424頁。

葉其峰：

……前引《周禮》記載先秦時期貨物通過門、關時，使用一種稱爲璽節的實物以爲憑證，存世的璽節實物見有「大廄」、「郏菱鉨」兩種。按璽節是界（編按：「界」當爲「介」字訛。）節、璽之間，並具有節、璽特點的器物。王獻唐先生說：「原始之節，以竹一節爲之，因名曰節，異世形體或更，名仍隨之。節剖爲二，故凡以節稱，必有二數，而二節相對，必有符合之刻記形制，孟子若合符節，荀子儒效篇晻然若合符節。」（王獻唐《璽節》，載《五燈精舍印話》。）從節派生出來的以爲憑證的器物璽節，也必有二數。王先生說：「璽節之製作，昔人無考，以名制求之，雖著璽印，而數當爲二，不如印章之各別爲鈕。」可見，璽節形近節，用法如節。其底部刻文，功能、用法如璽。是一種取節、璽優點而製作的信物。「大𠩺」或釋「大廏」，（王人聰釋「大𠩺」，參看《新出歷代璽印集釋》。高至喜、陳松長釋「大廏」，參看《湖南省博物館藏古璽印集》。）1956 年長沙出土，發掘報告已明確指其爲「璽節的一邊」。關於其形制，該報告說：「下部作長方形，上部有柱作半圓形，上端有一孔，下端有凸榫兩個。通高 2.3，長 1.5，寬 0.7，柱高兩釐米。這個璽節，另外還有一邊，才能合符。」（《考古學報》1957 年 4 期《長沙沙湖橋一帶古墓發掘報告》。）「郏菱鉩」也是湖南出土，三合，存二合，「每合上各鑄有一耳以穿帶，三合內側亦有榫眼結構，三合各呈菱形狀，自然地吻合在一起。」（高至喜、陳松長《湖南省博物館藏古璽印集》）兩種器物均有凸榫或榫眼，可以符合，而底面均刻字可鈐，與王獻唐先生所述之璽節形制相符，其爲璽節自無疑義。從數塊符合以爲憑證的特點看，可視璽節爲節。而從底面刻字以爲信物的角度，又可視璽節爲璽。現今出版的古印書刊均把上述兩種璽節歸入古璽之中是正確的。璽節雖非門、關所製，但它作爲門、關查檢來往貨物的憑證，也可認爲它是門、關官署用璽的一種，是特殊的門關官署璽。《戰國官署璽—兼談古璽印的定義》，《中國古璽印學國際研討會論文集》，香港中文大學文物館，2000年3月，第18～19頁。

徐　暢：

東周·楚系公鉩　大（太）𠭯（食）　《中國篆刻全集》，黑龍江美術出版社，2000年7月，第17頁。

王人聰：

一九五六年湖南省文物管理委員會發掘的長沙沙湖橋戰國墓葬之E10號墓中，出土了一方銅鉩，據原報告報道，此鉩爲鉩節的一邊，「下部作長方形，上部有柱作半圓形，上端有一孔，下端有凸榫兩個，通高2.2，長1.5，寬0.7，柱高2釐米。這個鉩節，另外還有一邊，才能合符，印面有篆文『大□』」（《考古學報》一九五七年，四期，李正光等：《長沙沙湖橋一帶古墓發掘報告》）。

長沙在戰國時屬楚，**E10**號墓出土的這方銅鉨，其印文字體與楚器鄂君啓節銘文相同，具有楚文字的風格特點，當爲楚印，這種像兵符一樣需要相勘合的印章，在傳世的戰國璽印中是很少見的。過去《十鐘山房印舉》著錄一鉨，正方形缺去一角作形，印文爲「左正鉨」三字，這種形制的璽印是否也是勘合用的，這須待今後新出的資料來證明。不過，長沙出土的這方銅鉨，從其形制特點來看，它作爲勘合用的印章，是無疑的。（圖一）我們根據現存的這半邊鉨印來考察，其下部爲長方形，上部爲半圓形的柱，下端有凸榫兩個。據此可以推知所缺去的另一半邊，其下部也應是長方形，上部也是半圓形的柱，下端則應是有兩個榫眼。（圖二）若是把兩個半邊套合起來，正好可以構成一個長圓柱形紐，印面爲正方形的璽印，（圖三）其印面上完整的印文應是「□□大□」四字。

圖四

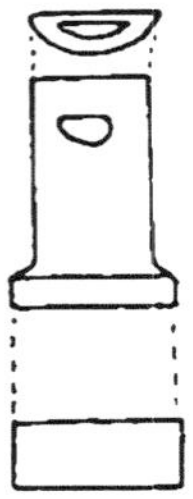

圖三

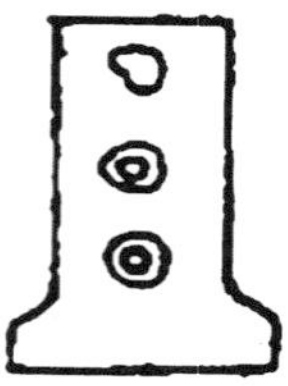

圖二

圖一

現存的這半邊印面上的印文，原報告釋爲「大□」，第二字未釋。按第二字原篆作，因原報告所附的照片是印文的反寫，（圖四）所以也就不易辨認了。此字上半从厂，厂字橫筆上加一短劃作爲文飾，在古文字中此例常見。下半从飤，與鄂君啓節、天星觀竹簡的飤字構形相同，（高明：《古文字類編》第二六四頁。）故此字應釋爲⿸厂飤，此半印全文是「大⿸厂飤」二字。⿸厂飤爲飤字的繁體，从厂或省無別，如金文曆字，作⿱秝日亦可作曆（高明：《古文字類編》第四零三頁。）。飤字，《說文》云：「糧也，从人食」。朱駿聲說：「按糧者食字之訓，古書或借飤爲之耳。飤本訓以食食人，从食人會意，食亦聲，字亦作飼……《爾雅·釋器》注：公食大夫禮，釋文本作飤」（朱駿聲：《說文通訓定聲》）。飤與食字通在古文字中，例證甚多，金文食字通作飤，如余義鐘：「歙飤謌舞」即是「飲食謌舞」。又鄲子鼎：「王四月鄲孝子以庚寅之日，命鑄飤鼎鬲」，此器爲器蓋對銘，而器作飤，蓋作食，可證飤食爲一字。印文「大⿸厂飤」即是「大食」。此處的食字，其意義爲食官，食官是掌管膳食之官。漢代有食官之職，《漢書·百官公卿表》：奉常之屬官有「諸廟園寢食官令長丞」。《漢書·馮奉世傳》：「竟寧中，以王舅出補渭陵食官令」。又衞宏《漢舊儀》：「食官令秩六百石，丞一人。今年山東臨沂銀雀山西漢墓出土一件漆卮，外面底部有戳記「食官」二字（《考古》一九七五年六期，山東省博物館、臨沂文物組，《臨沂銀雀山四座西漢墓葬》）。另外漢印「北海飤長」、「東平飤官長」、「杜陵飤官□丞」，陳直先生說：「食官又可稱飤官」（陳直：《漢書新證》第一一三頁。），這是很正確的。由此，可證印文「大臥」爲食官的名稱，是毫無疑問的。此印即是當是擔任楚國的食官「大臥」這一官職的官吏所用的官印。

戰國時期楚國食官的名稱，不見於文獻記載。壽縣出土楚器大廎鎬銘：「秦客王子齊之歲，大廎爲王飤晉鎬，集脰」，銘文中的「王飤」，意思就是楚王的食官，這件銅鎬是楚國的大廎爲楚王的食官所作的銅器，鎬銘中的「王飤」正可與印文「大臥」互爲印證。楚國的食官稱爲「大臥」，其意義應與管庫藏的官職「大廎（府）」相類似，《周禮・天官》：「大府下大夫二人，上士四人。注：大府爲王治藏之長」，那麼「大臥」應該也是食官之長得意思。

長沙這方「大臥」官印的出土，不但可以補充文獻中關於戰國時期楚國只管記載的缺佚，有裨於楚國官制的研究；而且這方印可以互相勘合的特點，也爲我們對戰國璽印的使用方法增加了新的了解，這在所發現的古代璽印中是一件十分珍貴的重要資料。《長沙出土楚璽「大廄」鉨考釋》，《古璽印與古文字論集》，香港中文大學文物館，2000年，第44頁。

肖　毅：

1. 大𠩵

「大𠩵」當讀爲「大飤」，「𠩵」即「飤」之繁構。「大飤」當是專管王飲食的機構。（湯餘惠：《楚器銘文八考》，《古文字論集》（一），《考古與文物》叢刊第二號，1983年）或以爲「𠩵」當讀爲「廄」（朱德熙：《戰國文字資料裏所見的廄》，《出土文獻研究》，1985年，北京，文物出版社）。《古璽所見楚系官府官名考略》，《江漢考古》，2001年第2期，第38頁。

莊新興：

1025　大廄　楚系·楚　《戰國璽印分域編》，上海書店出版社，2001年10月，第183頁。

徐暢主編：

戰國公鉨與印跡・楚系鉨印　73　太飤（食）鉨　《中國書法全集》第92卷，榮寶齋出版社，2003年2月，第37頁。

徐暢主編：

73　太飤（食）鉨

作於戰國中期，楚國官鉨。一九五六年出土，長沙沙湖橋焦公廟E10號戰國墓葬出土，《考古學報》一九五七年第四期著錄。湖南省博物館收藏。銅質，鉨節的一半下部作長方形，上部有柄，鈕作半月形，上端有一孔，下端有凸榫兩個。以便合榫。印面邊長一・五釐米×〇・七釐米，通高二・三釐米，圓柱高二・〇釐米。

此鉨另外還有一半，才能合符。如果把兩個半邊套合起來，正好構成一個長圓柱形鈕。印面爲正方形的鉨印，印面上完整的印文應是「□□大⿸广飤」，這種像兵符一樣需要勘合的印章，在傳世的戰國鉨印中非常罕見。印文「大⿸广飤」即「大食」，此處的食字其意義爲食官。食官是掌管膳食之官。楚「太府（府）鎬」記「太府（府）爲王飤（食）晉（進）鎬」，湯餘惠、王人聰疑王飤即「太飤」，可能是主管楚王飲食的機構。

參考　彭青舒《長沙沙湖橋一帶古墓發掘報告》，《考古學報》一九五七年第四期；湯餘惠《楚器銘文八考》；《書譜》第八卷二期（一九八二年四月）王人聰文；李家浩《戰國官印考釋兩篇》　《中國書法全集》第92卷，榮寶齋出版社，2003年2月，第204頁。

陳松長：

大廄　銅質，柱鈕，是一枚二合璽的一半，這半合的邊長1.5釐米×7（編按：當爲「0.7」之訛）釐米，通高2.3釐米，也是一枚璽節性質的楚國官署璽。從形制上看，其印面呈方形，其鈕呈圓柱狀，鈕的上部有穿孔，内側有榫頭，可見也是具有符節作用的楚璽。從現存的這一半分析，所缺的另一半文字應是「令璽」兩字。關於該璽的釋讀，或讀爲「大飤」，但根據《說文》古文和《包山楚簡》可知，「飤」應讀爲「廄」。據雲夢睡虎地秦簡《廄苑律》所知，「大廄」乃是掌管王室輿馬的官。　《湖南古代璽印》，上海辭書出版社，2004年12月，第37頁。

肖曉輝：

（二）多合印

多合印是指璽印分爲多個部份，使用時需要像符節那樣將各部份契合在一起，才能完整地鈐印。這類印顯然都應該是官璽，個人私璽並無如此製作的必要。

就目前所見資料來看，先秦多合印是楚地特有的一個印種，不見於他國。今略述其形制如下：多合印主要有三合、二合兩種。印面大多爲圓形，偶有方形者，多有邊欄，圓形者均分爲兩個半圓或三個扇形，方形者剖爲兩個長方形。橛鈕，多爲圓柱形鈕，鈕柄內側一般有榫頭、鉚眼，用以楔合璽印，如「大𠩵」二合印。……上世紀五十年代又在長沙出土一方二合印，方形印面，存其一，印文爲「大𠩵」，原文應爲「□□大𠩵」，「大𠩵」爲官署機構名，其前爲地名，即某地大𠩵所用之璽。「𠩵」字李家浩先生釋爲「廏」，「大𠩵」即「太廏」，屬於宮廷。也有學者根據楚璽中有「職飤」璽而將此「𠩵」直接讀爲「飤」，認爲這是掌管楚王飲食的機構。《書法新鑒：古璽文新鑒》，世界圖書出版公司，2005年6月，第72～73頁。

施謝捷：

楚系官璽　大⿸厂飤

此璽爲二合璽之一，1956年湖南省長沙市焦公廟9號戰國墓（後重編852號）出土。《古璽彙考》，安徽大學博士學位論文，2006年5月，第154頁。

陳光田：

楚系古璽「大⿸厂飤（飤）」（5590）。璽文第二字舊不識，按該字从「厂」从「飤」，當隸作⿸厂飤，讀做飤。（石志廉：《戰國古璽考釋十種》，《中國歷史博物館館刊》1980年2期。）原璽爲楚兩合璽，現存左半，大飤當爲楚掌管宮廷飲食機構。大⿸厂飤即大食，其意爲食官，即掌管膳食之官。（王人聰：《長沙出土楚璽「大⿸厂飤」璽考釋》，《古璽印與古文字論集》，香港中文大學文物館，2000年，第44頁。）或將⿸厂飤讀做廏，大廏當是楚王御廏，爲管理、飼養馬匹的機構。（李家浩說轉引自朱德熙：《戰國文字中所見有關廏的資料》，《出土文獻研究》，文物出版社，1985年。）　《戰國璽印分域研究》，嶽麓書社，2009年5月，第153頁。

周曉陸主編：

二-GY-0035　大⿸广飤　東周（楚）　銅　柱紐　雙合印存一半　23×15-7　《二十世紀出土璽印集成》，中華書局，2010年1月，第49頁。

吳清輝：

大⿸广飤食（二合驗鉨）　楚　《中國印學》，中國美術學院出版社，2010年6月，第13頁。

徐　暢：

戰國楚系官鉨　大飤　《先秦印風》，重慶出版社，2011年5月，第38頁。

李守奎按：

從字形和筆劃上看，隸作「⿸广飤」沒有問題。李家浩釋爲「廐」有傳抄古文和包山楚簡的證據。戰國文字中偏旁混訛同形之例證甚多。李釋可信。楚之飤字多見，未有作⿸广飤之形。讀⿸广飤爲「食」舞據。

官璽第一七〇：⿸广飤（廄）鉨（璽）

印　面：

善齋璽印錄

著　錄：

《湖南古代璽印》，上海：上海辭書出版社，2004年12月，第44頁。

《古璽彙考》，安徽大學博士學位論文，2006年5月，第154頁。

集　釋：

湯餘惠：

《善齋吉金錄·璽印錄》6·12著錄一鈕白文璽印，璽面陰刻「飤鉨」二字，飤字作，和前文討論的太飤璽結體風格基本相同，這種增加厂旁繁寫的飤字在楚以外的列國文字中我們還沒有見到，因此這鈕印也應該是楚國的東西。飤字之前沒有冠以「太」或「大」字，未必會是王室之物，不過「飤」和「太飤」一定是性質相類的有司，這大概是不成問題的。

《楚器銘文八考》，《古文字論集》（一），《考古與文物》叢刊第二號，1983年11月，第61頁。

李家浩：

《善齋吉金錄》六・一二著錄一枚陰文璽印，文曰「鬳璽」，也以「鬳」爲「甗」。此璽印只說甗，與《秦漢南北朝官印徵存》著錄的八八、八九號「甗印」形式相同。　《戰國官印考釋兩篇》，《于省吾教授百年誕辰紀念文集》，吉林大學出版社，1996年9月，第169頁。

陳松長：

㕁璽　《善齋吉金錄・璽印錄》卷上6

「㕁」字或爲地名，或當讀爲「㽄」，待考。　《湖南古代璽印》，上海辭書出版社，2004年12月，第44頁。

施謝捷：

楚系官璽　鬳鉨（璽）　《古璽彙考》，安徽大學博士學位論文，2006年5月，第154頁。

何家興：

（1）釋「㕁（甗）」

《古璽彙考》154著錄了一方楚官璽。

施謝捷先生釋作「𠩺璽」，我們認爲首字并非从厂从飤，而應釋作「庴（㕓）」。戰國文字中的「㕓」字及其相關問題，朱德熙、李家浩先生有專文討論。（羅福頤主編：《古璽彙編》，北京：文物出版社，1981年。）戰國文字中「㕓」字異體較多，不僅不同區系存在差異，而且同一區系內也有几種變體：

秦			官印0027		秦泥考229		雲夢秦律17
楚A			邵王簋		曾乙4	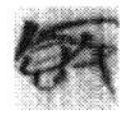	包山176
B	𠩺		璽彙5590		包山154		
C	庴		璽彙0100		彙考154		
D	酓	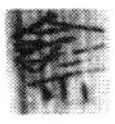	望山1·137				
E	𢼸		天策		璽彙0268		
晉	飢		珍秦戰48				

齊		璽彙 3705	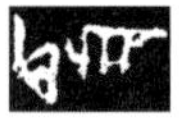	陶錄 2.299.3
		璽彙 0041		陶錄 2.24.3
燕		陶錄 4.2.2		陶錄 4.3.1

齊、燕借「𣪕」爲「廐」，「𣪕」字古音屬見紐幽部，「咎」字屬群紐幽部，聲紐皆屬牙音，韻部相同。「𣪕」聲與「九」聲相通，例如：

《說文》：「𨗨讀若九。」

《說文》：「廐，古文作𠩵。」

「咎」「與九」相通，例如：

《說文》：「軌讀若厬。」

燕璽「九單𨑓」《璽彙》3384施謝捷先生讀作「咎單𨑓」（王恩田：《陶文圖錄》，濟南：齊魯書社，2006年。）。因此，「𠩺」讀爲「廐」是沒有問題的。「廐璽」即掌管廐之璽。《璽陶文字叢釋》，復旦大學出土文獻與古文字研究中心網站論文，2010年9月16

日，http://www.gwz.fudan.edu.cn/SrcShow.asp? Src_ID=1265。

李守奎按：

楚之「飤」字多見，龍節作，與璽文相近。但龍節及所見楚文字所从「食」旁没有中部省去横劃的。字形與「咎」完全相同。陳松長隸作「⿸厂咎」，是。⿸厂咎讀爲「廄」，或即「廄」之異體。包山120號簡有「事人」，即「廄執事人」。

官璽第一七一：敀（廄）左馬鉩（璽）

印面：

陳簠齋手拓古印集四冊、濱虹草堂藏古璽印二集八冊

著錄：

《賓虹草堂璽印釋文》石印本，1958年12月。

《古璽彙編》，北京：文物出版社，1981年12月，第45頁。
《印典》（三），北京：國際文化出版公司，1994年1月，第2048頁。
《黄賓虹古璽印釋文選》，上海：上海書畫出版社，1995年9月。
《篆字印彙》，上海：上海書店出版社，1999年1月，第1649頁。
《中國篆刻全集》，哈爾濱：黑龍江美術出版社，2000年7月，第19頁。
《古印集萃・戰國卷》，北京：榮寶齋出版社，2000年11月，第37頁。
《戰國璽印分域編》，上海：上海書店出版社，2001年10月，第186頁。
《中國書法全集》第92卷，北京：榮寶齋出版社，2003年2月，第45頁。
《古璽彙考》，安徽大學博士學位論文，2006年5月，第164頁。
《戰國璽印分域研究》，長沙：嶽麓書社，2009年5月，第148頁。
《先秦印風》，重慶：重慶出版社，2011年5月，第38頁。

集　釋：

黄賓虹：

馭馬左鉩　左或作右，从口。

晉公盙：「余雉今小子。」《史記·十二諸侯年表》、《晉世家》襄公名驩，或爲漢人以午之禽爲馬，改爲雉字。馬作午當已早。《賓虹草堂璽印釋文》石印本，1958年12月。

黄賓虹：

馭馬左鉩

晉公盦：「余雉今小子。」《史記·十二諸侯年表》、《晉世家》襄公名驩，或爲漢人明午之禽爲馬，改爲雉字。馬作午當已早。

駕，成十七年《傳》：「舒庸人以楚之敗於鄢陵也，道吳人圍巢伐駕。」

又，「左」作「右」，从口。《黄賓虹古璽印釋文選》，上海書畫出版社，1995年9月。

羅福頤：

0268　□□馬鉩　《古璽彙編》，文物出版社，1981年12月，第45頁。

吳振武：

敀□馬鉩　《〈古璽彙編〉釋文訂補及分類修訂》，《古文字學論集》（初編），香港中文大學，1983年9月，第490頁。

朱德熙：

楚國文字裏有時借敀字爲廄。例如江陵天星觀一號墓竹簡：

（30）敀（廄）差（佐）夏臣馭乘輂　敀字作 

差當讀爲佐，夏臣是廄佐的名字。又江陵望山一號墓竹簡：

（31）☒祭⿱亼⿱㠯示（廄）。甲戌、己巳內齊。135字作：

案望山它（編按：當爲「楚」字訛。）簡有「⿰土示北子、⿱彳示□□」的話。⿰土示是祭名。《禮記・祭法》記王所立七祀、諸侯所立五祀皆有國門、國行，大夫三祀、適士二祀皆有門、行。

行指道路，⿱彳示當是行神的專字。據此，⿱⿱亼九示似當釋爲禜，乃廏神的專字。此外，《簠齋古印集》20上有一枚古鉨：

（32）敀（廏）右馬鉨

敀字亦當讀爲廏。這枚古鉨據傳出土於壽縣（《安徽通志稿·金石古物考》一六·三二），文字也是楚風格的，當是楚璽無疑。《戰國文字中所見有關廄的資料》，《古文字學論集》（初編），香港中文大學，1983年9月，第420～421頁。

吴振武：

〔七八八〕今按：此字从攴从㕣，朱德熙先生在《戰國文字中所見有關廄的資料》一文中隸定爲敀，並將它和江陵天星觀一號楚墓竹簡「敀（）差（佐）夏臣馭乘鞷」中的敀字一併讀作廏，其說可信。廏字《說文》古文作，《古文四聲韻》引《古論語》作，皆从九聲，和此字从㕣聲同。原璽全文作「敀（廏）右馬鉨」，璽中鉨字作，朱

先生在上引文中已指出其爲楚璽無疑。敀字不見於後世字書，可能就是𣪘或廄的異體，是楚文字的特有寫法。𣪘字見於《說文·殳部》，廄字見於《說文·广部》。《〈古璽文編〉校訂》，吉林大學博士學位論文，1984年12月，第581～582頁。

湯餘惠：

楚璽　敀（廄）右馬鉨　《略論戰國文字形體研究中的幾個問題》，《古文字研究》第十五輯，中華書局，1986年6月，第76頁。

黄錫全：

72、廄右馬

（145）敀右馬璽　璽彙0268

朱德熙說，「敀字亦當讀爲廐。這枚古璽據傳出土於壽縣，文字也是楚風格的，當是楚印無疑」。《說文》廐字古文亦从九，朱說可信。漢官掌馬的騎士稱「廐騶」。《漢書·敘傳》：「舞陽鼓刀，滕公廐騶。」《後漢書·梁冀傳》：「（恒帝）使黄門令具瑗將左右廐騶、虎賁、羽林、都侯劍戟士，合千餘人，與司隸校尉張彪共圍冀第。」右爲左之對稱，

「既右馬」可能類似於「左右既雛」，當是既中掌馬的騎士。《古文字中所見楚官府官名輯證》，《文物研究》總第七輯，黄山書社，1991年12月，第226頁。

康　殷、任兆鳳：

敂右馬　《印典》（三），國際文化出版公司，1994年1月，第2048頁。

何琳儀：

楚系　𢼸右馬鉩

𢼸，从攴，㕣聲。

楚璽𢼸，讀廄。《說文》廄之古文作𢉦。《釋名·釋宮室》：「廄，勼也。」簋，西周金文作段，戰國秦銅器軌簋作軌。均其佐證。《說文》：「廄，馬舍也。」《戰國古文字典》，中華書局，1998年9月，第165頁。

何琳儀：

楚系　𢼸𠂇馬鉩

𠂇，甲骨文作（粹五九七），象左手之形。金文作（散盤），或作（班

簋），加口爲飾。戰國文字承襲金文。或加口、曰、、、爲飾。《說文》：「，ナ手也。象形。（臧可切）（三下十）」ナ、左一字分化，戰國文字ナ，均讀左。楚璽「ナ馬」，讀「左馬」。《儀禮・聘禮》：「賓執左馬以出。」　《戰國古文字典》，中華書局，1998年9月，第875頁。

傅嘉儀：

□右馬璽　《篆字印彙》，上海書店出版社，1999年1月，第1649頁。

徐　暢：

東周・楚系公鉨　右馬敀（㕑）鉨　《中國篆刻全集》，黑龍江美術出版社，2000年7月，第19頁。

來一石：

□□馬鉨　《古印集萃・戰國卷》，榮寶齋出版社，2000年11月，第37頁。

肖　毅：

25.旣左馬璽　0268

㪟，从㕣从攴，朱德熙隸定作㪟，讀爲廄（朱德熙：《戰國文字資料裏所見的廄》，《出土文獻研究》，文物出版社，1985年）。第二字何琳儀釋左（何琳儀：《戰國古文字典》第875頁，1998年版），可從。黃錫全認爲「廄右馬」可能類似於「左右廄雛」。《後漢書·梁冀傳》：「（恒帝）使黃門令具瑗將左右廄雛、虎賁、羽林、都尉劍戟士，合千餘人，與司隸校尉張彪共圍冀第。」「廄雛」爲掌馬的騎士（《輯證》）。　《古璽所見楚系官府官名考略》，《江漢考古》，2001年第2期，第42頁。

莊新興：

1045　㪟□馬鉩　楚系·楚　《戰國璽印分域編》，上海書店出版社，2001年10月，第186頁。

徐暢主編：

戰國公鉩與印跡·楚系鉩印　160　右㪟（廄）馬鉩　《中國書法全集》第92卷，榮寶齋出版社，2003年2月，第45頁。

徐暢主編：

160　右敀（廐）馬鈢

作於戰國時期。楚官鈢。《古璽彙編》〇二六八號著録。

吳振武釋右上角字爲敀。徐暢案：敀讀爲廄，同音通假。右下角字从又从口，爲右。此印應爲右廄馬鈢，或右馬廄鈢。

參考　徐暢《寓石齋璽印考》　《中國書法全集》第92卷，榮寶齋出版社，2003年2月，第209頁。

施謝捷：

楚系官璽　敀右（左）馬鈢（璽）

此璽傳安徽壽縣南關集出土（《安徽通志金石古物考稿》16.32）。　《古璽彙考》，安徽大學博士學位論文，2006年5月，第164頁。

陳光田：

楚系古璽　「敀（廄）左馬鈢（璽）」（0268）。璽文第一字舊不識，或將其隸爲敀，讀做廄，（朱德熙：《戰國文字裏所見的廄》，《出土文獻研究》，文物出版社，1985年。）

第二字應釋爲左。（何琳儀：《戰國古文字典》，中華書局，1998年，第875頁。）該璽當爲廄中負責管理馬匹的官吏用璽。　《戰國璽印分域研究》，嶽麓書社，2009年5月，第148頁。

徐　暢：

戰國楚系官鉨　右馬敔（厩）鉨　《先秦印風》，重慶出版社，2011年5月，第38頁。

李守奎按：

𠂇、又；右，右、左、圣（曾侯乙墓竹簡之「右」字）、佐、佑，彼此對應，文字是一個系統。彼此影響，常常類化平行演變。

官璽第一七二：魚鉨（璽）

印　面：

尊古齋古璽集林初二集，浙江省博物館藏印

著錄：

《賓虹草堂璽印釋文》石印本，1958年12月。

《古璽彙編》，北京：文物出版社，1981年12月，第60頁。

《黄賓虹古璽印釋文選》，上海：上海書畫出版社，1995年9月。

《篆字印彙》，上海：上海書店出版社，1999年1月，第973頁。

《中國歷代璽印藝術》，香港：浙江省博物館、香港中文大學文物館，2000年初版，第13頁。

《中國篆刻全集》，哈爾濱：黑龍江美術出版社，2000年7月，第11頁。

《戰國璽印分域編》，上海：上海書店出版社，2001年10月，第194頁。

《古璽漢印集萃》上冊，南寧：廣西美術出版社，2001年10月，第25頁。

《中國書法全集》第92卷，北京：榮寶齋出版社，2003年2月，第40頁。

《中國璽印類編》，天津：天津人民美術出版社，2004年6月，第306頁。

《古璽彙考》，安徽大學博士學位論文，2006年5月，第169頁。

《戰國璽印分域研究》，長沙：嶽麓書社，2009年5月，第152頁。

《先秦印風》，重慶：重慶出版社，2011年5月，第94頁。

《先秦古璽集粹》，長春：吉林文史出版社，2011年11月，第30頁。

集釋：

黄賓虹：

窯鉢

窯，《說文》：「，缶竈也。」古文窑俗作窰。、、、古陶文窯字。

《賓虹草堂璽印釋文》石印本，1958年12月。

黄賓虹：

鉢

《說文》：「，缶竈也。」古文俗作窰。，「蓷圖窯里分五」；又、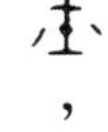，

古陶文。，墳；，陶；，鉢。　《黄賓虹古璽印釋文選》，上海書畫出版社，1995年9月。

羅福頤：

0347　𥹋鉩　《古璽彙編》，文物出版社，1981年12月，第60頁。

吳振武：

《古璽彙編》（以下簡稱「璽彙」）46頁0207和60頁0347是下揭兩方陰文官璽：

46.0270

60.0347

這兩方官璽從風格上看，皆可斷爲楚物。

兩璽的第二個字都从「金」「尔」聲，是「璽」字的古寫。

0270的第一個字，《璽彙》隸作从「田」从「守」（《古璽文編》同，見該書330頁；此書以下簡稱「璽文」），十多年前筆者曾改訂爲「畋」（吳振武：《〈古璽彙編〉釋文訂補及分類修訂》，國際中國古文字學研討會論文集編輯委員會《古文字學論集》初編，490

頁，香港中文大學中國文化研究所吳多泰中國語文研究中心，1983年。按此字「反文」旁的寫法稍特別一點。不過這樣寫法的「反文」旁在楚璽中是習見的，如《璽彙》245.2540、458.5044、458.5046、459.5048等璽上的「敬」字即其例）。這個釋法幸能得到一些著作的認同。《璽彙》260.2717「右畋」璽（三晉，陽文）和478.5277「畋」字璽（同上），顯然跟這方「畋璽」璽是同一類職官所用之璽。（2717「右畋」璽，《璽彙》誤歸「姓名私璽」類，我們亦曾訂正，見《〈古璽彙編〉釋文訂補及分類修訂》所引拙文，528頁）曾侯乙墓竹簡中有「畋尹」（「畋」字簡文原从「甸」，湖北省博物館《曾侯乙墓》圖版二一七・151，文物出版社，1989年），可證古代確有畋官。「畋」字在古書中既當「治田」講（《說文》：「畋，平田也。……《周書》曰：『畋爾田。』」《尚書・多方》「畋爾田」孔疏：「治田謂之畋，猶捕魚謂之漁。」），也當「田獵」講。從「畋」字的用法看，這類帶有「畋」字的官璽應是掌管農事或掌管田獵的官員遺留下來的。不過用斷代的眼光綜合古書和出土文字資料來看，筆者一直傾向於把它們看作是掌管田獵的官員（略相當於《周禮・天官》中的「獸人」）所用之璽。這一點跟我們接下來要討論的0347號璽不無關系。

0347號邢方的第一字，《璽彙》隸作从「勹」从「羔」（《璽文》同，見該書229頁）。這個隸定法曾見幾種著作襲用，但未見有人解說。無人解說的原因大概很簡單，即如此隸定根本就無法解釋。

筆者很久以來一直懷疑此字可能是「魚」字的變體。理由是此璽跟上面討論的0270「畋璽」璽無論在文字風格上，還是在璽文格式上，都是一致的；而讀「魚」爲「漁」，從文義上講，正可以和筆者的釋「畋」說相呼應。但這個猜想在很長一段時間裏，一直苦於找不到硬證。及至曾侯乙墓竹簡和包山楚簡刊佈，我們看到這兩批竹簡中「魚」字的寫法（《曾侯乙墓》圖版一七二・8、一七八・26；湖北省荊沙鐵路考古隊《包山楚簡》圖版一一一・256、257，文物出版社，1991年），始知這個猜想是可以成立的。事有湊巧，不久前承澳門收藏家蕭春源先生惠助，得見日本著名篆刻家菅原石廬先生收藏並刊佈的幾方戰國璽印，其中居然有可以落實筆者猜想的硬證：

此璽文字風格和璽文格式跟上揭二璽亦相同。文曰「魰璽」，顯即等於0347「魚璽」。《周禮·天官》有「𩺰（漁）人」，《釋文》曰：「𩺰音魚，本又作『魚』，亦作『魰』，同。」段玉裁在《説文》「漁」字下謂：「捕魚字古多作『魚』，如《周禮》『𩺰人』本作『魚』。此與取鱉者曰『鱉人』，取獸者曰『獸人』同也。《左傳》：『公將如棠觀魚者。』魚者，謂捕魚者也。（《左傳·隱公五年》：「公將如棠觀魚者。」《釋文》：「觀魚者，本亦作『漁者』。」孔疏：「《説文》云：『漁，捕魚也。』然則捕魚謂之魚。」）……《周禮》當从古作『魚人』，作『魰』者次之，作『𩺰』者非也。」按取獸曰「田」，取魚曰「漁」（《周易·系辭下》：「以佃以漁。」《釋文》：「佃音田，本亦作『田』；漁音魚，本亦作『魚』。……馬云：『取獸曰佃，取魚曰漁。』」按馬王堆帛書本《系辭》「佃」作「田」，見傅舉有等《馬王堆漢墓文物》124頁，湖南出版社，1992年），古書中當田獵和捕魚講的「田漁」一詞，也作「畋漁」（《逸周書·文傳》）或「畋魰」（《文選·張衡〈西京賦〉》，李善注：「《説文》曰：『魰，捕魚也。』音魚。」）。今比觀璽文，既見「畋璽」，又見「魚璽」或「魰璽」，則後者顯然是掌管漁事的官員所用之璽。這種掌漁官的具體責守，可參看《周禮・天官》中的「䱷人」一職。包山楚簡中有「大魰尹」（《包山楚簡》圖版五二・121），漢印中有「上沅漁監」（湖南省博物館《湖南省博物館藏古璽印集》143.592，上海書店，1991年），亦可資參校。

近十幾年來，曾讀到不少系統討論楚國官制的論著，其中有一些是利用《璽彙》對古璽和其他出土古文字資料中所見的楚官作綜合性論述的佳作（如：鄭超：《楚國官璽考述》，《文物研究》總第2期，合肥，1986年；黃錫全：《古文字中所見楚官府官名輯證》，《文物研究》總第7輯，黃山書社，1991年）。但遺憾的是，這些論著均未涉及本篇所討論的「敀璽」和「魚璽」。故本篇所論，對未來楚國官制的進一步研究，或有裨益。《戰國官璽釋解兩篇》，《金景芳九五誕辰紀念文集》，吉林文史出版社，1996年4月，第190～192頁。

傅嘉儀：

⿹勹魚璽　《篆字印彙》，上海書店出版社，1999年1月，第973頁。

王人聰、游學華：

15.⿹勹魚鉨　《中國歷代璽印藝術》，浙江省博物館、香港中文大學文物館，2000年初版，第

51頁。

王人聰、游學華：

印文：𩵦鉨　質料：銅；鈕式：瓦鈕；印形：長方形；尺寸（釐米）：2.3×1.8，通高1.2。

收藏地及藏品號：浙博（編按：即浙江省博物館）二〇八三一　《中國歷代璽印藝術》，浙江省博物館、香港中文大學文物館，2000年初版，第178頁。

徐　暢：

東周·楚系公鉨　魚鉥　《中國篆刻全集》，黑龍江美術出版社，2000年7月，第11頁。

來一石：

𩵦鉨　《古印集萃·戰國卷》，榮寶齋出版社，2000年11月，第27頁。

肖　毅：

27.魚璽

……

段玉裁在《說文》「漁」字下謂：「捕魚字古多作『魚』」，如《周禮》「𩵦人」本作

「魚」……《左傳》：『公將如棠觀魚者』，魚者，謂捕魚者也……《周禮》當從古作『魚人』，作『魰』者次之，作「𩾸」者非也。」吳振武認爲「魚璽」或「畋璽」顯然是掌管漁事的官員所用之璽（吳振武：《戰國官璽釋解兩篇》，《金景芳九五誕辰紀念文集》，吉林文史出版社，1996年）。《古璽所見楚系官府官名考略》，《江漢考古》，2001年第2期，第42頁。

戴山青：

魛鉢　《古璽漢印集萃》上冊，廣西美術出版社，2001年10月，第25頁。

莊新興：

1091　□鉨　楚系・楚　《戰國璽印分域編》，上海書店出版社，2001年10月，第194頁。

徐暢主編：

戰國公鉨與印跡・楚系鉨印　91　魚（漁）鉨　《中國書法全集》第92卷，榮寶齋出版社，2003年2月，第40頁。

徐暢主編：

91 魚（漁）鉨

作於東周時期。楚官鉨。《古璽彙編》〇三四七號著録。

吳振武據《曾侯乙墓》圖版一七二·八、一七八·二六；《包山楚簡》圖版一一一·二五六、二五七，「魚」字的寫法與此字形同而改釋爲「魚」。古文字中「魚」、「漁」通用。《周禮·天官》有「𩵋（漁）人」。《釋文》曰：「𩵋音魚，本又作「魚」，亦作「魰」，同。」魚鉨即古代負責漁業生産的官員用印。

兩字縱排，魚字長而鉨字稍扁，金旁極寬，尔旁收小，造成茂密的佈白中魚字下及「尔」旁下的兩塊紅地。後人所説的「密不透風，疏可走馬」實際上在先秦古鉨中已多有表現。

參考　吳振武《戰國官璽釋解兩篇》　《中國書法全集》第92卷，榮寶齋出版社，2003年2月，第205頁。

小林斗盦：

（鈢）鈢　《中國璽印類編》，天津人民美術出版社，2004年6月，第306頁。

施謝捷：

楚系官璽　魚鉨（璽）　《古璽彙考》，安徽大學博士學位論文，2006年5月，第169頁。

陳光田：

楚系古璽「魚（漁）鉨（璽）」（0347）。……段玉裁《説文解字注》「漁」字下云：「捕魚字古多作魚。」魚璽當爲掌管漁事的官員所用之物。（吳振武：《戰國官璽釋解兩篇》，《金景芳九五誕辰紀念文集》，吉林文史出版社，1996年第190頁。）《後漢書・百官志》云：「有水池及魚利多者置水官。主平水收魚税，魚監即水官。」上列兩璽當爲楚管理漁業、魚税的官署用璽。　《戰國璽印分域研究》，嶽麓書社，2009年5月，第152頁。

徐暢：

末明時地官鉨　⿹勹魚鉨　《先秦印風》，重慶出版社，2011年5月，第94頁。

王義驊：

⿹勹魚鉨　《先秦古璽集粹》，吉林文史出版社，2011年8月，第30頁。

官璽第一七三：魰鉨（璽）

印面：

鴨雄綠齋藏印

著錄：

《中國篆刻全集》，哈爾濱：黑龍江美術出版社，2000年7月，第11頁。

《中國書法全集》第92卷，北京：榮寶齋出版社，2003年2月，第40頁。

《鴨雄綠齋藏中國古璽印精選》，東京：アートライフ社，2004年8月，第81頁。

《古璽彙考》，安徽大學博士學位論文，2006年5月，第169頁。

《戰國璽印分域研究》，長沙：嶽麓書社，2009年5月，第152頁。

集釋：

吳振武：

魰璽　詳見「魚鉨（璽）」條　《戰國官璽釋解兩篇》，《金景芳九五誕辰紀念文集》，吉林文史出版社，1996年4月，第192頁。

徐　暢：

東周・楚系公鉨　魰鉨　《中國篆刻全集》，黑龍江美術出版社，2000年7月，第11頁。

菅原石廬：

004　魰鉨

銅印　壇鈕

全高：12.0mm

台高：5.5mm

印面：30.6×29.0mm　《鴨雄綠齋藏中國古璽印精選》，アートライフ社，2004年8月，第81頁。

徐暢主編：

戰國公鉨與印跡・楚系鉨印　92　魰（魚、漁）鉨　《中國書法全集》第92卷，榮寶齋出版社，2003年2月，第40頁。

徐暢主編：

92　敂（魚、漁）鉩

作於東周時期。楚國官鉩。日本篆刻家菅原石盧氏收藏。銅質。

《周易·繫辭下》：「以佃以漁。」《釋文》：「佃音田，本亦作『田』；漁音魚，本亦作『魚』……馬云：『取獸曰佃，取魚曰漁。』」按馬王堆帛書本《繫辭》「佃」作「田」。古書中當田獵和捕魚講的「田漁」詞也作「畋漁」（《逸周書·文傳》）或「畋敂」（《文選·張衡〈西京賦〉》），李善注：「《說文》曰：『敂，捕魚也。』音魚。」（《包山楚簡》圖版五二·一二一有大「大敂尹」應是中央政府專管敂業生產的官員。由此可證，「魚鉩」、「敂鉩」顯然是掌管漁事（漁業生產）官員的用印。

參考　吳振武《戰國官璽釋解兩篇》《中國書法全集》第92卷，榮寶齋出版社，2003年2月，第205頁。

施謝捷：

楚系官璽　敂鉩（璽）　《古璽彙考》，安徽大學博士學位論文，2006年5月，第169頁。

陳光田：

楚系古璽「鮫魚（漁）鈢（璽）」（《古璽精粹》3）。詳見「魚（漁）鈢（璽）」條。

《戰國璽印分域研究》，嶽麓書社，2009年5月，第152頁。

官璽第一七四：旼鈢（璽）

印面：

天津市藝術博物館藏印

著錄：

《古璽彙編》，北京：文物出版社，1981年12月，第46頁。

《印典》（一），石家莊：河北美術出版社，1989年8月，第684頁。

《天津市藝術博物館藏古璽印選》，北京：文物出版社，1997年8月，第2頁。

《篆字印彙》，上海：上海書店出版社，1999年1月，第974頁。

《中國篆刻全集》，哈爾濱：黑龍江美術出版社，2000年7月，第11頁。

《古印集萃·戰國卷》，北京：榮寶齋出版社，2000年11月，第37頁。

《戰國璽印分域編》，上海：上海書店出版社，2001年10月，第194頁。

《古璽漢印集萃》上冊，南寧：廣西美術出版社，2001年10月，第21頁。

《中國書法全集》第92卷，北京：榮寶齋出版社，2003年2月，第38頁。

《戰國璽印》，上海：上海書畫出版社，2003年8月，第266頁。

《中國璽印類編》，天津：天津人民美術出版社，2004年6月，第453頁。

《古璽彙考》，安徽大學博士學位論文，2006年5月，第170頁。

《戰國璽印分域研究》，長沙：嶽麓書社，2009年5月，第148頁。

《先秦印風》，重慶：重慶出版社，2011年5月，第25頁。

《天津博物館藏璽印》，北京：文物出版社，2013年11月，第24頁。

集釋：

羅福頤：

0270　畤鉨　《古璽彙編》，文物出版社，1981年12月，第46頁。

吴振武：

畋鉨　《〈古璽彙編〉釋文訂補及分類修訂》，《古文字學論集》（初編），香港中文大學，1983年9月，第490頁。

吴振武：

〔三六八〕今按：此字隸定爲畤誤，應釋爲畋。古璽中攴旁作形者習見，如聊字作（一五〇頁），敬字作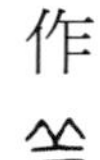或（二三一頁），皆其確證。故此字應入七六頁畋字條下。　《〈古璽文編〉校訂》，吉林大學博士學位論文，1984年12月，第305頁。

天津市藝術博物館：

畋鉨　《天津市藝術博物館藏古璽印選》，文物出版社，1997年8月，第2頁。

何琳儀：

齊系　畋鉨

《說文》：「畋，平田也。从攴、田。《周書》曰，畋尒田。田亦聲。」《戰國古文字典》，中華書局，1998年9月，第1124頁。

傅嘉儀：

□璽《篆字印彙》，上海書店出版社，1999年1月，第974頁。

徐 暢：

東周·楚系公鉨 畋鉩 《中國篆刻全集》，黑龍江美術出版社，2000年7月，第11頁。

來一石：

畤鉩 《古印集萃·戰國卷》，榮寶齋出版社，2000年11月，第37頁。

肖 毅：

26.畋璽

吳振武釋畋，古璽有「右畋2717」、「畋5227」，曾侯乙墓竹簡有「畋尹」，吳振武據此認爲古代有畋官，並傾向於把它們看作是掌管田獵的官員，略相當於《周禮·天官》中的「獸人」（吳振武：《戰國官璽釋解兩篇》，《金景芳九五誕辰紀念文集》第190~191頁，1996

年）。《古璽所見楚系官府官名考略》，《江漢考古》，2001年第2期，第42頁。

戴山青：

敀鉢　《古璽漢印集萃》上冊，廣西美術出版社，2001年10月，第21頁。

莊新興：

1092　敀鉩　楚系·楚　《戰國璽印分域編》，上海書店出版社，2001年10月，第194頁。

徐暢主編：

戰國公鉩與印跡·楚系鉩印　77　敀鉩　《中國書法全集》第92卷，榮寶齋出版社，2003年2月，第38頁。

徐暢主編：

77　敀鉩

作於東周時期。楚國官鉩。《天津藝術博物館藏古璽印選》、《古璽彙編》〇二七〇號著錄。天津市藝術博物館收藏。銅質，正方形。

《古璽彙編》釋爲畤，吳振武改釋「敀」，可從。曾侯乙墓竹簡中有「敀尹」，可證古代確有畋官，「畋」字在古書中既當「治田」講，也當「田獵」講。這類帶「畋」字的官鉨，應是掌管農事或田獵的官員用印。

參考　吳振武《戰國官璽釋解兩篇》，見《金景芳九十五誕辰紀念文集》。《中國書法全集》第92卷，榮寶齋出版社，2003年2月，第204頁。

莊新興：

畋璽　《戰國璽印》，上海書畫出版社，2003年8月，第266頁。

小林斗盦：

畤鉢　《中國璽印類編》，天津人民美術出版社，2004年6月，第453頁。

施謝捷：

楚系官璽　畋鉨（璽）　《古璽彙考》，安徽大學博士學位論文，2006年5月，第170頁。

陳光田：

楚系古璽　「畋鉨（璽）」（0270）。璽文第一字舊不識，當釋爲畋。畋官爲職掌畋獵的官員，相當於《周禮·天官》中的「獸人」。（3）曾侯乙墓竹簡中有「畋尹」一職，其職掌可能與「畋」相近。上列兩方璽當爲楚主管畋獵事務的官吏用璽。《戰國璽印分域研究》，嶽麓書社，2009年5月，第148頁。

徐　暢：

春秋鉩印　畋鉩　《先秦印風》，重慶出版社，2011年5月，第25頁。

天津博物館編：

005　「畋鉢」　銅璽　戰國

高1、長2.4、寬2.4釐米

官璽。鼻紐，方形印面，有圈邊，鑿陰文大篆「畋鉩」二字，是掌管畋獵事宜的官員用璽。

《天津博物館藏璽印》，文物出版社，2013年11月，第24頁。

徐　暢：

畋鉩（0270），天津藝術博物館收藏。作於戰國早期，楚系官璽，首字《古璽彙編》釋爲「畤」，吳振武改釋「畋」。曾侯乙墓竹簡中有「畋尹」，可證古代確有畋官。「畋」字在古書中既當「治田（平田、耕種）」講，也當「田獵」講。楚處南方，多沼澤，多大雁。

設置有專事捕獲大雁的官署，「畋雁之鉨」就是該官署的用印。由此可知，右畋、畋都是負責畋狩活動的機構。右畋、左畋應是中央的官署，畋不署地名可能是地方的機構，可以隨時頒發。這類帶「畋」字的官璽，應是掌管農事和田獵的官員用印（中國社會科學院考古研究所漢長城工作隊《秦封泥的發掘》，《考古學報》2001年第4期）。《楚「畋雁之鉨」考釋》，《中國國家博物館館刊》，2016年第2期，第92頁。

官璽第一七五：畋

印面：

古鑑齋藏印八冊

著錄：

《古璽彙編》，北京：文物出版社，1981年12月，第478頁。

《中國璽印類編》，天津：天津人民美術出版社，2004年6月，第106頁。

《戰國璽印分域研究》，長沙：嶽麓書社，2009年5月，第148頁。

集　釋：

羅福頤：

5277　畋　《古璽彙編》，文物出版社，1981年12月，第478頁。

小林斗盦：

畋　《中國璽印類編》，天津人民美術出版社，2004年6月，第106頁。

劉　暢：

畋（5277），即「畋鉨」之省，三晉系官璽。　《楚「畋雁之鉨」考釋》，《中國國家博物館館刊》2016年第2期，第92頁。

陳光田：

楚系古璽　「畋」（5277）。　詳見「畋鉨（璽）」條。　《戰國璽印分域研究》，嶽麓書社，2009年5月，第148頁。

官璽第一七六：畋雁之鉩（璽）

印面：

惜篁館藏古璽印譜、觀自得齋印存、璽印集林四冊

著錄：

《印典》（一）：石家莊：河北美術出版社，1989年8月，第601、739頁。

《印典》（二），北京：國際文化出版公司，1993年5月，第1170頁。

《印典》（四），北京：國際文化出版公司，1994年1月，第2710頁。

《中國歷代璽印集萃》，北京：線裝書局，1997年9月，第33頁。

《中國璽印類編》，天津：天津人民美術出版社，2004年6月，第92頁。

集釋：

康殷、任兆鳳：

卑雁。作與甲文同。《印典》（一），河北美術出版社，1989年8月第601頁。

康　殷、任兆鳳：

雁。鷹字周金作，象大鳥啄人落肉狀，以示其鳥必猛禽之鷹。借爲膺。漢又加鳥作鷹，或又加疒爲聲作癑。說見拙撰《源流》。《印典》（一），河北美術出版社，1989年8月第739頁。

康　殷、任兆鳳：

卑雁。字同今文之鴻雁字，然實古文鷹字也。鷹、鴈二字漢代人與今不同，説已略見上文鷹，鷹下重見。《印典》（一），河北美術出版社，1989年8月，第741頁。

康　殷、任兆鳳：

卑鷹之璽。《印典》（二），河北美術出版社，1989年8月，第1170頁。

康　殷、任兆鳳：

卑雁之璽。《印典》（四），北京，國際文化出版公司，1994年1月，第2710頁。

戴山青：

事雁之鉢　《中國歷代璽印集萃》，北京線裝書局，1997年9月，第33頁。

小林斗盦：

卑雁之鉢　《中國璽印類編》，天津人民美術出版社，2004年6月，第92頁。

徐　暢：

一　對「卑雁之鉨」的質疑

「畋雁之鉨」在《印典》中五處六見（圖一—圖六）（康殷、任兆鳳：《印典》（4冊）。中國友誼出版公司，2002年）。

第601頁卑字欄：釋爲「卑雁之鉨」（圖一）。「篁」著錄。小字注曰：「作卑與甲文同。」

第739頁鷹字欄：鷹、雁同爲字頭。注釋「卑」一字（圖二）。小字注曰：「鷹字周金作，象大鳥啄人落肉狀，以示其鳥必猛禽之鷹。借爲膺。漢又加鳥作鷹，或又加疒爲聲作⿸疒鷹。說見拙撰《源流》。」未注明著錄印譜出處。

第741頁雁字欄：釋爲「卑雁之鉨」（圖三）。「觀」著錄。小字注曰：「字同今文之鴻雁字，然實古文鷹字也。鷹、鴈二字漢代人與今不同，說已略見上文鷹，鷹下重見。」

第1170頁之字欄：釋爲「卑鷹之鉨」。收錄兩朱跡（圖四、圖五），其一注明著錄者：「林」著錄。

第2710頁鉨字欄：釋爲「卑雁之鉨」（圖六）。未注明著錄者。

此朱跡在《印典》六次出現，看來作者是非常看重這方璽印的。該印三處注明原著錄者。可知曾經「篁」（佚名輯《惜篁館藏古璽印譜》）、「觀」（徐子靜輯《觀自得齋印存》）、「林」（林廷勳輯《璽印集林》）至少三家印譜著錄。

《中國歷代璽印集萃》第33頁重新著錄，釋爲「事雁之鉢」。

次字釋爲「雁」字，已是不爭之定論。《說文》：「雁，鳥也。从隹，从人，厂聲。讀若鳫。」徐鉉等注：「雁，知時鳥（案：即今所說的候鳥，知時而返），大夫以爲摯，昏（婚）禮用之，故从人。」段玉裁注：「……經典鴻雁字多作鳫。」《說文》：「隹，鳥之短尾總名也。象形。」王筠句讀：「謂凡短尾者，通名爲隹，非从隹之字皆短尾鳥也。」《說文》：「鳥，長尾禽總名也。象形。鳥之足似匕，从匕。」古文字中隹、鳥形近，常混用。文獻經典中亦多通用。

圖一

圖二

圖三

圖四

圖五

圖六

 上博緇衣　戰國

 璽彙 1840　戰國

 秦公石磬　春秋

 陶三 001　戰國

 包山 161　戰國

 璽彙 1724　戰國

 璽彙 3655　戰國

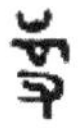 璽彙 4292　戰國

關鍵是首字，應釋事？還是卑？或是另有其釋？

二　初步判斷

既然雁字確不可易，那麼「卑雁」何義？《說文》：「卑，賤也，執事也。从𠂇、甲。」

卑是破音字，有五讀：一、卑bēi，有（身分或職位）低下、（地勢）低下、低劣（如卑鄙）、卑劣、輕視、鄙薄、謙恭、衰微、衰小、柔弱、姓等義項。二、卑bǐ，通「俾」，使。三、卑bì，同「蹕」。四、卑pí，償。五、卑bān，卑水，河名，古縣名。卑的上述各義項如與「雁」聯綴搭配，都不能成辭。卑，雖然可作爲姓氏，但是這麼大的長方形璽印應爲官鉨而非私鉨。顯然，如果釋爲「卑雁」從詞義上說是不妥當的。

如釋「事雁」，從詞義上說得通。《說文》：「事，職也。从史，之省聲。」古文字事、史、使、吏本爲一字，後分化。但是，此印首字並非从史。戰國陶文、楚簡、金文、璽印文字、溫縣盟書、雲夢秦隸等（圖七）無一字形與之相似，甚至差距很大，一覽即可判定。筆者從字形判斷：首字从田，从又，畋字異體。古文字中攴旁與又旁常常通用（《先秦璽印考釋發微》，《印學研究》（古璽印研究專輯）文物出版社，2014年，第39頁；《古璽印中的偏旁通用例》，《第四屆「孤山證印」西泠印社國際印學峰會論文集》，西泠印社出版社，2014年。）「畋雁」亦可成辭，容易理解。

畋，有兩義：一、平田。耕種《說文》：「畋，平田也。」《尚書・多方》：「畋爾田」，

「畋」即《説文》本訓爲治田的「佃」（朱駿聲：《説文通訓定聲》，武漢市古籍書店，1983年，第843頁。）「佃臣」意思是從事農業的臣。二、打獵。《廣韻》：「畋，取禽獸也。」《書・五子之歌》：「乃盤遊無度，畋於有洛之表，十旬弗反。」

三　文字學方面的考察

首先我們要搞清楚「卑」字和「畋」字的區别。

《説文》：「卑，从𠂇、甲。」朱駿聲通訓定聲：「……酒器。象形。持之，如今之偏提，一手可攜者，其器（同隨，俗作隳，通橢）圜（圓也），有柄。」卑，小篆从甲，从又（圖八）。隸書因之，比較容易辨别。戰國文字「卑」因「持之」，「有柄」，所以並非从田，从又，而是在「田」符豎下有一短横，多在左側，如周中牆盤、中山王鼎、秦陶、古璽等（圖九）。如短横在右側，和下面的又符相連，易誤爲从田、从攴的畋字（圖一〇）。或在「田」符下有一短横，或多一點以示與單純的「又」符區别而「有柄」，如侯馬盟書、郭店緇衣等（圖一一）。如果我們把「卑」字分離成上下兩部分，可以看出是手（又）持有柄的酒器，即所謂的「甲」（圖一二）。三晉私璽和卑（林，圖一三）的卑字，已訛變從「甲」，但又不從又。秦私印王𢍏（舉，圖一四）的𢍏字，已與小篆的𢍏字形近，因戰國晚期秦國已通行小篆。

圖八

墻盤　周中

中山王鼎　戰國

陶五384　戰國

璽彙3525　戰國

圖九

師𩛥簋　周晚

鞄氏鐘　春秋

圖一〇

侯馬盟書　戰國

救秦戎鐘　戰國

郭店緇衣　戰國

侯馬盟書　戰國

圖一一

圖一二

圖一三

圖一四

圖一五

圖一六

圖一七

圖一八

圖一九

圖二〇

畋字从田从攴一般是左右結構，田符置於字形的左上隅或右上隅，如易縣出土的左宮畋（陶4.52，圖一五）、三晉官璽右畋（璽彙5277，圖一六）、畋（5277，圖一七）、三晉私璽畋赤（1495，圖一八）、燕私璽畋興（1507，圖一九）等。如若上下結構，則从田从又，如楚官璽畋雁之鉨（圖一—圖六）、齊私璽畋事賈（3677，圖二〇）（《璽彙》3677作「□□」。首字《古文字類編》第80頁、《戰國文字編》第184頁均誤作卑。次字从吏，从辵，事之異文。即賈之古文。燕陶文畋（燕下都陶）上述二編亦誤釋作卑，歸於卑字欄。）、燕陶文畋（燕下都陶，圖二一）。在古文字中，攴、又形旁通用。

高明著《中國古文字學通論》，在「意義相近的形旁互爲通用」一節（《中國古文字學通論》，北京大學出版社，1996年，第129~159頁）中，舉出人、女，兒、女，首、頁，鳥、隹等32例，但失載攴、又形旁通用例。上舉「畋」字既有「攴」旁，又有「又」旁的字例，是可以說明「攴、又形旁通用」的。又如啓（類編419，圖二二）、敏（類編420，圖二三）、臤（類編421，圖二四）、敚（類編427）、敗（類編429）、敢（類編441、442，圖二五）等字都有充分的字例作爲佐證。啓字甲骨文作𢻮，會以手推窗戶之意。後从啟、从攴，多用繁文。敗的本意爲毀壞。《說文》：「敗，毀也。从攴、貝。會意。」攴讀撲。《說文》：「攴，小擊也。」甲骨文字形作又（手）持樹枝或短棍。「用爲撲擊字。」敗字是用手持棍敲擊貝殼（古代貨幣），表示損毀。商周甲金文字的「敗」多从「攴」，《包山楚簡》022則省簡从「又」。

「畋雁之鉨」的「畋」字被釋爲「卑」的理由，很可能是該字「田」旁有豎畫出頭，被認爲是从「甲」从又，與小篆同義。實際上並非如此，我們可以認爲「攴」即「又」上的「卜」符與「田」符中的豎畫和橫畫的右半部份「重疊」，即借用筆劃。也就是古文字學中的借筆現象（吴振武：《古文字中的借筆字》，《古文字研究》第20輯，中華書局，2001年）。筆者認爲：畋从攴、田，也可以从又、田。在最近出版的古文字工具書中也可以找到佐證。《新見金文字編》收録一個字就是从又、田（圖二六）。《季姬尊》（西周中期）文：君命宰茀易（賜）季姬畋臣於空桑（原著録於《文物》2003年第9期。又著録於陳斯鵬等編著《新見金文字編》，福建人民出版社，2012年，第106頁）。《季姬尊》的畋字「又」作斜置；「畋雁之鈢」的畋字「又」作横置，都是从又、田，釋爲「畋」決無疑問。

燕下都陶　戰國

啓爵　商代

陶三980　戰國

陶三981　戰國

圖二十一

中山王鼎　戰國

鄂君啓節　戰國

王子啓疆尊　春秋

璽彙3657　戰國

璽彙2581　戰國

圖二十二

大盂鼎　周早

戜簋　周中

師嫠簋　周晚

璽彙0534　戰國

史鉼敏尊　周早

圖二十三

毛公鼎　周晚

師望鼎　周中

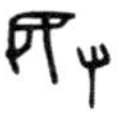
雍工壺　戰國

璽彙3216　戰國

克鐘　周晚

沙其鐘　春秋

雍工壺　戰國

雲夢日甲　戰國

圖二十四

大簋　舟中

姑發劍　春秋

陶三407　戰國

包山038　戰國

璽彙3404　戰國

璽印集萃　戰國

侯馬盟書　戰國

陶四001　春秋

守丘刻石　戰國

包山015　戰國

郭店六德　戰國

郭店老甲　戰國

圖二二五

圖二二六

四　生物學、藝術學方面的考察

雁，雁形目，鳥綱一目。中、大型游禽，分佈於全世界，大多具有季節性遷徙的習性，在地面上或樹洞中營巢。此目有2科，即鴨科和叫鴨科。鴨科，世界有160種，中國有50種，常見綠頭鴨、天鵝、豆雁等（《中國大百科全書》第二版，第26冊，第24頁）。天鵝又稱鵠、鴻鵠，與雁同屬鳥綱一目鴨科。古人曰「飛時不見雲和日，落時不見湖邊草。」天鵝飛翔時也作「人」字形排列。

雁（鴈），鳥綱，鴨科，雁亞科各種類的通稱。大型游禽。形略似家鵝，或較小。每年春分後飛回北方繁殖，秋分後飛往南方越冬，爲侯鳥的一種。飛時排成「一」字或「人」字形。中國常見的有鴻雁、豆雁、白額雁、灰雁、斑頭雁等（《辭海》2011 年典藏本「雁」字條）。

雁飛得相當高，故揚雄說：「鴻飛冥冥」雁的羽毛很輕，所以素來有「輕如鴻毛」的說法。雁的羽毛可以製扇。

雁很機靈，夜宿時，常置守夜雁，發現動靜，即鳴叫以驚醒群雁。獵人將計就計，一夜數驚，使警衛雁報警失靈，再對雁群加以攻擊。

圖二七　采自吳山編著《中國紋樣全集／新石器時期和商・西周・春秋卷》，山東美術出版社，2009年

圖二八　采自《中國漢畫研究》第二卷，廣西師範大學出版社，2006年，第376頁

圖二九　采自張道一《畫像石鑒賞》，重慶大學出版社，2009年，第241頁

圖三〇　陝西漢畫像石，采自《中國漢畫研究》第二卷，廣西師範大學出版社，2006

年，第317頁

雁的形象是古代藝術品常常表現的內容，春秋戰國銅器、漢代畫像石上經常可以看到。春秋銅器的「大雁紋」（圖二七）似閒庭信步，形象逼真，紋飾精美。漢代畫像石中以《飛雁畫像石》（圖二八）最爲精彩。天空中五只雁正在循序而飛，居於中間的兩只幼雁正在回首招呼它們的母親，雁家族其樂融融，畫面生動感人。《雙牛耕田／蘆葦大雁圖》畫像石（圖二九），陝西靖邊寨山村漢墓出土，在墓門左立柱（畫像局部）。刻畫的是在蘆葦蕩裏尋覓食物的兩只大雁，一只肥壯，一只瘦長，應該是一對配偶，公雁正在回頭探視母雁，可謂含情脈脈，一往情深。兩雁的搭配形式似乎成了定式，如陝西漢畫像石（圖三〇），墓葬石門門柱右豎格下層刻的兩對雁（另有水鳥2只、雉2只）；陝西米脂官莊畫像石《拾糞圖》（圖三一）上層刻的一對雁，都是公雁一步一回首的情勢。即使墓葬石門門柱上單刻一只（圖三二），也是回首顧盼，等待它的另一半。只有《牛車大雁圖》例外，刻畫的是三只雁（圖三三），公雁回首顧盼，卻跟了兩只母雁，令人費解，這對感情專一的雁來說是不可思議的。亦或一只是成年尚未婚配的子雁？

五　歷史學、社會學方面的考察

1.文獻中的畋、雁

《左傳·桓公四年》：「四時之田，皆爲宗廟之事也。」春曰田，夏曰苗，秋曰蒐，冬曰狩。《公羊傳》曰：「狩者何?田狩也。」可見今日所言的田獵、狩獵，古代合稱爲田狩。畋狩是封建統治者獵獸娛樂、練兵演武、習威儀、取食祭祀、驅獸害、保護農作物相結合的一項活動，並加以制度化，成爲一種「歲時常典」，可見它在統治者的政治、軍事、經濟生活中的重要作用。古代狩獵也很注重保持生態平衡，不濫殺濫捕，合理利用野生動物資源。史料記載：古代四季狩獵有不同的稱謂。春天叫「春搜」，意思是指對捕獵的動物要有選擇，專挑那些不孕的鳥獸來打；夏天叫「夏苗」，主要獵取那些對禾苗有危害的鳥獸；冬天叫「冬狩」，因爲冬季鳥獸已經長成了，獵取時不必選擇，可採用合圍捕獵的方法。那時的田獵實際上是以動物爲模擬敵的大規模軍事演習。據《周禮·夏官·大司馬》記載，田獵有與實戰一樣的列陣、編隊、金鼓、旗幟、進退。因此，田獵也被稱爲國君的講武之禮，用來檢閱軍隊的陣伍、騎射、禦車、技擊、奔跑等能力。春秋戰國時期已普遍流行騎射，車騎狩獵、人獸搏鬥、射虎的狩獵方式，配以犬逐、焚山、矢射、布網、設阱、弋射等方法，已經非常完善（徐暢：《先秦璽印圖說・漁獵篇》，文物出版社，2009年。）。石鼓文中記載的漁獵活動，不僅僅是大規模的軍事演練，也是爲來年出兵準備乾糧（徐暢：《石鼓文刻年春秋晚期秦哀公三十二年說》，《全國第六屆書學研討會論文集》，345～354頁）。

圖三一　采自《中國漢畫研究》第二卷，廣西師範大學出版社，2006年，第235頁

圖三二

圖三三　采自《中國漢畫研究》第二卷，廣西師範大學出版社，2006年，第8頁

《左傳》中田弋是指弋射；田狩、田獵是指狩獵；田弋則指弋射和狩獵。文獻中田、敀通用。射雁是最經常的活動，或用禽來指代包括鵠、雁等天上飛鳥。

《左傳·哀公七年》說：「曹伯陽即位，好田弋。曹鄙人公孫強好弋，獲白雁獻之。」

《史記·楚世家》說：「楚人有好以弱弓微繳加歸雁之上者。」

《昭公八年·穀梁傳》記以獵獲的飛禽獎勵射鵠中的士眾的故事：

秋，蒐於紅（魯國地名，今江蘇蕭縣西南）。因蒐狩以慣用武事，禮之大者也……面傷不獻，不成禽不獻；禽雖多，天子取三十焉，其餘與士眾。以習射於射宮，射而中，田不得禽，則得禽。田得禽，而射不中，則不得禽。是以知古之貴仁義而賤勇力也。

魏陳思王曹植有《繳離雁賦》：「範氏之發機兮，播纖繳以淩雲，掛微軀之輕翼兮，忽頹落而離群。」生動地描寫了獵人用矰繳射雁的情況。

關於敀雁（或稱弋射）的圖像，在春秋戰國時期的銅器上多見。

戰國早期銅壺狩獵紋（圖三四），第三層畋雁紋飾應是由印模壓印鑄成，每組畫面有三位獵人持弓向天上飛行的八只大雁弋射，箭上連著繳繩。

唐山賈各莊戰國嵌鑲狩獵銅壺（圖三五），用陰刻表現以弋射、搏鬥、車逐等狩獵手段捕獵各種禽獸的浩蕩場面，使我們感受到了血與火的殘酷，以及爲生存而搏鬥的精神和狩獵的樂趣。畫面的左邊有一弋射者側身射雁，一只已被射中，雁身帶繳，正在鳴叫掙扎，右上方的另一只見勢不妙，正迴旋飛逸。畫面的右邊有三個弋射者，兩人張弓待發，一人已經發射，天空中兩只被射中，已見繳線連著雁身，一只飛身逃逸，另一只背向者尚不知情，似停留在樹上，悠閒自得。在這種大型的狩獵活動中，畋雁是必有一項內容。

圖三四　采自吴山編著《中國紋樣全集／戰國·秦·漢》卷，山東美術出版社，2009

年，第49頁

圖三五　采自《中國歷代青銅器紋飾》（二），第39頁，圖11-9

古人射飛鳥時，在短箭末端上系以細絲，這叫做弋射。用矰繳射鳥之事，至遲起源於周代。《周禮・夏官・司弓矢》：「矰矢茀矢，用諸弋射。」注：「結繳於矢謂之矰。矰，高也。茀矢象焉，其之言刜也。二者皆可以弋飛鳥。刜，羅之也。」《詩經・鄭風・女曰雞鳴》：「將翱將翔，弋鳧與雁。」注曰：「弋，繳射。謂以生絲系矢而射也。」《說文》：「矰，弋射矢也。」弋，在《說文》中作隿。曰：「踦，射飛鳥也。」至於繳，按《說文》的說法是：「生絲也。」漢代文獻中，多次提到「矰繳」。如《史記・留侯世家》：「雖有矰繳」。韋昭曰：「繳，弋射也，其矢曰矰。」《索隱》：「馬融注《周禮》雲：『矰者，繳系短矢謂之矰。』一說雲矰，一弦，可以仰高射，故雲矰也。」《史記·楚世家》：「王綪繳蘭臺」，按：「繳，絲繩，系弋射鳥也。」《淮南子·俶真訓》中有：「令矰繳機而在上，罟張而在下，雖欲翺翔，其勢焉得？」高誘注：「矰，弋射身短矢也。機，發也。」《淮南子·說山訓》：「好弋者先具繳與矰。」注：「矰，短矢。繳，所以系者。」（李發林：《漢畫考釋和研究》，中國文聯出版社，2000年，第164～165頁。）

戰國銅器上多見弋射圖。

成都百花潭戰國前期宴樂水陸攻戰紋錯金銅壺的弋射圖（圖三六），在第二層右部，有短裝弋射者四名，用矰繳（系繩的箭）仰射飛鳥，四只鳥已貫矢下墜，另一只剛被射中。有學者認爲：畫中所射的水鳥，從形狀看是鵠。如李時珍所描述，「鵠大於雁，羽毛白澤，其翔極高而善步」（《本草綱目》卷四十七），即今天所說的天鵝。鵠不易射中，所以古人把箭靶的靶心稱爲「鵠」。

故宮博物院所藏戰國桑獵宴樂壺上的弋射圖（圖三七），見於圖像第二層右方。天上有鴻雁翺翔，水中有魚、龜、鳥遊動，一人執弓乘舟，四人跽地隱蔽，仰頭弋射，五只雁已被射中，拖著長繳掙扎（徐暢：《先秦璽印圖說》卷首圖版，文物出版社，2009年。）。湖北隨州戰國曾侯乙墓出土的一個衣箱上有兩組圖案，描繪扶桑、飛鳥及弋射者（《湖北隨縣曾侯乙墓發掘簡報》，《文物》1979年第7期。），此外，河南輝縣琉璃閣出土的戰國狩獵紋銅壺（郭寶鈞：《山彪鎮與琉璃閣》，科學出版社，1959年，圖版壹零三。），以及上海博物館收藏的戰國宴樂紋銅杯，都有或繁或簡的弋射紋樣。這些紋樣，都生動地反映了當時弋射高空飛禽的情景。戰國時有不少人以弋射高空的飛鳥而聞名，如唐易子、蒲苴子等（徐暢《先秦璽印圖說·弓弩篇》）。

在漢畫像磚上也多有弋射的畫面。四川東漢弋射收穫畫像磚（圖三八），成都市郊出土，成都市博物館藏。弋射畫面的右邊，是一個蓮池，蓮花垂露，蓮葉浮於水面。水下有大魚數尾，水面野鴨游泳。蓮池上空，一群雁鶩正在往東西兩邊疾飛，左端樹蔭下，隱蔽著兩個弋人，正張弓欲射。弋者所用的短矢就是矰。矰後系著繳（絲線），繳的另一端系著可以轉動的石機——「磻磻」（簡稱「磻」）。矰射出後可以像放風箏似地把獵物收回。

此外還有漢陂塘養殖射雁圖（四川彭州義和鄉徵集，圖三九）。陂塘，又稱陂池、陂澤。陂塘工程系利用自然地勢、經過人工整理的貯水工程，其功能是在蓄水溉田的同時又能養殖魚藕。我們要注意的是陂塘中有一些浮游的水鳥，獵人們乘船捕捉，一只船上的獵犬正躍躍欲試。右側的岸上，有獵人正在射雁。

另有漢射雁畫像（線畫摹本，圖四〇），原石殘蝕太甚。四人持弓射箭，三人作跪拜伏地狀，三人似乎是等待大雁落下隨時撿拾。在漢射雁圖（線描圖，圖四一）中，天空有排列成一字形相向而飛的四列大雁，隱蔽在樹下的兩名弋者正在射獵。這兩幅射雁圖中，均未見到繳（絲線），可以作出判斷：陸上射鳥雁不用矰繳；湖塘邊射鳥雁須用矰繳，便於回收。

2. 執贄用雁

古人初次進見尊者時所執的禮物叫贄（zhì）。

圖三六　摹本，四川省博物館藏，采自《文物》1976年第3期

圖三七　摹本，故宮博物院藏，采自《文物》1977年第4期

圖三八　弋射畫像磚（拓本），縱40釐米，橫49釐米，成都羊子山出土，采自龔廷萬等編著《巴蜀漢代畫像集》

圖三九　拓片，縱25釐米，横44釐米，彭州出土，采自龔廷萬等編著《巴蜀漢代畫像集》

《士相見禮》云：「天下大夫相見以雁，上大夫相見以羔。」

《周禮．春官．大宗伯》：「以禽作六摯，以等諸臣，孤（君王）摯皮帛，卿摯羔，大夫摯雁，士摯雉（野雞），庶人摯鶩（鴨），工商摯雞。」

中國文化史上兩位最偉大的聖人——孔子與老子的相見是古代學術史上的一段佳話。它標誌著儒家學派和道家學派的交流與溝通，也體現出孔子虛心學習的態度。老子比孔子大許多歲。據說老子曾做過周朝的「守藏室之史」，即管理國家藏書的史官，對周朝的文史和禮儀制度比較熟悉。孔子崇信周禮，故專程去拜訪老子「問禮」。故事見於《史記．老子韓非列傳》《孔子家語》等書。畫面上孔子手中捧一只鳥（有的畫兩只鳥），應即是雉，因爲孔子初次拜見老子，應執贄而見（圖四二）。孔子身份爲士，所執的禮物應當是雉。有的圖上鳥兒從袖中探出頭來，連空中的飛鳥也被引來觀看（圖四三）。但也有學者稱孔子手上捧的是雁，可能是「年五十，由魯國中都宰升任司寇，攝行相事」的緣故，這是後來的事。

《韓非子·說林下第二十三》記曰：齊伐魯，索饞鼎，魯以其鴈往。齊人曰：「鴈也。」魯人曰：「真也。」齊曰：「使樂正子春來，吾將聽子。」魯君請樂正子春，樂正子春曰：「胡不以其真往也？」君曰：「我愛之。」答曰：「臣亦愛臣之信。」魯國臣（或曰外交使節）以雁爲贄禮往訪齊人。齊人說：「這只是一只雁而已。」魯人卻回答：「這是真誠的表示。」魯人以雁爲贄禮表示對齊人的尊重和真誠，以求得兩國修好，化干戈爲玉帛。從上述兩例，可見雁在古代人際交往中的重要作用。

3.五禮皆用雁

古代昏（婚）禮無論尊卑皆用雁。《禮記·婚經》中提到六禮，即納彩、問名、納吉、請期、納幣、親迎六項：

納彩，男家請媒人向女家提親，女家答應議婚後，男家備禮前去求婚；

問名，男家請媒人詢問女子的名字和生年月日，將歸卜其吉凶；

納吉，男家卜得吉兆之後，備禮通知女家，決定締結婚姻；

請期，男家納征之後，擇訂婚期，備禮告女家，求其同意；

納征，也稱納幣，男女兩方締婚之後，男家把聘禮送給女家；

親迎，新婿親至女家，迎娶新娘。

其中納彩、問名、納吉、請期、親迎五禮「皆用雁」。雁是候鳥，冬天南飛，春天北歸，向來不失時節，象徵守信義；雁遷徙時，按長幼先後列隊飛翔，年齒有序，雁之平行（所謂「雁行」）而有次序，象徵「夫妻有序」，敬老愛幼；雁是雌雄一配而終，縱有半途失偶，也不再擇偶，不久便哀鳴而死，故有忠貞和白頭偕老之義。此三義，皆符合中國封建社會尊重的儒家思想法則，所以古人對雁十分看重，五禮皆用，即男方以雁爲摯禮贈送女方。納征，「不用雁，以其自有幣帛可摯故也。」

4.雁是美味

由《周禮・天官・食醫》知，周代專屬調和食味之官，已有專門飲食之學。這時食前一般得先象徵性地薦祭先人（即泛祭）。宴會時飲食、飲酒均有專門禮節，據學者統計，進食禮儀有十四項之多（陳紹棣：《中國風俗通史》（兩周卷），上海文藝出版社，2003年，第25頁。）。據《周禮》中的《天官冢宰》《春官宗伯》二節記載，僅供給天子飲食的人就有膳夫、庖人等二十餘種，如庖人主管供應天子膳食所需的肉味：六畜（馬、牛、羊、豕、犬、雞）、六獸（麋、鹿、熊、麇、野豬、兔）、六禽（雁、鶉、鷃、雉、鳩、鴿）。負責西周王室飲食的官員高達2300人，這一數字說明周王室中庖廚的重要性，也正是這一龐大的飲食管理機構，把春秋戰國時期的菜肴製作技藝提高到了一個新的水準。雁等六種禽鳥已是君王貴族餐桌上的重要野味。

圖四〇　采自胡立新編《鄒城漢畫像石》，文物出版社，2008年，圖33

圖四一　《漢畫像石全集》二編圖41（邢義田線描圖），邢義田著《畫爲心聲：畫像至、畫像磚與壁畫》，中華書局，2011年

圖四二　《孔子見老子》（1），采自《中國美術分類全集·中國畫像石全集2·山東畫像石》，山東、河南美術出版社，2000年，圖99

圖四三 《孔子見老子》（2），山東嘉祥縣核桃園鄉齊山村出土(局部），采自張道一《畫像石鑒賞》，重慶大學出版社，2009年，第209頁

雁肉、蛋可吃，皆爲野味。雁肉之美，連和尚也饞，如《西域記》說：「昔有比丘見群雁飛翔，思食之，忽有一雁自殞。佛謂比丘曰：『此雁王也。不可食。』乃瘞而立塔。」《古今圖書集成・禽蟲典》引《嫩真子》說：「唐玄奘法師往五印度取經，至西域王舍城之中，有僧婆窣堵波。僧婆者，唐言雁也。堵波者，唐言塔也。師至王舍城，曾禮是塔。因問其

因緣。雲，昔此地有伽蘭依小乘食三淨。食三淨者，謂雁也，犢也，鹿也。一日，眾僧無食，仰見群雁翔飛。輒戲言：『今日眾僧闕供，摩薩捶宜知其引。』前者應聲而墮。眾僧欲泣，遂依大乘，更不食三淨，乃建塔以雁埋其下。故師因此名塔。」西安的大小雁塔名稱的來歷應即本此（李發林：《漢畫考釋和研究》，中國文聯出版社，2000年，第298～299頁）。

家鵝是由大雁經過長期馴化而成的。鵝在古文獻中又別名「舒雁」、「鴚（lù）鵝」、「駕（gē）鳥」。如《禮記·內則》說：「弗食舒雁翠。」注曰：「舒雁，鵝也。翠，尾肉也，不可食。」《爾雅·釋鳥》說：「鴚鵝，鵝。」注曰：「今之野鵝。」疏曰：「鴚鵝者，野鵝之別名也。」《爾雅·釋鳥》又說：「舒雁，鵝。」注曰：「《禮記》曰：『出如舒雁』。今江東呼（gě）。」疏曰：「鵝一名舒雁，今江東呼，某氏云，在野舒翼遠飛者爲鵝。李巡曰：「野曰雁，家曰鵝。」《山海經·中山經》說：「青要之山，是多駕鳥。」注曰：「駕宜爲鴐，鴐，鵝也。」《楚辭·七諫·謬諫》說：「畜鳧駕鵝，雞鶩滿堂壇兮。」注曰：鴐，「野鵝也。」畋駕//茲午鈢（圖四四）（《璽彙》1508原釋爲「畋雝//口鉩」；戰234釋爲「雊」；何91、403頁作畋雋//茲午鉩；雋，雊字初文。次字从隹，但並非从雙口—吅，左邊的口有殘蝕，似尚三豎畫。肖曉輝《古璽名字解詁》也注意到這一狀況，次字从隹，从右（）。亦誤。原字元右部筆劃殘蝕並筆，復原應作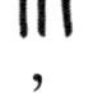，即力，和右側的口合作加，即从隹，加聲。古文字中隹、鳥旁通用，雋即鴐字。），畋鴐即畋野鵝，也就是畋雁。此爲兩面印，屬私印性質。姓畋名鴐？還是以畋鴐（雁）爲業？或另有官印？使人遐想。總之，和「畋雁」沾上了邊，是重要的研究資料。

家鵝最早的飼養，可能從新石器時代即已開始。古人對鵝之生活習性早已熟習。《齊民要術》一書有《養鵝鴨》一節，敘述其飼養法、繁殖法頗詳。「野曰雁，家曰鵝。」或稱雁爲野鵝，形象極爲相似。所以，雁、鵝在古器物或漢畫像中難以分辨。容庚、張維持《殷周青銅器通論》著錄一春秋戰國時期的鳥尊，長頸，喙可以開合。腳蹼寬大使整器穩定。引錄者或釋爲鵝尊，實際應爲雁尊。尊，古代盛酒禮器；雁，酒宴上的佳餚。兩者結合構思奇妙，珠聯璧合。

六　璽印中的畋和雁

封建統治者如此重視狩獵活動，必然會設置管理狩獵的職官，這在璽印中得到了一些反映。

在先秦古璽中，畋字在官璽、私璽中多見。私璽中多作姓氏或私名。畋棄（鳥蟲篆印，鐵，圖四五）、畋（鐵）、畋尊（燕，圖四六）、畋腹（津，圖四七）、畋（鐵）、畋興（尊）、畋生駟（虹，圖四八）、畋駕//茲午鉨（郵，圖四四）、韓畋（磬）等十餘方，皆屬燕系私璽；韓畋的「畋」是私名，其他的都是姓氏。攴旁末筆左側加一贅筆，是出於相同的書法習慣，也是燕系璽印的特點。

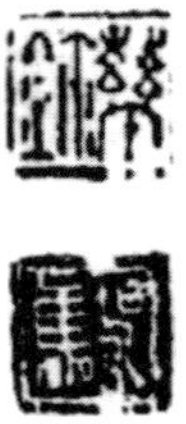

圖四四　畋駕//茲午鉨兩面印

圖四五　畋棄

圖四六　畋尊

圖四七　畋腹

圖四八　畋生駟

圖四九　畋遊

五五〇　畋箊

圖五一　畋慶

圖五二　畋鉨

圖五三　秦「中官」雁形帶鉤紐印

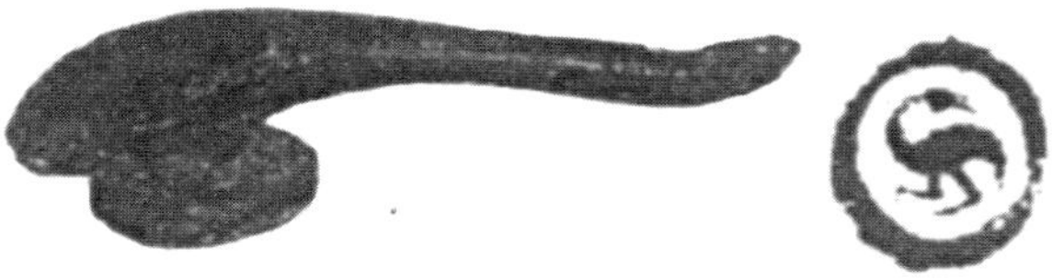

圖五四　雁圖像帶鉤印

圖五五　「一以心事」雁紐

畋尗（1495，圖一八）、畋（1496）、畋遊（陳，圖四九）、畋遛（林）、畋竘（京）、畋筡（故，圖五〇）、畋慶（1489，圖五一）、畋犨（尊）、畋軔（1487）、畋犒（珍戰）、畋觭（故）、畋慶（集）、畋豫（津）等十餘方，皆屬晉系私璽。畋，姓氏讀作田，田即畋的初文。或以職官爲氏。

左宮畋（陶彙，圖一五），燕系公璽。畋，應是右宮管轄下的工官畋的私名。

右畋（2717，圖一六），三晉官璽。畋（5277，圖一七），即「畋鈢」之省，三晉官璽。畋鈢（0270，圖五二），天津藝術博物館收藏。作於戰國早期，楚系官璽，首字《古璽彙編》（《古璽彙編》本文簡稱「璽彙」，四位數字即《古璽彙編》的編號。）釋爲「時」，吳振武改釋「畋」。曾侯乙墓竹簡中有「畋尹」，可證古代確有畋官。「畋」字在古書中既當「治田（平田、耕種）」講，也當「田獵」講。楚處南方，多沼澤，多大雁。設置有專事捕獲大雁的官署，「畋雁之鈢」就是該官署的用印。由此可知，右畋、畋都是負責畋狩活動的機構。右畋、左畋應是中央的官署，畋不署地名可能是地方的機構，可以隨時頒發。這類帶「畋」字的官璽，應是掌管農事和田獵的官員用印（徐暢：《先秦璽印圖說・漁獵篇》，文物出版社，2009年。）。

秦「中官」雁形帶鉤紐印（程訓，圖五三）。中私官，中宮食官令的簡稱，負責秦王飲食的官吏。「中官」系自刻在雁形帶鉤紐上，非正式官印。用雁形帶鉤系在腰上，提醒自己要爲帝王提供美食，或以製作「雁」肴見長，可見「雁」在美食中的地位。

雁圖像帶鉤印（集粹，圖五四），以雁爲裝飾圖案，印主的身份應與食官或畋雁有關。

「一以心事」（精選，圖五五），雁鈕。意爲專心一意服侍君王，與敬事、事上、事君必慎等成語璽義同。三晉璽印以雁鈕爲裝飾，以成語爲印面文字，雖非官璽，但印主的身份當與食官或畋雁有關。

圖五六　戰國雁頭帶鉤圖像印

圖五七　雁圖像印

圖五八　雁圖像印

圖五九　三雁紋瓦當

圖六〇　三雁紋瓦當

圖六一　三雁紋瓦當

戰國雁頭帶鉤圖像印（故宫，圖五六），雁頭帶鉤爲飾，鉤鈕上卻刻鑄獸形，印主的身份應與園囿有關。古代君主的園囿多飼養大雁與各種獸類。《左傳·襄公十四年》記曰：

衛獻公戒孫文子、寧惠子食，皆服而朝。日旰不召，而射鴻（雁）於囿。

衛獻公與孫文子、寧惠子約朝共宴食，兩個人都穿著朝服在朝廷上等候，天晚了衛獻公還不召見，反而在園囿裏射雁。

雁圖像印（世紀，圖五七；考略，圖五八），銅質橋鈕，秦代，或遲至西漢初期。印主的身份應與飲食、畋雁或園囿有關。

三雁紋瓦當（圖五九），西安相家巷秦遺址晚期遺存出土，報告（中國社會科學院考古研究所漢長城工作隊《秦封泥的發掘》，《考古學報》2001年第4期。）釋爲「鳳紋瓦當」，因鳥無冠羽，應爲雁紋。三雁紋瓦當是園囿或畋雁官署的用瓦。三雁紋瓦當還見兩例（紋樣全集，圖六〇；紋樣全集，圖六一），布白稍滿，時代也稍晚，爲秦至西漢時期。

結　語

漁獵是人類獲取食物的重要手段，畋雁是其中一個重要的方面。

以上通過對「卑」和「畋」字的文字結構的分析、比對，找出它們各自的特徵和佐證，斷定楚璽「畋雁之鈢」的未識字是畋字。又從歷史學和社會學的角度觀察，通過對雁的屬性和特點，文獻中的畋、雁，五禮皆用雁，雁是美味，璽印中的畋和雁等內容進行分析，從而認識：雁，雁形目，鳥綱一目鴨科，大型游禽，形略似家鵝，或較小。「野曰雁，家曰鵝」，爲侯鳥的一種。天鵝又稱鵠，與雁同屬鳥綱一目鴨科。天鵝飛翔時也作「人」字形排列。《韓非子·顯學第五十》曰：「水擊鵠鴈，陸斷駒馬」，把「鵠鴈」並稱。所以古籍文獻中沒有太多鵠的資料，往往視天鵝和大雁爲同一類飛禽。

畋狩是封建統治者獵獸娛樂、練兵演武、取食祭祀、驅獸害、保護作物相結合的一項活動。古籍中就有「獲白雁獻曹伯陽」「楚人捕雁」「以獵獲的飛禽獎勵鵠中的士眾」等故事，爲我們釋定「畋雁之鉨」奠定了理論基礎。

古代昏（婚）禮無論尊卑皆用雁。《禮記・婚經》中，提到六禮中「納彩、問名、納吉、請期、親迎皆用雁」。

雁肉、蛋可吃，皆爲野味。雁爲六禽之首，已是君王貴族餐桌上的重要野味。鑒於君王、貴族和社會的需求，統治者設立了相關的官署，這在璽印中得到了反映，楚系畋鉨（0270，圖五二）、「畋雁之鉨」（圖一）等印應運而生。畋鉨是負責田狩的官署，而「畋雁」是負責畋獵雁類（包括天鵝等水鳥飛禽）的官署，專業性更強。除與畋有關的官、私印外，還有以雁爲鈕或爲印面的帶鉤印、圖像印，印主的身份應與食官、畋雁或園囿有關。「畋雁之鉨」是戰國早期時物，最遲不會晚於中期，將另文論證。《楚「畋雁之鉨」考釋》，《中國國家博物館館刊》2016年第2期，第78～94頁。

官璽第一七七：辻（卜）旨（稽）

印　面：

尊古齋古璽集林初二集

著　錄：

《古璽彙編》，北京：文物出版社，1981年12月，第330頁。

《中國篆刻全集》，哈爾濱：黑龍江美術出版社，2000年7月，第365頁。

《古璽漢印集萃》上冊，南寧：廣西美術出版社，2001年10月，第86頁。

《中國璽印類編》，天津：天津人民美術出版社，2004年6月，第143頁。

集　釋：

羅福頤：

3559　旨□　《古璽彙編》，文物出版社，1981年12月，第330頁。

吳振武：

旨迅　《〈古璽彙編〉釋文訂補及分類修訂》，《古文字學論集》（初編），香港中文大學，1983年9月，第517頁。

吳振武：

（四六九）今按：此字从辵从卂，應釋爲迅。金文卂字作（《金》五九四頁）。與此字卂旁同。迅字見於《說文・辵部》。　《〈古璽文編〉校訂》，吉林大學博士學位論文，1984年12月，第374頁。

徐　暢：

六國・私鉨　旨迿　《中國篆刻全集》，黑龍江美術出版社，2000年7月，第365頁。

戴山青：

古璽（私鉨）旨□　《古璽漢印集萃》上冊，廣西美術出版社，2001年10月，第85頁。

小林斗盦：

旨□　《中國璽印類編》，天津人民美術出版社，2004年6月，第143頁。

莫小不：

《古璽彙編》3559，釋作「㫖□」；《中國篆刻全集》釋「㫖迿」；《中國璽印類編》釋「旨□」。按第一字釋「旨」是正確的。字上部爲「匕」。「匕」的一般結構爲二筆，見「旨盧瘦」（圖38。編按：即），又見於越王旨于次鐘；次筆或下引作豎狀，或於豎中更衍一點或一横，見郭店·緇衣10等。後一種寫法形同「千」反篆。大概因爲如此，《説文》言：「舌古文旨。」今以「舌」爲旨字異體。此璽自然可以隸作「舌」，釋作「旨」。

旨字上部古時亦多寫作「 」，但未見寫作「上」的。而「北」字末筆有作豎、横，且横左端出頭的，如北魏安樂文墓誌、石門銘，甚至趙孟頫《妙嚴寺記》行書，也作此狀，頗似「上」。邵瑛《群經正字》：「今經典作㫖，亦或作旨，變从甘爲从日，此亦隸訛。」可見「㫖」是旨過去曾經用過的寫法，但非當今通用字，亦非異體字，此例中也不能算是隸定字。所以「㫖」雖不算錯，但不合適。

後一字《中國篆刻全集》釋「迿」，何琳儀釋「㞷」。亦有待考證。（何琳儀：《戰國古文字典》，北京：中華書局，1998年，第344頁。）《璽文考辨八則》，《杭州師範大學學報》（社會科學版），2008年第5期，第88頁。

李守奎按：

首字爲⿺辶卜，可讀爲「卜」。包山簡「⿺辶卜尹」即楚官「卜尹」。「旨⿺辶卜」當讀爲「卜稽」，掌卜筮之官璽。《尚書・盤庚上》：「卜稽曰：其如台？」

官璽第一七八：⿺辶卜（卜）祝

印　面：

著　錄：

《古璽印精品集成》，上海：上海古籍出版社，1998年9月，第64頁。

《中國璽印篆刻全集》，上海：上海書畫出版社，1999年11月，第25頁。

《戰國璽印分域編》，上海：上海書店出版社，2001年10月，第212頁。
《戰國璽印》，上海：上海書畫出版社，2003年8月，第263頁。
《書法新鑒：古璽文新鑒》，西安：世界圖書出版公司，2005年6月，第134頁。

集釋：

邵　磊：

楚璽文字與信陽、江陵、長沙等地出土的楚簡、帛書文字堪爲一家眷屬，在結體上大多有從右上部向左旋轉的趨勢，並蘊含著濃郁的隸書意味，顯得蕭散、奇譎，而私璽尤甚。

莊新興：

《戰國古璽分域叢談》，《南方文物》，1996年第4期，第38頁。

祝迅　《古璽印精品集成》，上海古籍出版社，1998年9月，第64頁。

莊新興：

楚系·楚　祝迅　《戰國璽印分域編》，上海書店出版社，2001年10月，第212頁。

莊新興：

祝迅《戰國璽印》，上海書畫出版社，2003年8月，第263頁。

肖曉輝：

祝迅《書法新鑒：古璽文新鑒》，世界圖書出版公司，2005年6月，第134頁。

李守奎按：

讀爲「卜祝」。司馬遷《報任安書》：「文史星曆，近乎卜祝之間。」

官璽第一七九：戠（職）𢧵（歲）之鈢（璽）

印　面：

萬印樓藏印六十四卷、陳簠齋手拓古印集四冊，故宮博物院藏印

著　錄：

《古璽彙編》，北京：文物出版社，1981年12月，第35頁。
《故宮博物院藏古璽印選》，北京：文物出版社，1982年12月，第8頁。
《印典》（一），石家莊：河北美術出版社，1989年8月，第305頁。
《古璽通論》，上海：上海書畫出版社，1996年3月，第99頁。
《中國璽印篆刻全集》，上海：上海書畫出版社，1999年11月，第53頁。

《楚文物圖典》，武漢：湖北教育出版社，2000年1月，第423頁。

《中國篆刻全集》，哈爾濱：黑龍江美術出版社，2000年7月，第14頁。

《古印集萃・戰國卷》，北京：榮寶齋出版社，2000年11月，第42頁。

《古璽漢印集萃》上冊，南寧：廣西美術出版社，2001年10月，第25頁。

《戰國璽印分域編》，上海：上海書店出版社，2001年10月，第188頁。

《中國書法全集》第92卷，北京：榮寶齋出版社，2003年2月，第40頁。

《古璽印通論》，北京：紫禁城出版社，2003年9月，第11頁。

《中國璽印類編》，天津：天津人民美術出版社，2004年6月，第48、180、405、441頁。

《古璽彙考》，安徽大學博士學位論文，2006年5月，第162頁。

《戰國璽印分域研究》，長沙：嶽麓書社，2009年5月，第144頁。

《先秦印風》，重慶：重慶出版社，2011年5月，第35頁。

《先秦古璽集粹》，長春：吉林文史出版社，2011年11月，第17頁。

集　釋：

丁佛言：

古鉥  𢧐之鉥 《說文古籀補補》，中華書局，1988年2月，附錄第70頁。

丁佛言：

古鉥 𢧵𢧀 《說文古籀補補》，中華書局，1988年2月，第19頁。

羅福頤：

0205 戠歲之鉨 《古璽彙編》，文物出版社，1981年12月，第35頁。

葉其峰：

戠𢧀之鉨。璽文第一字乃戠字異體，可通職。第二字讀作歲，長沙楚帛書歲字作𢧀，鄂君啓節作𢧀，璽文形近。歲寫作𢧀只見於楚國文物，乃楚之通行用法，故知此是楚印。職歲是官府名，《周禮·天官·冢宰》：「職歲掌邦之賦出」，「凡官府都鄙群吏之出財用受（編按：「受」當屬下讀），式法於職歲。」可見職歲是古代國家管理財政支出的計劃機構。「戠𢧀之鉨」爲《周禮》的記載提供了物證。 《戰國官璽的國別及有關問題》，《故宮博物院院刊》，1981年第3期，第87頁。

《故宮博物院藏古璽印選》編輯組：

38　戠戢之鉨　《故宮博物院藏古璽印選》，文物出版社，1982年12月，第8頁。

吳振武：

戠（職）歲之鉨　《〈古璽彙編〉釋文訂補及分類修訂》，《古文字學論集》（初編），香港中文大學，1983年9月，第490頁。

湯餘惠：

四、「戠戢之鉨」考

《十鐘山房印舉》1.7.1著錄的「戠戢之鉨」，又見於《陳簠齋手拓古印集》，陰刻四字，有田字形闌格，此種形制楚國官璽多見。（戰國楚官璽如「軍計之鉨」「客戒之鉨」「計官之璽」，均有田字形闌格）從文字看，戠字从音作，與楚「戠（織）室之鉨」及「中戠（織）室鉨」相同，這兩鈕古印石志廉同志曾考爲戰國楚璽是正確的。我們認爲「戠戢之鉨」也是戰國楚物，除了上述理由，從戢字更可以得到啓發。

戰國五系文字中，表示年歲之義用字頗有異同。大抵三晉、秦、燕諸國僅用「年」，器物銘刻紀年不用「歲」、「祀」、「戠」三字。齊國銘刻「年」、「歲」二字並用，但用法似有嚴格區別，大凡數字紀年用「年」，十年陳侯午錞「隹十年」、十三年陳侯午錞「隹十三年」是其例；人事紀年用「歲」，子禾子釜「□□立事歲」，陳純釜「陳猶立事歲」可以爲證。齊器陳騂壺銘文同時並用上述兩種紀年形式，稱「隹王五年奠□陳㝵再立事歲」，年、歲二字各有所當，用字體例不亂。

戰國楚器銘刻紀年採用「年」、「祀」、「戠」三字，但三者並不是平行關係，「年」、「祀」流行時代較早，戰國初年楚惠王時代的銅器曾姬無卹壺「惟王廿二又六年」、楚王酓章鐘「隹王五十又六祀」的紀年形式乃是因襲商周以來的傳統紀年套語，我們注意到這兩種紀年形式在戰國中晚期的楚器物銘刻中已經極少沿用，而普遍代之以「戠」字。它不僅用以紀年，還常常出現於「𠯑共戠棠」一句成語中。引人注意的是列國文字中除楚之外其他各國幾乎無一使用戠字，這對判斷此璽的國別很關重要。

戠字究竟應該釋爲何字，是值得進一步探討的問題。關於這個字，歷來影響較大的有釋截、釋歲、釋載三說。楚文字「肉」作，「月」作，學者多有辨正，我們認爲是十分

精當的。戠字下方从「月」不从「肉」（偶有變例不足爲據），釋「胾」之說可謂不攻自破。近年來釋「歲」之說比較盛行，大概是覺得釋「歲」在銘文中都可以讀得通，其實釋爲字義相同的「載」不是同樣可以讀通嗎？安知必定是「歲」而不是「載」呢？因此不從字的形、音、義全面考慮，問題還不能最終解決。釋「載」之說是李學勤同志五十年代提出的看法，我們認爲是正確的，可惜他没有作詳細的闡述。下面提出兩點論證作爲李說的補充。

（1）首先討論「𢦏」字的構形和讀音。戠字从「𢦏」作，又作，應是从戈，之聲。楚文字之字作者習見，省形或作，信陽楚簡之字或作（見105、106、107、109簡）可證。此字運用兼筆，戈、之二偏旁共有一横畫，或以爲戠字从「止」非是。《商周金文録遺》578著録的戟銘（圖一，3）有「戠＝」，顧及前後文義，字下所加的「＝」不可能是重文符號，而在考慮合文的諸種可能的釋法中，惟有釋成「戠之」二字，似覺文從字順。我們把戟銘釋爲「陳旺戠之告（造）賓（府）之（戟）」（詳見另文），楚器昭王鼎銘文云：「卲王之諻之饋𩰫貞（鼎）。」與戟銘文同一例。由此可知楚語固有在一

句話中兩次使用語中助詞「之」字的習慣。戟銘中合文釋法如果不誤，似可作爲「𢦓」字从「之」的確證。

（2）「𢦓」究竟應釋爲何字？以往似乎都沒有講清楚。釋「𢧢」者以爲上面从「𢦏」大概僅僅出於對小篆的附會。我們注意到，商周古文字及除楚國之外的列國文字中均未見𢦓字（春秋器欒書缶「我」字戈旁訛爲𢦓，此爲變例不足爲訓），頗有深入考求的必要。在楚文字中，「𢦓」和「𢦏」應是一字。湖北望山昭固墓出土楚簡中「𢦒郢」一語數見（曾憲通：《楚月名初探》，《古文字研究》第五輯，316頁）；𢦒字不見於字書，可能是从人、𢦏聲的人事災禍的本字，簡文中借爲「哉」（曾憲通：《楚月名初探》，《古文字研究》，第五輯，316頁）。此字又見於鄂君啓節，鄂君啓舟、車二節銘文𢦒郢字並作「𢦔」，抛開形符不看，𢦗、𢦒顯然一字，於是始悟「𢦓」即「𢦏」字異體。前者从戈、之聲，後者从戈、才聲；之、才二字古音相近，作爲形聲字的聲符，兩者可以互用，金文懋字或體作「𢝋」，魚鼎匕頂字作「𩔰」，與此同例。由上可見楚文字的「𢦓」即𢦏（𢦓）字異體，秦統一文字以後，「𢦏」行而「𢦓」廢，遂不見於後世字書。

明確以上兩點很有意義。「戢」是合體字，用「六書」的理論從造字角度着眼，此字非形聲即會意，似無別種可能。𢦏（編按：𢦏疑戢字誤）字从「𢦏」（亦即从「之」）得聲，與歲字古音聲韻遠隔（古音之字，端母、之部；歲字，心母、脂部，聲韻不通），因此把它當成形聲的歲字便失去了立足餘地；至於從會意角度考慮，「月」和「戈」恐怕無論如何也難於會出歲字的「意」來，所以釋「歲」之說斷難成立。

我們認爲戢字可能是从月、𢦏聲的形聲字。月字偏旁作形聲字的義符可以表示時間，如朏、期、朔、霸等字均是，所以李學勤同志認爲戢爲年載的本字是很有道理的。「戢（戢）」、「載」同諧𢦏聲，典籍通作「載」；假借字通行而本字遂廢，此例多見，無須備引。

現在可以回頭探討璽文的涵義了。璽文的「戠（職）戢（載）」應即《周禮・天官》的「職歲」。《爾雅・釋天》「唐虞曰載，夏曰歲，商曰祀，周曰年」，此語不盡可信，但從年載的意義上說，這四個字異名而同實，至少戰國時代如此。字義相同或相近的字常常相互代用，古書上不乏此例，如同一語句此處用「年」而彼處用「歲」，此處稱「荆」而彼處稱「楚」，已是人們所熟知的事實，璽文「職載」《周禮》作「職歲」當屬同一道理。據

《周禮》記載，職歲掌官府、都邑、群吏的財務支出，年終與司會等官署共理會計事宜，是直屬王室的財政機構之一。「戠散之鈢」應即職歲所用的璽印。《楚器銘文八考》，《古文字論集》（一），《考古與文物》叢刊第二號，1983年11月，第62~64頁。

吳振武：

〔三二五〕……本條下所錄〇二〇五號璽文原璽全文作「戠歲之鈢」，葉其峰先生在《戰國官璽的國別及有關問題》一文中已指出此璽中的「戠歲」即見於《周禮·天官》中的「職歲」。據《周禮》記載，職歲掌管邦賦支出，爲司會之副。……就目前所知，戠字作多見於楚璽，可以說是楚文字的特有寫法。故此字應入二九五頁戠字條下。《〈古璽文編〉校訂》，吉林大學博士學位論文，1984年12月，第271~273頁。

吳振武：

〔〇二四〕歲璽文〇二四八號作，下云：「長沙楚帛書歲字作與此同，鄂君啓節作亦與此形近。」

今按：此字从肉不从月，釋歲誤，應釋爲𣦸。關於戰國文字中月和肉的區別，李裕民、郝本性兩先生曾作過很好的論述。他們就楚文字材料得出這樣的結論：在楚文字中，月字是三筆寫成的，外側呈弧形作，而肉字則是分四筆寫成的，外側呈一銳角作＝（李說見《古字新考》，郝說見《壽縣楚器銘文新探》，兩文均爲中國古文字研究會一九八一年年會論文）。雖然李、郝兩先生說的是楚文字中月和肉的不同特徵，但這些特徵在其他地區文字，如侯馬盟書這類手寫體中也同樣是很明顯的。所以他們的結論是完全可以信從的。這裏我們再補充一點：在燕和三晉璽印或其他文字材料中，月、肉二字還有一種加飾筆的區別方法，那就是月字除了作形外，還往往在左下方加一飾筆作，而肉字除了作形外，則往往在右上方加一飾筆作。〇二四八號璽文所从的顯然是肉旁而不是月旁，故應釋爲胾，入九三頁胾字條下。原璽全文作「胾昉信鉨」，胾爲姓氏。古璽中又有「齊信鉨」（《彙》三六九八），字也應釋爲胾，本書未錄（編按：以上所論雖然不是本條之「歲」字，但詳辨散、歲之別，故並錄之）需要說明的是：本條下所錄〇二〇五號璽文是从月的，釋歲不誤。注語中所說的長沙楚帛書和鄂君啓節中的或也都是从月的，應釋爲歲。這裏再附帶就楚文字中字作一些考辨。楚文字中的

也作或，此字舊有釋歲、釋載、釋胾諸說。筆者過去也曾認爲應釋爲胾，讀作載。現在看來仍應以釋歲爲是。第一，此字从月不从肉，故無釋胾之可能。第二，載字楚坪夜君鼎作（《金》七二六頁），中山王嚳方壺作（《中》五二頁），均从才得聲，和《說文》所說同。而此字所从的𢦏卻不能釋爲𢦏。故將此字隸定爲𢧢，釋爲「年載」之載的本字或讀作載也同樣是有問題的。過去雖然有不少學者將此字釋爲歲，但大都是從文義上考慮的。在字形上一直苦於無確切之硬證。直到一九八一年河南淅川下寺一號春秋楚墓編鐘銘文公佈（《考古》一九八一年二期），才爲我們弄清字源流創造了條件。在這套楚鐘銘文中，「隹王正月」之月作，而「百歲之外，以之大行」之歲則作，這就明確無疑地證明了字是从月的。《說文》謂歲字从步，西周毛公鼎歲字作，春秋甫人盨歲字作（《金》七一頁），正从步作。春秋時期楚國歲字作當是在步省的基礎上又增加義符月，戰國楚文字中的即來源于此。我們認爲，既然像毛公鼎那樣的字可以變成，那麼像甫人盨那樣的字也就可以變成，這應該是不難理解的。戰國楚簡和長沙楚帛書中字所从的是由變來的。我們把它看

作是止和戈的結合體。陳純釜銘文中的歲字作□（《金》七一頁），所从的止、戈結合體亦作□。鄂君啓節和酓胐鼎、酓忓鼎等楚器中的□字所从之□也是止和戈的結合體，祇不過是以止（□）旁的末筆兼代了戈（□）旁的橫劃，類似的借筆連寫現象在古文字中是很常見的（詳拙作《古漢字中的借筆字》，本文附錄二）。至於上引○二○五號楚璽中的□字所从之□也仍然可看成是止、戈的結合體。古文字中止作□形者習見，齊陶歲字或作□（陳介祺《陶瓦拓片》），是其佳證。戰國吉語璽中「千歲」之歲或作□（《彙》四四二五—四四二九）所从的□當是□的進一步訛變。○二○五號璽文□原璽全文作「戠歲之鉩」，葉其峰先生在《戰國官璽的國別及有關問題》（《故宮博物院院刊》一九八一年三期）一文中已指出此璽中的「戠歲」，即見於《周禮・天官》中的「職歲」，同時他還根據璽中「歲」字的寫法將此璽確定爲楚國璽。這也是把楚文字中的□、□、□釋爲歲的一個有力的證據。講清了楚文字中歲字的演變源流，也就可以知道本條下所錄○二四八號璽文□和○二○五號璽文□是決不可能混爲一談的。

《〈古璽文編〉校訂》，吉林大學博士學位論文，1984年12月，第30~35頁。

湯餘惠：

楚璽　戠（職）歲（載）之鉨　《略論戰國文字形體研究中的幾個問題》，《古文字研究》第十五輯，中華書局，1986年6月，第76頁。

鄭　超：

12.戠歲之鉨

葉其峰將「戠歲」讀爲「職歲」，並引《周禮·天官·冢宰》「職歲掌邦之賦出」，「凡官府都鄙群吏之出財用，受式法於職歲」爲說，大概是可信的。《楚國官璽考述》，《文物研究》總第二輯，黄山書社，1986年12月，第89頁。

康　殷、任兆鳳：

戠歲　从肉戈（災）聲，舊譯㦰，楚帛書鄂君啓節等皆借之爲歲。《印典》（一），河北美術出版社，1989年8月，第305頁。

劉　釗：

《古璽彙編》0205爲一楚官璽，葉其峰先生釋璽文爲「戠歲之鉨」，並指出「戠歲」應讀作「職歲」，即見於《周禮・天官》的「職歲」（葉其峰《試釋幾方工官璽印》，載《故宫博物院院刊》，1981年3期）。　詳參「后職歲璽」條。　《楚璽考釋》（六篇），《江漢考古》，1991年第1期，第75頁。

黄錫全：

18、職歲

（37）職歲之璽

（37）職字不从耳，葉其峰讀爲職。歲字从月的寫法乃東周楚文字的特點，是判定國別的典型字例。「職歲」見於《周禮・天官》，掌管邦賦支出，「凡官府都鄙群吏之出財用，受式法於職歲」。葉氏據此認爲，職歲是官府名，是古代國家管理財政支出的計劃機構。

《古文字中所見楚官府官名輯證》，《文物研究》總第七輯，黄山書社，1991年12月，第214頁。

張錫瑛：

「戠戢之鉨」戰國官鉨。銅質鼻鈕，印面2.1釐米見方，有邊欄，十字界格，印文風格同於上印（編按，即「計官之璽」），「計官之鉨」，尤其「区鉨」二字寫法全同，也是楚國的官鉨，藏北京故宮博物院。《中國古代璽印》，地質出版社，1995年11月，第19頁。

曹錦炎：

11.戠歲之鉢

「戠」，讀爲「職」，「職」字从戠聲。職有主掌之義，《爾雅·釋詁》：「職，主也」；《周禮·天官·敘官》「設官分職」，孫詒讓《正義》：「職，通三百六十職，謂所主之事。」「職歲」，職官名，見《周禮》（參見葉其峰《戰國官璽的國別及有關問題》，載《故宮博物院院刊》1981年第3期）。《天官·冢宰》屬官內有「職歲」一官，「掌邦之賦出，以貳官府都鄙之財出之數，以待會計而考之。凡官府都鄙群吏之出財用，受式於職歲」。是主管國家財政支出之官。楚國職歲之官的職掌，當同於《周禮》。《古璽通論》，上海書畫出版社，1996年3月，第99頁。

何琳儀：

楚系　戠戢之鉨

楚璽「戠戢」，讀「職歲」，官名。《周禮・天官・職歲》：「職歲，上士四人，中士八人。」注「主歲計以歲斷。」　《戰國古文字典》，中華書局，1998年9月，第52～53頁。

何琳儀：

楚系　戠戢之鉩

戢，甲骨文作（粹一三二五）。从月，戉聲，歲之異文。春秋南系金文作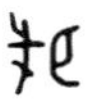（攻臧孫鐘），戰國楚系文字承襲春秋金文，月旁偶作日旁（）。

楚系文字歲，讀戢。楚璽「戠戢」，讀「職歲」，官名。　《戰國古文字典》，中華書局，1998年9月，第896～897頁。

莊新興：

戠歲之鉩　戰國　《中國璽印篆刻全集》，上海書畫出版社，1999年11月，第53頁。

陳松長：

職歲之鉩　戰國官璽。二層臺鼻鈕，印面長寬各2.1釐米。白文，有田字格界欄，文字鑿成，構形沉穩而線條富有粗略、方圓變化，加上田字界格的自然殘泐，使該璽具有一種古雅秀逸的韻致。該璽的字形中，「職」字不从「耳」、「歲」字不从「月」和鈢字中「金」旁的特殊寫法，都是戰國楚系文字的鮮明特徵。「職歲」這個官名亦見於《周禮·天官》：「凡官府都鄙群吏之出財用，受式法於職歲。」由此可知，職歲應是楚國管理財政支出的計劃機構。現藏北京故宮博物院。　《楚文物圖典》，湖北教育出版社，2000年1月，第422～423頁。

徐　暢：

東周·楚系公鈢　戠戢（歲）之鈢　《中國篆刻全集》，黑龍江美術出版社，2000年7月，第14頁。

來一石：

戠歲之鈢　《古印集萃·戰國卷》，榮寶齋出版社，2000年11月，第42頁。

肖　毅：

45.職歲之璽

后職歲璽

《周禮・天官・冢宰》：有「職歲」（葉其峰：《戰國官璽的國別及有關問題》，載《故宮博物院院刊》1981年第3期）……林尹認爲「職歲」是主管財政支出事務者（林尹：《周禮今注今譯》第6頁，天津古籍出版社，1988年）。　《古璽所見楚系官府官名考略》，《江漢考古》，2001年第2期，第44頁。

戴山青：

戠歲之鉨　《古璽漢印集萃》上冊，廣西美術出版社，2001年10月，第25頁。

莊新興：

1057　戠歲之鉨　楚系・楚　《戰國璽印分域編》，上海書店出版社，2001年10月，第188頁。

徐暢主編：

戰國公鉨與印跡・楚系鉨印　88　戠（職）散（歲）之鉨　《中國書法全集》第92卷，榮寶齋出版社，2003年2月，第40頁。

徐暢主編：

88 戠（職）戢（歲）之鈢

作於戰國時期。楚國官鈢。《故宮博物院歷代藝術館陳列品圖目》二九一號、《古璽彙編》〇二〇五號著錄。故宮博物院收藏。銅質。故宮博物院收藏銅質。正方形，臺座斜坡鼻鈕。邊長二·一釐米，通高一·二釐米。

歲从戉从肉，爲楚文字的構形特點，鄂君啓節、包山楚簡中習見。《周禮·天官》的「職歲」掌管府、都邑、群吏的財物支出。年終與司會等官署共理會計事宜，是直屬王室的財政機構之一。

參考　湯餘惠《楚器銘文八考》《中國書法全集》第92卷，榮寶齋出版社，2003年2月，第205頁。

小林斗盦：

戠歲之鈢《中國璽印類編》，天津人民美術出版社，2004年6月，第48、180、405、441頁。

施謝捷：

楚系官璽　戠（職）戢（歲）之鈢（璽）　《古璽彙考》，安徽大學博士學位論文，2006

年5月，第162頁。

陳光田：

楚系古璽　「戠（職）䴂（歲）之鉨（璽）」（0205）。璽文第一字舊不識，當釋爲戠。（朱德熙、裘錫圭：《戰國文字研究（六種）》，《考古學報》1972年第1期。）「戠䴂」即《周禮》中的「職歲」。（葉其峰：《試釋幾方工官璽印》，《故宮博物院院刊》1979年第2期。）《爾雅·釋詁》云：「職，主也。」《周禮·天官·敘官》云：「設官分職。」孫詒讓《正義》云：「職，通三百六十職，謂所主之事。」《周禮·天官·冢宰》云：「掌邦之賦出，以貳官府都鄙之財出之數，以待會計而考之。凡官府都鄙群吏之出財用，受式法於職歲。」可見，職歲是掌管國家財政支出的官員。該璽當是楚國掌管財政之官所用之璽。

《戰國璽印分域研究》，嶽麓書社，2009年5月，第144頁。

徐　暢：

戰國楚系官鉨　戠（織）室之鉨　《先秦印風》，重慶出版社，2011年5月，第35頁。

王義驊：

戠歲之鉨　《先秦古璽集粹》，吉林文史出版社，2011年8月，第17頁。

李守奎按：

歲

陳初生等學者把甲骨文中的「歲」字分爲四類（《商周古文字讀本》314頁），其中「戉」上增加兩「止」形的「歲」，西周普遍使用，戰國時期，秦、齊、三晉各系文字都是這種「歲」字的延續，今天通行的「歲」字就是從這類形體演變而來。甲骨文另一類「戉」上加「月」的形體，羅振玉以爲是歲月之「歲」的本字，得到不少學者的認同，但也有學者提出不同意見（《甲骨文詁林》2396～2406），楚國文字的「歲」字的確認，給這種从「月」的形體釋「歲」增添了佐證。

我們現知楚文字最早的「歲」字，是淅川春秋楚墓所出兩套編鐘，其中的黝鐘使用的是西周時期通行的，只是「戉」形訛變成「戈」，上部的「止」訛變成「中」；另一套刮去作器者名字的「敬事天王鐘」作，是省掉「歲」字下部的「止」，加上「月」或「夕」。這種形體後來成爲楚文字的獨有構形而遍行楚域（《字編》88～89頁）。璽文之

「歲」字就像把黝鐘的下部換成了「月」，可以分析爲从月、从「歲」省聲。由於黝鐘是「呂王之孫」、「楚成王之盟仆」所作，或許還有非楚文化因素，不能據此否定从「月」的「歲」有更古老的源頭，「歲」也可能是甲骨文和的合體。葉其峰讀爲「職歲」是卓識。吳振武對楚文字歲字來源流變區別詳備。璽文戠字構形可分析爲从月从歲省。

官璽第一八〇：后戠（職）戠（歲）鉨（璽）

印面：

萬印樓藏印六十四卷，故宮博物院藏印

著録：

《古璽彙編》，北京：文物出版社，1981年12月，第347頁。

《印典》（四），北京：國際文化出版公司，1994年1月，第2529頁。

《中國篆刻全集》，哈爾濱：黑龍江美術出版社，2000年7月，第14頁。

《戰國璽印分域編》，上海：上海書店出版社，2001年10月，第528頁。

《中國書法全集》第92卷，北京：榮寶齋出版社，2003年2月，第39頁。

《古璽彙考》，安徽大學博士學位論文，2006年5月，第162頁。

《戰國璽印分域研究》，長沙：嶽麓書社，2009年5月，第145頁。

《先秦印風》，重慶：重慶出版社，2011年5月，第35頁。

集釋：

丁佛言：

古鉥　右戠□鉥　陳簠齋以爲古職字。《儀禮·鄉射》記：「職長尺二寸。」注：「猶脡也。」

《說文古籀補補》，中華書局，1988年2月，附錄第70頁。

羅福頤：

3759　后□□鉨　《古璽彙編》，文物出版社，1981年12月，第347頁。

吳振武：

后戠□鈢　《〈古璽彙編〉釋文訂補及分類修訂》，《古文字學論集》（初編），香港中文大學，1983年9月，第518頁。

吳振武：

〔五二八〕……《古璽彙編》三七五九號「后□鈢」璽中的字也應釋爲戠。本書未錄。《〈古璽文編〉校訂》，吉林大學博士學位論文，1984年12月，第407頁。

劉釗：

四、后戠（職）歲鈢

舊著錄於《故宮博物院藏印》和陳介祺《陳簠齋手拓古印集》，後收錄於《古璽彙編》，編號爲3759。此璽爲圓形白文小璽，無邊框。《古璽彙編》釋「后□□鈢」。按第二字爲「戠」字，作「」乃楚文字的特有寫法。第三字拓印不清，但左邊殘留「」形，與楚文字歲字作「」、「」、「」（《金文編》87頁）相同，字也應釋爲「歲」，璽文應讀作「后戠歲鈢」。

《古璽彙編》0205爲一楚官璽，葉其峰先生釋璽文爲「戠歲之鈢」，並指出「戠歲」應讀作「職歲」，即見於《周禮·天官》的「職歲」（葉其峰《試釋幾方工官璽印》，載《故宮博物院院刊》，1981年3期）。上揭「后戠歲鈢」之「戠歲」，也應讀作「職歲」。「后戠歲」之「后」既有可能指前後之「後」，也有可能指王后之「后」，以後一種可能性要大。「后職歲鈢」是專司王后職歲事務的官吏所用的璽。關於職歲的職掌，《周禮·天官》說：「掌邦之賦出，以貳官府都鄙之財出賜之數，以待會計而考之。凡官府都鄙群吏之出財用，受式法於職歲。凡上之賜予，以敘與職幣授之，及會，以（編按：「以」當爲「受」之訛）式法贊逆會。」楚有「職歲」一官不見於記載，璽文「職歲之鈢」和「后職歲鈢」可補文獻之闕。《楚璽考釋》（六篇），《江漢考古》，1991年第1期，第74～75頁。

康　殷、任兆鳳：

后戠《印典》（四），國際文化出版公司，1994年1月，第2529頁。

何琳儀：

楚系　右司戠鈢　《戰國古文字典》，中華書局，1998年9月，第52～53頁。

徐　暢：

東周・楚系公鉨　后戠歲鉨　《中國篆刻全集》，黑龍江美術出版社，2000年7月，第14頁。

莊新興：

3033　后□□鉨　楚系・楚　《戰國璽印分域編》，上海書店出版社，2001年10月，第528頁。

徐暢主編：

戰國公鉨與印跡・楚系鉨印　89　后戠（職）散（歲）鉨　《中國書法全集》第92卷，榮寶齋出版社，2003年2月，第39頁。

徐暢主編：

89　后戠（職）散（歲）鉨

作於東周時期。楚國官鉨。《古璽彙編》三七五九號著錄。

第二、三字劉釗釋爲戠（職）散（歲）。「后」，王后。此鉨是專司王后職歲事務的官吏所用的鉨印。

參考　劉釗《楚璽考釋（六篇）》　《中國書法全集》第92卷，榮寶齋出版社，2003年2

月，第205頁。

施謝捷：

楚系官璽　后戠（職）戢（䵺—載）鉨（璽）　《古璽彙考》，安徽大學博士學位論文，2006年5月，第162頁。

陳光田：

楚系古璽　「后戠（職）歲鉨（璽）」（3759）。璽文第二、三兩字舊不識，當釋爲戠歲，讀做職歲，即《周禮·天官》中的「戠歲」。（葉其峰：《試釋幾方工官璽印》，《故宫博物院院刊》1979年第2期。）該璽應爲專司王后戠歲事務的官吏之物。（劉釗：《楚璽考釋（六篇）》，《江漢考古》1991年期第1期。）　《戰國璽印分域研究》，嶽麓書社，2009年5月，第144～145頁。

徐　暢：

戰國楚系官鉨　后（司）戠（織）之鉨　《先秦印風》，重慶出版社，2011年5月，第35頁。

官璽第一八一：方正戠（職）盥（鑄）

印面：

尊古齋古璽集林初二集

著錄：

《古璽彙編》，北京：文物出版社，1981年12月，第346頁。

《印典》（四），北京：國際文化出版公司，1994年1月，第3529頁。

《中國篆刻全集》，哈爾濱：黑龍江美術出版社，2000年7月，第425頁。

《中國璽印類編》，天津：天津人民美術出版社，2004年6月，第405頁。

《古璽彙考》，安徽大學博士學位論文，2006年5月，第171頁。

《戰國璽印分域研究》，長沙：嶽麓書社，2009年5月，第152頁。

集釋：

羅福頤：

3750　方□戠□　《古璽彙編》，文物出版社，1981年12月，第346頁。

康　殷、任兆鳳：

方□戠□　《印典》（四），國際文化出版公司，1994年1月，第3529頁。

施謝捷：

方正職鑄　《〈古璽彙編〉釋文校訂》，《容庚先生百年誕辰紀念文集》，廣東人民出版社，1998年4月，第650頁。

何琳儀：

楚系　方正戠盥

楚璽「戠飤」、「戠䝨」、「戠盥（鑄）」、「戠遊（旅）」，均官名，戠讀職。《戰國古文字典》，中華書局，1998年9月，第52～53頁。

何琳儀：

楚系　方正戠𨯁。

鬻，甲骨文作（類纂一〇三二一）。从𩰲（《說文》：「，所以枝鬲者。从爨省，鬲省。」非是。實則𠙹之初文，从臼，从鬲），从火，从皿，會雙手持鬲在火上加熱注入皿中之意，注之初文。注、鑄音近。《史記・魏世家》「敗秦於注」，正義「注或作鑄」。故古文字鬻（注）可讀鑄。金文鬻或作（王鑄觶），鬲形完整不省，比甲骨文更爲原始。西周金文作（守簋），附加音符𠷎；春秋金文作（取膚匜），附加形符金。戰國文字均不加𠷎旁，或省臼，或鬲有訛變，或省火，或省皿，皿亦多有訛變，異常複雜。秦漢以後遂廢棄不用。《說文》：「注，灌也。从水，主聲。」　《戰國古文字典》，中華書局，1998年9月，第204～205頁。

何琳儀：

楚系　方正戠𥁕

方，甲骨文作（後下十三・五）。从刀，施一横於刀身，表示以刀分物。指事。《國語・楚語》下「不可方物」，注：「方，猶別也。」西周金文作（禹鼎），春秋金文作（曾伯匿）。戰國文字承襲商周文字。《說文》：「，併船也。象兩舟省總頭

形。（府良切）汸，方或从水。」（八下三）

楚璽「方正」，行爲嚴正不偏者。《史記・平准書》「招尊方正賢良爲文學之士。」爲漢代選舉科目之名。疑始於戰國。《戰國古文字典》，中華書局，1998年9月，第713頁。

徐　暢：

六國・私鉢　方正戠里・楚　《中國篆刻全集》，黑龍江美術出版社，2000年7月，第425頁。

肖　毅：

方正職鑄

職鑄當爲掌管鑄造之官。《古璽所見楚系官府官名考略》，《江漢考古》，2001年第2期，第42頁。

小林斗盦：

方□戠□　《中國璽印類編》，天津人民美術出版社，2004年6月，第405頁。

施謝捷：

楚系官璽　方正戠（職）䍐（豊）　《古璽彙考》，安徽大學博士學位論文，2006年5月，第171頁。

陳光田：

楚系古璽　「方正職鑄」（3750）。璽文第二字舊不識，該字當爲正。第四字當釋爲鑄。（施謝捷：《古璽彙編》釋文校訂》，《容庚先生百年誕辰紀念文集》，廣東人民出版社，1998年，第644頁。）「方正」爲地名，職鑄當爲掌管鑄造事務。該璽當爲楚方正之地職掌鑄造事務的官吏用璽。　《戰國璽印分域研究》，嶽麓書社，2009年5月，第152頁。

李守奎按：

璽文「方正」當是地名。「方正職鑄」當是職掌冶鑄的地方官用璽，與之形制相類的「方正佁芝」也當是官璽，但用途不明。

左下一字上方有一橫，釋盥、釋豊皆不可信，待考。

官璽第一八二：下郗（蔡）戠（職）䍒（襄）

印面：

衡齋藏印十六冊、尊古齋古璽集林初二集，故宮博物院藏印

著錄：

《古璽彙編》，北京：文物出版社，1981年12月，第54頁。

《印典》（一），石家莊：河北美術出版社，1989年8月，第13頁。

《古璽通論》，上海：上海書畫出版社，1996年3月，第105頁。

《篆字印彙》，上海：上海書店出版社，1999年1月，第11頁。

《中國璽印篆刻全集》，上海：上海書畫出版社，1999年11月，第50頁。

《中國篆刻全集》，哈爾濱：黑龍江美術出版社，2000年7月，第14頁。

《古印集萃・戰國卷》，北京：榮寶齋出版社，2000年11月，第40頁。

《戰國璽印分域編》，上海：上海書店出版社，2001年10月，第188頁。

《古璽漢印集萃》上冊，南寧：廣西美術出版社，2001年10月，第2頁。

《中國書法全集》第92卷，北京：榮寶齋出版社，2003年2月，第46頁。

《戰國璽印》，上海：上海書畫出版社，2003年8月，第40頁。

《中國璽印類編》，天津：天津人民美術出版社，2004年6月，第3、43、288、405頁。

《古璽彙考》，安徽大學博士學位論文，2006年5月，第170頁。

《戰國璽印分域研究》，長沙：嶽麓書社，2009年5月，第150頁。

《先秦印風》，重慶：重慶出版社，2011年5月，第35頁。

《先秦古璽集粹》，長春：吉林文史出版社，2011年11月，第22頁。

集　釋：

羅福頤：

0309　下□戠𨈡　《古璽彙編》，文物出版社，1981年12月，第54頁。

葉其峰：

下蔡戠𨈡　詳見「下蔡宫大夫」條。　《戰國官璽的國別及有關問題》，《故宫博物院院刊》，1981年第3期，第87頁。

吴振武：

下鄀（蔡）戠戥　《〈古璽彙編〉釋文訂補及分類修訂》，《古文字學論集》（初編），香港中文大學，1983年9月，第491頁。

吴振武：

〔三二五〕……本條下所錄〇三〇九號璽文  原璽全文作「下鄀（蔡）戠戥」，戠戥疑當讀作織纕，可能是負責織造佩帶部門或官吏所用之璽。詳見「戠（織）室之鉩（璽）」條。《〈古璽文編〉校訂》，吉林大學博士學位論文，1984年12月，第271～273頁。

湯餘惠：

楚璽　下鄀（蔡）戠（職）戥（纕）　《略論戰國文字形體研究中的幾個問題》，《古文字研究》第十五輯，中華書局，1986年6月，第76頁。

鄭　超：

13.下蔡職襄

下蔡即今安徽省鳳台縣，已見前述。「職襄」的具體職掌不清。吳振武讀「戠」爲「織」，他大概是把「襄」當作一種絲織品的名稱。果如此，此印當入「織室」一類。《楚國官璽考述》，《文物研究》總第二輯，黃山書社，1986年12月，第89頁。

黃錫全：

94、戠襄

（171）下蔡戠襄

……我們以爲戠字當讀如職，「襄」字或可讀如「壤」，「職壤」猶如「職歲」、「職食」，也有可能是掌管土壤的吏，《周禮·地官·大司徒》：「辨十有二壤之物，而知其種，以教稼穡樹藝。」　《古文字中所見楚官府官名輯證》，《文物研究》總第七輯，黃山書社，1991年12月，第230~231頁。

牛濟普：

8.下蔡職襄……

「職」字作「」，隸爲「戠」，通「職」（織）。「襄」字作「」，與《鄂君啓節

（甲）》的「襄」字形近，節銘作「」詳見「戠（職）歲之鈢（璽）」條《楚系官璽例舉》，《中原文物》，1992年第3期，第89～90頁。

曹錦炎：

傳世楚官璽另有「下鄀（蔡）戠（職）襄」璽，也是下蔡地方官所用的印。戠，讀爲「職」，主掌之義。襄，讀爲「禳」，《說文》：「禳，磔禳祀，除癘殃也。」楚俗信巫祀，禬禳之事屬巫祀所爲，《周禮·天官》有女祝，「掌以時招、梗、禬、禳之事，以除疾殃」。此璽當爲下蔡邑主管禳事官之印。《古璽通論》，上海書畫出版社，1996年3月，第105～106頁。

何琳儀：

楚系　下鄝戠𣪠

𣪠，商代金文作（祖辛爵），象人形突出其足趾及頭上之物ㄩ（ㄩ形待考）。甲骨文作（類纂〇〇三〇），省足趾，故亦可隸定。西周金文作（散盤），ㄩ作迴環狀，又加土、攴會意。疑襄之初文。《說文》：「襄，《漢令》解衣耕謂之襄。从衣、𣪠

聲。」从土、攴有耕作之意。春秋金文作（薛侯盤），其土旁已由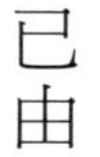上移於左。或作（欒子㲋豧匜），上加日旁，會人於日下耕作之意。戰國文字承襲春秋金文，多有變異。齊系文字或省土，或與傳鈔古文吻合（參衢字）。燕系文字省土、攴，其形作、、，已聲化爲从羌。其下或从女形，乃足跡上移（古文字習見）。參上引商代金文及《說文》襄之古文。晉系文字或作，則聲化爲从羊，且省土、攴。或作、省土，或作省攴，或作、省土从。楚系文字或作、，上承西周金文。或作聲化爲从羊，攴省作又。秦系文字或作从二又，爲小篆从爻所本。或作亦聲化爲从羌。或作高度省簡。《說文》：「㲋，亂也。从爻、工，交吅。一曰，窒㲋。讀若禳。（女庚切），籀文㲋。」小篆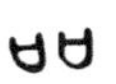由訛變，已由儿形訛變，工由土旁訛變，爻由形訛變。

、㲋、襄一字之孳乳。下从㲋之字均直接隸定从襄。

楚璽㲋，讀喪。《史記・仲尼弟子列傳》「公良孺」，索隱「鄒誕本作公襄儒」。《爾雅・釋蟲》「蟷蠰」，《禮記・月令》作「螳蜋」。良、喪均小篆均从亡聲。是其佐證。「職

⿰㠯殳」，疑讀「戠喪」，官名。《周禮·春官·職喪》：「掌諸侯之喪，及卿大夫、士凡有爵者之喪。」　《戰國古文字典》，中華書局，1998年9月，第689頁。

何琳儀：

楚系　下⿰犮阝戠⿰㠯殳

⿰犮阝，从邑犮聲。疑鄒之異文。《説文》：「⿰犮阝，周邑也，从邑，祭聲。」

楚器「下⿰犮阝」，讀「下蔡」，地名。楚系諸器⿰犮阝，讀蔡，姓氏。　《戰國古文字典》，中華書局，1998年9月，第942頁。

傅嘉儀：

下□□□　《篆字印彙》，上海書店出版社，1999年1月，第11頁。

莊新興：

下蔡戠□　戰國　《中國璽印篆刻全集》，上海書畫出版社，1999年11月，第50頁。

徐　暢：

東周·楚系公鉩　下鄒（蔡）戠（職）襄（纕）　《中國篆刻全集》，黑龍江美術出版社，

2000年7月，第14頁。

來一石：

下□戠僑　《古印集萃·戰國卷》，榮寶齋出版社，2000年11月，第40頁。

戴山青：

下□戠䵼　《古璽漢印集萃》上冊，廣西美術出版社，2001年10月，第2頁。

莊新興：

1056　下蔡戠襄　楚系·楚　《戰國璽印分域編》，上海書店出版社，2001年10月，第188頁。

徐暢主編：

戰國公鉨與印跡·楚系鉨印　156　下郗（蔡）戠（織）襄（纕）　《中國書法全集》第92卷，榮寶齋出版社，2003年2月，第46頁。

徐暢主編：

156　下郗（蔡）戠（織）襄（纕）

作於東周時期。楚官鉩。《古璽彙編》〇三〇九號著錄。故宮博物院收藏。

印文「下」字横畫上有一短横，與鄂君啓節、曾侯乙編鐘、楚帛書形同，知此爲楚國文字特點。首二字吳振武釋爲下蔡，下蔡即今安徽省鳳臺縣。襄即纕，即佩帶、馬腹帶。此爲皇家在下蔡設立織室專織佩帶與馬腹帶的機構。

此鉩與「下蔡宫大夫」鉩書風、佈白相同，亦採用印模壓印的方法，如出一人之手。

參考　徐暢《寓石齋璽印考》《中國書法全集》第 92 卷，榮寶齋出版社，2003 年 2 月，第 209 頁。

莊新興：

下蔡戠襄　楚系　《戰國璽印》，上海書畫出版社，2003 年 8 月，第 40 頁。

葉其峰：

蔡字邑旁作，按古璽邑旁作此形者多見於楚官璽，如「新邦官鉩」之邦字邑旁，「邟行貭之鉩」字邑旁，「下蔡戠襄」蔡字邑旁等是。此形又多見於《包山楚簡》邦字邑旁，郯字邑旁等。　《古璽印通論》，紫禁城出版社，2003 年 9 月，第 46 頁。

小林斗盦：

下□戠襄　《中國璽印類編》，天津人民美術出版社，2004年6月，第3、43、405頁。

小林斗盦：

下鄗戠襄　《中國璽印類編》，天津人民美術出版社，2004年6月，第288頁。

肖曉暉：

楚系璽印文字則收放自如，在印面上分佈較均衡，個別官璽上的文字分據四角，中間略顯疏離，如「郢粟客鉩」（《古璽彙編》5549）、「下蔡戠襄」（《古璽彙編》0309）等。

《書法新鑒：古璽文新鑒》，世界圖書出版公司，2005年6月，第121頁。

施謝捷：

楚系官璽　下鄗（蔡）戠（職）㲄　《古璽彙考》，安徽大學博士學位論文，2006年5月，第170頁。

陳光田：

楚系古璽　「下（蔡）戠（織）襄（纕）」（0309）。璽文第二字舊不識，當釋爲蔡（葉其峰：《戰國官璽的國別及有關問題》，《故宮博物院院刊》1981年第3期。），戠纕或讀做戠壞，爲掌管土地的官吏。（黄錫全：《古文字中所見楚官府官名輯證》，《文物研究》1991年總第7輯。）「戠纕」當讀做織纕。纕官和戠纕應是性質相似的職官。此方璽可能是下蔡之地掌管織造佩帶的官署或官員所用之璽。《戰國璽印分域研究》，嶽麓書社，2009年5月，第150頁。

徐暢：

戰國楚系官鉨　下蔡戠（織）褱（纕）　《先秦印風》，重慶出版社，2011年5月，第35頁。

王義驊：

下□戠褱　《先秦古璽集粹》，吉林文史出版社，2011年8月，第22頁。

李守奎按：

楚文字中「𢿢」是個使用廣泛，異體眾多，構字能力很強的常用字。但其字形結構至今不是十分明確。「𢿢」是在兄上加「土」和「攴」分化出的來的形聲字，當屬可信。鄂君啓節中的「襄（壤）陵」，包山簡又作「□陵」，典籍中作「襄陵」。「襄」字《說文》引

《漢令》曰「解衣耕謂之襄」，楚簡中皆用作「囊」。何琳儀以「𤕦」爲「襄」之初文，謂从「土」从「攴」有耕作之義，很有道理。疑「𤕦」是「解衣耕」的本字，「襄」是「囊」的本字，鄂君啓節的是「壤」的本字。「𤕦」字的構字能力逐漸被「襄」所取代。

何琳儀謂楚文字中「𤕦」有聲化爲从「羊」的或體，實係字形的誤摹。「𤕦」上部的兩個圓圈有的寫成兩個三角，所謂「羊」是兩個三角的筆劃離析。

襄字所从之聲符《說文》作𤕦，楚文字皆从土，疑是楚之「壤」。黄錫全讀璽文爲「職壤」，可備一説。

官璽第一八三：建昜（陽）識

印　面：

故宫博物院藏印

著錄：

《古璽彙編》，北京：文物出版社，1981年12月，第59頁。

《印典》（三），北京：國際文化出版公司，1994年1月，第2039頁。

《古璽通論》，上海：上海書畫出版社，1996年3月，第126頁。

《篆字印彙》，上海：上海書店出版社，1999年1月，第975頁。

《中國篆刻全集》，哈爾濱：黑龍江美術出版社，2000年7月，第30頁。

《古璽漢印集萃》上冊，南寧：廣西美術出版社，2001年10月，第31頁。

《戰國璽印分域編》，上海：上海書店出版社，2001年10月，第120頁。

《中國書法全集》第92卷，北京：榮寶齋出版社，2003年2月，第58頁。

《中國璽印類編》，天津：天津人民美術出版社，2004年6月，第70、320、472頁。

《古璽彙考》，安徽大學博士學位論文，2006年5月，第186頁。

《戰國璽印分域研究》，長沙：嶽麓書社，2009年5月，第41頁。

《先秦印風》，重慶：重慶出版社，2011年5月，第55頁。

集釋：

羅福頤：

0338 □昜識　《古璽彙編》，文物出版社，1981年12月，第59頁。

何琳儀：

齊璽　建昜（陽）　《戰國文字通論》，中華書局，1989年4月，第86頁。

曹錦炎：

126.齊系　建昜（陽）戠（職）自

「建陽」，地名，故城在今山東嶧縣西。西漢時爲侯國，屬東海郡，見《漢書・地理志》，戰國時正屬齊地。漢之建陽縣當沿齊邑而來。璽文之「職自」疑即「職筥」，「自」字係「筥」之省體。　《古璽通論》，上海書畫出版社，1996年3月，第126頁。

傅嘉儀：

□昜識　《篆字印彙》，上海書店出版社，1999年1月，第975頁。

徐　暢：

東周·齊系公鉩　建昜（陽）戠自　《中國篆刻全集》，黑龍江美術出版社，2000年7月，第30頁。

戴山青：

□陽（昜）識　《古璽漢印集萃》上册，廣西美術出版社，2001年10月，第31頁。

莊新興：

679　□陽識　齊系　《戰國璽印分域編》，上海書店出版社，2001年10月，第120頁。

徐暢主編：

戰國公鉩與印跡·齊系鉩印　建昜戠（職）自　《中國書法全集》第92卷，榮寶齋出版社，2003年2月，第58頁。

小林斗盦：

逹昜識　《中國璽印類編》，天津人民美術出版社，2004年6月，第70頁。

小林斗盦：

□昜識　《中國璽印類編》，天津人民美術出版社，2004年6月，第320、472頁。

施謝捷：

楚系官璽　疌（建）昜（陽）識　《古璽彙考》，安徽大學博士學位論文，2006年5月，第186頁。

陳光田：

齊系古璽　建昜（陽）職自（⿱竹自）（0338）。建陽，地名，其地在今山東棗莊，戰國時期屬齊。　《戰國璽印分域研究》，嶽麓書社，2009年5月，第41頁。

李鳳英：

一、釋戰國官印中的「⿱竹自」字

《中國書法全集・第92卷》58頁。256號著錄一方戰國官印「宰職⿱竹自鉨」。其中的「⿱竹自」字一般認爲字義不詳，其實清人陳介祺（簠齋）已認出此字爲「籩」字之省。（丁佛言：《說文古籀補補》北京：中華書局，1988年第70頁。）陳介祺的看法很有見地。

「籩」是一種禮器，屬豆類。《說文・竹部》：「籩，竹豆也。从竹，邊聲。」（段玉裁：

《說文解字注》，上海：上海古籍出版社，1981年第194頁。）從考古發掘的情况看，豆作爲禮器遍見於戰國時期周和三晉地區及燕國的墓葬中（趙叢蒼，郭妍利：《兩周考古》北京：文物出版社，2004年第204～205頁。）、楚國墓葬中（趙叢蒼，郭妍利：《兩周考古》北京：文物出版社，2004年第174頁。）及秦國墓葬中（趙叢蒼，郭妍利：《兩周考古》北京：文物出版社，2004年第173頁。）1990年，在田齊王陵區發掘了四座戰國時期的墓葬，其中的2號墓年代相當於戰國早期。墓內有陶禮器組合，其中有豆。（趙叢蒼，郭妍利：《兩周考古》北京：文物出版社，2004年第110頁。）可見，戰國時期，包括齊國在內的各個諸侯國還普遍使用豆這種禮器。

《周禮·天官·籩人》記載「籩人」之職司爲：

掌四籩之實。朝事之籩，其實麷、蕡、白、黑、形鹽、膴、鮑魚、鱐。饋食之籩，其實棗、栗、桃、幹橑、榛實。加籩之實，菱、芡、栗、脯。羞籩之實，糗餌、粉粢。凡祭祀，共其籩薦羞之實。喪事及賓客之事，共其薦籩羞籩。爲王及后、世子共其內羞。凡籩事，掌之。（[清]孫詒讓：《周禮正義》王文錦，陳玉霞，點校，北京：中華書局，1987年379～394頁。）

「籩人」即秦漢時的「湯官令」。（[清]黃本驥：《歷代職官表・卷三》，上海：上海古籍出版社，1980年第143頁。）「籩人」之職相沿至秦漢，戰國時也應有此職。

綜上所述，把「笪」視爲「籩」字之省是有可能的，那麼，「職」就應該相當於《周禮》中的「籩人」。

《周禮・天官・宰夫》記載有宰夫之職，其中包括：

以式法掌祭祀之戒具，與其薦羞，從大宰而視滌濯。凡禮事，贊小宰比官府之具。凡朝覲、會同、賓客，以牢禮之法掌其牢禮、委積、膳獻、飲食、賓賜之飧牽與其陳數。凡邦之吊事，掌其戒令，與其幣器財用凡所共者。大喪、小喪，掌小官之戒令，帥執事而治之。三公、六卿之喪，與職喪帥官有司而治之。凡諸大夫之喪，使其旅帥有司而治之。（[清]孫詒讓：《周禮正義》王文錦，陳玉霞，點校，北京：中華書局，1987年199～208頁。）

印文的「宰」應相當於《周禮》的「宰夫」。印文稱「宰職筲鈢」，「職」爲「宰」之屬官，從以上《周禮》所述各自的職掌看正相符合。就這一點而言，把「筲」視爲「籩」也是合理的。印文沒有地名，是一方中央職官印，說明齊國的中央機構中設有「職筲」一職。

……

還有一方是著録於《古璽彙編》59頁。0338號的「建陽職自」印，「建陽」，地名，故城在今山東嶧縣。西漢時爲侯國，屬東海郡，戰國時正屬齊地。（何琳儀：《戰國文字通論》，北京：中華書局，1989年86頁。）璽文之「職自」疑即「職」，「自」字系「筲」之省體。（曹錦炎：《古璽通論》，上海：上海書畫出版社，1995年第126頁。）

眾所周知，戰國時期文字表現出被劇烈地簡化的現象，尤其在璽印文字中更是屢見不鮮。《說文》分析「籩」字从竹邊聲，按一般文字的省簡規律，「籩」字應省作「邉」以保留完整的聲符，但在戰國官印中卻省作「⿱⺮自」。也就是說，「籩」字的聲符由「邊」簡化爲「自」，寫作「⿱⺮自」，甚至進一步簡化爲「自」。

从「臱」聲的諧聲字，上古音各家歸部有分歧，一般歸在元部，但是段玉裁歸第十二部，即真部，我們認爲段氏歸部合理。《說文・自部》收「臱」字，段玉裁注：「古音如民。十二部。」（段玉裁：《說文解字注》，上海：上海古籍出版社，1981年第136頁。）《說文・辵部》：「邊，行垂崖也。从辵臱聲。」段玉裁注：「布賢切。十二部。」（段玉裁：《說文解字注》，上海：上海古籍出版社，1981年第75頁。）按照段玉裁的說法，从「臱」聲之「邊」字和「籩」字，在上古都屬于第十二部，即真部。「邊」和「籩」同音，其聲母都屬于幫母。

「自」的古文字形象鼻形，是表示語言中「鼻」這個詞的。後假借表示指示代詞後又加「畀」聲表示原意。所以，「鼻」的初文「自」應該與「鼻」同音，上古音地位是並母質部開口三等。

「邊」字的聲母上古屬於幫母，「自」字的聲母上古屬於並母，兩字聲母相近，只有清濁之別。「邊」字的韻母爲真部開口四等，「自」字的韻母爲質部開口三等，兩字的韻母發生陽入對轉。所以，「邊」字與「自」字音近，「籩」字的聲符「邊」可以替換簡化爲「自」。總之，齊國官印中的「⿱𥫗自」爲「籩」字之省，聲符由「邊」省簡爲「自」。《戰國官印文字考釋二則》，《邯鄲學院學報》，2011年04期第58～59頁。

徐　暢：

戰國齊系官鉨　建陽職自　《先秦印風》，重慶出版社，2011年5月，第35頁。

李守奎按：

楚簡「建」字下从止，璽文似化字所从倒人。璽文左側釋爲「識」不可信。當是「戠言」。包山楚簡有「戠言」之職，見包山128號簡反面。

官璽第一八四：戠（職）載之鉨（璽）

印　面：

靄靄莊藏古璽印。據施謝捷《古璽彙考》現藏日本東京藤井齊成會有鄰館

著録：

《書道全集》第廿七卷，東京：平凡社，1932年4月，第4頁。

《中國璽印類編》，天津：天津人民美術出版社，2004年6月，第440頁。

《古璽彙考》，安徽大學博士學位論文，2006年5月，第163頁。

《戰國璽印分域研究》，長沙：嶽麓書社，2009年5月，第158頁。

集釋：

小林斗盦：

戠□之鉨　《中國璽印類編》，天津人民美術出版社，2004年6月，第440頁。

施謝捷：

楚系官璽　戠（職）䡇（載）之鉨（璽）　《古璽彙考》，安徽大學博士學位論文，2006年5月，第163頁。

陳光田：

楚系古璽「戠□之鉨（璽）」□之鉨（璽）（《類編》）。……「戠□」可能爲地名。

《戰國璽印分域研究》，嶽麓書社，2009年5月，第158頁。

官璽第一八五：東郯（國）戟（職）交（？）

印面：

衡齋藏印十六冊、尊古齋古璽集林初二集

著錄：

《古璽彙編》，北京：文物出版社，1981年12月，第54頁。

《印典》（二），北京：國際文化出版公司，1993年5月，第1151頁。

《古璽通論》，上海：上海書畫出版社，1996年3月，第109頁。

《中國篆刻全集》，哈爾濱：黑龍江美術出版社，2000年7月，第14頁。

《古璽漢印集萃》上冊，南寧：廣西美術出版社，2001年10月，第15頁。
《戰國璽印分域編》，上海：上海書店出版社，2001年10月，第181頁。
《中國書法全集》第92卷，北京：榮寶齋出版社，2003年2月，第46頁。
《中國璽印類編》，天津：天津人民美術出版社，2004年6月，第177、213、343、405頁。
《古璽彙考》，安徽大學博士學位論文，2006年5月，第178頁。
《戰國璽印分域研究》，長沙：嶽麓書社，2009年5月，第150頁。
《先秦印風》，重慶：重慶出版社，2011年5月，第38頁。

集　釋：

羅福頤：

0310　東郕戟□　《古璽彙編》，文物出版社，1981年12月，第54頁。

吴振武：

〔三二四〕今按：此字應隸定爲戟或戟。仰天湖楚簡纏字作[illegible]（《仰》第三簡），所从堇（莫）旁與此字[illegible]旁同。戟（戟）字不見於後世字書。　《〈古璽文編〉校訂》，吉林大學博士學位論文，1984年12月，第271頁。

鄭　超：

33.東郕戩室

「戩」仍讀「織」。「室」字寫法也有些特別。此兩字承裘錫圭先生面示。謹此致謝。郕从邑从或，當即「國」字異體。東國是一地區名，《左傳·昭公十四年》「楚子使然丹簡上國之兵於宗丘……使屈罷簡東國之兵於召陵」。東國織室不知是否也設在召陵。《楚國官璽考述》，《文物研究》總第二輯，黄山書社，1986年12月，第91頁。

康　殷、任兆鳳：

東郕□□　《印典》（二），國際文化出版公司，1993年5月，第1151頁。

何琳儀：

東郕（國）　《璽彙》0310　安徽淮北。　《戰國文字通論》，中華書局，1989年4月，第157頁。

黄錫全：

（35）東䂞（國）織室

……「中」與「東國」有可能均是地名，……䂞即古或（國）字，其寫法與璽彙 0204 及師寰簋同。「東或（國）」之名，又見於保卣、宜侯夨簋及師寰簋等器。《戰國策・西周策》：「令楚割東國以與齊」。高誘注：「楚東國，近齊南境者也。」如依高注，「東國織室」當在近齊南境之楚東國城內。「召陵」在河南郾城縣東三十五里（參見楊伯峻《春秋左傳注》1365 頁）。（36）之「室」字不清，疑爲室字，故錄於此　詳見「戠（織）室之鉨（璽）」條。　《古文字中所見楚官府官名輯證》，《文物研究》總第七輯，黃山書社，1991 年 12 月，第 213 頁。

李家浩：

東國戠交。　詳見「郢戠迵敷（?）」條。　《戰國璽印考釋》（六篇），1992 年中國古文字學年會論文。

曹錦炎：

30. 東郕（國）戠（職）室

古文字「國」字本作「或」，此从邑从或，即國字之異構。「東國」爲楚地名，見於典籍。據《左傳》昭公十四年：「夏，楚子使然丹簡上國之兵於宗丘，且撫其民。……使屈罷簡東國之兵於召陵，亦如之。」又《戰國策·西周策》薛公以齊爲韓魏攻楚章：「所以進兵者，欲王令楚割東國以與齊也。……而以楚之東國自免也。」高誘注：「楚東國，近齊南境者。」策文或稱「下東國」，見《齊策》楚王死章：「君何不留楚太子，以市其下東國。」鮑彪注：「蓋楚國之東，其地近齊，楚地高而此下。」《史記·楚世家》記此事作：「不若留楚太子以求楚之淮北。」可見「東國」即楚之淮北地（參看顧觀光《七國地理考》）。室，宮室。大概東國建有楚王行宮，所以設有「職室」之官。

《古璽通論》，上海書畫出版社，1996年3月，第109頁。

黄德寬：

《古璽文編》卷十「交」字下列（○三一○）、（○六六九），卷三「效」字下收（五二九三），卷六「郊」字下收（三九九七），卷十「疒」部附錄收（一九九六），並釋爲《玉篇》「」，將釋「交」似無疑議。然而，古文字資料中，凡能

確認爲「交」及从「交」得聲的字，寫法並不如此。如：甲骨文「交」作，與《說文》篆文形同；从「交」得聲的「效」、「烄」，甲骨文分別作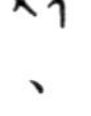、，所釋當可信。金文「交」、「效」等與甲骨文字形一脈相承，戰國文字中「交」也作，如《說文古籀補補》卷十所收「必可交仁」璽之「交」，包山楚簡「郊人」（一八二）之「郊」。

及从它得聲的字，主要見於戰國璽印和楚簡，是否爲「交」之異體呢？《汗簡》「交」作（上之一・九），《古文四聲韻》「交」下列（古老子）、（義雲章），「郊」下列（古孝經）、（古老子）等形，「交」作似乎與有某些相似。這些形體來源有兩種可能：一是由訛變而來，先變爲（《古文四聲韻》引《汗簡》「郊」所从），再變作，復加「口」爲飾；二是本是「高」之訛變，楚文字中「高」作（禽忎鼎「喬」所从），（包山楚簡），極易變作。《古文四聲韻》之、，也可能是「蒿」、「鄗」借作「郊」。《禮記・月令》「以太牢祠於高禖」，《詩・生民》毛傳作「郊禖」，《左傳・文公三年》「取王官及郊」，《史記・秦本紀》「郊」作「鄗」，可資參證。無論如何，以爲「交」的異體尚缺乏有力的證據。那麼，可

能是一個與「交」無關的字。

朱德熙先生曾正確地釋出戰國文字爲「椁」，並指出字上从亯下从邑，中間形公用，應釋爲「郭」（朱德熙：《古文字考釋四篇・釋椁》，《古文字研究》第八輯）。朱釋「椁」、「郭」甚是。、均爲从章省。字我們以爲也可能是「章」的省變之形。戰國古陶文「章」或作「亯」，有以下各種寫法：（三・三四九）、（三・三五八）、（三・三四四）、（三・三七〇）、（三・三七二），「城」作「𩫖」从「章」也有如下寫法：（三・五二〇）、（三・五三五）、（三・五四七）、（三・五二二）、（三・五一八），以上均見《古陶文彙編》「山東出土陶文」部份。《古璽彙編》三七五一號「城圖」之「城」作。這些形體顯示可以是的不同部份的連寫變體，如果省略下部的，就成爲了。如果這種推論成立，那麼與、是以類似的方式而省變的「章」字。其下部省略，與「馬」作（陶彙六・一四六）、「爲」作（鑄客鼎）同例。「章」連寫省變作，从「京」字的一種類似寫法可以得到印證。《古璽彙編》〇二七九號「童其鉨」，何琳儀先生

釋第三字爲「京」，用作「亭」，可信（何琳儀：《古璽雜識續》，《古文字研究》第十九輯）。「京」甲骨文作，與「章」字作上部本相同，故「京」的上部作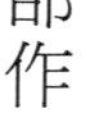，與陶文上部相同。包山楚簡有（一二〇），釋「倞」可從。所从偏旁「京」作，與印文相比，上部連寫作。這表明「章」之作，上中部連寫並非偶然。釋作「章」能否成立，衹有通過及从字的運用情況才能驗證。《古璽彙編》〇三一〇號印文爲「東郕」，原釋「東郕戠（編按：原釋文作「戥」）□」鄭超引裘錫圭先生說釋爲「東國戠（織）室」（鄭超：《楚國官璽考述》，《文物研究》第二期）。李家浩先生釋「東郕埴交」。在論述「郢埴過敷」璽時，他肯定了裘先生釋爲「戠」，並進而論證「戠」是「埴」字古文，讀「埴過敷」爲「職過傳」，認爲就是典籍記載的「司過」的異名（李家浩：《戰國官印考釋》（六篇），一九九二年南京古文字學術討論會論文。本篇有目無文）。據此，可知李家浩先生大概讀「埴交」爲「職交」。裘李二位先生釋「埴」可從。如果釋後一字爲「章」，此璽則可釋作「東國職章（郭）」之璽。「職郭」大約相當於「掌固」，「掌修城郭溝池樹渠之固」。《說文》「固」字段注云「固，國所

依阻也。國曰固，野曰險」。掌固之職守主要是修築城郭，故也可曰「職郭」。《古璽彙編》三九九七號印文作「□□□」，原釋「西郊與」。第一字釋「西」不誤，第三字應釋「與」，貨貝文「邸（鬩）與」之「與」作□，包山楚簡作□（一三六）可證。第二字从□，可釋爲「郭」。因此，這枚印文讀爲「西郭與」。「西郭」是複姓，漢印有「西郭臨」、「西郭昭」、「西郭定國」等（《漢印文字徵》十二·一～二），後世史書也載有「西郭」姓者，如漢西郭嵩、晉西郭陽等。釋此璽爲複姓「西郭」，與複姓「東郭」、「南郭」相當，而複姓「西郊」者似未曾聞，故釋□爲「郭」較釋「郊」允當。

以上兩例說明釋□爲「𩫏」可以成立。但是，□、□等字或爲人名、或爲單字，不能確釋；而包山楚簡□（一四六）、□（二四五）等字，因對簡文尚不能透徹瞭解，故存而待考。《古文字考釋二題·一釋□》，《于省吾教授百年誕辰紀念文集》，吉林大學出版社，1996年9月，第275～277頁。

何琳儀：

楚系　東郞戠交

郕，从邑，或聲。疑域之異文。見或字。

楚器郕，讀域，或國。　《戰國古文字典》，中華書局，1998年9月，第19頁。

何琳儀：

楚系　東郕戠交

楚璽「東郕」，讀「東國」。《戰國策·西周策》「欲王令楚割東國以與齊」，鮑注「東國，楚之東地，即《楚策》下東國云。」在今安徽睢寧附近。　《戰國古文字典》，中華書局，1998年9月，第363～364頁。

何琳儀：

楚系　東郕戠交。

戠，从戈，堇聲。《說文》：「漢古文作（十一上三），其爽疑即戠之訛變。

楚璽戠，讀覲。　《戰國古文字典》，中華書局，1998年9月，第1322頁。

徐　暢：

東周·楚系公鈢　東郕（國）戠（織）室　《中國篆刻全集》，黑龍江美術出版社，2000

年7月，第14頁。

肖　毅：

14.東國職交

「職交」，從李家浩釋（李家浩：《戰國璽印考釋（六篇）》，1992年中國古文字學年會論文）。職交，約相當於《周禮·秋官·司寇》中的「掌交」：「掌以節與幣巡邦國之諸侯，及其萬民之所聚者。道王之德意志慮，便（編按：「便」爲「使」之訛）咸知王之好惡辟行之。使和諸侯之好，達萬民之說。」　《古璽所見楚系官府官名考略》，《江漢考古》，2001年第2期，第41頁。

戴山青：

東國（郲）戭□　《古璽漢印集萃》上冊，廣西美術出版社，2001年10月，第15頁。

莊新興：

1015　東國戭□　楚系·楚　《戰國璽印分域編》，上海書店出版社，2001年10月，第181頁。

徐暢主編：

戰國公鉩與印跡・楚系鉩印　155　東國戥（織）室　《中國書法全集》第92卷，榮寶齋出版社，2003年2月，第46頁。

徐暢主編：

155　東國戥（織）室

作於戰國時期。楚官鉩。《古璽彙編》〇三一〇號著錄。

「⿰或阝」字从邑从或，即「國」字異體。東國爲地名，史籍有記載，何琳儀指出，故地在安徽淮北。此當楚王朝設在東國爲皇家服務的織室。印文四字中有三字爲異體字，爲考釋徒增困難，可見戰國時期的文字異形現象各國皆然。

參考　徐暢《寓石齋璽印考》《中國書法全集》第92卷，榮寶齋出版社，2003年2月，第209頁。

小林斗盦：

東⿰或阝戥□　《中國璽印類編》，天津人民美術出版社，2004年6月，第177、213、405頁。

小林斗盦：

東𨛫戠交　《中國璽印類編》，天津人民美術出版社，2004年6月，第343頁。

施謝捷：

楚系官璽　東𨛫（國）戠（識—職）交（郊）　《古璽彙考》，安徽大學博士學位論文，2006年5月，第178頁。

陳光田：

楚系古璽　「東𨛫（國）戠（織）室」（0310）。古文字「國」本作「或」，「𨛫」當爲「國」之異構。《戰國策·西周策》云：「令楚東國以與齊。」高誘注曰：「楚東國，近濟南境者也。」顧觀光《七國地理考》認爲東國即楚之淮北。璽文第三、第四字舊不識，或釋爲職交。（李家浩：《戰國官印考釋（六篇）》，《中國古文字學年會論文集》，1992年。）當釋爲織室。（朱德熙、裘錫圭：《戰國文字研究（六種）》，《考古學報》1972年第1期。）第四字當釋爲室，風格爲楚所獨有，形體與郭店楚簡中的「室」字相近。「織室」是掌管絲帛織造的機構。該璽爲東國負責紡織事務的官署所用。　《戰國璽印分域研究》，嶽麓書社，2009年5月，第150～151頁。

徐　暢：

戰國楚系官鉨　東𨛭（國）壁（職）室　《先秦印風》，重慶出版社，2011年5月，第38頁。

李守奎按：

「戩」字見於包山簡，李家浩以爲是「戠」字之訛，混訛的條件是字形相近。「堇」與「音」相去甚遠，混訛之說可商。

官璽第一八六：郢戩迵敷（？）

印　面：

璽印集林四冊

著　錄：

《古璽彙編》，北京：文物出版社，1981年12月，第58頁。

《印典》（二），北京：國際文化出版公司，1993年5月，第1309頁。

《古璽漢印集萃》上冊，南寧：廣西美術出版社，2001年10月，第18頁。

《中國璽印類編》，天津：天津人民美術出版社，2004年6月，第53、201、405頁。

《古璽彙考》，安徽大學博士學位論文，2006年5月，第178頁。

《戰國璽印分域研究》，長沙：嶽麓書社，2009年5月，第151頁。

集　釋：

羅福頤：

0335　郢戠迥敷　《古璽彙編》，文物出版社，1981年12月，第58頁。

吳振武：

〔三二四〕此字應隸定爲戠或戴。仰天湖楚簡纏字作 ⿰糸⿱𡴀土（《仰》第三簡），所从堇（菓）旁與此字 ⿱𡴀土 旁同。戠（戴）字不見於後世字書。　《〈古璽文編〉校訂》，吉林大學博士學位論文，1984年12月，第271頁。

李家浩：

二、郢𨏈過𢾊

《璽彙》著錄的0335號印白文四字，筆畫稍有殘泐，但都可辨認。……

《璽彙》將印文四字釋寫作「郢𢧢迵敷」。按第一、四兩字的釋寫沒有問題，第二、三兩字的釋寫從表面上看，似乎也沒有什麼問題，但仔細分析卻不一定正確。

第二字亦見於《璽彙》0310號「東國𢧢交」印，鄭超《楚國官璽考述》根據裘錫圭先生意見釋爲「𢧢」（鄭超：《楚國官印考述》，《文物研究》第2期，1986年，91頁），是十分正確的。「𢧢」或寫作「𡒊」，从「土」从「𢦔」聲，即「埴」字的古文，見《廣韻》職韻和《古文四聲韻》職韻引《籀韻》等。《汗簡》卷下之一戈部引《尚書》「植」字作如下之形：

即借「𢧢」字爲之。不過將印文「𢧢」字與《汗簡》「𢧢」字進行比較，兩者的字形有明顯的區別，即印文將左半「章」寫作「墓（堇）」字形。唐蘭《古文字學導論》有《字形

的混淆和錯誤》一節，主要講古文字中的合體字所从的偏旁之一，往往訛誤作跟它形近的字（唐蘭：《古文字學導論》，齊魯書社，1981年，241～248頁）。這種情況在戰國文字中尤其突出。例如：

（《璽文》300・2544）　此是「彊」字，所从「弓」旁訛誤作跟它形近的「尸」（由於戰國文字將「弓」旁訛誤作跟它形近的「尸」，所以有人將从「尸」之字誤認爲从「弓」。如璽印文字「居」，《璽文》301頁釋爲「㢮」，即其例）。

（《璽文》302・3248）　此是「信」字，所从「人」旁訛誤作跟它形近的「弓」。

（《金文編》430頁）　此是「貣」字，所从「弋」旁訛誤作跟它形近的「戈」（參李家浩：《戰國邙布考》，《古文字研究》第三緝，1980年，160～164頁）。

（《璽文》198・3977）　此是「瘬」字，所从「焦」旁訛誤作跟它形近的「魚」（戰國文字將「焦」旁訛誤作跟它形近的「魚」旁的例子，還有「譙」　《璽文》55頁等字。參看李家浩：《戰國邙布考》，《古文字研究》第三緝，1980年，164頁注⑥）。

（《楚帛書》289頁） 此是「福」字，所从「畐」旁訛誤作跟它形近的「酉」。

（《陶徵》211頁） 此是「蓺（藝）」字，所从「云」旁訛誤作跟它形近的「虫」（此字舊或釋爲「蟄」，非是。秦漢文字「陰」所从「云」旁亦有訛誤作跟它形近的「虫」的情況，見《上海博物館藏印選》34・3「陰頞」印和《秦漢魏晉篆隸字形表》1031頁「陰」字條等。瓦書原文說：「卜蓺（藝）史羈。」「卜藝史」當是主管跟農藝方面有關的占卜的官，「羈」是其名）。

（《故宮》43・232） 此是「陰」字，所从「云」旁訛誤作跟它形近的「缶」（《太平御覽》卷六一八引劉向《七略》說，《尚書》古文或以「陶」爲「陰」，大概是這種寫法「陰」字條的進一步訛誤）。

0335號印將「戠」字所从「童」訛誤作跟它形近的「菫（堇）」，與上面所舉的例子屬於同類情況。

近年荊門包山二號楚墓竹簡中也有「戠（戠）」字，其所以（編按：「以」當爲「从」訛）

「童」亦作「墓」，與印文同。字或作「斆」，从「攴」：

陰之斆（戝）客。　　《包山》62.135反

斆（戝）客百宜君。　　《包山》60.138

陰之斆（戝）客。　　《包山》58-59.133、134

斆（戝）客百宜君。　　《包山》59.134

王國維說：「凡从『攴』从『戈』，皆有擊意，故古文字往往相通。」（王國維：《鬼方昆夷玁狁考》，《觀堂集林》第二冊，中華書局，1961年，588頁。參看李家浩：《齊國文字中的「遂」》，《湖北大學學報》哲學社會科學版，1992年第3期，30、32頁）第三字《璽彙》釋爲「迵」，雖然與字形相合，但是從戰國文字的特點來考慮，我們卻認爲它是「過」字的省寫。衆所週知，戰國文字很重要的一個特點，就是簡體字繁多；造成簡體字的方式之一，是將文字的某一部份省去。下面以璽印文字中的「骨」字和从「骨」

的「痟」字爲例：

《璽文》90頁

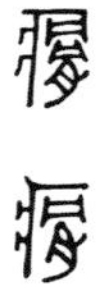《璽文》197頁

這兩個字的前面一種寫法是正體，後面一種寫法是簡體，即將「骨」旁所从的兩個「」省去一個。璽印文字「過」作：

《璽文》36.2004

若像上揭「骨」、「痟」二字的省寫那樣，後面一種寫法是簡體，即將「冎」所从的兩個「」也省去一個，就成爲「迵」字形了。

在戰國文字中，有一些字因省寫而造成跟另一個字同形的情況屢見不鮮。我們在這裏舉幾

個例子作爲代表：

（《幣文》259頁） 此是「即」字的省寫，與「皀」字同形（參裘錫圭：《戰國貨幣考〈十二篇〉》，《北京大學學報》，哲學社會科學版，1978年第2期，70頁）。

（《璽徵》14.2） 此是「官」字的省寫，與「𠂤」字同形（參看朱德熙、裘錫圭：《戰國銅器銘文中的食官》，載《文物》，1973年第12期，59頁）。

（《璽彙》391·4270） 此是「宜」字的省寫，與「肉」字同形。

（《璽彙》431·4739） 此是「金」字的異體同形（戰國文字中的「百」的異體或作「全」字形。請看朱德熙、裘錫圭：《平山中山王墓銅器銘文的初步研究》，載《文物》1979年第1期，43～44頁）。

（《璽彙》427·4699） 此是「年」字的省寫，與「禾」字同形（漢瓦文字「居攝年」之「年」作「禾」，省與此同。參看陳直：《漢代民間簡字舉例》，《文史考古論叢》，天津古籍出版社，1988年，336頁）。

（《陶徵》48頁）　此是「器」字的省寫，與「哭」字同形。〔此字《陶徵》誤釋爲「哭」。按這種省寫的「器」字還見於燕國的武平君鐘（《攈古錄金文》二之二・十二下）、王后鼎（《考古》，1984年8期，761頁圖五）等。趙國相邦春平侯鈹等兵器銘文中也有這樣省寫的「器」（參看俞偉超、李家浩《論「兵闢太歲戈」》，《出土文獻研究》，1985年，140頁）。韓國陶文「器」字是將右邊的兩個「口」省去，《陶徵》151頁誤釋爲「猖」。趙國相邦春平侯鈹等兵器銘文的「左（右）伐器」，與十八年雍殘戈銘文「左庫器」同義（《奇觚室吉金文述》10・26），疑「左（右）伐器」之「伐」讀爲「廢」。《說文》广部：「廢，舍也。」這跟「故齊魯、謂庫曰舍」（《釋名・釋宮室》）的情況相類似，大概是趙國方言的說法〕。

（《盟書》333頁）　此是「痝」字的省寫，與「痞」字同形。

此外，貨幣文字中的地名「大⿰阝金（陰）」之「⿰阝金」或省去「金」旁，與「阜」字同形；「⿱雨各（露）」或省去「各」旁，與「雨」字同形（《幣文》173、218頁）。這些都是大家熟悉

的例子。所以，0335號印將「過」字省寫作「迵」字形，一點也不奇怪。

根據以上所說，0335號印可以釋作「郢戠過敷」。

「郢」是楚國國都，在今湖北江陵縣北；楚考烈王二十二年（公元前241年）徙都壽春，即今安徽壽縣，仍名曰郢。古代人往往以國都指代國家，如三晉以「邯鄲」指代趙國，「梁」指代魏國，「鄭」指代韓國。《戰國策·秦策四》或爲六國說秦王章：「郢威王聞之，寢不寐，食不飽。」馬王堆漢墓帛書《戰國縱横家書》第一七章：「楚割淮北，以爲下蔡□，得雖近越，實必利郢。」（參看《戰國縱横家書》72頁注23，文物出版社，1976年）這裏的「郢」都是指代楚國。印文「郢」也可能是指代楚國。

「戠過敷」當讀爲「職過傅」。「戠」與「職」，「敷」與「傅」，所从聲旁相同，故可通用。《周禮·春官·敘官》「職喪」鄭玄注：「職，主也。」「職過傅」之「職」與此同義。古代有諫官「司過」：

湯有司過之士。　《呂氏春秋·自知》

司過薦至，而祝宗祈福。《晏子春秋・內篇問上》第十章

武靈王少，未能聽政，博聞師三人，左右司過三人。《史記・趙世家》

陳王以朱房爲中正，胡武爲司過，主司群臣。《史記・陳涉世家》

「司過」的職責是督察國君和群臣的過失。「職過傳」可能是「司過」的異名，其職掌應該與之相同。

上引0310號印「戠交」之「戠」和包山楚簡「戠客」之「戠」，也都應該讀爲「職」。《周禮・秋官》的《掌交》：「掌以節與幣巡邦國之諸侯及其萬民之聚者，道王之德意志慮，使咸知王之好惡，辟行之……」《掌客》：「掌四方賓客之牢禮、餼獻、飲食之等數與其政治……」「職交」、「職客」當分別是「掌交」、「掌客」的異名。《戰國官印考釋三篇》，《出土文獻研究》第六輯，上海古籍出版社，2004年12月，第14～16頁。

康　殷、任兆鳳：

郢戠迵□　《印典》（二），國際文化出版公司，1993年5月，第1309頁。

戴山青：

郢戳迵敷　《古璽漢印集萃》上册，廣西美術出版社，2001年10月，第18頁。

何琳儀：

楚系　郢戳迵敷

《説文》：「敷，㪿也。从攴，専聲。」　《戰國古文字典》，中華書局，1998年9月，第598頁。

何琳儀：

楚系　郢戳迵敷

《説文》：「郢，故楚都，在南郡江陵北十里。从邑，呈聲。（以整切）郢，郢或省。」（六下十五）

楚器郢，除人名外均爲地名，或爲楚都，或爲楚之陪都。　《戰國古文字典》，中華書局，1998年9月，第804頁。

肖　毅：

43.郢職過敷（傳）

李家浩認爲「職過敷」當讀爲「職過傳」，可能是「司過」的異名。古代有諫官「司過」，《呂氏春秋・自知》：「湯有司過之士。」《史記・趙世家》：「武靈王少，未能聽政，博聞師三人，左右司過三人。」「司過」之職是督察國君和群臣的過失（李家浩：《戰國官印考釋（六篇）》，1992年中國古文字學年會論文）。　《古璽所見楚系官府官名考略》，《江漢考古》，2001年第2期，第43～44頁。

小林斗盦：

郢戠迵敷　《中國璽印類編》，天津人民美術出版社，2004年6月，第53、405頁。

小林斗盦：

郢戠迵敷　《中國璽印類編》，天津人民美術出版社，2004年6月，第201頁。

李家浩：

附記：

……

（一）包山楚墓竹簡101號有一個人名之字作，整理者釋爲「倜」（湖北省荊沙鐵路考古隊：《包山楚簡》，圖版四四，文物出版社，1991年，24頁），甚是。此字所从「咼」旁是省去一個「」的一種寫法，與本文第二篇所說《璽彙》0335號印「過」字所从「咼」旁的省寫形式相同，可以互證。

（二）本文第二篇說《璽彙》0310、0335號印的「戴（戠）」字見於包山楚墓竹簡，字或作「戴（𢦏）」，並且還說簡文「戴（戠）客」、「戴（𢦏）客」應該讀爲「職客」。上海博物館藏戰國竹簡《緇衣》也有「戴」字（4號），或省去「土」作「𢧦」（17號）。原文說「戴惡以慮（御）民淫，則民不惑」；「民慎於言而𢧦於行」（馬承源主編：《上海博物館藏戰國楚竹書（一）》，上海古籍出版社，2001年，48、61、178、192頁）。「戴」、「𢧦」二字，郭店楚墓竹簡《緇衣》6、33號皆作「慬」（荊門市博物館：《郭店楚墓竹簡》，文物出版社，998年，17、19、129～130頁），整理者把它們都讀爲「謹」，是十分正確的。在古文字中有異讀現象，例如銀雀山漢墓竹簡「塊」的異體「凷」讀爲「謟」。這是因爲「凷」从凵（埳），故「凷」又有「凵（埳）」音，漢墓竹簡假借作「謟」。說見拙文《从戰國「忠信」印談古文字中的異讀現象》（《北京大學學報（社科版）》，1987年2期，9~19頁）。「𢿍」在包山楚墓竹簡中是作爲「𢿍（戠）」字的異體而讀爲「職」的。因爲它从「墓（堇）」，故又有「墓（堇）」音，在上博竹簡中假借作「謹」。這跟銀雀山漢墓竹簡「凷」讀爲「謟」的情況類似。《戰國官印考釋三篇・附記》，《出土文獻研究》第六輯，上海古籍出版社，2004年12月，第20頁。

施謝捷：

楚系官璽　郢（郢）戠（戠—職）迵（通）敷（捕）　《古璽彙考》，安徽大學博士學位論文，2006年5月，第178頁。

陳光田：

楚系古璽　「郢職過敷（傅）」（0335）。「職過敷」應讀做「職過傅」，可能爲「司過」的異名，以督察國君和群臣的過失。（李家浩：《戰國官印考釋（六篇）》，《中國古文字學年會論文集》，1992年。）「傅」爲人名，古代有「司過」，相當於後世的諫官。《史記・趙世家》云：「武靈王少，未能聽政，博聞師三人，左右司過三人。」該璽當爲楚之郢地的司過傳所用之物。　《戰國璽印分域研究》，嶽麓書社，2009年5月，第151頁。

李守奎按：

迵，璽文讀爲「郢職過敷」有文義可說，但璽文中除「郢」字之外，其餘釋讀尚存疑問。「戡」从「戈」，「堇」聲，「戡」在郭店簡《緇衣》中讀爲「謹」；「戡」與「戠」都是楚文字的常用字，二者並無混用的確證，「異讀現象」僅是一種合理的假説。釋「過」的字形與楚文字常見的「迵」一致，卻與「過」有明顯的區别。釋作「敷」的字形筆劃殘泐過甚，並不能確認爲「敷」；即使是「敷」，「職過敷」也頗費解。依字形暫釋爲「迵」，文義待考。

「迵」字楚簡多讀爲「通」，左下角字漫漶不清，諸家皆釋敷。「尃」字與尃旁楚簡習見，上部皆作「父」，璽文與「尃」旁不類。

官璽第一八七：坲（市）

印　面：

20 世紀 90 年代後期，河南省駐馬店市新蔡縣城東部新蔡故城遺址出土，北京古陶文明博物館收藏

著　錄：

《古陶文明博物館藏戰國封泥》，北京：文雅堂，2003 年 8 月。

《文物》，北京：文物出版社，2005 年第 1 期，第 58 頁。

《古璽彙考》，安徽大學博士學位論文，2006 年 5 月，第 190 頁。

《二十世紀出土璽印集成》，北京：中華書局，2010 年 1 月，第 151 頁。

《新出封泥彙編》，杭州：西泠印社出版社，2010 年 9 月，第 3 頁。

集釋：

路東之：

第卌五品　市A式

楚系。單字「市」封泥甚多，版別各異。大量「市」字封泥出土，于考證新蔡城之性質、功能意義重大。《古陶文明博物館藏戰國封泥》，文雅堂，2003年8月。

周曉陸、路東之：

39.「市」　A式。單字「市」封泥出土很多，印面形制有數十種，可肯定爲當地抑蓋。標本A28面方形，有邊欄，陽文（圖一〇・一〇）。《新蔡故城戰國封泥的初步考察》，《文物》，2005年第1期，第55頁。

施謝捷：

楚系官璽　坊（市）【封泥】　《古璽彙考》，安徽大學博士學位論文，2006年5月，第190頁。

周曉陸主編：

二-GP-0112　市　東周（楚）　泥封　《二十世紀出土璽印集成》，中華書局，2010 年 1 月，第 151 頁。

楊廣泰：

0055　市　D1　《新出封泥彙編》，西泠印社出版社，2010 年 9 月，第 3 頁。

官璽第一八八：坊（市）

印　面：

北京古陶文明博物館收藏

著　録：

《古陶文明博物館藏戰國封泥》，北京：文雅堂，2003 年 8 月。

《古璽彙考》，安徽大學博士學位論文，2006 年 5 月，第 190 頁。

《新出封泥彙編》，杭州：西泠印社出版社，2010年9月，第1頁。

集　釋：

路東之：

第卅七品　市　C式

楚系。單字「市」封泥甚多，版別各異。大量「市」字封泥出土，于考證新蔡城之性質、功能意義重大。　《古陶文明博物館藏戰國封泥》，文雅堂，2003年8月。

施謝捷：

楚系官璽　坤（市）【封泥】　《古璽彙考》，安徽大學博士學位論文，2006年5月，第190頁。

楊廣泰：

0020　市　D1　《新出封泥彙編》，西泠印社出版社，2010年9月，第1頁。

官璽第一八九：坤（市）

印面：

20世紀90年代後期，河南省駐馬店市新蔡縣城東部新蔡故城遺址出土，北京古陶文明博物館收藏

著錄：

《古陶文明博物館藏戰國封泥》，北京：文雅堂，2003年8月。

《文物》，北京：文物出版社，2005年第1期，第58頁。

《古璽彙考》，安徽大學博士學位論文，2006年5月，第191頁。

《二十世紀出土璽印集成》，北京：中華書局，2010年1月，第151頁。

集釋：

路東之：

第卅九品　市　E式

楚系。單字「市」封泥甚多，版別各異。大量「市」字封泥出土，于考證新蔡城之性質、功能意義重大。　《古陶文明博物館藏戰國封泥》，文雅堂，2003年8月。

周曉陸、路東之：

40.「市」　B式。D：13印面三角形，陰文（圖一〇・一一）。　《新蔡故城戰國封泥的初步考察》，《文物》，2005年第1期，第55頁。

施謝捷：

楚系官璽　坤（市）【封泥】　《古璽彙考》，安徽大學博士學位論文，2006年5月，第191頁。

周曉陸主編：

二-GP-0110　市　東周（楚）　泥封　《二十世紀出土璽印集成》，中華書局，2010年1月，第151頁。

官璽第一九〇：坤（市）

印　面：

20世紀90年代後期，河南省駐馬店市新蔡縣城東部新蔡故城遺址出土，北京古陶文明博物館收藏

著錄：

《古陶文明博物館藏戰國封泥》，北京：文雅堂，2003年8月。

《收藏家》，北京：2003年第3期，第4頁。

《書法新鑒：古璽文新鑒》，西安：世界圖書出版公司，2005年6月，第34頁。

《古璽彙考》，安徽大學博士學位論文，2006年5月，第190頁。

《二十世紀出土璽印集成》，北京：中華書局，2010年1月，第151頁。

《新出封泥彙編》，杭州：西泠印社出版社，2010年9月，第2頁。

集釋：

路東之：

第卅六品　市　B式

楚系。單字「市」封泥甚多，版別各異。大量「市」字封泥出土，于考證新蔡城之性質、功能意義重大。　《古陶文明博物館藏戰國封泥》，文雅堂，2003年8月。

肖曉輝：

……這批封泥印文以楚系文字爲主。例如刊佈的封泥照片和拓本有「市」、「攻市」，「市」字寫法爲典型的楚文字，這些「市」字封泥當是市場管理者所鈐。　《書法新鑒：古璽文新鑒》，世界圖書出版公司，2005年6月，第34頁。

施謝捷：

楚系官璽　坤（市）【封泥】　《古璽彙考》，安徽大學博士學位論文，2006年5月，第190頁。

周曉陸主編：

二-GP-0111　市　東周（楚）　泥封　《二十世紀出土璽印集成》，中華書局，2010年1月，第151頁。

楊廣泰：

0044 市 D1《新出封泥彙編》，西泠印社出版社，2010年9月，第2頁。

官璽第一九一：□□

印　面：

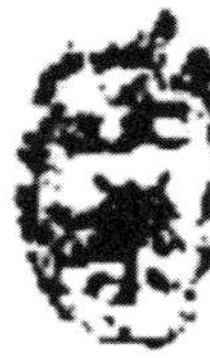

20世紀90年代後期，河南省駐馬店市新蔡縣城東部新蔡故城遺址出土，北京古陶文明博物館收藏

著　錄：

《古陶文明博物館藏戰國封泥》，北京：文雅堂，2003年8月。

《二十世紀出土璽印集成》，北京：中華書局，2010年1月，第151頁。

集　釋：

路東之：

第六品　市朱

楚系。或可釋爲「市朱」合文，猶待考定。與同類「蟻鼻錢」文相同，或爲「蟻鼻錢」抑印而成。僅見一品。《古陶文明博物館藏戰國封泥》，文雅堂，2003年8月。

周曉陸主編：

二-GP-0113　市朱　東周（楚）　泥封　《二十世紀出土璽印集成》，中華書局，2010年1月，第151頁。

官璽第一九二：坊（市）

印面：

傳新蔡古呂鎮所出戰國封泥

著錄：

《新出封泥彙編》，杭州：西泠印社出版社，2010年9月，第2頁。

集釋：

楊廣泰：

0045　市　D1　《新出封泥彙編》，西泠印社出版社，2010年9月，第2頁。

官璽第一九三：攻坊（市）

印面：

20世紀90年代後期，河南省駐馬店市新蔡縣城東部新蔡故城遺址出土，北京古陶文明博物館收藏

著錄：

《古陶文明博物館藏戰國封泥》，北京：文雅堂，2003年8月。

《收藏家》，北京：2003年第3期，第4頁。

《文物》，北京：文物出版社，2005年第1期，第58頁。

《古璽彙考》，安徽大學博士學位論文，2006年5月，第190頁。

《二十世紀出土璽印集成》，北京：中華書局，2010年1月，第150頁。

集　釋：

路東之：

第四四品　攻市　D式

楚系。「攻」在先秦文字中常通「工」，「攻市」即「工市」。《古陶文明博物館藏戰國封泥》，文雅堂，2003年8月。

周曉陸、路東之：

42.「攻市」。印面圓形，有邊欄，陽文。「攻」在先秦文字中可通「工」，「攻市」即「工市」。《新蔡故城戰國封泥的初步考察》，《文物》，2005年第1期，第55頁。

肖曉輝：

……這批封泥印文以楚系文字爲主。例如刊佈的封泥照片和拓本有「市」、「攻市」，「市」字寫法爲典型的楚文字，這些「市」字封泥當是市場管理者所鈐。《書法新鑒：古璽文新鑒》，世界圖書出版公司，2005年6月，第34頁。

施謝捷：

楚系官璽　攻坤（市）【封泥】　《古璽彙考》，安徽大學博士學位論文，2006年5月，第190頁。

周曉陸主編：

二-GP-0107　攻市　東周（楚）　泥封　《二十世紀出土璽印集成》，中華書局，2010年1月，第150頁。

官璽第一九四：攻坤（市）

印　面：

1954年長沙楊家灣六號楚墓出土

著　録：

《考古學報》，北京：1957年第1期，第104頁。

集釋：

裘錫圭：

長沙楊家灣6號楚墓出土的漆耳杯，底部有「坾攻」二字戳印（《考古學報》1957年1期《長沙出土的三座大型木槨墓》圖版三・5），第一字寫法與金節「坾」字很近。只不過「之」字下右邊的彎筆寫成了與左邊一筆一樣的短斜劃，這個字大概也是「坾」字。「市攻」當讀爲「市工」，意即市所屬的工官或工匠。

《書道》第一卷著錄一枚兩面的楚私印，一面爲「陳逧」，一面爲「陳坾」，釋文作「陳封」（1958年版211頁）所謂「封」字與上引楚官印「坾」字相類，但它所从的「土」，豎畫上端彎向左邊，與「之」下的左斜畫相接，形成「壬」字形，則與「坾」字不同，而與鄂君啓節「𨛜」字所从之「㞷」相同，所以也有可能不是「坾」，而是「㞷」字的變體，「逧」（格）、「㞷」（往）二字意義相關，作爲一名一字是很合適的……

（一）從齊國陶器上的「節墨之六市工」印文、楚國漆耳杯上的「市工」印文以及韓國兵器上關於市庫鑄兵器的銘文，可以知道戰國時代各國的官市，至少是其中一部份，是兼營工業的，其經營的方面包括陶器、漆器和冶鑄等業。打有市印的陶器，可能都是官市的產品，從「市中小貨」、「市南小貨」等空首布來看，似乎有的官市也管鑄錢。《戰國文字中的「市」》，《考古學報》，1980年第3期，第295頁。

黄錫全：

67、市攻

（139）「市攻」漆耳杯，《考古學報》，1957年第1期圖版叁

長沙楊家灣六號楚墓出土的漆耳杯的底部有「市攻」二字戳印，「市」字與鄂君啓節「市」字寫法類同，裘錫圭釋爲「市」，可從。裘氏認爲「市攻」當讀爲「市工」，意即市所屬的工官或工匠。（裘錫圭：《戰國文字中的「市」》，《考古學報》，1980年3期）楚市設有「市令」，見《史記·循吏·孫叔敖傳》：「市令」、「市工」均爲楚市官吏。《古文字中所見楚官府官名輯證》，《文物研究》總第七輯，黄山書社，1991年12月，第225～226頁。

裘錫圭：

本文提到的出打有楚「市攻」印的漆杯的長沙楊家灣6號楚墓，原報告以爲其時代可能「在

戰國末期與西漢初期之間」（《考古學報》1957年1期一〇一頁），除此漆杯外，鄂城鋼74號墓所出漆尊（《考古學報》1983年2期247頁圖二五）和雲夢睡虎地35號墓所出漆奩的底部，也都有同文戳印，寫法大致相同，鋼74號墓的時代，《鄂城楚墓》定爲「秦漢之際或西漢初」（《考古學報》1983年2期251頁，參看此文所附墓葬登記表）。睡虎地35號墓的時代，《湖北雲夢睡虎地秦漢墓發掘簡報》定爲漢初（《考古》1981年1期44～45頁。其實此墓時代很可能早於漢初，但不會早到此地爲秦佔領之前）。這些墓爲什麼會出打有楚印的漆器，是一個有待研究的問題，在馬王堆3號漢墓出土的、秦佔領楚地後由楚人用秦篆抄寫的帛書上，有不少字的構造同於戰國晚期的楚國文字。由此看來，秦佔領之後，楚地某些工匠仍舊使用楚印的可能性，應該是存在的。又按照一般印文由右向左讀的慣例，我們所討論的這種印文當讀爲「攻市」（鄂城及睡虎地二例皆「攻」字在右，「市」字在左，長沙一例爲反文故「攻」字在左「市」字在右）。那麼「攻」也許應當工人講，「市」爲工人之名。　《戰國文字中的「市」・編校後記》，《裘錫圭古文字論集》，中華書局，1992年8月，第467～468頁。

官璽第一九五：攻坤（市）

印面：

鄂城鋼74號楚墓出土

著錄：

《考古學報》，北京：1983年第2期，第247頁。

《中國篆刻全集》，哈爾濱：黑龍江美術出版社，2000年7月，第975頁。

集釋：

裘錫圭：

鄂城鋼74號墓所出漆尊（《考古學報》1983年2期247頁圖二五）……也都有同文戳印，寫法大致相同，鋼74號墓的時代，《鄂城楚墓》定爲「秦漢之際或西漢初」（《考古學報》1983年2期251頁），參看此文所附墓葬登記表）。……我們所討論的這種印文當讀爲「攻市」（鄂城及睡虎地二例皆「攻」字在右，「市」字在左，長沙一例爲反文故「攻」

字在左「市」字在右）。那麼「攻」也許應當工人講，「市」爲工人之名。《戰國文字中的「市」・編校後記》，《古文字論集》，1992年8月，第467～468頁。

徐　暢：

攻市・楚・鄂城漆樽外底火烙印蹟鈢，摹本。《中國篆刻全集》，黑龍江美術出版社，2000年7月，第975頁。

官璽第一九六：夕⿰土市（市）

印　面：

20世紀90年代後期，河南省駐馬店市新蔡縣城東部新蔡故城遺址出土，北京古陶文明博物館收藏

著　錄：

《古陶文明博物館藏戰國封泥》，北京：文雅堂，2003年8月。

《文物》，北京：文物出版社，2005年第1期，第58頁。

《古璽彙考》，安徽大學博士學位論文，2006年5月，第189頁。

《二十世紀出土璽印集成》，北京：中華書局，2010年1月，第151頁。

集釋：

路東之：

第四十品　夕市

楚系。或爲晚市、夜市之屬，僅見一品。　《古陶文明博物館藏戰國封泥》，文雅堂，2003年8月。

周曉陸、路東之：

41.「夕市」。印面圓形，有邊欄，陽文。「夕市」似可釋爲晚市、夜市。　《新蔡故城戰國封泥的初步考察》，《文物》，2005年第1期，第55頁。

施謝捷：

楚系官璽　夕坊（市）**【封泥】**　《古璽彙考》，安徽大學博士學位論文，2006年5月，第189頁。

周曉陸主編：

二-GP-0109　夕市　東周（楚）　泥封　《二十世紀出土璽印集成》，中華書局，2010年1月，第151頁。

官璽第一九七：坾（市）人之鉨（璽）

印面：

臨泉縣博物館藏

著錄：

《古文字研究》第二十二輯，北京：中華書局，2000年7月，第179頁。

《戰國璽印分域研究》，長沙：嶽麓書社，2009年5月，第153頁。

集釋：

韓自強、韓　朝：

六、市人之璽（陶文）

臨泉縣博物館收藏一件直頸黃陶小罐，頸部倒印一枚璽文，璽爲方形，每邊長2.7釐米，白文有邊闌。文曰「市人之璽」。陶文第一字作，原拓片因土字的中間一豎沒有拓出，左邊的框又沒連接，因而把框內的筆劃看成三橫，誤認爲彥字，數年來不敢認定。近日去臨泉縣博物館，蒙老館長馮耀堂的幫助，仔細端詳了實物，並重新打了拓片，璽文第一字的左邊框是一筆拉下來的，框內从土，回來翻閱了裘錫圭先生的大著《戰國文字中的市》（《考古學報》80年第三期），才頓時大悟，這個字是从之、、从土反書的市字，裘先生在這篇大作中列舉了戰國時代齊國的市作、，燕國的市作、，三晉的市多寫作、，或反書作、。包山楚簡作95191，如果把95簡的市反寫，與這方陶文的市字非常相似。

《周禮・地官・司徒》「司市，掌市之治教政刑，量度禁令」等，商業貿易歸其管理，權力很大，司市的下屬有市師、胥師、賈師等，齊國市官之長稱市師，副職稱市相，還有市工等，燕國的製陶業組織更嚴密，有左右陶尹，下屬有倕、皎、工三級。《史記・循吏列傳》：「莊王以爲幣輕，更以小爲大，百姓不便，皆棄其業，市令言之相。」楚漆耳杯上有「市工」印文，證明楚國也有市令和市工。楚國的製陶業官營的隸屬大工尹或是工尹，楚國的陶文極少見，不知下屬有沒有「陶人」或「瓬人」。現在我們發現楚國陶器上有「市人之璽」，這一定是市令的下屬專管陶器經營的市吏，正如韓國兵器上有「市庫」銘文，楚漆器上有「市工」印文一樣，證明戰國時期各國的市官有一部份是兼營進入市場的商品生產的。 《安徽阜陽出土的楚國官璽》，《古文字研究》第二十二輯，中華書局，2000年7月，第179～180頁。

陳光田：

楚系古璽 「市人之鉨（璽）」（韓自強、韓朝：《安徽阜陽出土的楚國官璽》，《古文字研究》第22輯，中華書局，2000年第頁）。該璽出於楚陶文，楚的市官一般有「市令」、

「市工」等，「市人」當是「市令」的下屬專門負責陶器經管的市吏。《戰國璽印分域研究》，嶽麓書社，2009年5月，第154頁。

官璽第一九八：⿰會攴⿰土市（市）□鉩（璽）

印面：

浙江省博物館藏印

著錄：

《古璽彙編》，北京：文物出版社，1981年12月，第510頁。

《印典》（一），石家莊：河北美術出版社，1989年8月，第687頁。

《黃賓虹古璽印釋文選》，上海：上海書畫出版社，1995年9月。

《中國篆刻全集》，哈爾濱：黑龍江美術出版社，2000年7月，第25頁。

《古璽彙考》，安徽大學博士學位論文，2006年5月，第168頁。

《戰國璽印分域研究》，長沙：嶽麓書社，2009年5月，第157頁。

《先秦古璽集粹》，長春：吉林文史出版社，2011年11月，第18頁。

集　釋：

黄賓虹：

鄫□□鉢

鄫，《說文》：「姒姓國，在東國。」《前漢書・地理志》東海郡：「繒，故國，夏禹之後。」《後漢書》瑯琊國：「繒，故屬東國。」今山東兗州繹縣東八十里有故鄫城。矰，《周禮・司弓矢》：「矰矢，茀矢。」注：「矰，繳射也，矢也罔也，字亦作繒。」

《黄賓虹古璽印釋文選》，上海書畫出版社，1995年9月。

羅福頤：

5602　□往□鉨　《古璽彙編》，文物出版社，1981年12月，第510頁。

吴振武：

敀坤（市）□鉨　《〈古璽彙編〉釋文訂補及分類修訂》，《古文字學論集》（初編），香港中文大學，1983年9月，第526頁。

康　殷、任兆鳳：

敀坤□　《印典》（一），河北美術出版社，1989年8月，第687頁。

何琳儀：

分域待考　敀坤家鉨

坤，从土，市聲。疑市之繁文。　《戰國古文字典》，中華書局，1998年9月，第50頁。

何琳儀：

楚系　敀坤冡鉨

冡，从瓜，家聲

楚璽冡，讀家，卿大夫，見齊系文字9。　《戰國古文字典》，中華書局，1998年9月，第484頁。

何琳儀：

楚系　𢿜坊家鈢

𢿜，从攴，會聲。疑擓之異文。《集韻》：「擓，收也。」

楚璽𢿜，疑讀會。《禮記・哀公問》「不廢其會節」。疏：「會，猶期也。」　《戰國古文字典》，中華書局，1998年9月，第892～893頁。

徐　暢：

東周・齊系公鈢　𢿜坊（市）□鈢・齊　《中國篆刻全集》，黑龍江美術出版社，2000年7月，第25頁。

肖　毅：

𢿜市家璽

義待考　《古璽所見楚系官府官名考略》，《江漢考古》，2001年第2期，第44頁。

施謝捷：

楚系官璽𢿜坊（市）夫＝（大夫）鈢（璽）　《古璽彙考》，安徽大學博士學位論文，2006年5月，第168頁。

陳光田：

楚系古璽「斂坲（市）□鉨（璽）」（5602）。璽文第一字舊不識，可釋爲斂，用做地名。該璽可能爲市官所用之物。《戰國璽印分域研究》，嶽麓書社，2009年5月，第158頁。

王義驊：

□往□鉨《先秦古璽集粹》，吉林文史出版社，2011年8月，第18頁。

李守奎按：

左上角之字釋「家」不可信。施謝捷釋爲「大夫」較可信。包山120-123之「郑」字作。璽文與其相類，當是「大夫」之合文。

官璽第一九九：出（？）坲（市）

印　面：

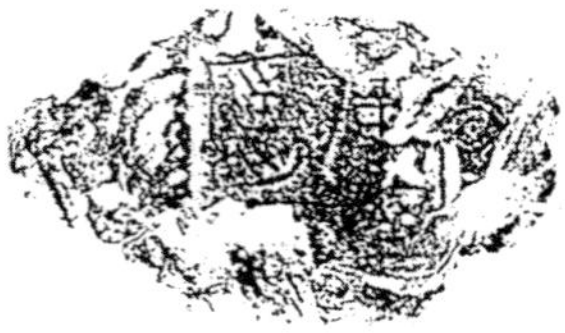

北京古陶文明博物館收藏

著　錄：

《古陶文明博物館藏戰國封泥》，北京：文雅堂，2003年8月。

《古璽彙考》，安徽大學博士學位論文，2006年5月，第190頁。

《二十世紀出土璽印集成》，北京：中華書局，2010年1月，第154頁。

集　釋：

路東之：

第廿三品　成陵市鉩　D式

楚系。「坴」在楚文字中假「陵」，若從出土數量較多看，「成陵市」當距新蔡不遠。此泥同印多次抑印。

《古陶文明博物館藏戰國封泥》，文雅堂，2003年8月。

施謝捷：

楚系官璽　□坊（市）【封泥】　《古璽彙考》，安徽大學博士學位論文，2006年5月，第190頁。

周曉陸主編：

二-GP-0140　成陵市鉢　東周（楚）　泥封　一泥二抑　《二十世紀出土璽印集成》，中華書局，2010年1月，第154頁。

李守奎按：

坊下有「出」字。彙編0267號有「□□市之出鉩」。

官璽第二〇〇：襄·帣（蔡）坊（市）

印　面：

20世紀90年代後期，河南省駐馬店市新蔡縣城東部新蔡故城遺址出土，北京古陶文明博物館收藏

著　錄：

《古陶文明博物館藏戰國封泥》，北京：文雅堂，2003年8月。

《文物》，北京：文物出版社，2005年第1期，第56頁。

《古璽彙考》，安徽大學博士學位論文，2006年5月，第190頁。

《二十世紀出土璽印集成》，北京：中華書局，2010年1月，第153頁。

集　釋：

路東之：

第廿六品　蔡市

楚系。「蔡」字與《包山楚簡》之「⿰蔡阝」字很像，但無「邑」傍（編按：「傍」當爲「旁」誤植）。按此「蔡」就地理位置言，當爲近襄城之上蔡，並非此地「新蔡」。僅見一品。

此泥另面抑有另印「襄」。　《古陶文明博物館藏戰國封泥》，文雅堂，2003年8月。

周曉陸、路東之：

28.29「襄」、「蔡市」（2-23：1）爲同枚封泥上打有兩印。「襄」印面圓形，有邊欄，陽文。「蔡市」印面近方形，有邊框，陽文。（圖九：28.29）「蔡」與《包山楚簡》之「鄵」字很像，但無邑旁。按此「蔡」字就地理位置而言，應當爲近襄城的上蔡，並非此地「新蔡」。　《新蔡故城戰國封泥的初步考察》，《文物》，2005年第1期，第55頁。

施謝捷：

楚系官璽　□·𢀿（蔡）坤（市）【封泥】　《古璽彙考》，安徽大學博士學位論文，2006年5月，第190頁。

周曉陸主編：

二-GP-0131　蔡市　襄　東周（楚）　泥封　一泥二抑　《二十世紀出土璽印集成》，中華書局，2010年1月，第153頁。

李守奎按：

兩方印中只有「坤」字比較清晰，其它皆係推測之辭。

官璽第二〇一：成坖（陵）坤（市）鍴（璽）

印　面：

20 世紀 90 年代後期，河南省駐馬店市新蔡縣城東部新蔡故城遺址出土，北京古陶文明博物館收藏

著　錄：

《古陶文明博物館藏戰國封泥》，北京：文雅堂，2003 年 8 月。

《文物》，北京：文物出版社，2005 年第 1 期，第 56 頁。

《古璽彙考》，安徽大學博士學位論文，2006 年 5 月，第 189 頁。

集　釋：

路東之：

第二十品　成陵市鈢　A 式

楚系。「坴」在楚文字中假「陵」，若從出土數量較多看，「成陵市」當距新蔡不遠。

《古陶文明博物館藏戰國封泥》，文雅堂，2003 年 8 月。

周曉陸、路東之：

26.「成坴市鉢」（3-37：3）。印面方形，有邊欄，陽文，爲比較標準的楚式璽（圖九：26）。「坴（」在楚文字中假「陵」，從出土數量較多看，「成陵市」當距新蔡不遠。

《新蔡故城戰國封泥的初步考察》，《文物》，2005年第1期，第55頁。

施謝捷：

楚系官璽　成坴（夌—陵）坾（市）鉨（璽）【封泥】　《古璽彙考》，安徽大學博士學位論文，2006年5月，第189頁。

李守奎按：

四字皆殘，坾字尤甚。

官璽第二〇二：□□（?）鉨（璽）

印　面：

20世紀90年代後期，河南省駐馬店市新蔡縣城東部新蔡故城遺址出土，北京古陶文明博物館收藏

著　錄：

《古陶文明博物館藏戰國封泥》，北京：文雅堂，2003年8月。

《二十世紀出土璽印集成》，北京：中華書局，2010年1月，第154頁。

集　釋：

路東之：

第二二品　成陵市鉩　C式

楚系。「埊」在楚文字中假「陵」，若從出土數量較多看，「成陵市」當距新蔡不遠。

《古陶文明博物館藏戰國封泥》，文雅堂，2003年8月。

周曉陸主編：

二-GP-0141　成陵市鉩　東周（楚）　泥封　《二十世紀出土璽印集成》，中華書局，2010

年1月，第154頁。

官璽第二〇三：异（期）坊（市）戠（職）鉨（璽）

印面：

20世紀90年代後期，河南省駐馬店市新蔡縣城東部新蔡故城遺址出土，北京古陶文明博物館收藏

著錄：

《古陶文明博物館藏戰國封泥》，北京：文雅堂，2003年8月。

《文物》，北京：文物出版社，2005年第1期，第59頁。

《古璽彙考》，安徽大學博士學位論文，2006年5月，第189頁。

《二十世紀出土璽印集成》，北京：中華書局，2010年1月，第154頁。

集釋：

路東之：

第卅一品　鄰市鈢

楚系。「鄰」字與《包山楚簡》、《仰天湖楚簡》所見「鄰」字仿佛。或爲新蔡之市場用鈢。僅見一品。　《古陶文明博物館藏戰國封泥》，文雅堂，2003年8月。

周曉陸、路東之：

35.「鄰市鈢」（C：1）。印面三角形，有邊欄，陽文（封底圖一〇：6）。「鄰」字與包山楚簡、仰天湖楚簡所見「鄰」字相仿。在前面介紹的30餘種新蔡之外的封泥中不見三角形，而本地所抑封泥中，有不少三角形。這件「蔡市鈢」當指新蔡之市場用鈢。　《新蔡故城戰國封泥的初步考察》，《文物》，2005年第1期，第55頁。

施謝捷：

楚系官璽　□坤（市）鉨（璽）【封泥】　《古璽彙考》，安徽大學博士學位論文，2006年5月，第190頁。

周曉陸主編：

二-GP-0143　鄒市鉩　東周（楚）　泥封　《二十世紀出土璽印集成》，中華書局，2010年1月，第154頁。

官璽第二〇四：□□者之坤（市）鉩（璽）

印　面：

20世紀90年代後期，河南省駐馬店市新蔡縣城東部新蔡故城遺址出土，北京古陶文明博物館收藏

著　錄：

《古陶文明博物館藏戰國封泥》，北京：文雅堂，2003年8月。

《文物》，北京：文物出版社，2005年第1期，第56頁。

《古璽彙考》，安徽大學博士學位論文，2006年5月，第189頁。

《二十世紀出土璽印集成》，北京：中華書局，2010年1月，第154頁。

集　釋：

路東之：

第十八品　□昜合之市鉥

楚系，當爲地名加市場用鉥。因首字殘缺，地名所在待考。僅見一品。　《古陶文明博物館藏戰國封泥》，文雅堂，2003年8月。

周曉陸、路東之：

24.「□合之市鉥」（3-37：4）。方形印面，六字，陽文（圖九：24）。當爲地名加市場用鉥。可惜第一字殘失，地名所在待考。　《新蔡故城戰國封泥的初步考察》，《文物》，2005年第1期，第54頁。

施謝捷：

楚系官璽　□□者之坾（市）鉩（璽）【封泥】　《古璽彙考》，安徽大學博士學位論文，2006年5月，第189頁。

周曉陸主編：

二-GP-0137 □易合之市鉨 東周（楚） 泥封 《二十世紀出土璽印集成》，中華書局，2010年1月，第154頁。

邱傳亮按：

該封泥第一、第二字漫漶不清，第二字《集成》釋「易」不當。第三字跟「合」字不類，《集成》釋「合」亦爲不妥，當從施謝捷釋「者」。

官璽第二〇五：販

印 面：

20世紀90年代後期，河南省駐馬店市新蔡縣城東部新蔡故城遺址出土，北京古陶文明博物館收藏

著 錄：

《文物》，北京：文物出版社，2005年第1期，封底。

《古璽彙考》，安徽大學博士學位論文，2006年5月，第191頁。

集釋：

施謝捷：

楚系官璽　販【封泥】　《古璽彙考》，安徽大學博士學位論文，2006年5月，第191頁。

官璽第二〇六：販

印面：

20世紀90年代後期，河南省駐馬店市新蔡縣城東部新蔡故城遺址出土，北京古陶文明博物館收藏

著錄：

《古陶文明博物館藏戰國封泥》，北京：文雅堂，2003年8月。

《文物》，北京：文物出版社，2005年第1期，第59頁。

《古璽彙考》，安徽大學博士學位論文，2006年5月，第191頁。

《二十世紀出土璽印集成》，北京：中華書局，2010年1月，第149頁。

集　釋：

路東之：

第八七品　質　A式

楚系。「質」字當與市場商貿活動相關。《說文・貝部》：「質，以物相贅，从貝，从所。」朱駿聲《定聲》曰：「以錢受物曰贅，以物受錢曰質。」《周禮・天官・小宰》：「聽買賣以質劑。」《管子・山權數》：「請以寶爲質于子，以假子之邑粟。」《古陶文明博物館藏戰國封泥》，文雅堂，2003年8月。

周曉陸、路東之：

73.「質」（2-18：3）。印面方形，有邊欄，陽文（封二：4；圖二：12）。「質」和市場商貿活動相關。《說文・貝部》：「質，以物相贅，从貝，从所。」朱駿聲《定聲》曰：「以錢受物曰贅，以物受錢曰質。」《周禮・天官・小宰》：「聽賣買以質劑。」《管子・山權數》：「請以寶爲質於子，以假子之邑栗。」　《新蔡故城戰國封泥的初步考察》，《文物》，2005年第1期，第60頁。

施謝捷：

楚系官璽　販【封泥】　《古璽彙考》，安徽大學博士學位論文，2006年5月，第191頁。

周曉陸主編：

二-GP-0090　質　東周（楚）　泥封　《二十世紀出土璽印集成》，中華書局，2010年1月，第149頁。

邱傳亮按：

該字周曉陸原釋「質」，《集成》延續舊說，仍釋「質」，不妥。何琳儀、胡長春釋爲「販」，已爲學界共識。

官璽第二〇七：販

印面：

北京古陶文明博物館收藏

著錄：

《古璽彙考》，安徽大學博士學位論文，2006年5月，第191頁。

集釋：

施謝捷：

楚系官璽　販【封泥】《古璽彙考》，安徽大學博士學位論文，2006年5月，第191頁。

官璽第二〇八：⿱反貝（販）

印面：

20世紀90年代後期，河南省駐馬店市新蔡縣城東部新蔡故城遺址出土，北京古陶文明博物館收藏

著錄：

《古陶文明博物館藏戰國封泥》，北京：文雅堂，2003年8月。

《收藏家》北京：2003年第3期，第4頁。

《文物》，北京：文物出版社，2005年第1期，第58頁。

《古璽彙考》，安徽大學博士學位論文，2006年5月，第192頁。

《二十世紀出土璽印集成》，北京：中華書局，2010年1月，第151頁。

集釋：

路東之：

第四五品　府　A式

楚系。「府」字在楚文字中具有標志性典型意義。《禮記・曲禮下》記：「在官言官，在府言府，在庫言庫，在朝言朝」，注：「府，謂實藏貨賄之處也。」新蔡封泥中綴有府字者甚多，版別差異極大，尤以「北府」、「北門府」爲最。此泥另面抑有另品「府」字印。

《古陶文明博物館藏戰國封泥》，文雅堂，2003年8月。

何琳儀、胡長春：

最近，周曉陸、路東之《泥上的歷史與古城》一文（下文簡稱周文）（周曉陸、路東之：《泥上的歷史與古城——東周封泥發現記》，《收藏家》第3期，2003年）介紹河南「新蔡故城」發現一大批東周封泥文字。其中屬楚系者，大致可分11類：

1、「蔡」類——「蔡（左加『邑』旁）市璽」、「新蔡」、「蔡」、「蔡北門」。

2、「市」類——「市」、「夕市」、「攻市」（裘錫圭：《戰國文字中的「市」》，載《古文字論集》，北京，中華書局，1992年。該書464頁讀長沙楊家灣6號楚墓出土漆耳杯文字「市攻」、「市工」，「意即市所屬的工官或工匠」，468頁又追記「攻也許應當工人講，市爲工人之名。」參考新蔡封泥多由左向右讀的行款，所謂「攻市」應讀「市攻」，釋「市工」。如是，似乎裘文前說比較可信）、「口易合之市璽」。

3、「府」類——「府」、「小府」、「行府」、「右府」、「東府」、「西府」、「南府」、「北府」、「東門府」、「北門府」、「栗府」、「門闗府」。

4、憑信類——「篙」、「官」、「昌」、「四」、「器」、「兩」、「則」、「王」、「信」、「䆞」、「罢」。

5、質押類——「質」。

6、徵收類——「正璽」。

7、官名類——「右□將璽」、「門闗録丞」。

8、地名類——「成陵市璽」、「褱」、「蔡市」、「郈璽」、「字」（右加「邑」旁）、「北邑」、「甘邑」。

9、人名類——「公孫大貝」。

10、工藝類——「女（左加『糸』旁）塭」、「女（左加『糸』旁）垣」、「金塭」。「槨章」。

11、其他類——「市朱」。

以上基本按周文分類，而略加整理。文字隸定一仍周文舊慣，個別文字採用寬式隸定。

過去我們對楚系陶器文字所知甚少，在拙著中只能舉出二例（何琳儀：《戰國文字通論》，北京，中華書局，1989年，頁144）：「祝其（董珊：《從新編全本季木藏陶談到古陶文的發現與研究》，《書品》1期，2000年，釋「其」爲「瑟」。按，「其」原篆从二「亓」，根據新出楚簡資料比勘的確可以釋「瑟」，這是由明確的辭例所限定。其實二「亓」（或三「亓」）乃「琴」與「瑟」二字的形符（參《上海博物館藏戰國楚竹書·性情論》15），楚簡二「亓」（或三「亓」）可釋「瑟」，屬於省簡音符現象。援其例冒然地釋鹽城市博物館所藏楚封泥「其」爲「瑟」，似欠妥當。）京（亭）璽」、「夫胥司工」。現在，在一個故城遺址內竟然發現品類如此豐富的楚系封泥文字，再加上其他各系的封泥文字，誠如周文所云當爲「兩千年來警世之見」。

遺憾的是，周文只附7件封泥照片。其中屬於上文「府」類4件，見下圖：

以上所謂「府」字，乃周文所釋。檢楚系文字「府」字習見，多从「貝」，「府」（或从

「宀」从「付」聲。兹選若干字例：

 鄂君啓節　 大府鎬

 大府銅牛　 郢大府量

 大府盞　 鑄客爲王后鼎

 壽春鼎　 陳旺戟

 璽彙0128　 璽彙0130

 包山3　 包山172

 包山181　 包山木櫝1反

這些楚系文字「府」字的上部偏旁，與新蔡封泥文字所謂「府」字相較，迥然不同。因此釋新蔡封泥此字爲「府」，實不可據。

按，新蔡封泥文字此字的上部偏旁應釋「反」，只不過「反」旁上部加一裝飾短横而已。

可以參見下列楚簡「返」字：

 包山122  包山123

新蔡封泥此字上从「反」，下从「貝」，換成上下結構，自應釋「販」。

檢《說文》：「販，買賤賣貴者，从貝反聲。」這是「販」的特指引申義，其本義當爲「販賣」。《禮記·曲禮》「禮者，自卑而尊人，雖負販者必有尊也。而況富貴乎」《孔子家語·七十二弟子》「子貢好販，與時轉貨。」《孔子家語·相魯》「初魯之販羊有沈猶氏者」。

值得注意的是，上引新蔡封泥文字有「夕市」，見《周禮·地官·司市》「夕市，夕時而市，販夫販婦爲主。」注「販夫販婦，朝資夕賣。」這對理解新蔡封泥文字「夕市」與諸「販」共見一個古城遺址內，頗有啓迪。如果將周文的所謂「府」類改爲「販」類，那么這類資料相當重要。計有：「販」、「小販」、「行販」、「右販」、「東販」、「西販」、

「南販」、「北販」、「東門販」、「北門販」、「栗販」、「門關販」等。從中可以歸類如下：

1、「夕市」與「販」市中販賣，相當「市販」。《史記·聶政傳》「敢所以蒙汙辱自棄於市販之間者，爲老母幸無恙，妾未嫁也。」

2、「小販」與「大賈」相對而言，後世習語。

3、「行販」，旅行販賣。《晉書·石勒載記》「年十四，隨邑人行販洛陽，倚嘯上東門。王衍見而異之。」

4、「東販」、「西販」、「南販」、「北販」，應是「東門販」、「西門販」、「南門販」、「北門販」之省稱。古代城門附近多聚商賈，「門關販」亦屬次（編按：「次」當爲「此」訛）類。參上文所引《晉書·石勒載記》「行販洛陽，倚嘯上東門」。

5、「栗販」，周文未附封泥照片，留俟待考。

據文獻記載，關於先秦時代的各類市場貿易（包括「大市」、「朝市」、「夕市」等）相當興旺，管理制度也十分嚴格。《周禮·地官·司市》：「大市，日昃（據《十三經注疏〈校勘記〉》改，北京，中華書局，1989年，頁737）而市，百族爲主。朝時而市，商賈爲主。夕市，夕時而市，販夫販婦爲主……凡通貨賄，以璽節出入之。」「新蔡故城」發現這一大批東周封泥，恰好爲先秦時代的各類市場貿易「凡通貨賄，以璽節出入之。」提供彌足珍貴的考古實證。過去已有學者利用古文字中大量璽印資料，印證文獻記載（裘錫圭：《戰國文字中的市》，載《古文字論集》，北京，中華書局，1992年，頁454～468）。做（編按：「做」當爲「作」字訛）爲信物而言，璽印和封泥的用途十分相似，新蔡封泥加深了我們對有關文獻記載的理解。　《釋「販」》，《第四屆國際中國古文字學研討會論文集》，香港中文大學中國語言及文學系，2003年10月，第523～526頁。

周曉陸、路東之：

Ⅱc 有「府（府）」的封泥。「府」在楚系文字中具有典型意義。《禮記·曲禮下》有：「在官言官，在府言府，在庫言庫，在朝言朝」。注：「府，謂寶藏貨賄之處也。」新蔡封泥中有此字者很多，版别差異較大，尤以「北府」、「北門府」爲眾。

43.「府」　A 式（2-17：1）。爲一塊泥上折蓋2個「府」字。印面近圓形，陽文。（圖一〇：14）　《新蔡故城戰國封泥的初步考察》，《文物》，2005年第1期，第55頁。

施謝捷：

楚系官璽　⿱反貝（販）【封泥】　《古璽彙考》，安徽大學博士學位論文，2006年5月，第192頁。

周曉陸主編：

二-GP-0115　府　東周（楚）　泥封　一泥二抑　《二十世紀出土璽印集成》，中華書局，2010年1月，第151頁。

李守奎按：

何琳儀釋販是。

官璽第二〇九：⿱反貝（販）

印　面：

20世紀90年代後期，河南省駐馬店市新蔡縣城東部新蔡故城遺址出土，北京古陶文明博物館收藏

著　錄：

《文物》，北京：文物出版社，2005年第1期，第59頁。

《古璽彙考》，安徽大學博士學位論文，2006年5月，第192頁。

集　釋：

周曉陸、路東之：

76.「者」（1-5：4）。印面近方形，陽文（圖一一：15）。　《新蔡故城戰國封泥的初步考察》，《文物》，2005年第1期，第60頁。

施謝捷：

楚系官璽　㕙（販）【封泥】　《古璽彙考》，安徽大學博士學位論文，2006年5月，第192頁。

官璽第二一〇：贀（販）

印　面：

北京古陶文明博物館收藏

著　錄：

《古陶文明博物館藏戰國封泥》，北京：文雅堂，2003年8月。

《收藏家》，北京：2003年第3期，第4頁。

《書法新鑒：古璽文新鑒》，西安：世界圖書出版公司，2005年6月，第34頁。

《古璽彙考》，安徽大學博士學位論文，2006年5月，第191頁。

集　釋：

路東之：

第四六品　府　B式

楚系。「府」字在楚文字中具有標志性典型意義。《禮記・曲禮下》記：「在官言官，在府言府，在庫言庫，在朝言朝」，注：「府，謂實藏貨賄之處也。」新蔡封泥中綴有府字者甚多，版別差異極大，尤以「北府」、「北門府」爲最。《古陶文明博物館藏戰國封泥》，文雅堂，2003年8月。

肖曉輝：

……另有「販」、「東門販」、「東販」、「北門販」封泥，「販」即啇販。《書法新鑒：古璽文新鑒》，世界圖書出版公司，2005年6月，第34頁。

施謝捷：

楚系官璽　⿱反貝（販）【封泥】　《古璽彙考》，安徽大學博士學位論文，2006年5月，第191頁。

官璽第二一一：⿱反貝（販）

印　面：

20世紀90年代後期，河南省駐馬店市新蔡縣城東部新蔡故城遺址出土，北京古陶文明博物館收藏

著錄：

《古陶文明博物館藏戰國封泥》，北京：文雅堂，2003年8月。

《文物》，北京：文物出版社，2005年第1期，第58頁。

《古璽彙考》，安徽大學博士學位論文，2006年5月，第191頁。

《二十世紀出土璽印集成》，北京：中華書局，2010年1月，第151頁。

集　釋：

路東之：

第四五品　府　A式

楚系。「府」字在楚文字中具有標志性典型意義。《禮記・曲禮下》記：「在官言官，在府言府，在庫言庫，在朝言朝」，注：「府，謂寶藏貨賄之處也。」新蔡封泥中綴有府字者甚多，版別差異極大，尤以「北府」、「北門府」爲最。此泥另面抑有另品「府」字印。

《古陶文明博物館藏戰國封泥》，文雅堂，2003年8月。

周曉陸、路東之：

44.「𢈪」　B式（2-17：1）。印面近圓形，陽文（圖一〇：15）。　《新蔡故城戰國封泥的初步考察》，《文物》，2005年第1期，第55頁。

施謝捷：

楚系官璽　㕓（販）【封泥】　《古璽彙考》，安徽大學博士學位論文，2006年5月，第191頁。

周曉陸主編：

二-GP-0115　府　東周（楚）　泥封　一泥二抑　《二十世紀出土璽印集成》，中華書局，2010年1月，第151頁。

邱傳亮按：

該字周曉陸原釋「𢈪」，《集成》釋「府」，亦不妥。該字何琳儀、胡長春釋爲「販」，已爲學界共識。

官璽第二一二：東賢（販）

印　面：

20世紀90年代後期，河南省駐馬店市新蔡縣城東部新蔡故城遺址出土，北京古陶文明博物館收藏

著　錄：

《古陶文明博物館藏戰國封泥》，北京：文雅堂，2003年8月。

《文物》，北京：文物出版社，2005年第1期，第58頁。

《二十世紀出土璽印集成》，北京：中華書局，2010年1月，第153頁。

集　釋：

路東之：

第五三品　東府　A式

楚系。當爲官營市場倉庫之一。　《古陶文明博物館藏戰國封泥》，文雅堂，2003年8月。

何琳儀、胡長春：

東販　詳見「販」字條。　《釋「販」》，《第四屆國際中國古文字學研討會論文集》，香港中文大學中國語言及文學系，2003年10月，第523～527頁。

周曉陸、路東之：

49.「東賔」　A式（2-20：5）。印面圓形，陽文（圖一〇：20）。　《新蔡故城戰國封泥的初步考察》，《文物》，2005年第1期，第57頁。

周曉陸主編：

二-GP-0129　東府　東周（楚）　泥封　《二十世紀出土璽印集成》，中華書局，2010年1月，第153頁。

邱傳亮按：

封泥第二字周曉陸原釋「賔」，《集成》釋「府」，亦不妥。該字何琳儀、胡長春釋爲「販」，已爲學界共識。

官璽第二一三：東賢（販）

印　面：

20世紀90年代後期，河南省駐馬店市新蔡縣城東部新蔡故城遺址出土，北京古陶文明博物館收藏

著　錄：

《古陶文明博物館藏戰國封泥》，北京：文雅堂，2003年8月。

《收藏家》，北京：2003年第3期，第4頁。

《文物》，北京：文物出版社，2005年第1期，第58頁。

《書法新鑒：古璽文新鑒》，西安：世界圖書出版公司，2005年6月，第34頁。

《古璽彙考》，安徽大學博士學位論文，2006年5月，第192頁。

集　釋：

路東之：

第五五品　東府　C式

楚系。逆讀。當爲官營市場倉庫之一。　《古陶文明博物館藏戰國封泥》，文雅堂，2003年8月。

何琳儀、胡長春：

東販　詳見「販」字條。　《釋「販」》，《第四屆國際中國古文字學研討會論文集》，香港中文大學中國語言及文學系，2003年10月，第523～527頁。

周曉陸、路東之：

50.「東廥」　B式（2-24：5）。印面圓形，有邊欄，陽文，逆讀（圖一〇：21）。《新蔡故城戰國封泥的初步考察》，《文物》，2005年第1期，第57頁。

肖曉輝：

……另有「販」、「東門販」、「東販」、「北門販」封泥，「販」即商販。　《書法新鑒：古璽文新鑒》，世界圖書出版公司，2005年6月，第34頁。

施謝捷：

楚系官璽　東昬（販）【封泥】　《古璽彙考》，安徽大學博士學位論文，2006年5月，第192頁。

官璽第二一四：南昬（販）

印面：

20世紀90年代後期，河南省駐馬店市新蔡縣城東部新蔡故城遺址出土，北京古陶文明博物館收藏

著錄：

《古陶文明博物館藏戰國封泥》，北京：文雅堂，2003年8月。

《文物》，北京：文物出版社，2005年第1期，第58頁。

《古璽彙考》，安徽大學博士學位論文，2006年5月，第192頁。

《二十世紀出土璽印集成》，北京：中華書局，2010年1月，第153頁。

集　釋：

路東之：

第六二品　南府　C式

楚系。當爲官營市場倉庫之一。　《古陶文明博物館藏戰國封泥》，文雅堂，2003年8月。

何琳儀、胡長春：

南販　詳見「販」字條。　《釋「販」》，《第四屆國際中國古文字學研討會論文集》，香港中文大學中國語言及文學系，2003年10月，第523～527頁。

周曉陸、路東之：

53.「南府」（2-19：3）。印面圓形，陽文（圖一〇：24）。　《新蔡故城戰國封泥的初步考察》，《文物》，2005年第1期，第57頁。

施謝捷：

楚系官璽　峷（南）昏（販）【封泥】　《古璽彙考》，安徽大學博士學位論文，2006年5月，第192頁。

周曉陸主編：

二-GP-0127　南府　東周（楚）　泥封　《二十世紀出土璽印集成》，中華書局，2010年1月，第153頁。

邱傳亮按：

封泥第二字周曉陸原釋「⿱府貝」，《集成》釋「府」，亦不妥。該字何琳儀、胡長春釋爲「販」，已爲學界共識。

官璽第二一五：南⿱反貝（販）（？）

印　面：

20世紀90年代後期，河南省駐馬店市新蔡縣城東部新蔡故城遺址出土，北京古陶文明博物館收藏

著　錄：

《古陶文明博物館藏戰國封泥》，北京：文雅堂，2003年8月。
《二十世紀出土璽印集成》，北京：中華書局，2010年1月，第154頁。
《新出封泥彙編》，杭州：西泠印社出版社，2010年9月，第1頁。

集釋：

路東之：

第六十品　南府　A式

楚系。當爲官營市場倉庫之一。　《古陶文明博物館藏戰國封泥》，文雅堂，2003年8月。

周曉陸主編：

二-GP-0135　南府　東周（楚）　泥封　《二十世紀出土璽印集成》，中華書局，2010年1月，第154頁。

楊廣泰：

0016　南販　D1　《新出封泥彙編》，西泠印社出版社，2010年9月，第1頁。

邱傳亮按：

封泥第二字《集成》釋「府」，不妥。該字何琳儀、胡長春釋爲「販」，已爲學界共識。

官璽第二一六：西貭（販）

印　面：

20世紀90年代後期，河南省駐馬店市新蔡縣城東部新蔡故城遺址出土，北京古陶文明博物館收藏

著　錄：

《古陶文明博物館藏戰國封泥》，北京：文雅堂，2003年8月。

《文物》，北京：文物出版社，2005年第1期，第58頁。

《古璽彙考》，安徽大學博士學位論文，2006年5月，第192頁。

《二十世紀出土璽印集成》，北京：中華書局，2010年1月，第153頁。

集　釋：

路東之：

第五七品　西府　A式

楚系。當爲官營市場倉庫之一。　《古陶文明博物館藏戰國封泥》，文雅堂，2003年8月。

何琳儀、胡長春：

西販　詳見「販」字條。　《釋「販」》，《第四居國際中國古文字學研討會論文集》，香港中文大學中國語言及文學系，2003年10月，第523~527頁。

周曉陸、路東之：

52.「西⿸广貝」（2-21：2）。印面圓形，有邊欄，陽文（圖一〇：23）。　《新蔡故城戰國封泥的初步考察》，《文物》，2005年第1期，第57頁。

施謝捷：

楚系官璽　鹵（西）屓（販）【封泥】　《古璽彙考》，安徽大學博士學位論文，2006年5月，第192頁。

周曉陸主編：

二-GP-0128　西府　東周（楚）　泥封　《二十世紀出土璽印集成》，中華書局，2010年1

月，第153頁。

邱傳亮按：

封泥第二字周曉陸原釋「⿸广⿱付貝」，《集成》釋「府」，亦不妥。該字何琳儀、胡長春釋爲「販」，已爲學界共識。

官璽第二一七：北⿱反貝（販）

印面：

20世紀90年代後期，河南省駐馬店市新蔡縣城東部新蔡故城遺址出土，北京古陶文明博物館收藏

著錄：

《文物》，北京：文物出版社，2005年第1期，第58頁。

《古璽彙考》，安徽大學博士學位論文，2006年5月，第193頁。

集釋：

何琳儀、胡長春：

行販　詳見「販」字條。　《釋「販」》，《第四屆國際中國古文字學研討會論文集》，香港中文大學中國語言及文學系，2003年10月，第523～527頁。

周曉陸、路東之：

47.「行賔」　B式（2-22：5），印面圓形，有邊欄，陽文（圖一○：18）。　《新蔡故城戰國封泥的初步考察》，《文物》，2005年第1期，第57頁。

施謝捷：

楚系官璽　北賔（販）【封泥】　《古璽彙考》，安徽大學博士學位論文，2006年5月，第193頁。

邱傳亮按：

周曉陸釋「行賔」，不妥。首字當從施謝捷釋爲「北」，次字何琳儀、胡長春釋爲「販」，已爲學界共識。

官璽第二一八：北⿱氏貝（販）

印面：

20世紀90年代後期，河南省駐馬店市新蔡縣城東部新蔡故城遺址出土，北京古陶文明博物館收藏

著錄：

《古陶文明博物館藏戰國封泥》，北京：文雅堂，2003年8月。

《文物》，北京：文物出版社，2005年第1期，第58頁。

《古璽彙考》，安徽大學博士學位論文，2006年5月，第192頁。

《二十世紀出土璽印集成》，北京：中華書局，2010年1月，第152頁。

集釋：

路東之：

第四七品　小府　A式

楚系。「小府」在秦時謂「少府」。《漢書・百官公卿表》謂：「少府，秦官，掌山海池澤之稅，以給供養，有六丞。」《古陶文明博物館藏戰國封泥》，文雅堂，2003年8月。

何琳儀、胡長春：

北販　詳見「販」字條。《釋「販」》，《第四屆國際中國古文字學研討會論文集》，香港中文大學中國語言及文學系，2003年10月，第523～527頁。

周曉陸、路東之：

45.「小𢈔」（A：50）。印面近圓形，陽文（圖一〇：16）。「小𢈔」在秦時稱「少府」。《漢書・百官公卿表》有：「少府，秦官，掌山海池澤之稅，以給供養，有六丞。」《新蔡故城戰國封泥的初步考察》，《文物》，2005年第1期，第55～57頁。

施謝捷：

楚系官璽　北𧵳（販）【封泥】　《古璽彙考》，安徽大學博士學位論文，2006年5月，第192頁。

周曉陸主編：

二-GP-0117　小府　東周（楚）　泥封　《二十世紀出土璽印集成》，中華書局，2010年1月，第152頁。

邱傳亮按：

周曉陸原釋「小賔」，《集成》釋「小府」，皆不妥。首字當從施謝捷釋「北」，此字何琳儀、胡長春釋爲「販」，已爲學界共識。

官璽第二一九：北賢（販）

印　面：

20世紀90年代後期，河南省駐馬店市新蔡縣城東部新蔡故城遺址出土，北京古陶文明博物館收藏

著　錄：

《古陶文明博物館藏戰國封泥》，北京：文雅堂，2003年8月。

《收藏家》，北京：2003年第3期，第4頁。
《文物》，北京：文物出版社，2005年第1期，第58頁。
《古璽彙考》，安徽大學博士學位論文，2006年5月，第193頁。

集　釋：

路東之：

第六三品　北府　A式

楚系。當爲官營市場倉庫之一。　《古陶文明博物館藏戰國封泥》，文雅堂，2003年8月。

何琳儀、胡長春：

北販　詳見「販」字條。　《釋「販」》，《第四屆國際中國古文字學研討會論文集》，香港中文大學中國語言及文學系，2003年10月，第523~527頁。

周曉陸、路東之：

54.「北貭」　A式（C：26）。印面三角形（圖一〇：25），有邊欄，陽文。「貝」旁省略。

《新蔡故城戰國封泥的初步考察》，《文物》，2005年第1期，第57頁。

施謝捷：

楚系官璽　北賢（販）【封泥】《古璽彙考》，安徽大學博士學位論文，2006年5月，第193頁。

邱傳亮按：

當以釋「北販」爲是。

官璽第二二〇：北賢（販）

印面：

20世紀90年代後期，河南省駐馬店市新蔡縣城東部新蔡故城遺址出土，北京古陶文明博物館收藏

著錄：

《古陶文明博物館藏戰國封泥》，北京：文雅堂，2003年8月。
《文物》，北京：文物出版社，2005年第1期，第58頁。
《古璽彙考》，安徽大學博士學位論文，2006年5月，第193頁。

集　釋：

路東之：

第六四品　北府　B式

楚系。當爲官營市場倉庫之一。　《古陶文明博物館藏戰國封泥》，文雅堂，2003年8月。

何琳儀、胡長春：

北販　詳見「販」字條。　《釋「販」》，《第四屆國際中國古文字學研討會論文集》，香港中文大學中國語言及文學系，2003年10月，第523～527頁。

周曉陸、路東之：

55.「北賡」　B式（D：24）。印面圓形，有邊欄，陽文（圖一〇：26）。　《新蔡故城戰國封泥的初步考察》，《文物》，2005年第1期，第57頁。

施謝捷：

楚系官璽　北⿱反貝（販）【封泥】《古璽彙考》，安徽大學博士學位論文，2006年5月，第193頁。

邱傳亮按：

當以釋「北販」爲是。

官璽第二二一：東門⿱反貝（販）

印　面：

20世紀90年代後期，河南省駐馬店市新蔡縣城東部新蔡故城遺址出土，北京古陶文明博物館收藏

著　錄：

《古陶文明博物館藏戰國封泥》，北京：文雅堂，2003年8月。

《文物》，北京：文物出版社，2005年第1期，第58頁。

《古璽彙考》，安徽大學博士學位論文，2006年5月，第193頁。

《二十世紀出土璽印集成》，北京：中華書局，2010年1月，第152頁。

集　釋：

路東之：

第五六品　東門府

楚系。「東門府」與「東府」之關係，猶待考定。　《古陶文明博物館藏戰國封泥》，文雅堂，2003年8月。

何琳儀、胡長春：

東門販　詳見「販」字條。　《釋「販」》，《第四屆國際中國古文字學研討會論文集》，香港中文大學中國語言及文學系，2003年10月，第523～527頁。

周曉陸、路東之：

51.「東門賔」（2-27：3）。印面三角形（圖一〇：22），有邊欄，陽文。「東門府」與「東府」是什麼關係，待考定。 《新蔡故城戰國封泥的初步考察》，《文物》，2005 年第 1 期，第 57 頁。

施謝捷：

楚系官璽 東門叵（販）【封泥】 《古璽彙考》，安徽大學博士學位論文，2006 年 5 月，第 192 頁。

周曉陸主編：

二-GP-0123 東門府 東周（楚） 泥封 《二十世紀出土璽印集成》，中華書局，2010 年 1 月，第 152 頁。

邱傳亮按：

封泥第三字周曉陸原釋「府」，《集成》釋「府」，亦不妥。該字何琳儀、胡長春釋爲「販」，已爲學界共識。

官璽第二二二：東門叵（販）

印面：

北京古陶文明博物館收藏

著錄：

《書法新鑒：古璽文新鑒》，西安：世界圖書出版公司，2005年6月，第34頁。

《古璽彙考》，安徽大學博士學位論文，2006年5月，第192頁。

集釋：

何琳儀、胡長春：

東門販　詳見「販」字條。　《釋「販」》，《第四屆國際中國古文字學研討會論文集》，香港中文大學中國語言及文學系，2003年10月，第523～527頁。

肖曉輝：

……另有「販」、「東門販」、「東販」、「北門販」封泥，「販」即商販。　《書法新鑒：古璽文新鑒》，世界圖書出版公司，2005年6月，第34頁。

施謝捷：

楚系官璽　東門叚（販）【封泥】　《古璽彙考》，安徽大學博士學位論文，2006年5月，第192頁。

官璽第二二三：北門叚（販）

印　面：

20世紀90年代後期，河南省駐馬店市新蔡縣城東部新蔡故城遺址出土，北京古陶文明博物館收藏

著　錄：

《古陶文明博物館藏戰國封泥》，北京：文雅堂，2003年8月。

《文物》，北京：文物出版社，2005年第1期，第58頁。

《古璽彙考》，安徽大學博士學位論文，2006年5月，第193頁。

集　釋：

路東之：

第六八品　北門府　C式

楚系。「北門府」與「北府」之關係，猶待考定。　《古陶文明博物館藏戰國封泥》，文雅堂，2003年8月。

何琳儀、胡長春：

北門販　詳見「販」字條。　《釋「販」》，《第四居國際中國古文字學研討會論文集》，香港中文大學中國語言及文學系，2003年10月，第523～527頁。

周曉陸、路東之：

56.「北門賔」　A式（2-23：3）。印面圓形，有邊欄，陽文（圖一〇：27）。上兩字下一字，「賔」字省略「貝」旁。「北門府」与「北府」有無關系待定。　《新蔡故城戰國封泥的初步考察》，《文物》，2005年第1期，第57頁。

施謝捷：

楚系官璽　北門賔（販）【封泥】　《古璽彙考》，安徽大學博士學位論文，2006年5月，第193頁。

邱傳亮按：

末字當以釋「販」爲是。

官璽第二二四：北門㒷（販）

印　面：

20世紀90年代後期，河南省駐馬店市新蔡縣城東部新蔡故城遺址出土，北京古陶文明博物館收藏

著　録：

《古陶文明博物館藏戰國封泥》，北京：文雅堂，2003年8月。

《文物》，北京：文物出版社，2005年第1期，第58頁。

《書法新鑒：古璽文新鑒》，西安：世界圖書出版公司，2005年6月，第34頁。

集釋：

路東之：

第六七品　北門府　B式　　《古陶文明博物館藏戰國封

楚系。逆讀。「北門府」與「北府」之關係，猶待考定。

泥》，文雅堂，2003年8月。

何琳儀、胡長春：

北門販　詳見「販」字條。　《釋「販」》，《第四居國際中國古文字學研討會論文集》，

香港中文大學中國語言及文學系，2003年10月，第523～527頁。

周曉陸、路東之：

57.「北門賔」　B式（1-8：2）。印面圓形，有邊欄，陽文，逆讀（圖一〇：28）。　《新

蔡故城戰國封泥的初步考察》，《文物》，2005年第1期，第57頁。

肖曉輝：

另有「販」、「東門販」、「東販」、「北門販」封泥，「販」即商販。　《書法新鑒：古

璽文新鑒》，世界圖書出版公司，2005年6月，第34頁。

邱傳亮按：

末字當以釋「販」爲是。

官璽第二二五：北門⿱反貝（販）

印面：

北京古陶文明博物館收藏

著錄：

《古璽彙考》，安徽大學博士學位論文，2006年5月，第193頁。

集釋：

施謝捷：

楚系官璽　北門貭（販）【封泥】《古璽彙考》，安徽大學博士學位論文，2006年5月，第193頁。

官璽第二二六：北門貭（販）

印面：

20世紀90年代後期，河南省駐馬店市新蔡縣城東部新蔡故城遺址出土，北京古陶文明博物館收藏

著錄：

《古陶文明博物館藏戰國封泥》，北京：文雅堂，2003年8月。

《二十世紀出土璽印集成》，北京：中華書局，2010年1月，第152頁。

集釋：

路東之：

第六六品　北門府　A式

楚系。「北門府」與「北府」之關係，猶待考定。　《古陶文明博物館藏戰國封泥》，文雅堂，2003年8月。

周曉陸主編：

二-GP-0122　北門府　東周（楚）　泥封　《二十世紀出土璽印集成》，中華書局，2010年1月，第152頁。

邱傳亮按：

封泥第三字《集成》釋「府」，亦不妥。該字何琳儀、胡長春釋爲「販」，已爲學界共識。

官璽第二二七：北門筤（販）

印　面：

傳新蔡古呂鎮所出戰國封泥

著錄：

《新出封泥彙編》，杭州：西泠印社出版社，2010年9月，第1頁。

集釋：

楊光泰：

0005　北門販　D1　《新出封泥彙編》，西泠印社出版社，2010年9月，第1頁。

官璽第二二八：右貭（販）

印面：

20世紀90年代後期，河南省駐馬店市新蔡縣城東部新蔡故城遺址出土，北京古陶文明博物館收藏

著錄：

《古陶文明博物館藏戰國封泥》，北京：文雅堂，2003年8月。

《文物》，北京：文物出版社，2005年第1期，第58頁。

《二十世紀出土璽印集成》，北京：中華書局，2010年1月，第153頁。

集釋：

路東之：

第五二品　右府

楚系。中國古代以東爲左，以西爲右，故「右府」亦當指西府。　《古陶文明博物館藏戰國封泥》，文雅堂，2003年8月。

何琳儀、胡長春：

右販　詳見「販」字條。　　《釋「販」》，《第四屆國際中國古文字學研討會論文集》，香港中文大學中國語言及文學系，2003年10月，第523～527頁。

周曉陸、路東之：

48.「右廩」標本1-9：5印面方形，有邊欄，陽文。標本1-7：5印面圓形，陽文（圖一〇：19）。　　《新蔡故城戰國封泥的初步考察》，《文物》，2005年第1期，第57頁。

周曉陸主編：

二-GP-0130　右府　東周（楚）　泥封　《二十世紀出土璽印集成》，中華書局，2010年1月，第153頁。

邱傳亮按：

封泥第二字周曉陸原釋「廩」，《集成》釋「府」，皆不妥。該字何琳儀、胡長春釋爲「販」，已爲學界共識。

官璽第二二九：□𦣞（販）

印面：

20世紀90年代後期，河南省駐馬店市新蔡縣城東部新蔡故城遺址出土，北京古陶文明博物館收藏

著錄：

《古陶文明博物館藏戰國封泥》，北京：文雅堂，2003年8月。

《文物》，北京：文物出版社，2005年第1期，第58頁。

集釋：

路東之：

第七十品　關府　B式

楚系。「宙」字似可釋爲「關」字，加「土」傍（編按：「傍」當爲「旁」字誤植。）蓋城關之意。「關府」如《鄂君啓節》之「出內闈（關）、毋政于闈（關）」之關。《古陶文明博物館藏戰國封泥》，文雅堂，2003年8月。

周曉陸、路東之：

58.「□[illegible]」（2-25：1）。印面圓形，陽文（圖一〇：29）。「□」似可釋爲「關」，或釋爲「塞」，加「土」旁有城關之意。「關府」如鄂君啓節之「出內閘（關）」，勿政於閘（關）「之關。《新蔡故城戰國封泥的初步考察》，《文物》，2005年第1期，第57頁。

施謝捷：

楚系官璽　□[illegible]【封泥】　《古璽彙考》，安徽大學博士學位論文，2006年5月，第193頁。

邱傳亮按：

封泥次字當以釋「販」爲是。

官璽第二三〇：□[illegible]（販）

印　面：

20世紀90年代後期，河南省駐馬店市新蔡縣城東部新蔡故城遺址出土，北京古陶文明博物館收藏

著録：

《古陶文明博物館藏戰國封泥》，北京：文雅堂，2003年8月。

《二十世紀出土璽印集成》，北京：中華書局，2010年1月，第152頁。

集釋：

路東之：

第六九品　關府　A式

楚系。「宙」字似可釋爲「關」字，加「土」傍（編按：「傍」當爲「旁」字誤植。）蓋城關之意。「關府」如《鄂君啓節》之「出內閘（關）、毋政于閘（關）」之關。《古陶文明博物館藏戰國封泥》，文雅堂，2003年8月。

周曉陸主編：

二-GP-0119　門關府　東周（楚）　泥封　《二十世紀出土璽印集成》，中華書局，2010年1月，第152頁。

邱傳亮按：

封泥此字釋「販」，已爲學界共識。

官璽第二三三一：□門賢（販）

印　面：

20世紀90年代後期，河南省駐馬店市新蔡縣城東部新蔡故城遺址出土，北京古陶文明博物館收藏

著　錄：

《古陶文明博物館藏戰國封泥》，北京：文雅堂，2003年8月。

《文物》，北京：文物出版社，2005年第1期，第58頁。

《二十世紀出土璽印集成》，北京：中華書局，2010年1月，第152頁。

集　釋：

路東之：

第七二品　門關府　B式

楚系。「重」字似可釋爲「關」字，與前「重」字通。　《古陶文明博物館藏戰國封泥》，文雅堂，2003年8月。

何琳儀、胡長春：

□門販　詳見「販」字條。　《釋「販」》，《第四屆國際中國古文字學研討會論文集》，香港中文大學中國語言及文學系，2003年10月，第523～527頁。

周曉陸、路東之：

59.「門[illegible]貭」（2-22：1）。印面方形，有邊欄，陽文（圖一〇：30）。「[illegible]」似爲「關」或「塞」，參見標本58。　《新蔡故城戰國封泥的初步考察》，《文物》，2005年第1期，第57頁。

施謝捷：

楚系官璽　門□𧴪（販）【封泥】　《古璽彙考》，安徽大學博士學位論文，2006年5月，第193頁。

周曉陸主編：

二-GP-0125　門闗府　東周（楚）　泥封　《二十世紀出土璽印集成》，中華書局，2010年1月，第152頁。

邱傳亮按：

封泥第二字周曉陸原未釋，《集成》釋「闗」，明顯與楚文字「闗」字不類，不可信。第三字周曉陸原釋「𢉖」，《集成》釋「府」，亦不妥。該字何琳儀、胡長春釋爲「販」，已爲學界共識。

官璽第二三三二：門□𧴪（販）（？）

印　面：

20世紀90年代後期，河南省駐馬店市新蔡縣城東部新蔡故城遺址出土，北京古陶文明博物館收藏

著　錄：

《古陶文明博物館藏戰國封泥》，北京：文雅堂，2003年8月。

《文物》，北京：文物出版社，2005年第1期，第58頁。

《二十世紀出土璽印集成》，北京：中華書局，2010年1月，第152頁。

集　釋：

路東之：

第七三品　門關錄丞

楚系。或爲「門關府」之錄丞，即市場簿錄管理者。　《古陶文明博物館藏戰國封泥》，文雅堂，2003年8月。

周曉陸、路東之：

60.「門坴區丞」（2-22：2）。印面方形，有邊欄，陽文（圖一〇：31）。第二字「坴」

或釋爲「關」，第三字「[illegible]」或釋爲「麓」即「彔」字。該封泥末綴「廥」，爲門關府的「錄丞」，即市場薄祿管理人員。《新蔡故城戰國封泥的初步考察》，《文物》，2005年第1期，第57頁。

施謝捷：

楚系官璽　門□賢（販）【封泥】　《古璽彙考》，安徽大學博士學位論文，2006年5月，第193頁。

周曉陸主編：

二-GP-0120　門關府丞　東周（楚）　泥封　《二十世紀出土璽印集成》，中華書局，2010年1月，第152頁。

邱傳亮按：

封泥第二、三字周曉陸原未釋，《集成》釋「關府」，第三字明顯與楚文字「關」字不類，釋「府」可疑。第四字周曉陸前後皆釋「丞」，也屬臆測。封泥施謝捷作三字處理，末字釋「販」。細審文字，「販」字楚封泥習見，未見作此形者，故釋「販」亦可疑。

邱傳亮 編著

第二册

楚官璽集釋 下編

學苑出版社

《楚官璽集釋》下編　第二冊目錄

卷十四

石志廉（一四四七）　羅福頤（一四四八）　天津市藝術博物館（一四四八）
湯餘惠（一四四九）　湯餘惠（一四四九）　鄭　超（一四四九）　湯餘惠（一四五〇）
陳松長（一四五一）　羅伯健（一四五一）　曹錦炎（一四五一）
天津市藝術博物館（一四五二）　何琳儀（一四五二）　何琳儀（一四五二）
莊新興（一四五三）　傅嘉儀（一四五三）　莊新興（一四五三）　盧永琇（一四五三）
葉其峰（一四五四）　徐　暢（一四五五）　來一石（一四五五）　肖　毅（一四五五）
戴山青（一四五六）　莊新興（一四五六）　徐暢主編（一四五六）
徐暢主編（一四五六）　莊新興（一四五七）　小林斗盦（一四五七）
魏永年（一四五七）　肖曉輝（一四五八）　施謝捷（一四六〇）　郭　兵（一四六〇）
陳光田（一四六〇）　王義驊（一四六一）　天津博物館編（一四六一）
孟　婷（一四六二）
李守奎按（一四六三）

卷十五

卷十六

官璽第二三三：既正（征）於王

印面：

1965年，湖北江陵二號戰國楚墓出土

著錄：

《文物》，北京：文物出版社，1966年第5期，第34頁。

《古璽印概論》，北京：文物出版社，1981年12月，第105頁。

《文物研究》總第七輯，合肥：黄山書社，1991年12月，第354頁。

《古璽通論》，上海：上海書畫出版社，1996年3月，第53頁。

《楚文物圖典》，武漢：湖北教育出版社，2000年1月，第425頁。

《中國璽印真僞鑒別》，合肥：安徽科學技術出版社，2001年1月，第40頁。
《戰國璽印》，上海：上海書畫出版社，2003年8月，第11頁。
《書法新鑒：古璽文新鑒》，西安：世界圖書出版公司，2005年6月，第43頁。
《戰國璽印分域研究》，長沙：嶽麓書社，2009年5月，第142頁。
《二十世紀出土璽印集成》，北京：中華書局，2010年1月，第155頁。
《中國印學》，杭州：中國美術學院出版社，2010年6月，第122頁。

集　釋：

何琳儀：

左（佐）王毁（柩）正　《戰國文字通論》，中華書局，1989年4月，第146頁。

湯餘惠：

1965年至1966年間，湖北江陵望山楚墓出土了一批戰國文物，其中越王勾踐劍和總計900餘字的簡策最爲引人矚目，已有不少研究論著發表。此外，還有若干散見於他種器物上的古文字資料，由於識讀上的原因，迄今未能發揮其應有的史料價值作用。望山二號墓中所見的兩種烙印文字即屬此類。本文僅就其中一種略陳淺見，以就正於讀者。

據報道，該墓內椁與外椁的空隙處，各蓋一木版，南邊和北邊的木板上各有相同的陰文印章六顆，係用火烙而成（湖北省文化局文物工作隊《湖北江陵三座楚墓出土大批重要文物》，載《文物》1966年5期）。烙印略成正方形，有邊杠，印文四字，今摹之如右。筆者再三考慮了印文四字的涵意，覺得很可能跟墓主去世入葬的時間有關，茲申論如次：

印文右方「王」上一字，我以爲應釋爲「於」，其寫法和1983年湖北江陵馬山磚廠五號楚墓出土的吳王夫差鈹「鈙」字所从相同（舊稱吳王夫差矛，銘文「鈙」即「鈹」之音轉字，詳陳世輝、湯餘惠《古文字學概要》153～154頁，吉林大學出版社，1988年12月版），同類寫法又見於長沙楚帛書及近年湖南出土的郙客銅量，是戰國時期楚系文字「於」字的一種比較特殊的結體。

於字認識了，再探討「於王既正」四字的內容。「於王」，疑「越王」。古於、雩、粵、越音近字通。中山王鼎：「昔者吳人並雩，國人修教備恁。」假借「雩」爲吳越之「越」。《說文》：「雩，夏祭樂於赤帝以祈甘雨也。从雨于聲。」于、於古書通用（參看高亨、董治安整理《古字通假會典》823~825頁），於之通越，正猶「雩」之通越也。《尚書・盤庚》：「越其罔有黍稷，」《釋文》：「越，一本作粵。」《爾雅・釋詁一》：「雩，於也。」《詩經・東門之枌》：「越以鬷邁」，鄭箋：「越，於。」王引之《經傳釋詞》卷二：「《爾雅》曰：『雩，于也。』又曰：『雩，於也。』字亦作越。」古書吳越之「越」，又寫作「粵」或「於越」（《周禮・考工記》吳越之「越」作「粵」。「於越」見《竹書紀年》卷十一：「於越太子諸咎弒其君翳」），中山王鼎作「雩」，烙印文作「於」，字有差異，其實指相同。

再看「正」字。印文「正」可讀爲「征」，正、征古本同字，後世分化，義仍相通。《孟子・盡心》篇下：「征之爲言，正也。」既正，即「既伐」，《詩經・商頌・長髮》：「韋顧既伐，昆吾夏桀。」鄭箋：「……湯先伐韋、顧，克之，昆吾夏桀，則同時誅也。」「韋顧既伐」是說韋、顧兩國被克之後，「於王既正」應該是越王被征服之後，兩者語例相同。戰國楚器銘文每以大事記年，如鄂君啓節「大司馬卲陽敗晉師於襄陵之歲」，太府鎬「秦客王子齊之歲」之例。我推測印文「於王既正」屬於同類性質。印文加蓋墓葬的蓋板上，所標記的或許就是墓主去世入葬的時間。

戰國之世，楚越兩國之間的戰事，其灼然見諸史籍者，前後大約有兩次。一次是在楚悼王時，任用吳起，「南收揚越，北並陳蔡。」（見《戰國策·秦策三》。《史記·吳起列傳》作「南平百越，北並陳蔡。」）另一次是在越王無疆時，越人興師北伐齊，西伐楚，企圖爭霸中原。齊人爲了轉移越軍的鋒芒，派遣使者遊説越王，「於是越釋齊伐楚，楚威王興師而伐之，大破越，殺王無疆，盡取故吳地，至浙江，北破齊於徐州，而越以此散。」（《史記·越王勾踐世家》）是役之後，越人一蹶不振，直到後來秦並六國，一直是「濱於江南海上」無足輕重的小國。《史記·六國年表》記載此役是在楚威王七年，有誤，清人黄以周考證楚人敗越，殺王無疆，當在周赧王八年，即楚懷王二十二年（參看黄以周《儆季雜著·史説略·吳越世家補並辯》；楊寬《戰國史》亦主此説）。考古發掘證明，望山楚墓的時代爲戰國中期偏晚（參看中國社會科學院考古研究所《新中國的考古發現和研究》第三章《南方的楚墓》），所以印文所説的征越，不會早到戰國中期偏早的悼王時代（公元前401～前381年），而應是後者，即懷王二十二年（公元前307年）。考古發掘的研究成果和烙印文字所揭示的時代是吻合的。

總之，望山二號楚墓烙印文字的考訂，有助於該墓絕對年代的確定。此墓的時代應在楚懷王二十二年滅越之後不久。該墓的墓主很可能是參加了這次戰役，死於沙場而馬革裹屍還的一位楚國貴族。

《「於王既正」烙印文考——兼論望山二號楚墓年代》，《文物研究》總第七輯，黃山書社，1991年12月，第354~355頁。

曹錦炎：

1965年秋季，湖北省文物工作隊在東南距城約七公里的地方，發掘了幾座戰國時期的楚墓，其中望山二號墓，在置於內槨、外棺之間的木板上，發現烙有相同的六方印，文爲「於王既正」……

於字構形是楚系文字的特有寫法，習見於楚簡及楚國銅器。「既」讀爲「廐」，「廐正」是養馬機構的負責人。楚國以「正」命官者多見，包山楚簡有「受正」、「鄟陽大正」、「長尾正」等，鄟陽、長尾系地名。楚國於廄設有職官，見於《左傳》的就有「中廐尹」、「宮廐尹」等。包山楚簡也有「代陽廐尹」、「大廐馭司敗」等。印文稱「於王既正」，璽主顯然是楚王御厩的負責人。……

望山二號楚墓發現的這兩方烙印，很可能和墓主人的身份有關 詳見「佋（昭）吕竽」條。

《釋楚國的幾方烙印》，《江漢考古》，1994年第12期，第70頁。

裘錫圭：

二「於王既正」印（附釋「正木」「稟木」）

一九六五年至一九六六年間，湖北省考古工作者在江陵馬山區發掘了三座規模較大的戰國楚墓。其中的望山二號墓的部份椁板上烙有印文。印文有兩種，分別烙在不同的椁板上。我們要討論的，是下頁附圖所示的那種烙印文字（編按：圖略）。據報道，該墓「內椁與外棺的空隙處，還各蓋一木板，南邊和北邊的木板上」各烙有這種印文六方（湖北省文化局文物工作隊《湖北江陵三座楚墓出土大批重要文物》，載《文物》一九六六年五期三十四頁。烙印拓本見三十六頁）。

上引烙印文何琳儀《戰國文字通論》釋爲「左（佐）王毁（柩）正」（一四六頁），湯餘惠《「於王既正」烙印文考—兼論望山二號楚墓年代》釋爲「於王既正」（《文物研究》

第七輯三五四頁，一九九一）。此印文左上角一字與楚簡的有些「既」字同形（看《楚【編按：此脫「系」字。】簡帛文字編》一二七頁「既」字B二二四、B二二一、B八。等例）。右上角一字，湯文已指出其寫法與長沙楚帛書和某些楚金文的「於」字相類。在楚簡上也可以看到這種寫法的「於」字（看上引書九十八頁「於」字×一・七、B二二一、B八〇等例）。可見湯釋是可信的。

但是湯文讀「於王既正」爲「越王既征」，認爲印文是以事紀年，當指楚懷王二十二年滅越之事（三五四—三五五頁），則有問題，因爲這種文例從未見於其他古印。齊國陶器上所見的印文，有提到某某立事歲的。但是這類印文都還有其他內容，主要用途並不在以事紀年。湯文認爲「于、於古書通用」，而从「于」聲的「雩」又通「越」，所以「於王」可以讀爲「越王」。其實古書中用爲介詞的「于」和「於」互爲異文，是由於二者用法相似，與一般的音近相通有別。「於」是影母字，「于」、「雩」和「越」則都是匣母字。所以讀「於」爲「越」也是缺乏根據的。

爲了弄清「於王既正」的涵義，需要先談一下另一枚楚印。傳世楚印中有「勿正關鉨」

（《古璽彙編》二九五號，文物出版社，一九八一。此印「關」字的寫法是楚國特有的，已有多人指出）。石志廉先生在《戰國古璽考釋十種》中，讀此印「正」字爲征稅之「征」，十分正確。他解釋印文意義說：

勿正（征）關鈢乃戰國時關卡免除征收關稅所用之官印。用此印打在貨物上作爲標記，運輸時路過關卡即可免征關稅……楚鄂君啓節銘文中的「見其金節則勿征，不見其金節則征」（引者按：原文「勿」作「母」即「毋」，「征」作「政」，「毋政」下尚有一句）可爲其明證（《中國歷史博物館館刊》總二期一〇九頁，文物出版社，一九八〇）。

湯餘惠先生在《楚璽兩考》中對此印文的意義有進一步的解釋。他說：

……據《周禮·地官》記載：「司關掌國貨之節以聯門、市」，鄭玄解釋說：「貨節商本所發司市之璽節也。自外來者按其節而書其貨之多少，通之國門，國門通之司市；自內出者，司市爲之璽節，通之國門，國門通之關門，參相聯以檢猾商。」由此可見，門、關、市三者乃是一個統一的整體，共同職掌商稅征收事宜。如果再參照《管子·問篇》「征於關者勿征於市，征於市者勿征於關」的記載，我們似有理由認爲，周秦之際所實行的乃是一種不重複的商税制，而門、關、市彼此溝通聯繫的主要憑據便是璽節。……

傳世還有「勿正關鈢」，現藏天津藝術博物館。從文字風格看，亦屬戰國楚璽。「勿正關」當即「勿征於關」之省語。有人認爲此璽的「勿征」與鄂君啓節的「見其金節勿征」屬於同種性質，這種意見是值得商榷的。……此璽的「勿征關」恐怕還是取「征於市者勿征於關」之義（《江漢考古》一九八四年二期五十一頁）。此説可從。

「於王既正」印的「正」也應讀爲「征」。「正」字的這種用法也見於古籍。《周禮》屢次把征税之「征」字寫作「正」。《國語・齊語》「使關市幾而不征」的「征」，《管子・小匡》也作「正」（參看高亨、董治安《古字通假會典》五十九頁，齊魯書社，一九八九）。「勿征關璽」的行款是由左往右的。我們討論的這方烙印的文字，大概也應該自左至右地讀爲「既正於王」，意思就是已經在王那裏征過税。當然，即使把印文讀爲「於王既征」，也可以表示出同樣的意思。介賓詞組置於謂語之前，在古漢語裏也是允許的。按照上引湯文對「勿征關璽」的解釋，烙有「既正於王」印文的木材，在進入市場或通過門關時，大概就不再征稅了。

《漢書·百官表》：「少府，秦官，掌山海池澤之稅，吕給共養。」顏注：「應劭曰：名曰禁錢，以給私養，自別爲藏。少者小也，故稱少府。師古曰：大司農供軍國之用，少府以養天子也。」楚王也應該有歸他所有的山海池澤之稅，其中自當包括某些山林所產的木材之稅，所以在楚墓所用木材上會出現「既征於王」的烙印。　《戰國文字釋讀二則》，《于省吾教授百年誕辰紀念文集》，吉林大學出版社，1996年9月，第156～158頁。

曹錦炎：

於王既正

……「既」讀爲「廄」，「廄正」也是職官名，指養馬機構的負責人，印文稱「於王廄正」，璽主顯然是楚王御廄的負責人。因此，這兩方印疑和死者的身份有關。　《古璽通論》，上海書畫出版社，1996年3月，第53頁。

吳清輝：

□王簋正　戰國黄楊木上烙印　《中國篆刻學》，西泠印社，1999年5月，第96頁。

高至喜：

於王既正烙印　戰國官璽烙印。1965年湖北江陵望山2號墓出土。長、寬約5.8釐米。烙印在內槨與外棺之間的南、北蓋板上各有烙印6方。原報告對璽文未釋。曹錦炎釋爲「於王既正」，「既」讀爲「廄」。1956年長沙市焦公廟9號墓出土有兩合印之右半，璽文曰「大廐」，這是掌管王室馬匹的官。這裏的「廄正」應是楚王御廄的負責人。這些烙印的出土，有助於研究墓主人身份。現藏湖北省博物館。　《楚文物圖典》，湖北教育出版社，2000年1月，第425頁。

后曉榮、丁鵬勃、渭　父：

⑦其他用痕跡。本區陶器戳印較少見。其他幾類見有：A：烙木印：河南出土楚國墓葬槨上烙印，如「左王既正」（圖1-319）。　《中國璽印真僞鑒別》，安徽科學技術出版社，2001年1月，第40頁。

肖　毅：

既正於王

「既正於王」爲烙印痕，意爲已經在王府征了稅，見此印跡其他部門就不再征稅了。或釋爲「於王廏正」（《古璽通論》53頁）。《古璽所見楚系官府官名考略》，《江漢考古》，2001年第2期，第41頁。

曹錦炎：

1965年秋，在湖北江陵望山二號戰國楚墓的內槨底板上發現了9方相同的烙印痕，文爲「⿱召邑（昭）竽」。又在置於內椁、外棺之間的木板上發現了另外內容的6方相同的烙印痕，文爲「於王既正」（湖北省文化局文物工作隊《湖北江陵三座楚墓出土大批重要文物》，載《文物》1966年第5期。印文原報導缺釋）……「正」讀爲「征」，《周禮·地官·司門》：「掌授管鍵，以啓閉國門。幾出入不物者，正有貨賄。」鄭玄注：「正，讀爲征。征，稅也。」印文「於王既正」的意思是指已在王那裏征過稅（裘錫圭《戰國文字釋讀二則》，《于省吾教授百年誕辰紀念文集》，吉林大學出版社1996年版）。可知另一璽是專門用於木材征稅的官方驗記。《古代璽印》，文物出版社，2002年7月，第28～29頁。

何琳儀：

木器文字在楚國舊地有零星發現，例如：長沙墓所出木俑襟書「智鈙」、「盬（苦）亡」（《長沙發掘報告》59），可能是人名。望山2號墓所出槨板烙印文字「既正（征）於王」（裘錫圭《戰國文字釋讀二則》，《于省吾教授百年誕辰紀念文集》，吉林大學出版社1996年版），疑與征稅有關。《戰國文字通論（訂補）》，江蘇教育出版社，2003年1月，第164～165頁。

莊新興：

2.烙木

烙木的方法是先把璽印燒熱，再將璽文烙印在木上。1965年湖北望山戰國楚墓中出土的槨棺木板上就留有這種烙印，據其拓本可知璽文爲「邵邑竽」和「於王毀正」。

原印寬爲33毫米。《戰國璽印》，上海書畫出版社，2003年8月，第11頁。

肖曉輝：

1965年發掘的湖北江陵望山2號墓中發現更多的烙印印記。在該墓的棺槨木板上共有十六處印記，分爲兩種，由兩枚璽印烙印而成。這兩種印記都呈方形……另一種印記稍小，邊長3.3釐米，印文爲「既正於王」。對於這方烙印文字，學者們曾有不同的釋讀意見，有人按照璽印一般的讀法，自右向左讀爲「於王既正」，或者將「於王」讀成「越王」，將「正」理解爲「征伐」，然後認爲這方印是越王勾踐伐楚後所製；或者讀「既」爲「廄」，把「既正」看作掌管馬廄的職官。目前一般認爲此印應從左向右讀，「正」是「征稅」的意思，「既」是「已經」的意思，「既正於王」是說：此木材已經由楚王征過稅了。因此，烙有這方印記的木材在流通運輸過程中將不用再向各地市場、關口繳納稅金了。《書法新鑒：古璽文新鑒》，世界圖書出版公司，2005年6月，第42～43頁。

陳光田：

楚系古璽　「既正（征）於王」（《文物》1966.5）。該璽出土於湖北江陵戰國楚墓，爲一方烙印。或釋爲「左（佐）王（柩）正」。（何琳儀：《戰國文字通論》，中華書局，1989年，第146頁。）或釋爲「於王既正」，讀做「越王既征。」（湯餘惠：《「於王既正」烙印文考—兼論望山二號楚墓年代》，《文物研究》總第7輯，1991年第354頁。）或釋爲「既正（征）於王。」（裘錫圭：《戰國文字釋讀二則》，《于省吾教授百年誕辰紀念文集》，吉林大學出版社，1996年，第154頁。）從古漢語表述習慣看，我們認爲後者爲是。該璽的意思就是在王那裏已經征過稅。《戰國璽印分域研究》，嶽麓書社，2009年5月，第142頁。

周曉陸主編：

二-GP-0144　左王既正　東周（楚）　木烙印　《二十世紀出土璽印集成》，中華書局，2010年1月，第155頁。

吳清輝：

□王篙正　戰國　印木　戰國（楚）　《中國印學》，中國美術學院出版社，2010年6月，第122頁。

李守奎按：

外棺上有三處烙印文字，第一處在東擋板的外表面，兩塊擋板上各有烙印兩個（圖八〇，4），第二處在南側板外表面，有烙印兩個（圖八〇，3），第三處在底板東端側面，三塊底板東端側面各有烙印一個（圖七九，3），共九個烙印。烙印方形，每邊長3釐米，字爲陰文：「佐王既（杦）正」（圖八一，甲），似爲職掌王室棺木的有司之印。

讀爲「既征於王」更順暢。

官璽第二三四：正（征）鉩（璽）

印　面：

20世紀90年代後期，河南省駐馬店市新蔡縣城東部新蔡故城遺址出土，北京古陶文明博物館收藏

著　錄：

《古陶文明博物館藏戰國封泥》，北京：文雅堂，2003年8月。

《文物》，北京：文物出版社，2005年第1期，第56頁。

《古璽彙考》，安徽大學博士學位論文，2006年5月，第171頁。

《戰國璽印分域研究》，長沙：嶽麓書社，2009年5月，第142頁。

《二十世紀出土璽印集成》，北京：中華書局，2010年1月，第154頁。

集　釋：

路東之：

第八品　正鉢

楚系。「正」字側讀。或可釋作「徵鉢」，與徵稅有關，例見《鄂君啓節》；或即楚璽「正官之璽」之省。僅見一品。　《古陶文明博物館藏戰國封泥》，文雅堂，2003年8月。

周曉陸、路東之：

16.「正鉢」（C：61）。印面曲尺形，有邊欄，「正」字側讀，陽文（圖九：16）。或可釋作「征鉢」，與征稅有關，例見鄂君啓節，或即楚璽「正官之鉢」之省（羅福頤《古璽彙編》，文物出版社，1981年）。　《新蔡故城戰國封泥的初步考察》，《文物》，2005年第1期，第54頁。

施謝捷：

楚系官璽　正（正）鉨（璽）　《古璽彙考》，安徽大學博士學位論文，2006年5月，第171頁。

陳光田：

楚系古璽「正（征）鈢（璽）」（《文物》2005.1）　《戰國璽印分域研究》，嶽麓書社，2009年5月，第142頁。

周曉陸主編：

二-GP-0139　正鈢　東周（楚）　泥封　《二十世紀出土璽印集成》，中華書局，2010年1月，第154頁。

李守奎按：

「正」讀爲「征」，可信。

官璽第二三五：正（征）官之鈢（璽）

印　面：

陳簠齋手拓古印集四冊，上海博物館藏印

著錄：

《上海博物館藏印選》，上海：上海書畫出版社，1979年8月，第5頁。
《古璽彙編》，北京：文物出版社，1981年12月，第23頁。
《印典》（一），石家莊：河北美術出版社，1989年8月，第308頁。
《中國肖形印大全》，太原：山西古籍出版社，1995年5月，第385頁。
《古璽通論》，上海：上海書畫出版社，1996年3月，第97頁。
《篆字印彙》，上海：上海書店出版社，1999年1月，第385頁。
《中國璽印篆刻全集》，上海：上海書畫出版社，1999年11月，第52頁。
《中國篆刻全集》，哈爾濱：黑龍江美術出版社，2000年7月，第16頁。
《古印集萃・戰國卷》，北京：榮寶齋出版社，2000年11月，第38頁。

《戰國璽印分域編》，上海：上海書店出版社，2001年10月，第184頁。

《中國書法全集》第92卷，北京：榮寶齋出版社，2003年2月，第42頁。

《戰國璽印》，上海：上海書畫出版社，2003年8月，第115頁。

《中國璽印類編》，天津：天津人民美術出版社，2004年6月，第469、479頁。

《書法新鑒：古璽文新鑒》，西安：世界圖書出版公司，2005年6月，第45頁。

《古璽印賞析》，濟南：山東美術出版社，2005年6月，第58頁。

《古璽彙考》，安徽大學博士學位論文，2006年5月，第158頁。

《寸心籀篆——中國古代璽印鑒賞》，長沙：湖南美術出版社，2009年5月，第4頁。

《戰國璽印分域研究》，長沙：嶽麓書社，2009年5月，第137頁。

《先秦印風》，重慶：重慶出版社，2011年5月，第31頁。

集　釋：

上海博物館：

正官之鈢　《上海博物館藏印選》，上海書畫出版社，1979年8月，第5頁。

石志廉：

上海博物館藏楚「正（征）官之鉢」，其正（征）字書作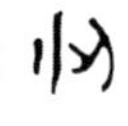，正、跂與征均爲一字，可互通假。　《戰國古璽考釋十種》，《中國歷史博物館館刊》，1980年第2期，第109頁。

羅福頤：

0136　五官之鉨　《古璽彙編》，文物出版社，1981年12月，第23頁。

吴振武：

正官之鉨　《〈古璽彙編〉釋文訂補及分類修訂》，《古文字學論集》（初編），香港中文大學，1983年9月，第489頁。

鄭　超：

8.正官之璽

第一字《古璽彙編》原釋「五」，此從吴振武釋。「正」　和「勿正關璽」中的「正」一樣，都應讀爲「征」，《左傳・僖公十五年》「征繕輔孺子」注：「征，賦也。」《管子・海王》「何謂征鹽策」，注：「征，税也。」征官當是專管賦斂税收的。楚國的賦税項目繁多，據吳永章研究，有田賦、戶口稅、山澤稅、關市稅、貢賦等項（《楚賦稅制初探》，《江漢論壇》1982年7期）《楚國官璽考述》，《文物研究》總第二輯，黃山書社，1986年12月，第88頁。

湯餘惠：

楚璽 正（征）官之鉨 《略論戰國文字形體研究中的幾個問題》，《古文字研究》第十五輯，中華書局，1986年6月，第75頁。

黃錫全：

88、正官

（165）正官之璽

石志廉認爲此印之「正」與「勿正關璽」之「正」同，應讀爲「征」。鄭超進一步指出，「征官當是專管賦斂稅收的」。按，「正」也可讀如「政」，「正官」即「政官」。《周禮·夏官·序官》：「政官之屬，大司馬卿一人，小司馬中大夫二人……」《儀禮·大射儀注》：「司馬政官主射禮」。「政官」應指掌管國內政事的官，如依《周禮》，則爲軍政之官的司馬。　《古文字中所見楚官府官名輯證》，《文物研究》總第七輯，黃山書社，1991年12月，第229頁。

曹錦炎：

9.正（征）官之鉨

璽文「正」，讀爲「征」（石志廉《戰國古璽考釋十種》，《中國歷史博物館館刊》第2期，1980年）。《周禮・地官・司門》：「掌授管鍵，以啓閉國門。幾出入不物者，正其貨賄。」鄭玄注：「正讀爲征。征，稅也。」又，《左傳》文公十一年：「宋公於是以門賞耏班，使食其征，謂之耏門。」杜預注：「征，稅也。」可見「征官」是職掌稅收之官。

《古璽通論》，上海書畫出版社，1996年3月，第97頁。

何琳儀：

楚系　正官之鉩

楚璽「正官」，對「副官」而言。　《戰國古文字典》，中華書局，1998年9月，第795～797頁。

傅嘉儀：

正官之璽　《篆字印彙》，上海書店出版社，1999年1月，第85頁。

莊新興：

正官之鉨　戰國　《中國璽印篆刻全集》，上海書畫出版社，1999年11月，第52頁。

徐　暢：

東周·楚系公鉨　正（征）官之鉨　《中國篆刻全集》，黑龍江美術出版社，2000年7月，第16頁。

來一石：

正官之鉨　《古印集萃·戰國卷》，榮寶齋出版社，2000年11月，第38頁。

莊新興：

1031　正官之鉨　楚系·楚　《戰國璽印分域編》，上海書店出版社，2001年10月，第184頁。

徐暢主編：

戰國公鉨與印跡·楚系鉨印　111　正（徵）官之鉨　《中國書法全集》第92卷，榮寶齋出版社，2003年2月，第42頁。

徐暢主編：

《中國書法全集》第92卷，榮寶齋出版社，2003年2月，第206頁。

111　正（徵）官之鉩

作於戰國時期。楚國官鉩。《古璽彙編》〇一三六號著錄。

第一字《古璽彙編》原釋爲「五」，此從吳振武釋。「正」和「勿正關鉩」中的「正」一樣，都應讀爲「徵」，《左傳》中多作賦、稅講。「徵官」當是專管賦斂稅收的官員。

莊新興：

正官之璽　《戰國璽印》，上海書畫出版社，2003年8月，第115頁。

小林斗盦：

五官之鉢　《中國璽印類編》，天津人民美術出版社，2004年6月，第469、479頁。

魏永年：

正（征）官之璽　《周禮・地官・司門》：「掌授管鍵，以啓閉國門。幾出入不物者，正其貨賄。」鄭玄注：「正讀爲征。征，稅也。」又，《左傳》文公二十一年：「宋公於是以門嘗班，使食其征，謂之門。」杜預注：「征，稅也。」可見「征官」是職掌稅收之官。此印亦爲楚官璽，四字陰文界格，由於印面風化剝落，更見滄桑厚重之感，「正官」兩字筆劃粗於另兩字。「之」、「鉨」兩字因斑點所致，密實了許多，字畫也感到粗了一些。「官」字的「宀」頭與楚簡文字的筆法一脈相承，省略成「人」字形，「之」字筆劃雖少反而占地大，「鉨」字左右結構，兩部件粘連在一起，整印疏密有致，法外生意。《古璽印賞析》，山東美術出版社，2005年6月，第58頁。

肖曉輝：

還有一枚楚國官璽，印文爲「正官之鉨」（《古璽彙編》0136），「正」也讀爲征稅的「征」，這是專門負責征稅的官員所用的璽印。《書法新鑒：古璽文新鑒》，世界圖書出版公司，2005年6月，第45頁。

施謝捷：

楚系官璽　正（正）官之鉨（璽）　《古璽彙考》，安徽大學博士學位論文，2006年5月，第158頁。

陳光田：

楚系古璽　「正（征）官之鉨（璽）」（0136）。璽文第一字舊釋爲五，誤。當釋爲正，「正」或讀爲「政」，「政官」是指掌管國內政事的官。（黃錫全：《古文字中所見楚官府官名輯證》，《文物研究》1991年總第7輯。）應該讀做征。（石志廉：《戰國古璽考釋十種》，《中國歷史博物館館刊》1980年2期。）《周禮·地官·司門》云：「掌授管鍵，以啓閉國門。幾出入不物者，正其貨賄。」鄭玄注：「正讀做征。征，稅也。」徵官當是專管賦斂稅收的官吏。（鄭超：《楚國官璽考述》，《文物研究》1986年總第2輯。）

《戰國璽印分域研究》，嶽麓書社，2009年5月，第137頁。

邱傳亮按：

何琳儀以爲「正官」對「副官」而言，然檢索古籍，並沒有見「正官」之職。文獻中所謂的「正官」多指正式的官職之意；況且，單純的「正官」作爲官職，於理不合；黃錫全以爲「正」也可讀如「政」，「正官」也可讀爲「政官」，指掌管國內政事的官。如此，則

「政官」當泛指一般掌管國內政事之官，那麼，「政官」就不是一個具體的職官，這種觀點也很牽強。此從石志廉讀爲「征」。「征官」從鄭超所釋，意即專管賦斂稅收的官員。

李守奎按：

「正」，在楚璽中多讀「征」，璽印多用於關、市征收稅賦。望山二號墓外棺木料烙印讀「既征於王」十分順暢。「征」義爲征稅，證據很充分。但用於楚王墓葬的木材是否還涉及到稅收，有沒有「既征於王」表示的就是「（此木）已經被楚王征用了」的可能。

官璽第二三六：五渚正鉨（璽）

印面：

故宮博物院藏印

著錄：

《古璽印概論》，北京：文物出版社，1981年12月，第46頁。

《古璽彙編》，北京：文物出版社，1981年12月，第60頁。
《古璽通論》，上海：上海書畫出版社，1996年3月，第107頁。
《篆字印彙》，上海：上海書店出版社，1999年1月，第42頁。
《印典》（三），北京：國際文化出版公司，1994年1月，第2295頁。
《中國篆刻全集》，哈爾濱：黑龍江美術出版社，2000年7月，第20頁。
《古印集萃・戰國卷》，北京：榮寶齋出版社，2000年11月，第5頁。
《古璽漢印集萃》上冊，南寧：廣西美術出版社，2001年10月，第4頁。
《戰國璽印分域編》，上海：上海書店出版社，2001年10月，第188頁。
《中國書法全集》第92卷，北京：榮寶齋出版社，2003年2月，第43頁。
《戰國璽印》，上海：上海書畫出版社，2003年8月，第43頁。
《中國璽印類編》，天津：天津人民美術出版社，2004年6月，第49、363、479頁。
《書法新鑒：古璽文新鑒》，西安：世界圖書出版公司，2005年6月，第45頁。
《古璽彙考》，安徽大學博士學位論文，2006年5月，第171頁。

《戰國璽印分域研究》，長沙：嶽麓書社，2009年5月，第150頁。

集釋：

羅福頤：

0343　五□正鉨　《古璽彙編》，文物出版社，1981年12月，第60頁。

吴振武：

五渚正鉨　《〈古璽彙編〉釋文訂補及分類修訂》，《古文字學論集》（初編），香港中文大學，1983年9月，第492頁。

吴振武：

〔五二一〕今按此字从水从者，應釋爲渚。侯馬盟書者字作或。戰國「高都」、「中都」布中的都字所从之者作或（《辭典》二〇三及《文物》一九七二年四期），古璽書字所从之者或作（《彙》三九五一），皆與此字旁相同或相近。原璽全文作「五渚正璽」，《史記·蘇秦列傳》蘇代約燕王曰：「……漢中之甲，乘船出於巴，乘夏水而下漢，四日而至五渚。……」《集解》謂：「《戰國策》曰：『秦與荆人戰，

大破荆，襲郢，取洞庭、五渚。』然則五渚在洞庭。」《水經・湘水注》：「凡此四水（引者按：指湘水、資水、沅水、澧水）同注洞庭，北會大江，名之五渚。《戰國策》曰『秦與荆戰，大破之，取洞庭、五渚』者也。」可知五渚在洞庭，戰國時屬楚。「正」是官長的意思，典籍習見。「五渚正鈢」當是管理五渚的官長所用之璽。原璽中「鈢」字作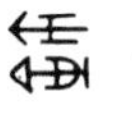，正是典型的楚文字寫法。渚字見於《說文・水部》。　《〈古璽文編〉校訂》，吉林大學博士學位論文，1984年12月，第401～402頁。

李家浩：

貳　五渚正鈢

《古璽彙編》0343號「五渚正鈢」，其文如下（編按：圖略）：

「諸」字原書缺釋，《古璽文編》作爲不認識的字收在附錄裏（見該書419頁）。其實祇要我們把此字的右旁與《侯馬盟書》313頁所收的「者」字比較一下，就會發現這個字應該是「渚」字。《戰國策・燕策二》：

秦之行暴於天下，正告楚曰：蜀地之甲，輕舟浮於汶，乘夏水而下江，五日而至郢。漢中之甲，乘舟出於巴，乘夏水而下漢，四日而至五渚。

《史記·蘇秦傳》也有與此相同的記載。印文「五渚」當是這裏所說的「五渚」。「五渚正」即管理五渚的長官。

但是，有的古籍「五渚」卻誤作「五都」、「五湖」。《戰國策·秦策一》：「秦與荊人戰，大破荊，襲郢，取洞庭、五都、江南。荊王亡奔走，東伏於陳。」《韓非子·初見秦》「五都」作「五湖」。《史記·蘇秦傳》裴駰集解和酈道元《水經·湘水注》引《戰國策·秦策一》，「五都」皆作「五渚」，與印文合，可見南北朝時裴、酈所見的本子不誤。「渚」、「都」二字並从「者」聲，形音俱近，故傳本「渚」訛爲「都」。「五湖」常見於古書，舊認爲是太湖（見《國語·越語下》韋昭注《文選·述祖德詩》李善注引，張勃《吳錄》等），其地在長江下游故吳國境內，非秦「襲郢取洞庭」時所取之地。《韓非子·初見秦》的「五湖」，當是「五渚」之誤。

關於「五渚」的地望有不同説法。《水經·湘水注》：

凡此四水（指湘水、資水、沅水、澧水）同注洞庭，北會大江，名之五渚。《戰國策》曰「秦與荆人戰，大破之，取洞庭、五渚」，是也。

《史記·蘇秦傳》裴駰集解也認爲五渚在洞庭。司馬貞索隱：

按：五渚，五處洲渚也。劉氏以爲宛鄧之間，臨漢水，不得在洞庭。或説五渚即五湖，益與劉説不同也。

據《秦策一》記載，秦破郢之後所取的楚地以「洞庭、五渚、江南」爲序。郢在今湖北江陵，位於江北；洞庭在郢的東南，位於江南；而宛鄧在今河南南部、湖北北部。秦取宛是在秦昭王十五年，取鄧是在秦昭王二十八年，而「襲郢，取洞庭、五渚、江南」是在秦昭王二十九年以後的事（此據《史記·秦本紀》。雲夢簡《編年紀》記取宛是在秦昭王十六年，取鄧是在秦昭王二十七年，均比《秦本紀》記載的晚一年。見《睡虎地秦墓竹簡》4頁，文物出版社，1978年）。是「襲郢，取洞庭、五渚、江南」之前，宛鄧之間早已爲秦所有，不會秦取了洞庭後又北上宛鄧之間取五渚，然後又南下取江南。很顯然，劉氏的說法不可信。前面已經說過，五湖在長江下游的故吳國境內，非秦所取的五渚。索隱引或說也不可信。以情理而論，當以酈、裴說近似。至於是否像酈所說湘、資、沅、澧四水「同注洞庭，北會大江，名之五渚」，有待研究。《楚國官印考釋（四篇）》，《江漢考古》，1984年第2期，第45～46頁。

湯餘惠：

楚璽　五渚正鉨　《略論戰國文字形體研究中的幾個問題》，《古文字研究》第十五輯，中華書局，1986年6月，第76頁。

鄭　超：

9.五渚正鉨

李家浩認爲「五渚（編按：原作「諸」，誤）」即《戰國策・燕策二》「漢中之甲，乘舟出於巴，乘夏水而下漢，四日而至五渚」中的「五渚」，「五渚正」即管理五渚的長官，其說可信。「五渚正」大概主要掌管收山澤稅的。關於「五渚」《水經・湘水注》「凡此四水（指湘水、資水、沅水、澄（編按：「澄」，當爲「澧」字誤）水）同注洞庭，北會大江，名之五渚」。又，《史記・蘇秦列傳》《索隱》：「按，五處洲渚也。」凡此均可證「五渚正」是稅務官而不是行政官。《楚國官璽考述》，《文物研究》總第二輯，黄山書社，1986年12月，第88頁。

黄錫全：

85、五渚正

（162）五渚正鉨

《戰國策・燕策二》：「漢中之甲，乘舟出於巴，乘夏水而下漢，四日而至五渚。」李家浩據此認爲印文的「五渚」當是這裏所說的「五渚」；「五渚正」即管理五渚的長官。鄭超進一步認爲，「五渚正」大概主要掌管收山澤稅的。「是稅務官而不是行政官」。《水經·湘水注》：「凡此四水（指湘水、資水、沅水、澧水）同注洞庭，北會大江，名之五渚。」《古文字中所見楚官府官名輯證》，《文物研究》總第七輯，黄山書社，1991年12月，第229頁。

曹錦炎：

28.五渚正鉢

五渚，楚國地名。……

五渚之地望，說法不同。《水經·湘水注》：「凡此四水（指湘、資、沅、澧水）同注洞庭湖北會大江，名之五渚。《戰國策》曰『秦與荆人戰，大破之，取洞庭、五渚』是也。」《史記·蘇秦傳》司馬貞索隱謂：「五渚，五處洲渚也。劉氏以爲宛、鄧之間，臨漢水，不得在洞庭。或說五渚即五湖，蓋與劉說不同也。」說「五渚」即「五湖」，乃是因襲《韓非子·初見秦》篇之訛（參見李家浩《戰國官印考釋（四篇）》，載《江漢考古》1984年第2期），不足爲據。五渚之確切地待考。

璽文之「五渚正」，即指管理五渚地方的長官。或以爲「正」讀爲「征」，「五渚正」是掌管五渚地方山澤稅收之稅務官（鄭超《楚國官璽考述》《文物研究》第二期，1986年），可備一說。《古璽通論》，上海書畫出版社，1996年3月，第107～108頁。

何琳儀：

楚系　五渚正鈢

楚璽「五渚」，地名。《史記・蘇秦傳》「乘船出於巴，乘夏水而下漢，四日而至五渚」。《集解》「五渚在洞庭」。《戰國古文字典》，中華書局，1998年9月，第505～506頁。

何琳儀：

楚系　五渚正鈢

《說文》：「渚，水在常山中丘逢山入湡。从水者聲。《爾雅》曰，小洲曰渚。」楚簡「五渚」，地名。《戰國古文字典》，中華書局，1998年9月，第520頁。

何琳儀：

楚系　五渚正鈢

楚璽〇三四三、包山簡正，鄉長。見齊系文字。《爾雅・釋詁》：「正，長也。」注：「謂官長。」　《戰國古文字典》，中華書局，1998年9月，第795～797頁。

傅嘉儀：

正□正璽　《篆字印彙》，上海書店出版社，1999年1月，第42頁。

徐　暢：

東周·楚系公鉨　五渚之鉨　《中國篆刻全集》，黑龍江美術出版社，2000年7月，第20頁。

來一石：

五□正鉨　《古印集萃·戰國卷》，榮寶齋出版社，2000年11月，第5頁。

肖　毅：

五渚正鉨　《古璽所見楚系官府官名考略》，《江漢考古》，2001年第2期，第41頁。

戴山青：

五□正鉥　《古璽漢印集萃》上册，廣西美術出版社，2001年10月，第4頁。

莊新興：

1060　五渚正鉨　楚系·楚　《戰國璽印分域編》，上海書店出版社，2001年10月，第188

頁。

徐暢主編：

戰國公鉨與印跡・楚系鉨印　118　五渚正鉨　《中國書法全集》第92卷，榮寶齋出版社，2003年2月，第43頁。

徐暢主編：

118　五渚正鉨

作於戰國時期。楚國官鉨。《古璽彙編》〇三四三號著錄。故宫博物院收藏。

「五」字與仰天湖、信陽、望山楚簡「五」字形同。「渚」字爲吴振武釋出。何琳儀說五渚即今湖北洞庭。此爲五渚的行政長官用印。或正通征，則爲五渚的稅征長官用印。

參考　李家浩《楚國官印考釋》　《中國書法全集》第92卷，榮寶齋出版社，2003年2月，第205頁。

莊新興：

五渚之璽　楚系　《戰國璽印》，上海書畫出版社，2003年8月，第43頁。

肖曉輝：

《古璽彙編》0343「五渚正鉨」也是楚官璽，這裡的「正」一般解釋爲官長之意，「五渚正」即五渚的最高地方長官；但「正」也有可能還是「征稅」的意思，那麼「五渚正」就是五渚地方上的征稅官員。《書法新鑒：古璽文新鑒》，世界圖書出版公司，2005年6月，第45頁。

小林斗盦：

五渚正鉢　《中國璽印類編》，天津人民美術出版社，2004年6月，第49、363頁。

小林斗盦：

五□正鉢　《中國璽印類編》，天津人民美術出版社，2004年6月，第479頁。

施謝捷：

楚系官璽　五渚正鉨（璽）　《古璽彙考》，安徽大學博士學位論文，2006年5月，第171頁。

陳光田：

楚系古璽　「五渚正鉨（璽）」（0343）。璽文「五」字中間交叉爲屈筆狀，楚文字獨有風格。其他系中的「五」中間一般爲直筆交叉。第二字舊不識，該字从「水」从「者」，當釋爲渚。「五渚」，楚地名，《戰國策・秦策》云：「秦與荆人戰，大破荆，襲郢，取洞庭、五渚、江南。荆王亡奔走，東伏於陳。」《水經注・湘水》云：「凡此四水（湘、資、沅、澧）同注洞庭湖北會大江，名之五渚。」五渚在今湖南洞庭湖。（李家浩：《楚國官印考釋（四篇）》，《江漢考古》1984年第2期。）「五渚正」爲管理五渚地方的長官。（曹錦炎：《古璽通論》，上海書畫出版社，1996年，第108頁。）「正」或讀做「征」，爲掌管五渚地方水澤稅收的稅務官。（鄭超：《楚國官璽考述》，《文物研究》1986年總第2輯。）《戰國璽印分域研究》，嶽麓書社，2009年5月，第151～152頁。

官璽第二三七：方正敀芝

印　面：

陳簠齋手拓古印集四冊、璽印集林四冊

著錄：

《古璽彙編》，北京：文物出版社，1981年12月，第346頁。

《印典》（一），石家莊，河北美術出版社，1989年8月，第308頁。

《中國篆刻全集》，哈爾濱：黑龍江美術出版社，2000年7月，第425頁。

《戰國璽印分域編》，上海：上海書店出版社，2001年10月，第232頁。

《中國璽印類編》，天津：天津人民美術出版社，2004年6月，第10、278、294頁。

《古璽彙考》，安徽大學博士學位論文，2006年5月，第171頁。

《戰國璽印分域研究》，長沙：嶽麓書社，2009年5月，第180頁。

集釋：

羅福頤：

3749　方正□芝　《古璽彙編》，文物出版社，1981年12月，第346頁。

康殷、任兆鳳：

□正各芝　《印典》（一），河北美術出版社，1989年8月，第308頁。

何琳儀：

楚系　方正咎芝

芝从艸，之聲。《說文》：「芝，神艸也。从艸从之。」（一下二）

楚璽芝，人名。　《戰國古文字典》，中華書局，1998年9月，第48頁。

何琳儀：

楚系　方正咎芝

咎，甲骨文作（乙一六〇八）。从人，从夊，會意。或增口爲飾作（乙一五三二），遂演變爲从人，从各，各亦聲（咎，溪紐；各，見紐；均屬牙音）。戰國文字承襲甲骨文。《說文》：「，災也。从人，从各。各者，相違也。」（其久切）（八上十三）

楚璽咎，姓氏。咎氏宴飲，毋有禮。見《穆天子傳》。　《戰國古文字典》，中華書局，1998年9月，第179～180頁。

何琳儀：

楚系　方正敔芝

敌，从攴，各聲。疑挌之異文。《說文》：「挌，擊也。从手，各聲。」

戰國文字敌，讀格，姓氏。見各字C《戰國古文字典》，中華書局，1998年9月，第485頁。

何琳儀：

楚系　方正咎芝

楚璽「方正」，行爲嚴正不偏者。《史記·平準書》：「招尊方正賢良文學之吉」爲漢代選舉科目之名。疑始於戰國。《戰國古文字典》，中華書局，1998年9月，第179～180頁。

徐　暢：

六國·私鉩　方正（複姓）敌芝·楚　《中國篆刻全集》，黑龍江美術出版社，2000年7月，第425頁。

莊新興：

1319　方正□芝　楚系　《戰國璽印分域編》，上海書店出版社，2001年10月，第232頁。

小林斗盦：

方正□芝　《中國璽印類編》，天津人民美術出版社，2004年6月，第10頁。

小林斗盦：

方正咎□　《中國璽印類編》，天津人民美術出版社，2004年6月，第278、294頁。

施謝捷：

楚系官璽　方正（正）敀芝　《古璽彙考》，安徽大學博士學位論文，2006年5月，第171頁。

陳光田：

楚系古璽　「方正□芝」（3749）。《通志・氏族略・以字爲氏》云：「方氏，周大夫方叔之後，以字爲氏。」「方正」亦可能爲複姓。　《戰國璽印分域研究》，嶽麓書社，2009年5月，第180頁。

李守奎按：

「方正」又見於《彙編》3750號璽。疑「方正」讀爲「方城」。

官璽第二三八：勿正（征）閘（關）鉨（璽）

印　面：

弢庵藏印二冊，天津市藝術博物館藏印

著録：

《古璽彙編》，北京：文物出版社，1981年12月，第52頁。

《周叔弢先生捐獻璽印選》，天津：天津人民美術出版社，1984年3月，第2頁。

《印典》（一），石家莊：河北美術出版社，1989年8月，第308頁。

《戰國銘文選》，長春：吉林大學出版社，1993年9月，第78頁。

《璽印鑒賞》，桂林：灕江出版社，1993年11月，第7頁。

《璽印鑒賞與收藏》，長春：吉林科學技術出版社，1996年1月，第10頁。

《古璽通論》，上海：上海書畫出版社，1996年3月，第97頁。

《天津市藝術博物館藏古璽印選》，北京：文物出版社，1997年8月，第3頁。

《古璽印精品集成》，上海：上海古籍出版社，1998年9月，第14頁。

《篆字印彙》，上海：上海書店出版社，1999年1月，第176頁。

《中國璽印篆刻全集》，上海：上海書畫出版社，1999年11月，第63頁。
《楚文物圖典》，武漢：湖北教育出版社，2000年1月，第421頁。
《中國篆刻全集》，哈爾濱：黑龍江美術出版社，2000年7月，第12頁。
《古印集萃·戰國卷》，北京：榮寶齋出版社，2000年11月，第39頁。
《古璽漢印集萃》上冊，南寧：廣西美術出版社，2001年10月，第5頁。
《戰國璽印分域編》，上海：上海書店出版社，2001年10月，第192頁。
《中國書法全集》第92卷，北京：榮寶齋出版社，2003年2月，第42頁。
《戰國璽印》，上海：上海書畫出版社，2003年8月，第4、42、230頁。
《古璽印通論》，北京：紫禁城出版社，2003年9月，第16頁。
《中國璽印類編》，天津：天津人民美術出版社，2004年6月，第49、318頁。
《古璽印賞析》，濟南：山東美術出版社，2005年6月，第48頁。
《書法新鑒：古璽文新鑒》，西安：世界圖書出版公司，2005年6月，第54頁。
《古璽彙考》，安徽大學博士學位論文，2006年5月，第171頁。

《寸心籀篆——中國古代璽印鑒賞》，長沙：湖南美術出版社，2009年5月，第124頁。
《戰國璽印分域研究》，長沙：嶽麓書社，2009年5月，第142頁。
《先秦印風》，重慶：重慶出版社，2011年5月，第27頁。
《先秦古璽集粹》，長春：吉林文史出版社，2011年11月，第24頁。
《天津博物館藏璽印》，北京：文物出版社，2013年11月，第25頁。

集釋：

石志廉：

（3）勿正（征）關鈢

此璽柯昌泗《謚齋印譜》、黃濬《續衡齋藏印》等書著錄。後歸天津周叔弢先生，現爲天津藝術博物館藏品。印呈長方扁片形，小鼻鈕，赭黄色銹，長3.3釐米，寬3.2釐米。陽文四字，可釋爲「勿正（征）關鈢」，即正，楚鄂君啓節作，上海博物館藏楚「正（征）官之鈢」，其正（征）字書作，正、政與征均爲一字，可互通假。乃關字，楚鄂君啓節關字作，从門串聲，可爲其證。戰國璽有行人關、埶關，句

荖關等。行人關的關字作，埶關的關字作，句荖關的關字作，此璽關字作。勿正（征）關鉨乃戰國時關卡免除征收關稅所用之官印。用此印打在貨物上作爲標記，運輸時路過關卡即可免征關稅，驗關者見此印則放行，不再征稅。楚鄂君啓節銘文中的「見其金節則勿征，不見其金節則征」可爲其明證。戰國時關卡爲征稅制，還製有專用的量器如釜、鉌等，銅釜、銅鉌山東膠縣曾有出土，即著名的子禾子釜及左關之鉌，過去人們將鉌釋爲鍨，是錯誤的。戰國璽中尚有「退醬（將）關和（鉌）」一鈕，過去有人釋爲醬（將）和（鉌）退關，也是不對的。「左關之和（鉌）」和「退醬（將）關和（鉌）」銅璽，都是關卡征稅時所制之器。此璽從文字用途、銹色看，都是戰國時的楚器，爲研究古代關卡征稅方面的重要文物。　《戰國古璽考釋十種》，《中國歷史博物館館刊》，1980年第2期，第109頁。

羅福頤：

0295　勿正閘（關）鉨　《古璽彙編》，文物出版社，1981年12月，第52頁。

天津市藝術博物館：

勿正關鉨　《周叔弢先生捐獻璽印選》，天津人民美術出版社，1984年3月，第2頁。

湯餘惠：

傳世還有「勿正關鉨」，現藏天津藝術博物館。從文字風格看，亦屬戰國楚璽。「勿正關」當即「勿征於關」之省語。有人認爲此璽的「勿征」與鄂君啓節的「見其金節勿征」屬於同種性質，這種意見是值得商榷的。鄂君啓節祇是由於與楚王有某種特殊關係（按通行的說法），纔得到那種超乎尋常的寵遇，並非人人都能享有的。如從基本史實著眼，此璽的「勿正關」恐怕還是取「征於市者勿征於關」之義。若然，則與「南門出鉨」的性質相類了。詳見「南門出鉨（璽）」條。　《楚璽兩考》，《江漢考古》，1984年第2期，第50～51頁。

湯餘惠：

楚璽　勿正（征）闡（関）鉨　《略論戰國文字形體研究中的幾個問題》，《古文字研究》第十五輯，中華書局，1986年6月，第76頁。

鄭　超：

34.勿正關璽

石志廉根據印中「正」、「關」二字的寫法定爲楚璽，並讀「正」爲「征」，說爲關卡免除征收關稅所用之官印，其說可信。鄂君啓節舟節中有「如載牛馬以出入關，則征於大府，勿征於關」。湯餘惠認爲「勿征關」即「勿征於關」的省文。大概此璽打在那些已經向大府納過稅的貨物上，因而可以免除關稅了。《楚國官璽考述》，《文物研究》總第二輯，黄山書社，1986年12月，第91頁。

湯餘惠：

勿正（征）闡（關）鈢（璽）

《古璽彙編》0295，楚官璽。正，通征。勿正，即勿征。闡，同關，字从串聲，與楚鄂君啓節同。鈢，古「璽」字，六國文字又作「壐」、「尔」。《管子・問》：「征於關者勿征於市，征於市者勿征於關。」據此我們曾指出先秦時代實行不重複的商稅制。近年學者或有駁難，這一問題有待深入研討。此璽的「勿征關」，即勿征於關，可能是已納市賦者出關免稅的憑據，但也有可能跟市稅無關，是官方特許的出關免稅權。戰國楚國封君往往由於某種原因而得到有限度的免稅權，鄂君啓節就是明顯的一例。《戰國銘文選》，吉林大學出版社，1993年9月，第78頁。

陳松長：

勿正（征）官鉨　《璽印鑒賞》，灕江出版社，1993年11月，第7頁。

羅伯健：

勿正（征）闖（關）璽　《璽印鑒賞與收藏》，吉林科學技術出版社，1996年1月，第10頁。

曹錦炎：

楚璽又有「勿正關鉩」，「正」也讀「征」，「勿正關」當即「勿征於關」之省語（湯餘惠《楚璽兩考》，《江漢考古》1984年第2期）。古代於關、門、市分別征收商稅，門設征見上引文；關設征見《周禮·地官·司關》：「掌其治禁與其征廛。」《司關》又謂：「國凶札，則無關、門之征。」謂有災害，關征、門征俱免，可見其分別征稅。又《司市》：「國凶荒札喪，則市無征，而作布。」鄭玄注：「有災害，物貴，市不稅，爲民乏困也。」璽文之「勿征關」，意指此關尚未收稅，與《管子·問》：「征於關者勿征於市，征於市者勿征於關」可參看。當然，此璽的作用主要是爲了避免逃稅。《古璽通論》，上海書畫出版社，1996年3月，第97頁。

天津市藝術博物館：

勿正關鉩《天津市藝術博物館藏古璽印選》，文物出版社，1997年8月，第3頁。

何琳儀：

楚系　勿正閘鉩

楚璽　〇二九五

正，見《周禮·夏官·諸子》「以軍法治之不正」，注：「正，音征。謂賦稅也。」《戰國古文字典》，中華書局，1998年9月，第795～797頁。

何琳儀：

楚系　勿正閘鉩

閘，从門，串聲。關之異文。《老子》二十七章「善閉無關楗而不可開」，漢帛書甲本關作閘。《戰國古文字典》，中華書局，1998年9月，第1001頁。

莊新興：

勿正關鉨　《古璽印精品集成》，上海古籍出版社，1998年9月，第14頁。

傅嘉儀：

勿正關璽　《篆字印彙》，上海書店出版社，1999年1月，第176頁。

莊新興：

勿正官鉨　戰國　《中國璽印篆刻全集》，上海書畫出版社，1999年11月，第63頁。

盧永琇：

勿正關鉨　戰國官璽。周叔弢先生捐獻。長、寬各3.3釐米，通高1釐米。重21克。印爲銅質。鼻鈕，印體扁平，正方形。鑄陽文「勿正閘鉨」4字。「閘」「鉨」兩字微殘。「勿正」即「勿征」。正爲征的假借字。《周禮·夏官·諸子》「以軍治之不正」。正，征相通，賦稅也。「閘」即關，从門串聲。其字形與安徽壽縣出土的楚國「鄂君啓金節」中的「閘」字寫法相同，具有典型的楚國文字特徵。「鄂君啓金節」中有：「女（如）載馬牛羊以出入關，則政（征）於大督，毋政（征）於閘（關）。」這說明，楚國確有物品出入關口時不征稅的制度，戰國時的齊國也曾實行這一制度。這方「勿正官璽」是楚國稅務官員所用的璽印，在傳世和出土璽印中十分罕見。現藏天津藝術博物館。《楚文物圖典》，湖北教育出版社，2000年1月，第421頁。

葉其峰：

「勿征關鈢」原爲周弢先生的藏品。今藏於天津藝術博物館，是周先生生前捐贈給該館的一大批珍貴古璽印之一。「勿征關」是免征關稅之意。戰國時期，有些特殊情況，如災荒之年是免征關稅的。《周禮·地官·司徒》說：「國凶札，則無關門之征。」經允許，某些特殊人物的貨物出入國門，也可免征賦稅。1957年，發現的鄂君啓節，銘文講的就是楚王允許鄂君啓之府的貨物，途經水陸門關可免征賦稅之事。當然，不管何種原因，免征賦稅都應有所憑證。鄂君啓節是一種憑證，「勿征關鈢」也是一種憑證。「勿征關鈢」璽文的意思與鄂君啓節文「見其璽節則毋征」毫無二致。它鈐蓋於某一貨物包裝的泥封上，門關人員見有鈐蓋這一官璽的泥封就不征門關稅了。「勿征關鈢」是一種具有特殊用途的門關官署璽。《戰國官署璽》，《中國古璽印學國際研討會論文集》，香港中文大學文物館，2000年3月，第17～18頁。

徐　暢：

東周・楚系公鈢　勿正（征）閘（關）鈢　《中國篆刻全集》，黑龍江美術出版社，2000年7月，第12頁。

來一石：

勿正閘鈢　《古印集萃・戰國卷》，榮寶齋出版社，2000年11月，第39頁。

肖　毅：

勿正關璽

石志廉認爲「正」與「勿正關璽」之「正」同，讀爲「征」（《戰國古璽考釋十種》）。鄭超認爲「征官當是專管賦稅收的」（《楚國官璽考述》）。石志廉據鄂君啓節「見其金節則勿征，不見其金節則征」認爲「勿正（征）關璽乃戰國時關卡免除征收關稅所用的官印」（《戰國古璽考釋十種》）。或以爲即《管子・問篇》「勿征於關」之省語（湯餘惠：《楚璽兩考》，《江漢考古》1984年2期）。　《古璽所見楚系官府官名考略》，《江漢考古》，2001年第2期，第41頁。

戴山青：

勿正關鉥　《古璽漢印集萃》上册，廣西美術出版社，2001年10月，第5頁。

莊新興：

1080　勿正官鉨　楚系·楚　《戰國璽印分域編》，上海書店出版社，2001年10月，第192頁。

徐暢主編：

戰國公鉨與印跡·楚系鉨印　113　勿正（徵）關鉨　《中國書法全集》第92卷，榮寶齋出版社，2003年2月，第42頁。

徐暢主編：

113　勿正（徵）關鉨

作於春秋戰國時期。楚國官鉨。柯昌泗《謐齋印譜》、黄濬《續衡齋藏印》、《古璽彙編》〇二九五號等書著録。後歸周叔弢。現爲天津市藝術博物館藏品。銅質。小鼻鈕。赭黄色銹。

正通徵；勿正，即勿徵。闗同關，字从串聲。與楚鄂君啓節同。《管子·問》：「徵於關者勿徵於市，徵於市者勿徵於關。」此鉨即「勿徵於關」之意。可能是已納市賦者出關免稅的憑證，也可能是官方特許的出關免稅權。

參考　湯餘惠《戰國銘文選》《中國書法全集》第92卷，榮寶齋出版社，2003年2月，第206頁。

莊新興：

勿正官璽（楚）　楚系　《戰國璽印》，上海書畫出版社，2003年8月，第4、42、230頁。

小林斗盦：

勿正闗鈢　《中國璽印類編》，天津人民美術出版社，2004年6月，第49、318頁。

魏永年：

勿正闗璽　「正」同「征」，古代於關、門、市分別征收商稅，關設征見《周禮·地官·司關》：「掌其治禁與其征廛。」「勿征闗」當爲「勿征於關」之省語。

戰國璽印在文字的整體排列上，往往將字距或行距作寬鬆處理。此印爲楚官璽，邊框比印文粗重，文字結體疏朗散淡。留白均匀，且有變化，字字獨立而又互相依賴。四字相比，「關」字較爲平正，「勿」、「正」兩字上下呼應，一收一放，氣脈相連。「鈢」字的「金」部左移，「爾」部上提，空出右下，使空間佈白的呼應和而不散，貫通一氣，產生一種疏淡簡遠的藝術效果。《古璽印賞析》，山東美術出版社，2005年6月，第48頁。

肖曉輝：

戰國時期各國有著較爲嚴密的稅收系統。楚國稅制在出土材料中表現得尤爲明顯，例如，鄂君啓節銘文裏詳細敘述了持節者的水陸通行路線，一一列出了各個地名、水名、關卡名，指明「見其金節則毋政（征），……不見其金節則政（征）」。也就是說，凡其所到之處，若能出示此節，則一律放行，不向其貨物征稅，若不能出示金節，則要收取稅金。政府往往在市場和關卡向來往貨物征稅，已經收稅的貨物，要鈐印相關璽印加以證明，避免重復征收。

類似的征稅制度在古璽中多有反映，除了上述專門征收木材稅的烙印外，古璽中還有一類門關璽，是各城門或關口用來檢查出入來往人員、貨物的，其中也有專用來征稅的。例如楚國有「勿正關鉩」（《古璽彙編》0295），「勿正關」等於說「勿征於關」（湯餘惠《楚璽兩考》，載《江漢考古》1984年第2期），古文中介詞「于」乃是必然。凡鈐有此印的貨物過關時無需再繳稅。此璽爲鼻鈕，不便於戳打、烙印，可能是用來在貨物封泥上鈐蓋的。古人在市場、城門、關口三處設立檢查機構，同時負責征收來往貨稅。《周禮·地官》中有「司門」之官，其職責爲：「掌授管鍵，以啓閉國門。幾出入不物者，正其貨賄，凡財務犯禁者舉之……」鄭玄注：「正讀爲征，征稅也。」又有「司關」一職：「掌國貨之節，以聯門市。司貨賄之出入者，掌其治禁與其征廛。」鄭玄注：「貨節，謂商本所發司市之璽節也。自外來者，則案其節，而書其貨之多少，通之國門，國門通之司市。自內出者，司市爲之璽節，通之國門，國門通之關門。參相聯以檢猾商。」《管子·問》裏也說：「征於關者勿征於市，征於市者勿征於關。」楚國「勿正關鉩」很有可能就是歸市場管理者或大府官吏所用，對那些從市場發出並且要經過關口的貨物進行檢驗並征收稅金後加蓋此璽，告知關門放行，不要再收稅。

《書法新鑒：古璽文新鑒》，世界圖書出版公司，2005年6月，第44～45頁。

施謝捷：

楚系官璽　勿（編按：此處脱「正」字）（正）閘（關）鉨（璽）　《古璽彙考》，安徽大學博士學位論文，2006年5月，第171頁。

郭　兵：

勿征關鉨

時代：戰國・楚　材質：銅　鈕制：橛鈕

規格：長2.9釐米　寬2.9釐米　通高0.8釐米

此印印臺較薄，印體四壁漸收至上，印背中央置以橛鈕，鈕體大致呈板狀楔形，上小下大，頂端呈圓弧狀。形體較大，鑄工欠佳，印體佈有許多大小不等的砂眼。

此印印文取法戰國古璽，佈局大開大合，形散神聚，風格蒼勁，古意盎然。《寸心籀篆——中國古代璽印鑒賞》，湖南美術出版社，2009年5月，第124頁。

陳光田：

楚系古璽　「勿正（征）關鉨（璽）」（0295）。「正」讀做「征」，「勿征關」即「勿征於關」的省語。（湯餘惠：《楚璽兩考》，《江漢考古》1984年第2期。）《管子·問政》云：「征於關者勿征於市，征於市者勿征於關。」古代在關、門、市分別征收商稅，當時的稅收管理是很嚴格的。《周禮·地官·司關》云：「掌其治禁與起征廛。」「國凶劄，則無關、門之征。」謂有災害，關征、門征俱免。《周禮·地官·司市》云：「國凶荒劄喪，則市無征，而作布。」鄭玄注曰：「有災害，物貴，市不稅，爲民乏困也。」或認爲「勿正關」是指此關尚未征稅，此方璽的作用主要是爲了避免逃稅（曹錦炎：《古璽通論》，上海書畫出版社，1996年，第97頁。），非是。璽文意思當爲不需要在關交納賦稅。

《戰國璽印分域研究》，嶽麓書社，2009年5月，第142～143頁。

王義驊：

關勿正鉩　《先秦古璽集粹》，吉林文史出版社，2011年8月，第24頁。

天津博物館編：

006　「勿正閘鉩」　銅璽　戰國

高1、長3.3、寬3.3釐米

楚國官璽。窄邊半圓形鼻紐，印體扁平。方形印面，印文爲陽文大篆「勿正閘」四字。璽文「勿正」即「勿征」，古代「正」、「征」通用。「閘」字从「門」从「串」，可釋爲「關」，意爲關卡，與安徽省壽縣出土的楚器鄂君啓節銅節的銘文的「閘」字同，具有楚國文字的特征，故此璽當爲楚國官璽。據陳邦懷先生考證：「『勿正關』者，謂此關祇識異服，識異言，而不征稅也」。璽文內容與《管子・小匡》所載貨物通關時不征稅的內容相對照，是通過關卡時免征貨稅的官方憑證，是研究楚國稅制的珍貴資料。《天津博物館藏璽印》，文物出版社，2013年11月，第25頁。

孟婷：

館藏的「勿正閘鉨」銅璽，窄邊半圓形鼻紐，印體扁平，方形印面，印文爲陽文大篆「勿正閘鉨」四字。璽文中的「勿正」即「勿征」，古代「正」「征」二字通用。「閘」字从「門」从「串」，可釋爲「關」，意爲關卡。「閘」字的寫法與安徽省壽縣出土的楚國青銅器「鄂君啓節」中的銘文「閘」字相同，具有楚國文字的特征，故此璽當斷爲楚國官璽。據陳邦懷先生考證：「『勿正關』者，謂此關祇識異服，識異言，而不征稅也」。璽文內容也可與《管子・小匡》所載貨物通關時不征稅的內容相對照，是通過關卡時免征貨稅的官方憑證，此方璽印是研究楚國稅制的珍貴資料。《館藏璽印選釋》，《文物天地》2015年第6期第34頁。

李守奎按：

此璽自石志廉釋讀以來，無異說。後之學者所論，皆爲補充或引錄。

官璽第二三九：□⿰土巿（市）之出鉨（璽）

印面：

磬室所藏璽印八冊續集五冊，據施謝捷《古璽彙考》：「現藏：日本大田行禮氏舊藏。」

著録：

《古璽彙編》，北京：文物出版社，1981年12月，第45頁。

《古印集萃・戰國卷》，北京：榮寶齋出版社，2000年11月，第36頁。

《中國篆刻全集》，哈爾濱：黑龍江美術出版社，2000年7月，第15頁。

《戰國璽印分域編》，上海：上海書店出版社，2001年10月，第190頁。

《中國書法全集》第92卷，北京：榮寶齋出版社，2003年2月，第47頁。

《書法新鑒：古璽文新鑒》，西安：世界圖書出版公司，2005年6月，第44頁。

《古璽彙考》，安徽大學博士學位論文，2006年5月，第178頁。

《戰國璽印分域研究》，長沙：嶽麓書社，2009年5月，第142頁。

《先秦印風》，重慶：重慶出版社，2011年5月，第29頁。

集　釋：

羅福頤：

0267　□□之□鉩　《古璽彙編》，文物出版社，1981年12月，第45頁。

湯餘惠：

《古璽彙編》第45頁0267著錄一鈕白文璽印，從之、鉩二字的風格和結體來看，無疑也是戰國楚物。此璽鐫刻六字（《古璽彙編》誤以此璽爲五字，出字亦未釋出），分左右兩行，每行三字；右行三字歷久磨蝕，字跡漫隱，難以辨識，惟左方「之出鉨」三字還看得清楚。其中之字作「□」，出字作「□」構形判然有別。我們注意到此璽出字寫法與「南門出鉨」略同，兩字並不相混……　詳見「南門出鉨（璽）」條。　《楚璽兩考》，《江漢考古》，1984年第2期，第50～51頁。

湯餘惠：

……它有可能和「南門出璽」屬於同類性質的東西。　《略論戰國文字形體研究中的幾個問題》，《古文字研究》第十五輯，中華書局，1986年6月，第14～15頁。

湯餘惠：

楚璽　□□□之出鉨　《略論戰國文字形體研究中的幾個問題》，《古文字研究》第十五輯，中華書局，1986年6月，第76頁。

徐　暢：

東周・楚系公鉨　□□□之出鉨　《中國篆刻全集》，黑龍江美術出版社，2000年7月，第

15頁。

來一石：

□□之□鉨　《古印集萃・戰國卷》，榮寶齋出版社，2000年11月，第36頁。

莊新興：

1072　□□之□鉨　楚系・楚　《戰國璽印分域編》，上海書店出版社，2001年10月，第190頁。

徐暢主編：

戰國公鉨與印跡・楚系鉨印　173　□邑□之出鉨　《中國書法全集》第92卷，榮寶齋出版社，2003年2月，第47頁。

肖曉輝：

另有一枚「□□之出鉨」（《古璽彙編》0267），也是外出通行證明專用。前兩字當是地名或門關名，漫漶不識。　《書法新鑒：古璽文新鑒》，世界圖書出版公司，2005年6月，第45頁。

施謝捷：

楚系官璽　羊□之出鉨（璽）　《古璽彙考》，安徽大學博士學位論文，2006年5月，第178頁。

陳光田：

楚系古璽「□□□之出鉨（璽）」（0267）。該璽性質與前者同，都是楚某地貨物出城的通行證。……「門」當爲門關。上列諸璽當爲「上」和「典陽」之地的門關機構或閘關官吏所用之物。　《戰國璽印分域研究》，嶽麓書社，2009年5月，第142頁。

李守奎按：

右下角之字當是「坾」字之殘。楚封泥有「坾出」。

官璽第二四〇：南門出鉨（璽）

印　面：

碧葭精舍印存八冊、衡齋藏印十六冊，故宮博物院藏印

著錄：

《古璽彙編》，北京：文物出版社，1981年12月，第29頁。
《古璽印概論》，北京：文物出版社，1981年12月，第44頁。
《故宮博物院藏古璽印選》，北京：文物出版社，1982年12月，第5頁。
《印典》（二），北京：國際文化出版公司，1993年5月，第1191頁。
《璽印鑒賞》，桂林：灕江出版社，1993年11月，第3頁。
《中國古代璽印》，北京：地質出版社，1995年11月，第18頁。
《璽印鑒賞與收藏》，長春：吉林科學技術出版社，1996年1月，第4頁。
《古璽通論》，上海：上海書畫出版社，1996年3月，第97頁。
《篆字印彙》，上海：上海書店出版社，1999年1月，第192頁。

《中國篆刻全集》，哈爾濱：黑龍江美術出版社，2000年7月，第12頁。

《古印集萃·戰國卷》，北京：榮寶齋出版社，2000年11月，第44頁。

《中國璽印真僞鑒別》，合肥：安徽科學技術出版社，2001年1月，第32頁。

《古璽漢印集萃》上冊，南寧：廣西美術出版社，2001年10月，第17頁。

《戰國璽印分域編》，上海：上海書店出版社，2001年10月，第192頁。

《中國書法全集》第92卷，北京：榮寶齋出版社，2003年2月，第44頁。

《古璽印通論》，北京：紫禁城出版社，2003年9月，第16頁。

《中國璽印類編》，天津：天津人民美術出版社，2004年6月，第180、183、381、435頁。

《古璽印賞析》，濟南：山東美術出版社，2005年6月，第49頁。

《書法新鑒：古璽文新鑒》，西安：世界圖書出版公司，2005年6月，第54頁。

《古璽彙考》，安徽大學博士學位論文，2006年5月，第178頁。

《戰國璽印分域研究》，長沙：嶽麓書社，2009年5月，第141頁。

《先秦印風》，重慶：重慶出版社，2011年5月，第28頁。

《先秦古璽集粹》，長春：吉林文史出版社，2011年11月，第14頁。

集　釋：

羅福頤：

門：南門之鉨，上東門鉨。《周禮・地官》：「司門，掌授管鍵，以啓閉國門。」《近百年來古璽文字之認識和發展》，《古文字研究》第五輯，中華書局，1981年1月，第250頁。

羅福頤：

0168　南門之鉨　《古璽彙編》，文物出版社，1981年12月，第29頁。

《故宮博物院藏古璽印選》編輯組：

25　南門之鉨　《故宮博物院藏古璽印選》，文物出版社，1982年12月，第5頁。

湯餘惠：

二、「南門出鉨」考

《古璽彙編》第29頁0168著錄的一鈕陰刻白文古璽，文字疏闊雄渾，顯係戰國楚文字風格。璽文四字，以往均釋爲「南門之鉨」。按第三字釋「之」非是，應是「出」字。古文字之、出二字形近而有別，這一點在古璽文字本身便可找到明證。

《古璽彙編》第45頁0267著錄一鈕白文璽印，從之、鉨二字的風格和結體來看，無疑也是戰國楚物。此璽鐫刻六字（《古璽彙編》誤以此璽爲五字，出字亦未釋出），分左右兩行，每行三字；右行三字歷久磨蝕，字跡漫隱難以辨識，惟左方「之出鉨」三字還看得清楚。其中之字作「」，出字作「」構形判然有別。我們注意到此璽出字寫法與「南門出鉨」略同，兩字並不相混，這是本文立論的基本出發點。

之、出二字形體上的差異，可由下面的簡表加以說明：

商	 珠737	 前4.34.7	
西周	 頌壺	 善夫克鼎	
春秋	 拍敦蓋	 鄦子簠	 魚鼎匕
戰國	 鄂君啓節	 酓忎鼎	

不難看出，這兩個字的大別祇在字下的一筆，或曲畫，或直畫，迥然不同。《說文》釋出字形爲「象艸木益茲上出達也」，與古字不合，可知許說不可據。古文出字从止、凵，象足出坎陷之形，故字下作曲畫若凹坎狀。上揭兩鈕楚璽上的出字拍敦蓋、魚鼎匕及鄂君啓節略同，顯然亦當同釋。

「南門出鉨」之「門」，應指國門（古璽有「行人關」、「埶關」（編按：原文印刷不清，據《彙編》0172號補）、「武關叡」等，均爲守關吏所用印信。由此可知古關璽祇稱「關」不稱「門」，古璽稱「門」的，如「上東門」之類均指城門。）先秦時代商賈販運貨物，一般說來都要向國家繳納一定數量的商業稅。「市賦百取二，關賦百取一。」（《管子・幼官》篇）。此種商業稅也可由城門守吏征收。《周禮・地官》云：「司門掌授關鍵以啓閉國門，凡（編按：「凡」爲「幾」之譌）出入不物者，正其貨賄，凡財物犯禁者舉之。」鄭玄注：「正讀爲征。征，征稅也。」是其證。又《左傳・文公十一年》：「宋公以門賞耏班，使食其征謂之耏門。」門稅收歸個人，作爲國君對臣下的一種賞賜，畢竟不是普遍現象，通常情況下城門稅都是收歸國家的。

不過門、關、市三者恐怕並不是各行其事，互不相關的。據《周禮·地官》記載：「司關掌國貨之節以聯門、市」。鄭玄解釋說：貨節商本所發司市之璽節也。自外來者而按其節而書其貨之多少，通之國門，國門通之司市；自內出者，司市謂之璽節，通之國門，國門之關門，參相聯以檢猾商。

由此可見，門、關、市三者乃是一個統一的整體，共同職掌商稅征收事宜。如果再參照《管子·問篇》「征於關者勿征於市，征於市者勿征於關」的記載，我們似有理由認爲，周秦之際所實行的乃是一種不重複的商稅制，而門、關、市彼此溝通聯繫的主要憑據便是璽節。如果上述看法不誤，那麼「南門出鉨」應是已納市賦者運貨出城的通行證。換句話說，南門的放行是以已納市賦爲前提條件的。這和鄂君啓節的在規定範圍內憑節一律免稅的特殊優待大概不能相提並論。

傳世還有「勿正關鉨」（見《古璽彙編》第52頁（0295），現藏天津藝術博物館。從文字風格看，亦屬戰國楚璽。「勿正關」當即「勿征於關」之省語。有人認爲此璽的「勿征」與鄂君啓節的「見其金節勿征」屬於同種性質，這種意見是值得商榷的。鄂君啓節衹是由於與楚王有某種特殊關係（按通行的說法），纔得到那種超乎尋常的寵遇，並非人人都能享有的。如從基本史實著眼，此璽的「勿正關」恐怕還是取「征於市者勿征於關」之義。若然，則與「南門出鉩」的性質相類了。　《楚璽兩考》，《江漢考古》，1984年第2期，第50～51頁。

鄭　超：

55.南門出璽

「出」字從湯餘惠釋，《古璽彙編》原釋爲「之」。湯認爲此印的「門」應指國門，並與征收商業稅聯繫起來，認爲此印應是已納市賦者運貨出城的通行證。我們認爲，也許此印就是一般的通行證，相當於《周禮・司徒・掌節》中「門關用符節」的「符節」。　《楚國官璽考述》，《文物研究》總第二輯，黄山書社，1986年12月，第94頁。

湯餘惠：

南門㞢鉩。　《略論戰國文字形體研究中的幾個問題》，《古文字研究》第十五輯，中華書局，1986年6月，第14～15頁。

小　鹿：

南門之璽　《古代璽印》，中國書店，1988年6月，第95頁。

康　殷、任兆鳳：

南門出　《印典》（二），國際文化出版公司，1993年5月，第1191頁。

湯餘惠：

南門出鉨（璽）

《古璽彙編》0168，楚官璽。此璽文字，疏闊雄渾，是典型的楚文字風格。出，舊釋「之」，誤。古文字之、出二字均从止，但前者下爲横畫，後者爲曲畫，形體有别。南門，某城的南門。春秋戰國時代，商業從事貿易，須向國家繳納一定數額的商業税，即市賦、關税和城門税。門、關、市三者相互配合，互通聲氣。據《周禮·地官》記載：「司關掌國貨之節以聯門、市。」鄭玄注：「貨節謂商本所發司市之璽節也。自外來者則按其節而書其貨之多少，通之國門，國門通之司市。自內出者，司市爲之璽節，通之國門，國門通之關門，參相聯以檢猾商。」可見，門、關、市是一個統一的税收網絡，三者相互溝通的憑據，便是璽節。經過檢驗，並繳納市賦的商品，由市亭蓋印封緘，然後方可運貨出城。南門出璽應該是商賈運貨出城接受城門官吏複檢時，證明確已交過市賦的憑據。《戰國銘文選》，吉林大學出版社，1993年9月，第77頁。

陳松長：

南門之鉩　《璽印鑒賞》，灕江出版社，1993年11月，第3頁。

張錫瑛：

「南門之鉩」戰國官璽。銅質，鼻鈕，印體呈薄板狀。印面大，3.5釐米見方，陰文大篆，筆形粗闊，筆端有鋒。從印文風格看與「大賡」璽、「行賡之鉩」相同，應是楚國門關所用巨璽，類似這種大型的門關用璽還有「口母似關」等。現藏北京故宮博物院。《中國古代璽印》，地質出版社，1995年11月，第18頁。

羅伯健：

南門之鉩　《璽印鑒賞與收藏》，吉林科學技術出版社，1996年1月，第4頁。

曹錦炎：

南門出鉩

楚璽另有「南門出鉩」，是南門所用的璽，「門」指國門，此璽與征收商業稅有關（（湯餘惠《楚璽兩考》，《江漢考古》1984年第2期）。或以爲此璽作用就如一般的通行證，相當於《周禮·司徒·掌節》中「門關所用符節」的符節（鄭超《楚國官璽考述》，載《文物研究》第二期，1986年）。　《古璽通論》，上海書畫出版社，1996年3月，第97～98頁。

何琳儀：

楚系　南門出鉨

出，甲骨文作□（前七·二八·三）。从凵，从止，會足出坎内之意。止亦聲。出，透紐；止，端紐。端、透均屬舌音，出爲止之準聲首。金文作□（永盂）、□（克鼎）。戰國文字承襲金文。晉系文字或作□、□、□、□、□，楚系文字或作□、□、□、□，秦系文字作□、□。其中□、□、□與三體石經《君奭》□均有對應關係。《說文》：「出，進也。象艸木益滋上出達也。（尺律切）」（六下一）　《戰國古文字典》，中華書局，1998年9月，第1235頁。

何琳儀：

楚系　南門出鉨　《戰國古文字典》，中華書局，1998年9月，第1364～1365頁。

傅嘉儀：

南門之璽　《篆字印彙》，上海書店出版社，1999年1月，第192頁。

葉其峰：

（二）門官署用璽

見有「南門之鉨」（彙0168），「上東門尔」（彙0169），「埶關」（彙0172），「武關戲」（彙0174），「句丘關」（彙0340）等。戰國時期各國都在重要的門、關置官設卡，門官稱司門，關官稱司關（見《周禮・地官・司徒》）。上述門關璽均鑴門、關名而無門、關官名，因此屬官署璽，即門關使用的公章。門關官吏的主要職責是向出入門關之貨物征收賦稅，《周禮・地官・司徒》說：「司門掌授管鍵，以啓閉國門。」「出入不物者，正其貨賄，凡財物犯禁者，舉之。」「司關掌國貨之節，以朕門市。」「司貨賄之出入者，掌其治禁，與其征廛。」文中的正、征就是征稅之意。已課稅放行之貨物，必須有所憑證，同書談到這些憑證時説：「凡所達貨賄者，則以節傳出之。」又説：「門關用符節，貨賄用璽節。」《周禮》所述的出入門、關憑證，多已見有實物，如節，有「鄂君啓節」；璽節，有近年出土的「大廏」、「郏菱鉨」。其實，先秦時期，門、關使用的憑證除節、璽節、符節等物外，還廣泛使用璽印，傳世實物「勿正關鉨」足可證明。既然免征關税，可用璽爲憑證，征税後的貨物自也可以璽爲憑證。而這種用於課税的璽，應爲門、關官署璽，而非門、關主吏所配之官名璽。因爲用於課税的官璽是要經常使用的，它必須具有相對穩定的特點，而官名璽是任官在任時使用的官璽，任官一旦離任，其官璽就要上交，官名璽這一特性，決定它是相對短期的、變動的，不適宜作爲每天都要使用的課税憑證。因此，用於課税的門、關璽衹能是官署璽，今存世的門關官署璽，課税應是其主要用途。《戰國官署璽》，《中國古璽印學國際研討會論文集》，香港中文大學文物館，2000年3月，第16~17頁。

徐　暢：

東周·楚系公鉨　南門出鉨　《中國篆刻全集》，黑龍江美術出版社，2000年7月，第12頁。

來一石：

南門之鉨　《古印集萃·戰國卷》，榮寶齋出版社，2000年11月，第44頁。

后曉榮、丁鵬勃、渭　父：

③方形陰文璽。面形方正，少數近塊形，邊長3釐米左右，壇鈕附小鼻鈕，印面有邊欄無界格，文字鑿出，一般爲兩行，風格疏曠，與上一式（編按，即方形陽文璽，原文誤作「陰」）明顯不同，「」（璽）字極富特色。例如「南門之璽」、「安昜水璽」、「司寇之璽」（圖1-241至圖1-243）。《中國璽印真僞鑒別》，安徽科學技術出版社，2001年1月，第32頁。

戴山青：

南門之鉨　《古璽漢印集萃》上冊，廣西美術出版社，2001年10月，第17頁。

莊新興：

1081　南門出鉨　楚系·楚　《戰國璽印分域編》，上海書店出版社，2001年10月，第192頁。

徐暢主編：

戰國公鉨與印跡·楚系鉨印　136　南門出鉨　《中國書法全集》第92卷，榮寶齋出版社，2003年2月，第44頁。

徐暢主編：

136　南門出鉨

作於東周時期。楚國官鉨。《古璽彙編》〇一六八號著錄。故宮博物院收藏。銅質。

舊釋「南門之鉨」。古文字「之」、「出」二字均從止，但前者下爲横畫，後者爲曲筆，形體有别。春秋戰國時代，商賈從事貿易，須向國家繳納一定數額的商業税，即市賦、關賦和城門税。門、關、市三者相通配合，互通聲氣的憑據便是鉨節。《周禮·地官·司關》曰：「掌國貨之節，以聯門市。」南門出鉨應是向商賈運貨出城門官吏復檢時，證明確已交市賦的憑據。

此印線條圓轉遒勁，疏闊雄渾，邊框因刻鑿而時斷時續，或粗或細，印形亦不正方，有質奇之勝。

參考　湯餘惠《戰國銘文選》七十七頁　《中國書法全集》第92卷，榮寶齋出版社，2003年2月，第207頁。

小林斗盦：

南門之鉢　《中國璽印類編》，天津人民美術出版社，2004年6月，第180、183、435頁。

魏永年：

南門之璽　南門所用之璽，「門」指國門，與「關」同。該璽爲征稅與通關之用。這方印給人的第一印象是粗頭亂服。由於歲月的淘洗，土浸銹腐，凋殘嚴重，尤其四條邊線斷損較甚。整個印面氤氳瀰漫，頗有原始古茂之氣。線條雄厚蒼渾，刀趣橫生。文字結體錯落有致，呈橫向排列。「南」、「之」兩字緊密相依，且與上邊線融連。「鉨」、「門」兩字四個部件又依次排列，向右呈下斜趨勢，並與底線相交，使兩排字中間自然留出一條斜勢通道，從而增強了印面的虛實變化，恣意縱橫，氣勢恢弘，蘊蓄著飽滿的陽剛之氣。　《古璽印賞析》，山東美術出版社，2005年6月，第49頁。

肖曉輝：

《古璽彙編》0168有「南門出鈢」，楚系，凡鈐有此印的貨物，或持有蓋著此印文的人員，都可以從南門外出，守門者一見印記，即予以放行。　《書法新鑒：古璽文新鑒》，世界圖書出版公司，2005年6月，第45頁。

施謝捷：

楚系官璽　南門出鈢（璽）　《古璽彙考》，安徽大學博士學位論文，2006年5月，第178頁。

陳光田：

楚系古璽　「南門出鈢（璽）」（0168）。據《周禮·地官·司徒》載，戰國時期各國都在重要的門、關置官設卡，門關稱爲司門，關官稱爲司關。門關官吏的主要職責是向出入門關之貨物徵收賦稅或查驗出入者的身份等。璽文「門」是指國門，該璽與徵收商業稅有關，爲已納市賦者運貨出城的通行證。（湯餘惠：《楚璽兩考》，《江漢考古》1984年第2期。）　《戰國璽印分域研究》，嶽麓書社，2009年5月，第141～142頁。

王義驊：

南門出鈢　《先秦古璽集粹》，吉林文史出版社，2011年8月，第14頁。

邱傳亮按：

《中國印》此枚古璽當爲門關所用璽，該書所附璽印爲「陳之新都」，顯然誤置。

官璽第二四一：[舟冏]澅（流）

印 面：

濱虹草堂藏古璽印二集八冊、鐵雲藏印四集四十八冊

著 錄：

《古璽彙編》，北京：文物出版社，1981年12月，第300頁。

《中國歷代璽印藝術》，香港：浙江省博物館、香港中文大學文物館，2000年初版，第179頁。

《古玉印精萃》，上海：上海書店，1989年9月，第25頁。

《中國篆刻全集》，哈爾濱：黑龍江美術出版社，2000年7月，第343頁。

《古璽漢印集萃》上冊，南寧：廣西美術出版社，2001年10月，第200頁。

《戰國璽印分域編》，上海：上海書店出版社，2001年10月，第217頁。
《古玉印集存》，上海：上海書店出版社，2002年10月，第26頁。
《中國書法全集》第92卷，北京：榮寶齋出版社，2003年2月，第134頁。
《中國璽印類編》，天津：天津人民美術出版社，2004年6月，第372頁。
《戰國璽印分域研究》，長沙：嶽麓書社，2009年5月，第183頁。

集　釋：

丁佛言：

古鉢 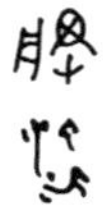 疑是涉之異文。　《說文古籀補補》，中華書局，1988年2月，附錄第70頁。

羅福頤：

3200 □湋　《古璽彙編》，文物出版社，1981年12月，第300頁。

韓天衡、孫慰祖：

湽□（編按：原釋文爲「湽」，疑脱「□」）　《古玉印精萃》，上海書店，1989年9月，第25頁。

何琳儀：

《璽彙》著錄兩方私璽，首字作：

 三二〇〇　 三二〇一

釋文闕釋。

按，此字右上乃「兇」之異文。參見石鼓《作原》「椶」作：「凶」本作形，兩側弧筆相交即成形，而與「西」之簡體混同。璽文可硬性隸定爲「⿰舟峴」，其右旁即「峴」。《集韻》「峴，嵮峴，山峻。」又因「兇」、「㚇」本一字分化，故「」亦可隸定爲「嵏」。（《說文》「嵏，九嵏山也。在馮翊谷口。从山，㚇聲。」）「⿰舟峴」即「艐」。

璽文「艐」可讀「鬷」，姓氏。古鬷氏之後。見《通志·氏族略，以名爲氏》。《古璽雜識再續》，《中國文字》新十七期，藝文印書館，1993年3月，第300頁。

李　零：

上述湋印文中的「艒流」，兩印同文，雖然印比較小，但不一定是私璽，而是與船舶通行有關的官印；如作私璽，恐怕得從左向右讀，讀爲「流（遊）艒」（「游」是古代常見的姓氏），也不大可能讀爲「艒流」。而「流食之璽」，「流食」疑讀「游食」。古書游、流相互通假的例子很多，如「周游」同「周流」，「下游」同「下流」等等（朱起鳳：《辭通》，上海古籍出版社，1992年，頁1007～1010）。「游食」也是古代常見的辭彙，如《商君書・農戰》「高言僞議，舍農游食」，《漢書・食貨志上》：「末技游食之民，轉而緣南晦」，法家雖於「游食」頗有非議，然古之「游食」者眾，應有司其事者。又睡虎地秦簡《秦律十八種》有《傳食律》，內容是講驛傳供給飯食的規定，「流食之璽」也有可能是傳食之璽。《古文字雜識》（二則），《第三屆國際中國古文字學研討會論文集》，香港中文大學中國文化研究所、中國語言文學系，1997年10月，第759頁。

何琳儀：

分域待考　艒湋

滍，从水蟲省聲。瀜之異體《集韻》「瀜，沖瀜，水深廣皃。水蚩之間或加○爲飾」古璽滍，讀肜。《書·高宗肜日》，《詩·周頌·絲衣》箋引肜作融。《後漢書·張衡傳》「展洩洩以肜肜」，注「肜與融同也」。均其佐證。《書·高宗肜日》傳「祭之明日又祭，殷曰肜，周曰繹」。

《戰國古文字典》，中華書局，1998年9月，第276頁。

王人聰、游學華：

□流　《中國歷代璽印藝術》，浙江省博物館、香港中文大學文物館，2000年初版，第57頁。

王人聰、游學華：

印文：□流　質料：玉；鈕式：覆斗鈕，有欄；印形：方形；尺寸（釐米）：1.5×1.5，通高0.9。

收藏地及藏品號：浙博（編按：即浙江省博物館）20879　《中國歷代璽印藝術》，浙江省博物館、香港中文大學文物館，2000年初版，第179頁。

徐　暢：

六國·私鉨　⿰舟岡滍（雍）　《中國篆刻全集》，黑龍江美術出版社，2000年7月，第343頁。

戴山青：

古璽（私鉨） □澅 《古璽漢印集萃》上册，廣西美術出版社，2001年10月第，第200頁。

莊新興：

1228 □澅 楚系·楚 《戰國璽印分域編》，上海書店出版社，2001年10月，第217頁。

韓天衡、孫慰祖：

澅□ 《古玉印集存》，上海書店出版社，2002年10月，第18頁。

徐暢主編：

戰國私鉨 1055 𦩍澅（雍） 《中國書法全集》第92卷，榮寶齋出版社，2003年2月，第134頁。

徐暢主編：

1055 𦩍澅（雍）

作於東周時期。楚私鉨。《古璽彙編》三二〇〇號著錄。

第一字李零釋爲𦩍，第二字湯餘惠釋爲雍，兩字錯落穿插，邊框殘損，古質斑斕，生意逸出。因文字古拙，佈白與戰國印不同，疑爲春秋時期之作。《中國書法全集》第92卷，榮寶齋出版社，2003年2月，第251頁。

小林斗盦：

□ 滍 《中國璽印類編》，天津人民美術出版社，2004年6月，第372頁。

肖曉輝：

楚璽中有字作，从二虫从水，有時又寫作，中間添加一小圓。過去一般直接隸定爲「滍」，但不知道究竟爲何字。近來人們根據新出土上海博物館楚竹書認出此字爲「流」字。《書法新鑒：古璽文新鑒》，世界圖書出版公司，2005年6月，第113頁。

陳光田：

楚系古璽 䏶滍（3200、3201）（編按：作者以爲楚系姓名私璽。） 《戰國璽印分域研究》，嶽麓書社，2009年5月，第183頁。

官璽第二四二：䑃滍（流）

印面：

陳簠齋手拓古印集四冊

著錄：

《古璽彙編》，北京：文物出版社，1981年12月，第300頁。

《印典》（四），北京：國際文化出版公司，1994年1月，第2342頁。

《中國篆刻全集》，哈爾濱：黑龍江美術出版社，2000年7月，第343頁。

《古璽漢印集萃》上冊，南寧：廣西美術出版社，2001年10月，第200頁。

《戰國璽印分域編》，上海：上海書店出版社，2001年10月，第217頁。

《中國璽印類編》，天津：天津人民美術出版社，2004年6月，第372頁。

集釋：

丁佛言：

古鉢 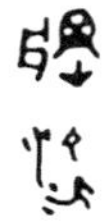 疑是涉之異文。 《說文古籀補補》，中華書局，1988年2月，附錄第16

頁。

羅福頤：

3201 □湋 《古璽彙編》，文物出版社，1981年12月，第300頁。

何琳儀：

⿰舟⿱吅𠙴湋 詳見「流飤之鍁」條。《古璽雜識再續》，《中國文字》新十七期，藝文印書館，1993年3月，第300頁。

李零：

⿰舟岡流 詳見「流飤之鍁」條。《古文字雜識》（二則），《第三屆國際中國古文字學研討會論文集》，香港中文大學中國文化研究所、中國語言文學系，1997年10月，第759頁。

何琳儀：

分域待考 ⿰舟⿱吅𠙴湋 詳見「流飤之鍁」條。《戰國古文字典》，中華書局，1998年9月，第276頁。

徐暢：

六國・私鉨　⿰舟岡⿰氵⿱虫虫　《中國篆刻全集》，黑龍江美術出版社，2000年7月，第343頁。

戴山青：

古璽（私鉨）□　⿰氵⿱虫虫　《古璽漢印集萃》上冊，廣西美術出版社，2001年10月，第200頁。

莊新興：

1229 □⿰氵⿱虫虫　楚系・楚　《戰國璽印分域編》，上海書店出版社，2001年10月，第217頁。

小林斗盦：

□⿰氵⿱虫虫　《中國璽印類編》，天津人民美術出版社，2004年6月，第372頁。

肖曉輝：

楚璽中有字作，从二蟲从水，有時又寫作，中間添加一小圓。過去一般直接隸定爲「⿰氵⿱虫虫」，但不知道究竟爲何字。近來人們根據新出土上海博物館楚竹書認出此字爲「流」字。《書法新鑒：古璽文新鑒》，世界圖書出版公司，2005年6月，第113頁。

官璽第二四三：喬（喬）戒之鉩（璽）

印面：

續齊魯古印攈十六冊、陳簠齋手拓古印集四冊，上海博物館藏印

著錄：

《上海博物館藏印選》，上海：上海書畫出版社，1979年8月，第9頁。

《古璽彙編》，北京：文物出版社，1981年12月，第28頁。

《古璽印概論》，北京：文物出版社，1981年12月，第44頁。

《篆字印彙》，上海：上海書店出版社，1999年1月，第391、599頁。

《中國篆刻學》，杭州：西泠印社，1999年5月，第5頁。

《中國篆刻全集》，哈爾濱：黑龍江美術出版社，2000年7月，第17頁。

《古印集萃・戰國卷》，北京：榮寶齋出版社，2000年11月，第38頁。

《古璽漢印集萃》上冊，南寧：廣西美術出版社，2001年10月，第29頁。

《戰國璽印分域編》，上海：上海書店出版社，2001年10月，第190頁。
《中國書法全集》第92卷，北京：榮寶齋出版社，2003年2月，第45頁。
《中國璽印類編》，天津：天津人民美術出版社，2004年6月，第83、180、247頁。
《古璽彙考》，安徽大學博士學位論文，2006年5月，第177頁。
《戰國璽印分域研究》，長沙：嶽麓書社，2009年5月，第138頁。
《中國印學》，杭州：中國美術學院出版社，2010年6月，第11頁。
《先秦印風》，重慶：重慶出版社，2011年5月，第32頁。

集釋：

丁佛言：
 戒之鉢　《說文古籀補補》，中華書局，1988年2月，第12頁。

丁佛言：
 疑古客字从，古鉨挌戒之鉢。　《說文古籀補補》，中華書局，1988年2月，附錄第66頁。

上海博物館：

客戒之鉨　《上海博物館藏印選》，上海書畫出版社，1979年8月，第9頁。

石志廉：

客戒之鉢……客戒疑系械客。……凡戰國璽中稱客者，大都爲楚國官璽。　《戰國古璽考釋十種》，《中國歷史博物館館刊》，1980年第2期，第112頁。

羅福頤：

0163　□戒之鉨　《古璽彙編》，文物出版社，1981年12月，第28頁。

湯餘惠：

楚璽　 戒之鉨　《略論戰國文字形體研究中的幾個問題》，《古文字研究》第十五輯，中華書局，1986年6月，第76頁。

鄭　超：

29.戒客之璽

此印從「璽」字金旁的寫法來看，肯定是楚璽。此璽的「客」字寫得比較馬虎，有一些僞

（編按：字當爲「譌」）誤。「戒」當讀爲「械」，「械」从「戒」聲，例可通假。《列子・力命》「動若械」《釋文》「械本又作戒」，可證。《說文・木部》：「械，桎梏也，从木戒聲，一曰器之總名也。」《孟子・滕文公上》「以粟易械器者」，趙注也說：「械，器之總名也。」以「粟客」、「鑄客」（銅器常見）、「鑄錢客」列之、「械客」當是主管器械製造之官。此印以「戒」字爲起點，右環讀，楚國圓印中有此讀法。　《楚國官璽考述》，《文物研究》總第二輯，黄山書社，1986年12月，第91頁。

黄錫全：

（178）客（？）戒之璽

……按，第一字釋「客」可能有問題，存疑待考。　《古文字中所見楚官府官名輯證》，《文物研究》總第七輯，黄山書社，1991年12月，第232頁。

何琳儀：

楚系　喬戒之鉩

戒，甲骨文作（乙六五五七）。从，从戈，會雙手持戈警戒之意。戈亦聲。戒、戈均

屬見紐。戒爲戈之準聲首。春秋金文作（叔夷鐘），加=爲飾。戰國文字承襲兩周金文。或加爲飾。《說文》：「，警也。从持戈，以戒不虞。（居拜切）」（三上二十）《戰國古文字典》，中華書局，1998年9月，第31～32頁。

何琳儀：

楚系　喬戒之鉨

喬，春秋金文作（邵鐘）。从高，高亦聲。其上彎筆表示「高而曲」之意，指事。或作（齊喬父鬲趫作），从八與从指事符號單複無別。或作（喬君鉦），上从止，下从高，會足行高處之意，蹻之初文。《說文》：「蹻，舉足行高也。从足，喬聲。」指事字與會意字混而爲一。或作（邵鐘），上从形由止旁訛變。戰國文字承襲春秋文字。或作上从又形由形訛變。或作，止形下移。楚文字上从九，乃又形之變，九亦聲。喬，溪紐宵部；九，見紐幽部。見、溪均屬牙音，幽、宵旁轉。晚周文字喬，既有指事，亦有會意、形（編按「形」疑漏「聲」字）。《說文》：「，高而曲也。从夭，从高聲。《詩》曰，南有喬木。（巨嬌切）」《戰國古文字典》，中華書局，1998年9月，第293～294頁。
施謝捷：
喬（喬）戒之鉩　《〈古璽彙編〉釋文校訂》，《容庚先生百年誕辰紀念文集》，廣東人民出版社，1998年4月，第644頁。
傅嘉儀：
客戒之璽　《篆字印彙》，上海書店出版社，1999年1月，第391、599頁。
吳清輝：
客戒之鉩　《中國篆刻學》，西泠印社，1999年5月，第5頁。
徐　暢：
東周·楚系公鉩　戒客（？）之鉩　《中國篆刻全集》，黑龍江美術出版社，2000年7月，第17頁。
來一石：
客戒之鉩　《古印集萃·戰國卷》，榮寶齋出版社，2000年11月，第38頁。

肖毅：

1.喬戒之鉩

此璽當釋爲「喬戒之璽」（施謝捷：《〈古璽彙編〉釋文校訂》，《容庚先生百年誕辰紀念文集》，廣東人民出版社，1998年），義待考《摘錄》。或釋「客戒之璽」（《十種》）。

《古璽所見楚系官府官名考略》，《江漢考古》，2001年第2期，第44頁。

戴山青：

□戒之鉢　《古璽漢印集萃》上册，廣西美術出版社，2001年10月，第29頁。

莊新興：

1070　□戒之鉩　楚系·楚　《戰國璽印分域編》，上海書店出版社，2001年10月，第190頁。

徐暢主編：

戰國公鉩與印跡·楚系鉩印　142　戒客之鉩　《中國書法全集》第92卷，榮寶齋出版社，2003年2月，第45頁。

徐暢主編：

142　戒客之鉩

作於戰國時期。楚國官鉩。《古璽彙編》〇一六三號著錄。

「戒」當讀爲「械」，「械」从「戒」聲，例可通假。《說文》說：「械，一曰器之總名也。」「械客」當是主管器械製造之官。此印以「戒」字爲起點順時右讀，楚國圓印中有此排列法。

參考　鄭超《楚國官璽考述》《中國書法全集》第92卷，榮寶齋出版社，2003年2月，第208頁。

小林斗盦：

客戒之鉢　《中國璽印類編》，天津人民美術出版社，2004年6月，第83、180、247頁。

肖曉輝：

古璽文字還有以縱向爲序列、自左往左讀的，印文佈局爲$\begin{array}{|c|c|}\hline 1 & 3 \\ \hline 2 & 4 \\ \hline\end{array}$。此種讀序的璽印在先秦官璽中可見多方，如「榆平發弩」（《古璽彙編》0116）、「行府之鉩」（《古璽彙編》

0128）、「新邦官鉨」（《古璽彙編》0143）、「喬戒之鉨」（《古璽彙編》0163）、「上東門尔（璽）」（《古璽彙編》0169）、「行錄之鉨」（《古璽彙編》0214）、「薹芟竽鉨」（《古璽彙編》0283）、「勿正關鉨」（《古璽彙編》0295）等。《書法新鑒：古璽文新鑒》，世界圖書出版公司，2005年6月，第122頁。

施謝捷：

楚系官璽　喬（喬）戒之鉨（璽）

印文或釋爲「戒客（？）之鉨」（《中國篆刻全集》1.17）。《古璽彙考》，安徽大學博士學位論文，2006年5月，第177頁。

汪冰冰、鵬　宇：

《璽彙》0163著錄下揭一方陽文官璽。羅福頤隸定爲「□戒之璽」。第一字缺釋。按，字似應釋爲「客」字。《說文》：「客，寄也。从宓各聲。」《璽彙》中「客」字屢見，其形大同小異，如

0163

0160

0161

0162

上圖中，被考釋爲「客」字的寫法均與未被考釋出的字形相同，均爲从宀从各的字。所以，此字應爲「客」字。

但是若將全印應（編按：「應」字或當爲衍文）考釋爲「客戒之璽」亦不妥。「客戒」爲佛教用語，據法華經記載，佛教有多種禁戒，其中被人所（編按：疑爲「熟」字誤）知的飲酒戒歸於遮戒，而遮戒又稱爲新戒、客戒或離戒等等。若據此可知，此印可能爲佛教用印，顯然與璽印時代不符，故筆者以爲此印似應讀爲「戒客之璽」。

戒客，古書無記載，但以客爲名的官職時見。如《璽彙》0160「群粟客璽」、0161「鑄（巽）錢客璽」、5549的「郢粟客璽」。粟客即典客，爲楚官職。《史記・高祖功臣侯者年表》「淮陰」欄記韓信：「兵初起，以卒從項梁。梁所屬項羽爲郎中。至咸陽，亡從入漢，爲連敖、典客。」司馬貞《索隱》：「典客，《漢表》作『粟客』，蓋字誤。《傳》作『治粟都尉』。按粟客爲治粟都尉，而鑄錢客又相當於掌管錢幣鑄造的工官，故戒客亦當爲負責都城或宫殿警戒的都尉之官。《戰國官璽考釋三則》，《東南大學學報》（哲學社會科學版）第10卷增刊，2008年12月，第175頁。

陳光田：

楚系古璽「□戒之鉩（璽）」（0163）。璽文第一字舊不識，有學者釋爲客（石志廉：《戰國古璽考釋十種》，《中國歷史博物館館刊》1980年2期。），但從形體來看，釋爲「客」可疑，該字上邊所从並非「宀」旁，當存疑爲是。第二字應釋爲戒。（何琳儀：《戰國文字通論》，中華書局，1989年，第268頁。）該璽含義待考。《戰國璽印分域研究》，嶽麓書社，2009年5月，第139頁。

吴清輝：

客戒之鉩　楚　《中國印學》，中國美術學院出版社，2010年6月，第11頁。

李守奎按：

左上之字何琳儀、施謝捷釋爲「喬」可信。楚之「喬」字上部作「又」、「九」或「尤」，皆爲表音偏旁。

官璽第二四四：垤郕（國）之鉨（璽）

印面：

尊古齋印存四集四十冊，故宮博物院藏印

著録：

《古璽彙編》，北京：文物出版社，1981年12月，第35頁。
《故宮博物院藏古璽印選》，北京：文物出版社，1982年12月，第8頁。
《古璽通論》，上海：上海書畫出版社，1996年3月，第113頁。
《古璽印精品集成》，上海：上海古籍出版社，1998年9月，第8頁。
《篆字印彙》，上海：上海書店出版社，1999年1月，第29頁。

《中國璽印篆刻全集》，上海：上海書畫出版社，1999年11月，第53頁。
《中國篆刻全集》，哈爾濱：黑龍江美術出版社，2000年7月，第15頁。
《古印集萃·戰國卷》，北京：榮寶齋出版社，2000年11月，第43頁。
《戰國璽印分域編》，上海：上海書店出版社，2001年10月，第181頁。
《中國書法全集》第92卷，北京：榮寶齋出版社，2003年2月，第48頁。
《古璽印通論》，北京：紫禁城出版社，2003年9月，第16頁。
《中國璽印類編》，天津：天津人民美術出版社，2004年6月，第213頁。
《古璽彙考》，安徽大學博士學位論文，2006年5月，第174頁。
《戰國璽印分域研究》，長沙：嶽麓書社，2009年5月，第144頁。
《先秦印風》，重慶：重慶出版社，2011年5月，第38頁。

集釋：

羅福頤：

0204　□郰之鉨　《古璽彙編》，文物出版社，1981年12月，第35頁。

《故宮博物院藏古璽印選》編輯組：

39　埕城之鉨　《故宮博物院藏古璽印選》，文物出版社，1982年12月，第8頁。

吳振武：

〔一六〇〕今按：此字在原璽中爲地名用字，應即或字異體。戰國人往往在用作地名、姓氏的文字上加注邑旁。如布幣中地名「梁（梁）」作「䣃」（《起源》圖版拾玖・三），「鑄（注）」作鄯（《發展史》一〇三頁）、「弋（代）」作邙（《發展史》九四頁）、「𠑱」作鄎（《東亞》四・二二），「長子」之長或作郥（《東亞》四・三四），「北亓（箕）」合文作郱（《東亞》四・三二），等即是。或字見於《說文・戈部》。　《〈古璽文編〉校訂》，吉林大學博士學位論文，1984年12月，第153～154頁。

湯餘惠：

楚璽　埕鄖（國）之鉨　《略論戰國文字形體研究中的幾個問題》，《古文字研究》第十五輯，中華書局，1986年6月，第76頁。

曹錦炎：

38.垤郰（國）之鉩

上兩璽（編按：即「垤郰（國）之鉩」與「周城之鉩」）爲楚國邑級行政機構之印，惜地名未見典籍記載，待考。《古璽通論》，上海書畫出版社，1996年3月，第113頁。

何琳儀：

楚系　垤郰之鉩

郰，从邑，或聲。疑域之異文。見或字。

楚器郰，讀域，或國。《戰國古文字典》，中華書局，1998年9月，第19頁。

莊新興：

□郰之鉩《古璽印精品集成》，上海古籍出版社，1998年9月，第8頁。

傅嘉儀：

垤□之璽《篆字印彙》，上海書店出版社，1999年1月，第29頁。

莊新興：

垤域之鉩　戰國《中國璽印篆刻全集》，上海書畫出版社，1999年11月，第53頁。

徐　暢：

東周・楚系公鈢　埄郯（國）之鈢　《中國篆刻全集》，黑龍江美術出版社，2000年7月，第17頁。

來一石：

□郯之鈢　《古印集萃・戰國卷》，榮寶齋出版社，2000年11月，第43頁。

莊新興：

1016　坙國之鈢　楚系・楚　《戰國璽印分域編》，上海書店出版社，2001年10月，第181頁。

徐暢主編：

戰國公鈢與印跡・楚系鈢印　175　坙郯（國）之鈢　《中國書法全集》第92卷，榮寶齋出版社，2003年2月，第48頁。

徐暢主編：

175　坙郯（國）之鈢

《古璽彙編》〇二〇四號、《故宮博物院藏古璽印選》三九號著録。故宮博物院收藏。

《中國書法全集》第92卷，榮寶齋出版社，2003年2月，第210頁。

小林斗盦：

□⿰或阝之鉥　《中國璽印類編》，天津人民美術出版社，2004年6月，第213頁。

施謝捷：

楚系官璽　垤⿰或阝（國）之鉨（璽）　《古璽彙考》，安徽大學博士學位論文，2006年5月，第174頁。

陳光田：

楚系古璽　「垤⿰或阝（國）之鉨（璽）」（0204）。垤國，地名。該璽當爲楚垤邑的官署所用之物。　《戰國璽印分域研究》，嶽麓書社，2009年5月，第144頁。

徐　暢：

戰國楚系官鉨　□⿰或阝（國）之鉨　《先秦印風》，重慶出版社，2011年5月，第38頁。

李守奎按：

上博《緇衣》「淫」字作，曹錦炎釋爲「坙」，近是。

官璽第二四五：軍計之鉩（璽）

印面：

陳簠齋手拓古印集四冊、璽印集林四冊、續齊魯古印攈十六冊

著錄：

《古璽彙編》，北京：文物出版社，1981年12月，第36頁。

《篆字印彙》，上海：上海書店出版社，1999年1月，第1354頁。

《中國璽印篆刻全集》，上海：上海書畫出版社，1999年11月，第53頁。

《中國篆刻全集》，哈爾濱：黑龍江美術出版社，2000年7月，第16頁。

《古印集萃・戰國卷》，北京：榮寶齋出版社，2000年11月，第43頁。

《古璽漢印集萃》上冊，南寧：廣西美術出版社，2001年10月，第19頁。
《戰國璽印分域編》，上海：上海書店出版社，2001年10月，第183頁。
《中國書法全集》第92卷，北京：榮寶齋出版社，2003年2月，第43頁。
《中國璽印類編》，天津：天津人民美術出版社，2004年6月，第440、465頁。
《古璽彙考》，安徽大學博士學位論文，2006年5月，第159頁。
《戰國璽印分域研究》，長沙：嶽麓書社，2009年5月，第137頁。
《先秦印風》，重慶：重慶出版社，2011年5月，第33頁。

集釋：

丁佛言：

古鉢　軍計之鉢　疑古計筭軍實之官鉢。《說文古籀補補》，中華書局，1988年2月，第11頁。

丁佛言：

古鉢　軍計之鉨　古軍字从勻。《說文古籀補補》，中華書局，1988年2月，第59頁。

羅福頤：

0210　軍計之鉨　《古璽彙編》，文物出版社，1981年12月，第36頁。

湯餘惠：

楚璽　軍計之鉨　《略論戰國文字形體研究中的幾個問題》，《古文字研究》第十五輯，中華書局，1986年6月，第76頁。

鄭　超：

7.軍計之璽

春秋時代兵民合一，軍政和民政不分。戰國時代適應兼併戰爭的需要，出現了常備兵和雇傭兵（參看楊寬《戰國史》修訂本232頁），軍政和民政開始分開了。「軍計之璽」大概是掌管軍隊情況報告的官吏所用。　《楚國官璽考述》，《文物研究》總第二輯，黄山書社，1986年12月，第88頁。

黄錫全：

46、軍計

（101）軍計之璽

鄭超認爲「軍計之璽」大概是掌管軍隊情況報告的官吏所用。按，「軍計」當是軍隊中的計會之官，負責軍營糧食、財用出入，參見後列「計官」條（編按：詳見「計官之鉨（璽）」條）。《古文字中所見楚官府官名輯證》，《文物研究》總第七輯，黄山書社，1991年12月，第221頁。

曹錦炎：

軍計之鉨

「計」本指計書、計簿（《漢書·魏相傳》：「案今年計……」，楊樹達注：「計謂郡國所上計簿」），《漢書·武帝紀》注：「計者，上計簿使也，郡國每歲遣詣京師上之。」這種上計制度，即各級官吏每年年底均應向上報告自己的政績和税收及費用，而且必須和每年的賬簿同地繳送（參見高恒《秦簡中與職官有關的幾個問題》，載《雲夢秦簡研究》，中華書局，1981年版）。「計官」就是具體職掌此項工作的官吏。……

楚璽又有「軍計之鉨」，則是專門負責軍政之計簿事項的機構所用的璽印。《古璽通論》，上海書畫出版社，1996年3月，第96~97頁。

何琳儀：

楚系　軍計之鉩

楚璽「軍計」，官名。　《戰國古文字典》，中華書局，1998年9月，第1194~1195頁。

何琳儀：

楚系　軍計之鉩

戰國文字軍，除人名外，均指軍隊、軍官。　《戰國古文字典》，中華書局，1998年9月，第1320頁。

傅嘉儀：

□計之璽　《篆字印彙》，上海書店出版社，1999年1月，第1354頁。

莊新興：

軍計之鉩　戰國　《中國璽印篆刻全集》，上海書畫出版社，1999年11月，第53頁。

徐　暢：

東周・楚系公鉨　軍計之鉨　《中國篆刻全集》，黑龍江美術出版社，2000年7月，第16頁。

來一石：

軍計之鉨　《古印集萃・戰國卷》，榮寶齋出版社，2000年11月，第43頁。

肖　毅：

軍計之璽　詳見「計官之鉨（璽）」條。《古璽所見楚系官府官名考略》，《江漢考古》，2001年第2期，第41頁。

戴山青：

軍計之鉢　《古璽漢印集萃》上册，廣西美術出版社，2001年10月，第19頁。

莊新興：

1026　軍計之鉨　楚系・楚　《戰國璽印分域編》，上海書店出版社，2001年10月，第183頁。

徐暢主編：

戰國公鉨與印跡・楚系鉨印　124　軍計之鉨　《中國書法全集》第92卷，榮寶齋出版社，

2003年2月，第43頁。

徐暢主編：

124　軍計之鉨

作於戰國時期。楚官鉨。《古璽彙編》〇二一〇號著錄。

軍計是專門負責軍政計薄事務的機構。　《中國書法全集》第92卷，榮寶齋出版社，2003年2月，第207頁。

小林斗盦：

軍計之鉢　《中國璽印類編》，天津人民美術出版社，2004年6月，第440、465頁。

施謝捷：

楚系官璽　軍計之鉨（璽）　《古璽彙考》，安徽大學博士學位論文，2006年5月，第159頁。

陳光田：

楚系古璽　「軍計之鉨（璽）」（0210）。當爲軍隊中負責計簿事務的官署或官吏所用璽。

《戰國璽印分域研究》，嶽麓書社，2009年5月，第137頁。

楊　勇：

軍計之鉨

「軍計之鉨」是一方楚系銅質官鉨。縱25毫米，橫25毫米。

此印邊框殘破較甚，左邊和下面的邊框已經沒有，田字界格的左邊和下邊直接衝出印面。此鉨因長期埋葬在地下，經過腐蝕，斑駁破損，更是別有一番古樸蒼茂的殘缺之美，顯現出深穆古拙之意趣。此外，「軍計之鉨」中無論是一個字，還是一個筆畫，都有粗細、輕重、虛實的變化，達到了一種自然率意、渾然天成的效果。古鉨印在章法上變化多端，常利用文字的大小寬窄和筆畫的長短做錯落穿插，以打破呆板格局。此方鉨印上的文字形態自然，不強做填滿或有意留空的安排。用界欄格是古鉨印一大特點，這樣不僅可以豐富印面內容，還可以增強古樸的氣質和形式美。　《先秦古璽賞析100例》，江西美術出版社，2015年7月，第54頁。

官璽第二四六：𡪫（樂）成之鉨（璽）

印面：

故宮博物院藏印

著録：

《古璽彙編》，北京：文物出版社，1981年12月，第37頁。

《印典》（四），北京：國際文化出版公司，1994年1月，第3000頁。

《古印集萃・戰國卷》，北京：榮寶齋出版社，2000年11月，第42頁。

《古璽漢印集萃》上册，南寧：廣西美術出版社，2001年10月，第29頁。

《古璽彙考》，安徽大學博士學位論文，2006年5月，第176頁。

《戰國璽印分域研究》，長沙：嶽麓書社，2009年5月，第146頁。

集釋：

羅福頤：

0219　□成之鉨　《古璽彙編》，文物出版社，1981年12月，第37頁。

康　殷、任兆鳳：

□成　《印典》（四），國際文化出版公司，1994年1月，第3000頁。

何琳儀：

楚系　□成之鉨

楚璽「樂成」，地名。　《戰國古文字典》，中華書局，1998年9月，第808～809頁。

來一石：

□成之鉨　《古印集萃·戰國卷》，榮寶齋出版社，2000年11月，第42頁。

戴山青：

□成之鉢　《古璽漢印集萃》上冊，廣西美術出版社，2001年10月，第29頁。

何琳儀：

貳

《璽彙》0219著錄一方官璽，陰文四字：

成樂之鉨

其讀序爲：左上↑右上↑右下↑左下。相同的讀序可參「王右酖鉨」（《璽彙》0001）、「舒刎（間）之鉨」（《璽彙》0218）、「郢𧷤䎡官」（《璽彙》5605）、「抔（莫）嚻之璽」（見下文）等，均爲楚璽，疑此類讀序乃楚璽行款特徵之一。

第二字「樂」字主體部份从「絲」，从「白」比較明確。然而中間之「中」（編按：疑「中」爲「中」之誤）偏右，中間之「白」下部份分叉亦偏右，刀法十分荒率。如果參照《璽彙》「藥」（1384）、「爍」（0970），其筆劃錯位的現象並不難理解：

「成樂」，疑讀「盛樂」。《禮記・月令》：「命有司爲祈祀山川百源，大雩帝，用盛樂。」注：「自鼗鞞至柷敔皆作，曰盛樂。」楚璽「盛樂」可能是指掌管音樂之機構。

《楚官璽雜識》，《南京師範大學文學院學報》，2002年第1期，第166頁。

施謝捷：

楚系官璽　□戍（城）之鉨（璽）。　《古璽彙考》，安徽大學博士學位論文，2006 年 5 月，第 176 頁。

陳光田：

楚系古璽　「成（盛）□之鉨（璽）」（0219）。璽文第二字舊不識，或釋爲樂，成樂讀做盛樂。（何琳儀：《楚官璽雜識》，《南京師範大學文學院學報》，2002 年第 1 期。）《禮記·月令》云：「命有司爲祈祀山川百源，大雩帝，用盛樂。」璽文第二字舊釋爲「樂」，從形體看很可疑。成（盛）□，可能爲地名。　《戰國璽印分域研究》，嶽麓書社，2009 年 5 月，第 146 頁。

李守奎按：

首字釋「樂」當可信。郭店《五行》五號簡之「樂」作 ，璽文上下有些位移。

官璽第二四七：鄘辱洰閿鉨（璽）

印面：

十六金符齋印存廿六冊

著錄：

《書道全集》第廿七卷，東京：平凡社，1932年4月，第1頁。

《古璽彙編》，北京：文物出版社，1981年12月，第49頁。

《羅福頤印選》，北京：文物出版社，1986年10月，第55頁。

《古玉印精萃》，上海：上海書店，1989年9月，第30頁。

《印典》（二），北京：國際文化出版公司，1993年5月，第1346頁。

《古璽印精品集成》，上海：上海古籍出版社，1998年9月，第11頁。

《篆字印彙》，上海：上海書店出版社，1999年1月，第417頁。

《中國篆刻學》，杭州：西泠印社，1999年5月，第5頁。

《中國璽印篆刻全集》，上海：上海書畫出版社，1999年11月，第51頁。
《古印集萃·戰國卷》，北京：榮寶齋出版社，2000年11月，第54頁。
《古璽漢印集萃》上冊，南寧：廣西美術出版社，2001年10月，第23頁。
《戰國璽印分域編》，上海：上海書店出版社，2001年10月，第193頁。
《中國書法全集》第92卷，北京：榮寶齋出版社，2003年2月，第42頁。
《中國璽印類編》，天津：天津人民美術出版社，2004年6月，第215、370、438頁。
《戰國璽印分域研究》，長沙：嶽麓書社，2009年5月，第149頁。

集　釋：

吳大澂：

，古將字，玉鉢文。　《說文古籀補》，商務印書館，1936年3月，第49頁。

陳　直：

將鉅子五篇。（十六頁下）直按：古玉圖考一百二十六頁，有「鄗將亘惠鉢」。將亘即將渠之假借字。　《漢書新證》，天津人民出版社，1979年3月，第231頁。

羅福頤：

0288 鄗□洰□鉨 《古璽彙編》，文物出版社，1981年12月，第49頁。

吴振武：

鄗□洰傳鉨 《〈古璽彙編〉釋文訂補及分類修訂》，《古文字學論集》（初編），香港中文大學，1983年9月，第491頁。

吴振武：

〔一九一〕今按：鄗字在原璽中爲地名用字，應即厝字異體，參本文一六〇條（編按：即「鄗」字的考釋）。厝字見於《説文·厂部》。 《〈古璽文編〉校訂》，吉林大學博士學位論文，1984年12月，第173頁。

湯餘惠：

燕官璽 鄗洰傳（？）鉨 《略論戰國文字形體研究中的幾個問題》，《古文字研究》第十五輯，中華書局，1986年6月，第66頁。

鄭 超：

（49）郿辱洰傳（?）璽

「辱」字《古璽彙編》原缺釋，「傳」字暫從吳振武釋。此印陳直先生釋作「郿將洰惠璽」，謂「將洰」即《漢書·藝文志》中「將鉅子五篇」的「將鉅」（《漢書新證》231頁）。但此印形制很大，不像是私璽，故不從陳說。此印從「璽」字的寫法上看，可定爲楚璽。郿辱當是地名，「洰」也讀爲「渠帥」之「渠」，「傳」即「傳車」之「傳」，此印大概是郿辱這個地方的將帥專用傳車之璽。　《楚國官璽考述》，《文物研究》總第二輯，黄山書社，1986年12月，第94頁。

紀宏章：

郿洰□鉨　《羅福頤印選》，文物出版社，1986年10月，第55頁。

韓天衡、孫慰祖：

郿將渠惠鉥　《古玉印精萃》，上海書店，1989年9月，第30頁。

黄錫全：

40、洰（渠）傳

（93）鄗辱洰傳璽

吳大澂《說文古籀補》釋第二字爲「將」，認爲第四字洰「當即渠之省」。陳直《漢書新證》認爲《漢書・藝文志》「將鉅子五篇」之「將巨」即「將渠」之假借字。湯餘惠以爲此印屬燕璽。何琳儀認爲是齊璽，鄗即厝，地名，故城在今山東省臨清縣，戰國時屬齊；「將渠」是水名，見《水經》卷二十四。第五字，舊多釋「傳」。鄭超根據「璽」字的寫法定爲楚璽，認爲第二字是「辱」，「鄗辱」爲地名；洰讀爲「渠帥」之渠；「傳」即「傳車」之「傳」；「此印大概是鄗辱這個地方的將帥專用傳車之璽」。按，此印「璽」字乃楚文字的特殊寫法，是判定國別的典型字例之一，其與《古璽彙編》的0228、0229、0214、0012、0100等楚璽的「璽」字寫法類同，據此似當定爲楚璽。第二字釋「將」可從。洰當讀如「渠帥」之渠。鄗爲當時楚境地名，《左傳》莊公十九年，楚「敗黃師於踖陵」，楊伯峻：《春秋左傳注》：「踖陵，黃國地名，當在今潢川縣西南境。」不知「鄗」是否與「踖陵」有關。「將洰」猶言「將帥」。《禮記・月令》：「孟秋之月，命將帥，選士厲兵。」《呂氏春秋・介立》：「韓、荆、趙，此三國者之將帥貴人皆多驕矣。」因此，此印當是鄗地的將帥專用傳車之璽。當然，此璽的難點還很多，有待進一步深究。《古文字中所見楚官府官名輯證》，《文物研究》總第七輯，黄山書社，1991年12月，第219～220頁。

康　殷、任兆鳳：

鄗將渠闅　《印典》（二），國際文化出版公司，1993年5月，第1346頁。

李立芳：

四、「巨」與「傳」考

「西□巨四」（璽彙0316）

「鄗辱佢傳璽」（璽彙0288）

此兩條璽文中的「巨」和「佢」多認爲當讀作「渠帥」的「渠」字。李家浩先生認爲0316璽文中的「『西□』當是地名」。「疑印文『巨』讀爲『渠帥』之『渠』」，「『西□巨』即『西□』這個地方的將帥」（李家浩《戰國官印考釋》四篇，《江漢考古》，1984年第2期），他把「西□巨四」之「四」當作數字。

鄭超先生認爲「鄗辱當是地名，『佢』也讀爲『渠帥』之『渠』」，「『傳』即『傳車』之

『傳』，此印大概是鄗辱這個地方的將帥專用傳車之璽。」（鄭超：《楚國官璽考述》，《文物研究》1986年二輯）

按：「渠」本無「將帥」之義。《史記》、《漢書》中的「渠率」一詞來源於《書・胤征》：「殲厥渠魁，脅從罔治。」僞孔傳：「渠，大；魁，帥也。」後世史傳因謂賊之首領爲渠帥。如：《史記・王濞傳》：「膠西王、膠東王爲渠率。」率與帥同；渠訓大，乃借爲巨。在「渠魁」或「渠率（帥）」兩詞中是作爲形容詞使用的。一個專用於賊首領的詞彙不可能被封君統治者列入官制。事實上「渠帥」也並非古官制。所以我認爲「佢」即古「渠」字。「巨」和「佢（渠）」當讀爲「遽」。「巨」、「佢」均爲群母、魚韻，「遽」亦爲群母、魚韻。「巨」、「佢」（渠）、「遽」三個字雙聲疊韻可通。《荀子・修身》：「有法而無志其義，則渠渠然。」楊倞注：「渠讀爲遽，古字渠遽通。渠渠然，不寬泰之貌。」《說文》「遽，傳也。」《左傳昭公二年》：「懼弗及，乘遽而至。」杜預注：「遽，傳驛。」又《左傳・僖公三十三年》：「且使遽告於鄭。」杜預注：「遽，傳車。」《國語・吳語》：「吳、晉爭長未成，邊遽乃至，以越亂告。」韋昭注：「遽，傳也。」這些史料說明：「遽」義爲驛車馬，或管理驛車馬的官吏。《說文》又訓「傳，遽也。」以傳遽互訓。段玉裁注曰：「傳者如今之驛馬。」《廣雅·釋官》：「傳，舍也。」王念孫疏證：「人所止息而去，後人復來。」《爾雅·釋言》謂：「馹、遽、傳也。」《義疏》曰：「皆傳車馬之名也。」《左傳·成公五年》「晉侯以傳召伯宗。」杜預·注：「傳·驛」《國語·晉語》謂：「梁山崩，以傳召伯宗，遇大車當道而覆，立而避之，曰：『避傳。』對曰：『傳爲速也，若俟吾避，則加遲矣，不如捷而行。』」韋昭注：「傳，驛也。」

因「遽」、「傳」互訓，所以古人又將「傳」、「遽」連言，以表示驛館、驛官、驛人。如：《周禮·秋官·行夫》：「掌邦國傳遽之小事。」鄭玄注：「傳遽，若今時乘傳驛而使者也。」《禮記·玉藻》：「士曰傳遽之臣。」鄭玄注：「傳遽，以車馬給使者也。」《詩經·大雅·江漢》「經營四方，告於成王。」鄭玄箋云：「則使傳遽告功於王。」《釋文》曰：「以車曰傳，以馬曰遽。」

遽、傳互訓，連言時可以說「傳、遽」，亦可說「遽傳」，後者史籍雖無例，但《湖南省博物館藏古璽》中有一戰國璽，印文爲：「文安都虞㞷」（《湖南省博物館藏古璽印集》，上海書店出版社，1991年），虞當讀爲遽馹，亦即遽傳。

上述諸例説明：遽、傳同義，皆指驛舍驛車馬中管理驛站的人。「傳遽」和「遽傳」都可以連用，故璽彙0316中「西□巨四」之「巨」當讀爲「遽」。該璽可能「西□」這個地方的驛站長官所用之璽。璽彙0288「鄗辱佢傳」可能是「辱」這個地方的驛館長官所用之璽。

《楚文字中所見楚史資料輯考》，《楚文化研究論集》（第四集），河南人民出版社，1994年6月，第528～529頁。

莊新興：

鄗□洰□鉨 《古璽印精品集成》，上海古籍出版社，1998年9月，第11頁。

傅嘉儀：

鄗將洰惠璽 《篆字印彙》，上海書店出版社，1999年1月，第417頁。

吳清輝：

鄗將渠惠鉨 《中國篆刻學》，西泠印社，1999年5月，第5頁。

莊新興：

鄦將渠惠鉨　戰國　《中國璽印篆刻全集》，上海書畫出版社，1999年11月，第51頁。

來一石：

鄦□洰□鉨　《古印集萃・戰國卷》，榮寶齋出版社，2000年11月，第54頁。

戴山青：

鄦□洰□鈢　《古璽漢印集萃》上冊，廣西美術出版社，2001年10月，第23頁。

莊新興：

1085　鄦□洰□鉨　楚系・楚　《戰國璽印分域編》，上海書店出版社，2001年10月，第193頁。

徐暢主編：

戰國公鉨與印跡・楚系鉨印　117　鄦將洰傳鉨　《中國書法全集》第92卷，榮寶齋出版社，2003年2月，第42頁。

徐暢主編：

117　鄗將洰傳鉨

作於東周時期。楚國官鉨。《古璽彙編》〇二八八號著録。玉質。

鄭叔同《古玉圖考補正》謂此印爲僞造，王獻唐《五鐙精舍印話》予以駁正。王獻唐釋爲「鄗將洰傳鉨」。此爲陶齋十寶之一。鄗將當爲地名，「洰」讀爲「渠帥」之「渠」，「傳」即「傳車」之「傳」。此印大概是鄗將這個地方的將帥專用傳車之鉨。

筆畫清勁，等線，結體謹嚴，爲高手佳作，殊爲罕見。　《中國書法全集》第92卷，榮寶齋出版社，2003年2月，第206頁。

小林斗盦：

鄗□洰□鉨　《中國璽印類編》，天津人民美術出版社，2004年6月，第215、438頁。

小林斗盦：

鄗□洰□鉨

《集韻》：「水中物夥曰洰。」　《中國璽印類編》，天津人民美術出版社，2004年6月，第370頁。

陳光田：

楚系古璽「鄱（厝）辱洰（渠）傳鉨（璽）」（0288）。璽文第一字當爲厝地之「厝」的專字，具體地望待考。「洰」讀做「渠帥」之「渠」，「傳」即「傳車」之「傳」。（鄭超：《楚國官璽考述》，《文物研究》1986年總第2輯。）「璽」字爲楚特有的風格，該璽當爲楚厝地的將帥專用傳車之物。或認爲該璽爲贗品，姑且放置於此。《戰國璽印分域研究》，嶽麓書社，2009年5月，第149頁。

李守奎按：

此璽疑點頗多。首先是文字詭異。「鉨」字整體風格類楚，然此璽多有可疑：「昔」旁屢見，未有作从雙日之形的。「邑」旁楚文字皆左曳，此邑旁右曳。第二字鄭超考釋爲「辱」。然「辱」字从寸是秦漢文字的特徵。第三字釋「洰」，第四字釋「傳」，皆與楚文字不合。從形制上看，很罕見。詳見「大貨」璽之分析。

官璽第二四八：安□之鉨（璽）

印面：

浙江省博物館藏印

著錄：

《賓虹草堂璽印釋文》石印本，1958年12月。

《古璽彙編》，北京：文物出版社，1981年12月，第510頁。

《黃賓虹古璽印釋文選》，上海：上海書畫出版社，1995年9月。

《古璽印精品集成》，上海：上海古籍出版社，1998年9月，第9頁。

《篆字印彙》，上海：上海書店出版社，1999年1月，第377頁。

《中國篆刻全集》，哈爾濱：黑龍江美術出版社，2000年7月，第15頁。

《中國歷代璽印藝術》，香港：浙江省博物館、香港中文大學文物館，2000年初版，第51頁。

《古璽漢印集萃》上冊，南寧：廣西美術出版社，2001年10月，第13頁、82頁。

《戰國璽印分域編》，上海：上海書店出版社，2001年10月，第232頁。
《中國書法全集》第92卷，北京：榮寶齋出版社，2003年2月，第48頁。
《古璽彙考》，安徽大學博士學位論文，2006年5月，第177頁。
《戰國璽印分域研究》，長沙：嶽麓書社，2009年5月，第153頁。
《先秦印風》，重慶：重慶出版社，2011年5月，第40頁。

集釋：

黃賓虹：

安里之鈢。里，鈢文，此側書。《說文》：「杶，古文杻。」段注云：「杻即杶字，側書。」《集韻》徑作「杻」，非。其例證也。

《賓虹草堂璽印釋文》石印本，1958年12月。

黃賓虹：

安里之鈢

「安易」，貨刀。列國諸（侯）布（有）「安陽」、「平陽」爲名。《後漢書·趙彥傳》：「莒有五陽之地，安陽其一也。」《春秋》成二年：「魯、晉、曹、衛諸大夫及齊師戰於安革。」杜注：「齊莒謂之。」《漢（書）・地理志》：「安陽屬汝南郡，應劭曰：『故江國，今江亭是。』《方輿紀要》河南彰德府：『安陽縣附郭，本紂朝歌地，七國時爲魏寧新中邑，秦昭襄王五十年王齕從張唐拔之，更名安陽。』」

里，鈢文□，此側書。《說文》杶古文（作）杻。段注云：「杻即杶字側書。《集韻》徑作杻，非其例。」證也。

《黃賓虹古璽印釋文選》，上海書畫出版社，1995年9月。

羅福頤：

5603　安□之鈢　《古璽彙編》，文物出版社，1981年12月，第510頁。

湯餘惠：

楚璽　安□之鈢　《略論戰國文字形體研究中的幾個問題》，《古文字研究》第十五輯，中華書局，1986年6月，第77頁。

何琳儀：

楚系　安疱之鈢　《戰國古文字典》，中華書局，1998年9月，第1532頁。

莊新興：

安□之鉨　《古璽印精品集成》，上海古籍出版社，1998年9月，第9頁。

傅嘉儀：

安□之璽　《篆字印彙》，上海書店出版社，1999年1月，第377頁。

王人聰、游學華：

10.安里之鉨　《中國歷代璽印藝術》，浙江省博物館、香港中文大學文物館，2000年初版，第51頁。

王人聰、游學華：

印文：安里之鉨　質料：銅；鈕式：壇鈕；印形：方形；尺寸（釐米）：2.1×2.1，通高1.3。

收藏地及藏品號：浙博（編按：即浙江省博物館）20153　《中國歷代璽印藝術》，浙江省博物館、香港中文大學文物館，2000年初版，第178頁。

徐　暢：

東周·楚系公鉨　安□之鉨　《中國篆刻全集》，黑龍江美術出版社，2000年7月，第15頁。

戴山青：

古璽（官鉥）　安□之鉥　《古璽漢印集萃》上冊，廣西美術出版社，2001年10月，第13頁。

戴山青：

古璽（私鉥）　安□之鉥　《古璽漢印集萃》上冊，廣西美術出版社，2001年10月，第82頁。

莊新興：

1320　安□之鉨　楚系·楚　《戰國璽印分域編》，上海書店出版社，2001年10月，第232頁。

何琳儀：

叁

《璽彙》5603著錄一方楚官璽，陰文四字：

安箷之鉨

第二字原釋文闕如。按，該字上从「宀」，第一字「安」之所从可資佐證。該字左下从「也」，楚文字中習見。右下从「工」形，實則从「土」旁。古璽文字「土」旁或作「工」形，參《璽彙》0011「剮陰」左下所从二「土」旁：

然則上揭楚官璽第二字應隸定「⿱宀地」（何琳儀《戰國文字聲系》1532頁，1998年），即「地」之繁文。古文字上加「宀」旁，往往是繁化部件，並無確切含義。試舉楚文字四例如下：

集  鄂君啓節　　躬  包山2・210

福  郭店・老甲31　　獸  隨縣152

眾所週知，古地名中「地」往往是地名之後綴，例如，「陰戎」又名「陰地」（《左傳・哀公四年》），「陽城」又名「陽地」（《戰國策・齊策二》），「懷」又名「懷地」（《戰國策・魏策三》），「貝丘」又名「貝地」（《貨系》2224）（何琳儀《貝地布幣考》，《陝西金融》錢幣專輯14，1990年）等。上揭「戎」、「城」、「郡」、「國」、「丘」等地理名詞與「地」字均可互換，以此類推「安𡊄（地）」很可能即「安陵」。戰國時代地名中有二「安陵」：

1.《史記·田敬仲完世家》齊宣公四十三年：「田莊子伐魯葛及安陵。」在今河南鄢陵北，戰國屬魏。

2.《説苑·權謀》：「字陵纏以顔色美壯，得幸於楚共王。」《文選·阮籍咏懷詩》：「昔日繁華子，安陵與龍陽」注：「《説苑》曰，安陵君纏得寵於楚恭王。」按，「安陵君纏」之封地「安陵」，即《後漢書·郡國志》汝南郡召陵所轄「安陵鄉」，在今河南漯河東，戰國屬楚。

該璽呈現楚系文字風格，故「安地」應是漯河之「安陵」。　《楚官璽雜識》，《南京師範大學文學院學報》，2002年第1期，第166~167頁。

徐暢主編：

戰國公鈢與印跡·楚系鈢印　177　安□之鈢　《中國書法全集》第92卷，榮寶齋出版社，2003年2月，第48頁。

施謝捷：

楚系官璽　安⿱宀地之鉩（璽）《古璽彙考》，安徽大學博士學位論文，2006年5月，第177頁。

陳光田：

楚系古璽「安（鄢）地之鉩（璽）」（5603）。璽文第二字舊不識，當釋爲地。鄢在今河南漯河。（何琳儀：《戰國文字通論（訂補）》，江蘇教育出版社，2003年，第156頁。）該璽當爲楚鄢地的官署所用。《戰國璽印分域研究》，嶽麓書社，2009年5月，第153頁。

李守奎按：

楚土地之「地」多作「⿰阝⿱它土」，皆从「它」，未有从「也」者，更無加繁化部件「⿱宀或」者，字待考。

官璽第二四九：□訐（信）之鉩（璽）

印　面：

待時軒印存初集十八冊續集十五冊，上海博物館藏印

著録：

《上海博物館藏印選》，上海：上海書畫出版社，1979年8月，第9頁。

《古璽彙編》，北京：文物出版社，1981年12月，第345、510頁。

《中國篆刻全集》，哈爾濱：黑龍江美術出版社，2000年7月，第16頁。

《古印集萃·戰國卷》，北京：榮寶齋出版社，2000年11月，第39頁。

《戰國璽印分域編》，上海：上海書店出版社，2001年10月，第232頁。

《中國書法全集》第92卷，北京：榮寶齋出版社，2003年2月，第43頁。

《中國璽印類編》，天津：天津人民美術出版社，2004年6月，第441頁。

《古璽彙考》，安徽大學博士學位論文，2006年5月，第176頁。

《戰國璽印分域研究》，長沙：嶽麓書社，2009年5月，第137頁。

《先秦印風》，重慶：重慶出版社，2011年5月，第33頁。

集釋：

上海博物館：

之信鉩 《上海博物館藏印選》，上海書畫出版社，1979年8月，第9頁。

羅福頤：

3736、5604 □信之鉩，□計之鉩 《古璽彙編》，文物出版社，1981年12月，第345、510頁。

湯餘惠：

楚璽 □信之鉩 《略論戰國文字形體研究中的幾個問題》，《古文字研究》第十五輯，中華書局，1986年6月，第76、77頁。

黄錫全：

《璽彙》5604「□計之璽」，也是一方某種計官的印，第一字待考。 詳見「計官之鉩（璽）」條。 《古文字中所見楚官府官名輯證》，《文物研究》總第七輯，黄山書社，

1991年12月，第230頁。

徐　暢：

東周・楚系公鉨　□信之鉨　《中國篆刻全集》，黑龍江美術出版社，2000年7月，第16頁。

來一石：

□之信鉨　《古印集萃・戰國卷》，榮寶齋出版社，2000年11月，第39頁。

肖　毅：

□計之璽。3736（5604爲同一印）。　詳見「計官之鉨（璽）」條。　《古璽所見楚系官府官名考略》，《江漢考古》，2001年第2期，第41頁。

莊新興：

1323　□信之鉨　楚系・楚　《戰國璽印分域編》，上海書店出版社，2001年10月，第232頁。

徐暢主編：

戰國公鉨與印跡・楚系鉨印　123　□信之鉨　《中國書法全集》第92卷，榮寶齋出版社，

2003年2月，第43頁。

徐暢主編：

123 □信之鉩

《古璽彙編》三七三六、五六〇四號、《上海博物館藏印》九頁著錄。上海市博物館收藏。

《中國書法全集》第92卷，榮寶齋出版社，2003年2月，第207頁。

小林斗盦：

□信之鉨 《中國璽印類編》，天津人民美術出版社，2004年6月，第441頁。

施謝捷：

楚系官璽 □訐（信）之鉩（璽）。 《古璽彙考》，安徽大學博士學位論文，2006年5月，第176頁。

陳光田：

楚系古璽 「□計之鉩（璽）」（3736、5604）。璽文第一字不識，可能爲機構名稱。

《戰國璽印分域研究》，嶽麓書社，2009年5月，第137頁。

李守奎按：

第二字明顯是「訏」字，與「計」有明顯區別。

官璽第二五〇：加芳□鈢（璽）

印面：

據施謝捷此璽傳2001年夏河南新蔡市上蔡一帶出土

著錄：

《古璽彙考》，安徽大學博士學位論文，2006年5月，第187頁。

《鑒印山房藏古璽印菁華》，鄭州：河南美術出版社，2006年7月，第218頁。

集釋：

施謝捷：

楚系官璽　加芳賓鈢（璽）

此璽傳2001年夏河南新蔡市上蔡一帶出土。《古璽彙考》，安徽大學博士學位論文，2006年5月，第187頁。

許雄志：

加芳賓鉨

銅質　鼻鈕　《鑒印山房藏古璽印菁華》，河南美術出版社，2006年7月，第218頁。

李守奎按：

左上角宬旁下部又見於《彙編》3745號璽。包山簡中讀爲「鼎」。

官璽第二五一：□豆（？）□鉨（璽）

印　面：

續封泥考略、建德周氏藏古封泥拓影，現藏上海博物館

著　錄：

《封泥彙編》，上海：上海書店出版社，1964年2月，第1頁。
《古封泥集成》，上海：上海書店，1994年11月，第5頁。
《古璽彙考》，安徽大學博士學位論文，2006年5月，第187頁。
《歷代印匋封泥印風》，重慶：重慶出版社，2011年5月，第82頁。

集　釋：

吳幼潛：

□豆旿鉨　《封泥彙編》，上海書店出版社，1964年2月，第1頁。

孫慰祖：

21　□□旿鉨　《古封泥集成》，上海書店，1994年11月，第5頁。

施謝捷：

楚系官璽　□豆□鉨（璽）　《古璽彙考》，安徽大學博士學位論文，2006年5月，第187頁。

傅嘉儀：

戰國印匋封泥　□□□鉨　《歷代印匋封泥印風》，重慶出版社，2011年5月，第82頁。

李守奎按：

右上角字从「金」，右下角字與「豆」不類，待考。

官璽第二五二：莁（蓏）大□鉨（璽）

印面：

河南新蔡出土，據施謝捷《古璽彙考》現藏河南安陽傅春喜一銖閣

著錄：

《古璽彙考》，安徽大學博士學位論文，2006年5月，第187頁。

集釋：

施謝捷：

楚系官璽　莁（蓏）大□鉨（璽）　《古璽彙考》，安徽大學博士學位論文，2006年5月，第187頁。

官璽第二五三：行□□鉨（璽）

印面：

萬印樓藏印六十四卷，故宮博物院藏印

著錄：

《古璽彙編》，北京：文物出版社，1981年12月，第23頁。

《十鐘山房印舉》，北京：中國書店，1985年3月。

《印典》（一），石家莊：河北美術出版社，1989年8月，第395頁。

《戰國璽印分域編》，上海：上海書店出版社，2001年10月，第191頁。

《古璽彙考》，安徽大學博士學位論文，2006年5月，第158頁。

《戰國璽印分域研究》，長沙：嶽麓書社，2009年5月，第135頁。

集釋：

羅福頤：

0134　行□□鉩　《古璽彙編》，文物出版社，1981年12月，第23頁。

康　殷、任兆鳳：

行□□　《印典》（一），河北美術出版社，1989年8月，第395頁。

黄錫全：

14、行惠（？）府

（25）行惠（？）府璽

第三字不夠清晰，從字形輪廓，可判定爲楚「府」字，「璽」字的寫法也具楚（編按：疑脫「文」）字特點，《璽彙》編者將其列在楚諸府璽後，可能也是這個意思。第一字《璽彙》釋爲「行」。第二字與《璽彙》3223愭（或釋憘）有別，疑爲「惠」字。《禮記·月令》：「立春之日，天子親帥三公、九卿、諸侯、大夫，以迎春於東郊。還反，賞公卿諸侯大夫於朝。命相布德和令，行慶施惠，下及兆民。慶賜遂行，毋有不當。」璽文「行惠」可能就是「行慶施惠」之義。「行惠府」當是主管這種事務的機構。儘管此璽文字還需進一步斟酌，但可確定其爲楚之又一府名。《古文字中所見楚官府官名輯證》，《文物研究》總第七輯，黃山書社，1991年12月，第212頁。

施謝捷：

行悳（置）府鉨 《〈古璽彙編〉釋文校訂》，《容庚先生百年誕辰紀念文集》，廣東人民出版社，1998年4月，第644頁。

肖 毅：

行□□璽

第二、三字殘，當闕釋。或釋「行惠（？）府璽」。《古璽所見楚系官府官名考略》，《江漢考古》，2001年第2期，第44頁。

莊新興：

1075 □□□ 楚系・楚 《戰國璽印分域編》，上海書店出版社，2001年10月，第191頁。

肖曉輝：

行悳（置）大夫鉨 《書法新鑒：古璽文新鑒》，世界圖書出版公司，2005年6月，第78頁。

施謝捷：

楚系官璽　行悳（?府）鉩（璽）

此璽印文原釋爲「行□□鉩」（《古璽彙編》0134），或釋爲「□□□鉩」（《戰國璽印分域編》1075）。　《古璽彙考》，安徽大學博士學位論文，2006年5月，第158頁。

陳光田：

楚系古璽　「行惠府鉩（璽）」（0134）。璽文第二、三兩個字舊不識，有學者釋爲「惠」和「府」。（黄錫全：《古文字中所見楚官府官名輯證》，《文物研究》1991年總第7輯。）第三字或釋爲置（鄭超：《楚國官璽考述》，《文物研究》1986年總第2輯。），恐非，該字下邊所從爲「心」旁。行惠可能爲地名，具體地望待考。　《戰國璽印分域研究》，嶽麓書社，2009年5月，第135頁。

李守奎按：

璽文漫漶不清，各家所釋，「行」、「鉩」二字較爲可信，其它俱是猜測，當存疑待考。

官璽第二五四：遖（傳）遅之鉨（璽）

印面：

陳簠齋手拓古印集四冊

著錄：

《古璽彙編》，北京：文物出版社，1981年12月，第34頁。
《印典》（三），北京：國際文化出版公司，1994年1月，第1699頁。
《中國篆刻全集》，哈爾濱：黑龍江美術出版社，2000年7月，第8頁。
《古印集萃・戰國卷》，北京：榮寶齋出版社，2000年11月，第36頁。
《古璽漢印集萃》上冊，南寧：廣西美術出版社，2001年10月，第27頁。
《中國書法全集》第92卷，北京：榮寶齋出版社，2003年2月，第44頁。
《中國璽印類編》，天津：天津人民美術出版社，2004年6月，第276、436頁。

《古璽彙考》，安徽大學博士學位論文，2006年5月，第176頁。

《戰國璽印分域研究》，長沙：嶽麓書社，2009年5月，第144頁。

《先秦印風》，重慶：重慶出版社，2011年5月，第37頁。

《先秦古璽集粹》，長春：吉林文史出版社，2011年11月，第22頁。

集釋：

丁佛言：

古鉨　𤅊□之鉨　與龍節字同，原書以爲惠字。案是𤅊，从猶从。許氏說礙不行也。从叀引而止之也。　《說文古籀補補》，中華書局，1988年2月，第18頁。

石志廉：

（7）傳遽之鉨

此璽王光烈《古鉨精華》著錄，陰文四字，其第一字作，應釋爲傳。戰國騎傳馬節字，傳作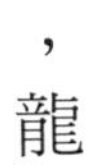，龍節傳作，傳室之璽傳作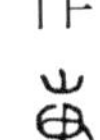，見《十鐘山房印學》、《古鉨精華》等書。中國歷史博物館陳列的楚王命傳遽虎節傳作，戰國陶文傳作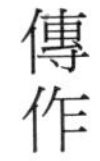、，見《古

陶文孴錄》附30上，雁節傳作，與大同小異，實爲一字，只不過有繁簡耳。第二字應爲遽之省文。楚王命傳遽虎節之遽即省作。王存義《切韻》且作，上虍作。1954年，河南洛陽出土戰國錯金鄘鐘戈作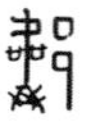、。金文遽，邵鐘作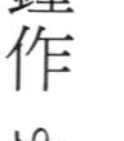，壬午劍作（《金文編》267），兮甲盤𢓊作，沇兒鐘𢾊作，雁節作，盧氏涅金和盧氏空首佈的盧作、、、等，其上部之虍部均與相近，故應爲遽之省文。疑盧氏涅金和洮涅金空首布均爲古代之用來作爲遽馹專用貨幣，圼爲圼之變體，即馹，言涅金者，涅金也，涅爲馹字之或體。

𧆞和遽都是群母魚部字。《說文》𧆞字或體作鐻，鐻遽皆从豦聲。典籍中馹和遽都訓爲傳車之傳。《爾雅・釋言》「馹、遽傳也。」《左傳・僖公三十三年》：「且使遽告於鄭。」杜注：「遽，傳車。」《左傳・哀公二十年》：「群臣將傳遽以告寡君。」《周禮・秋官・行夫》：「掌邦國傳遽之小事。」《釋名・釋宮室》：「傳，傳也。人所止息而去後人復來轉轉相傳無常主也。」（第二個轉字據畢沅校本加）《廣雅・釋言》：「傳，舍也。」1958年，貴州赫章縣可樂鎮出土一漢代「武陽傳舍比二」鐵爐，它與古代驛傳交通有關。戰國秦漢之際有郵、亭、驛、傳等設施。傳，《漢書·高帝紀》顏師古注：「傳者，若今之驛。古者以車，謂之傳車，其後又單置馬，謂之驛騎。」傳有房舍供食宿。《史記·廉頗藺相如列傳》敍完璧歸趙故事有：「秦王……舍相如廣成傳（編按：此脫「舍」字，今補）」的記載，司馬貞索隱指出「廣成是傳舍之名。」武陽是漢代犍爲郡治首府，故地在今四川成都以南彭山附近，「武陽傳舍比二」鐵爐應是武陽地方官辦傳舍的用具。「比二」即同樣爐子有兩件。可證傳遽之鉢與傳室之鉢，平陰都遽駬，上黨遽司馬等印的用途一樣，都是車馬遠行持以供給食宿和休憩所用者。此印稱爲傳遽之鉢，其意義更爲明顯。《戰國古璽考釋十種》，《中國歷史博物館館刊》，1980年第2期，第111~112頁。

羅福頤：

0203 連（傳）□之鉨 《古璽彙編》，文物出版社，1981年12月，第34頁。

王人聰：

釋「連遞之鉨」

此璽著錄於《古璽彙編》編號0203（以下簡稱《彙編》）。《彙編》釋璽文爲「連（傳）□

之鉨」。今按璽文第一字應隸定爲遖，即傳字，其繁體作，見長沙出土之銅龍節（流火：《銅龍節》，載《文物》1960，8、9期）。第二字从辵从虍，虍字的寫法與虡毀字所从之虍旁相同。古璽文字常省略偏旁結構中的一部份，此字所从之虍旁實爲虡字之省，故此字應釋爲遽，璽文全文爲「遖（傳）遽之鉨」。此璽文字書法具有楚文字的特點，其中遖字與長沙出土楚器銅龍節之遖，之字與江陵望山二號墓遣策及其他楚國璽印之字，均風格一致，可知是楚印。

璽文「傳遽」是戰國時期傳遽制度中所設的組織機構。關於春秋戰國時期的傳遽制度，唐蘭先生在《王命傳考》一文中曾有詳細的考證（唐蘭：《王命傳考》，《國學季考》6卷4號）。唐先生指出，在文獻中稱傳遽也稱遽傳，如《周禮・行夫》：「掌邦國傳遽之小事。」《韓非子・喻老》：「遽傳不用。」有時也可以單稱傳或遽，如《左傳・成公五年》「晉侯以傳召伯宗」，《左傳・昭公二年》「乘遽而至」。傳遽這種機構的作用，鄭注《禮記・玉藻》說：「傳遽以車馬供使者也。」《釋名》：「傳，轉也。人所止息，去後人復來，轉轉相傳無常人也。」《廣雅・釋言》「傳，舍也」。《莊子・天運》：「仁義先王之蘧盧也，」蘧盧即是遽盧。《管子·大匡》「三十里置遽委焉」。《周禮·遺人》「凡國野之道，十里有廬，廬有飲食」。由以上所引資料，可知傳遽是爲來往使者供給飲食、住宿以及更換車馬的機構……以上所考的傳遽之鉨和兩方專室之鉨，都是楚國傳遽機構所用的官璽。《古璽考釋》，《古文字學論集》（初編），香港中文大學，1983年9月，第28頁。

湯餘惠：

楚璽　連（傳）之鉨　《略論戰國文字形體研究中的幾個問題》，《古文字研究》第十五輯，中華書局，1986年6月，第76頁。

劉　釗：

二、傳遲（徙）之鉨

舊著錄於陳介祺《陳簠齋手拓古印集》，後收錄於《古璽彙編》，編號爲0203，此璽爲方形白文璽，帶有邊框。其中傳字寫法與長沙帛書傳字作「」，楚銅龍節傳字作節「」風格相同，爲楚璽無疑。第二字《古璽彙編》不識，字从辵从「」。按「」乃尾

字，字應隸作遟，釋爲「遲」。遲字从屖聲，而屖又从尾聲，故遲字可省去牛旁而保留聲符作「遟」。遟字還見於楚帛書和古璽，作下揭形：

 長沙帛書　《古璽文編》2.11

長沙楚帛書遟（遲）字舊釋「逌」，古璽遟（遲）字舊混同於「逑」字（《古璽文編》2.11），都是錯誤的。《古璽彙編》還著錄下揭一方楚姓名私璽：

 3599

其中「」字《古璽彙編》和《古璽文編》皆不識。按字从尾从出，實爲「屈」字。屈爲楚之大姓，璽文應讀作「屈姒（或始）」。其屈字所从之「」的寫法，與上揭璽文「遟」所从之「」形體相同，可證釋「」爲遟（遲）之不誤。長沙帛書「遟（遲）」

李零先生讀作「徙」（李零《長沙子彈庫戰國楚帛書研究補正》，中國古文字研究會成立十週年學術研討會論文，1988年）。其說可從。古音遲、徙非常接近，可以通假。《說文》徙字古文作「屎」，上部所从就是「尾」字之訛。璽文「遅（遲）」字也應假爲徙。《說文》：「傳，遽也。」古驛乘曰傳。《釋名》：「傳猶轉也。」《說文》：「徙，迻也。」《廣雅·釋詁》：「遷，運，徙也。」按「傳徙」猶言「傳迻」、「轉運」、「轉徙」。《釋名》：「璽，徙也，封物使可轉徙，而不可發也。」璽文「傳遅（遲）之鉨」，就應該讀作「傳徙之鉨」或「轉徙之鉨」。

楚龍節有傳字，唐蘭認爲就是指傳車的「信傳」。《古璽彙編》著録有二方「専（傳）室之璽」（《古璽彙編》0228、0229），「傳室」猶言傳舍，是指供應驛傳車馬及飲食休憩的機構（朱德熙、裘錫圭《戰國文字研究（六種）》，《考古學報》1972年第1期第73頁）。這些加上前文考釋的「轉徙之鉨」，都是有關楚國驛傳制度的實物史料。　《楚璽考釋》（六篇），《江漢考古》1991年第1期，第73～74頁。

黄錫全：

20、傳遽（?）

（39）「連」（傳）遽（?）之璽　璽彙0203

石志廉、王人聰均釋爲「傳遽之璽」。石認爲「是車馬遠行持以供給食宿和休憩所用者」。王認爲「傳遽是爲來往使者供給飲食、住宿以及更換車馬的機構」，「傳遽之璽」則「是楚國傳遽機構所用的官璽」。按，璽文第二字與璽彙0304、1616、2621等印中的形體相近的字近似，可能是「逸」字（《璽彙》1616、2621 等印中的那個形近的字，何琳儀、劉釗、曹錦炎等均認爲是「逸」字）。逸，馹古韻同屬質部，「傳逸」也可讀爲「傳馹」。　《古文字中所見楚官府官名輯證》，《文物研究》總第七輯，黄山書社，1991年12月，第214頁。

康　殷、任兆鳳：

傳□　《印典》（三），國際文化出版公司，1994年1月，第1699頁。

曾憲通：

此外，古璽文與楚帛書還有一从辵从尾的遲字。見於《古璽彙編》1066、2672、3055，均用作人名，《古璽文編》釋爲逑字。見於楚帛書者二處：甲篇作「風雨是於乃取，虐遲□子之子曰女皇。丙篇作「⿺辶尾乃襄」，李零把⿺辶尾釋爲徙字，文義甚洽。然則⿺辶尾爲从辵从㞕省聲，是遷的省聲字，楚帛書用爲徙字。遷、徙同屬心母歌部，例可通假。《論齊國「遷盟之璽」及其相關問題》，《華學》第1期，中山大學出版社，1995年8月，第79頁。

何琳儀：

楚系　⿺辶叀⿺辶尾之鈢

⿺辶叀，从辵，叀聲。疑⿺辶專之省文，即遄之異文。《正字通》：「⿺辶專，俗遄字。」《説文》：「遄，往來數也。」从辵，耑聲。

楚璽，⿺辶叀，讀傳。《戰國古文字典》，中華書局，1998年9月，第1026頁。

徐　暢：

東周·楚系公鈢　⿺辶叀（傳）遽之鈢　《中國篆刻全集》，黑龍江美術出版社，2000年7月，第8頁。

來一石：

傳□之鈢　《古印集萃·戰國卷》，榮寶齋出版社，2000年11月，第36頁。

肖　毅：

6.傳□之璽

此字可隸作「遅」，也可隸作「徲」，究爲何字，待考。或爲「遽」之省文（《十種》），未確。又或釋「遅（遲）」，讀爲「傳徙」或「轉徙」（劉釗：《楚璽考釋・六篇》，《江漢考古》1991 年 1 期）。　《古璽所見楚系官府官名考略》，《江漢考古》，2001 年第 2 期，第 44 頁。

戴山青：

傳遵□之鉥　《古璽漢印集萃》上冊，廣西美術出版社，2001 年 10 月，第 27 頁。

徐暢主編：

戰國公鉨與印跡・楚系鉨印　131　傳徙之鉨　《中國書法全集》第 92 卷，榮寶齋出版社，2003 年 2 月，第 44 頁。

徐暢主編：

131　傳徙之鉨

作於東周時期。楚國官鉨。王光烈《古璽精華》，《陳簠齋手拓古印集四冊》、《古璽彙編》〇二〇三號著録。銅質。

「傳」爲楚國文字。第二字隸定作遅，釋爲「遲」，假爲徙。《說文》：「徙，迻也。」《廣雅釋詁》：「遷，運，徙也。」「傳徙」猶言「傳迻」、「轉運」、「轉徙」。《釋名：「鉨，徙也。封物使可能徙，而不可廢也。」

參考　劉釗《楚璽考釋（六篇）》《中國書法全集》第92卷，榮寶齋出版社，2003年2月，第207頁。

小林斗盦：

傳□之鉨　《中國璽印類編》，天津人民美術出版社，2004年6月，第276頁。

小林斗盦：

□□之鉨　《中國璽印類編》，天津人民美術出版社，2004年6月，第436頁。

肖曉輝：

傳迉（徙）之鉨　《書法新鑒：古璽文新鑒》，世界圖書出版公司，2005年6月，第78頁。

施謝捷：

楚系官璽　連（遠—傳）遅（遲—徙）之鉨（璽）　《古璽彙考》，安徽大學博士學位論文，2006年5月，第176頁。

陳光田：

楚系古璽　「連（傳）遅（徙）之鉨（璽）」（0203）。璽文第二字舊不識，有學者釋爲遽，爲車馬遠行持以供給食宿和休憩所用者。（石志廉：《戰國古璽考釋十種》，《中國歷史博物館館刊》1980年2期。）或以爲「傳遽」是爲來往使者飲食、住宿以及更換車馬的機構。或將該字讀做徙。（李零：《長沙子彈庫楚帛書研究補正》，1988年中國古文字研究會成立十周年學術研討會論文。）「傳徙」猶言「轉運」爲楚國驛傳制度的實物史料。（劉釗：《楚璽考釋（六篇）》，《江漢考古》1991年期第1期。）該璽可能爲楚管理驛傳事務的官署用璽。　《戰國璽印分域研究》，嶽麓書社，2009年5月，第144頁。

王義驊：

遠來之鉢　《先秦古璽集粹》，吉林文史出版社，2011年8月，第22頁。

李守奎按：

當以隸作「遲」爲是。「遲」字見於楚帛書。

官璽第二五五：良戜之鉩（璽）

印面：

萬印樓藏印六十四卷、古印偶存八冊、尊古齋古璽集林初二集，

故宮博物院藏印

著錄：

《古璽彙編》，北京：文物出版社，1981年12月，第35頁。

《十鐘山房印舉選》，上海：上海書畫出版社，1985年11月。

《篆字印彙》，上海：上海書店出版社，1999年1月，第974頁。

《中國璽印篆刻全集》，上海：上海書畫出版社，1999年11月，第48頁。

《中國篆刻全集》，哈爾濱：黑龍江美術出版社，2000年7月，第13頁。
《古印集萃・戰國卷》，北京：榮寶齋出版社，2000年11月，第43頁。
《戰國璽印分域編》，上海：上海書店出版社，2001年10月，第181頁。
《中國書法全集》第92卷，北京：榮寶齋出版社，2003年2月，第48頁。
《中國璽印類編》，天津：天津人民美術出版社，2004年6月，第440頁。
《古璽彙考》，安徽大學博士學位論文，2006年5月，第174頁。
《先秦印風》，重慶：重慶出版社，2011年5月，第36頁。
《先秦古璽集粹》，長春：吉林文史出版社，2011年11月，第17頁。

集　釋：

丁佛言：

古鉨　壹國之鉨　古文或變爲，又變爲，古鉨中其例甚多。　《說文古籀補補》，中華書局，1988年2月，第18頁。

陳介祺：

國之鉨　《十鐘山房印舉選》，上海書畫出版社，1985年11月。

羅福頤：

0206　□□之鉨　《古璽彙編》，文物出版社，1981年12月，第35頁。

湯餘惠：

楚璽　□之鉨　《略論戰國文字形體研究中的幾個問題》，《古文字研究》第十五輯，中華書局，1986年6月，第76頁。

林清源：

五、《璽彙》0206良寇之鉨

《璽彙》0206「之鉨」，印面約2.2公分見方，陰文，有邊框。璽文「之」字作「」形，「鉨」字所从「金」旁作「」形。根據璽印形制與字形特徵判斷，此璽可以肯定是楚國官璽。璽文前二字，歷來學者都無法識讀，筆者認爲第一個字應該釋爲「良」，第二個字可能是「寇」字，也有可能是「⿱宀或」字。

「良」字殷墟卜辭作「」（《乙》3334）、「」（《乙》2510）等形，西周金文作

「」（季良父盉）、「」（鬲比盨）等形，雖然構形變化多端，但基本上中間都作「〇」或「日」形，上下兩端多作對稱狀。

楚簡「良」字的構形，可以大致區分成兩種類型：其一、上下兩端對稱，作「」（包山簡240）、「」（信陽簡2.4）等形；其二、下端類化成「亡」旁，作「」（包山簡218）、「」（天星觀簡）等形。後者與《說文》古文形體相近，所以許慎認爲「良」字从「亡」得聲。

《璽彙》0206「」字的構形，跟楚簡「良」字第二種類型相近，唯一的差別在於中間部件，簡文作「日」形，而璽文作「田」形。「日」形部件與「田」形部件，在楚國文字中經常訛混互用。例如：

「享」字作「」（楚季苟盤），又作「」（楚嬴盤）；

「既」字作「」（包山簡134），又作「」（包山簡221）；

「昔」字作「」（天星觀簡），又作「」（天星觀簡）；

「罘」字作「」（包山簡137），又作「」（王孫誥鐘）（淅川下寺春秋楚墓出土多組王孫誥鐘，此處所用的是編號M2：12）

若將璽文首字所从的「田」形部件，換成「日」形部件，則與楚簡「良」字形體完全相合，因此璽文首字應該釋爲「良」。

《璽彙》0206第二字，左下角筆畫殘泐，但就整體構形來看，跟包山簡「宬」字作「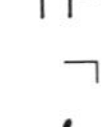」形（簡10），以及包山簡「寇」字作「」形（簡102），形體都相當接近。因此筆者認爲這個字可能就是「寇」字或「宬」字（「寇」字从「戈」，古璽屢見，譬如《璽彙》0065作「」即是。將璽文「」字釋「宬」，是李家浩先生在1997年11月2日給筆者信函中所提的意見，特此申謝）璽文所謂「良寇」或「良宬」，應該是楚國官名。　《楚國官璽考釋》（五篇），《中國文字》新廿二期，藝文印書館，1997年7月，第218~219頁。

何琳儀：

楚璽　佷宬之鉨　《戰國古文字典》，中華書局，1998年9月，第1537頁。

傅嘉儀：

□□之璽　《篆字印彙》，上海書店出版社，1999年1月，第974頁。

莊新興：

□國之鉨　戰國　《中國璽印篆刻全集》，上海書畫出版社，1999年11月，第48頁。

劉信芳：

《古璽彙編》0206著錄一楚官鉨：「良宬之鉨。」「良」字從林清源釋（林清源：《楚國文字構形演變研究》，臺灣東海大學中文系博士論文，1997年，頁144）。按「良宬」可讀爲「梁宬」，馬王堆漢墓帛書《老子》甲「強良」即「強梁」，《明君》（第431行）「良肉」即「梁肉」。楚有地名「梁」，見包163，其地在今河南魯山北。《包山楚簡解詁試筆十七則》，《中國文字》新廿五期，藝文印書館，1999年12月，第158頁。

徐　暢：

東周・楚系公鉨　□□之鉨　《中國篆刻全集》，黑龍江美術出版社，2000年7月，第13頁。

來一石：

□□之鉩　《古印集萃・戰國卷》，榮寶齋出版社，2000年11月，第43頁。

肖　毅：

10.良□之璽

或以爲「良寇」或「良宬」爲楚官名（林清源：《楚國官印考釋五篇》，載《中國文字》新廿二期，民國八十六年）。按第二字如爲「寇」，則良當爲地名，寇爲官名；如爲「宬」，則良宬當爲地名。《古璽所見楚系官府官名考略》，《江漢考古》，2001年第2期，第44頁。

莊新興：

1014　□國之鉩　楚系・楚　《戰國璽印分域編》，上海書店出版社，2001年10月，第181頁。

徐暢主編：

戰國公鉩與印跡・楚系鉩印　178　□□之鉩　《中國書法全集》第92卷，榮寶齋出版社，2003年2月，第48頁。

小林斗盦：

□□之鉢　《中國璽印類編》，天津人民美術出版社，2004年6月，第440頁。

施謝捷：

楚系官璽　良或（國）之鉨（璽）　《古璽彙考》，安徽大學博士學位論文，2006年5月，第174頁。

徐暢：

戰國楚系官鉨　□□之鉨　《先秦印風》，重慶出版社，2011年5月，第36頁。

王義驊：

□國之鉨　《先秦古璽集粹》，吉林文史出版社，2011年8月，第17頁。

李守奎按：

□字釋「或」比較可信。

官璽第二五六：周城之鉨（璽）

印面：

故宮博物院藏印

著錄：

《古璽彙編》，北京：文物出版社，1981年12月，第35頁。

《古璽印概論》，北京：文物出版社，1981年12月，第46頁。

《印典》（四），北京：國際文化出版公司，1994年1月，第2721頁。

《古璽通論》，上海：上海書畫出版社，1996年3月，第113頁。

《中國篆刻全集》，哈爾濱：黑龍江美術出版社，2000年7月，第12頁。

《古印集萃・戰國卷》，北京：榮寶齋出版社，2000年11月，第42頁。

《古璽漢印集萃》上冊，南寧：廣西美術出版社，2001年10月，第16頁。

《中國書法全集》第92卷，北京：榮寶齋出版社，2003年2月，第41頁。

《古璽印通論》，北京：紫禁城出版社，2003年9月，第16頁。

《中國璽印類編》，天津：天津人民美術出版社，2004年6月，第41、180、445頁。
《古璽彙考》，安徽大學博士學位論文，2006年5月，第174頁。
《戰國璽印分域研究》，長沙：嶽麓書社，2009年5月，第145頁。
《先秦印風》，重慶：重慶出版社，2011年5月，第30頁。

集　釋：

羅福頤：

0207　周城之鉨　《古璽彙編》，文物出版社，1981年12月，第35頁。

湯餘惠：

楚璽　周城之鉨　《略論戰國文字形體研究中的幾個問題》，《古文字研究》第十五輯，中華書局，1986年6月，第76頁。

康　殷、任兆鳳：

善□　《印典》（四），國際文化出版公司，1994年1月，第2721頁。

曹錦炎：

周城之鈢　詳見「坓郕（國）之鈢（璽）」條。　《古璽通論》，上海書畫出版社，1996年3月，第113頁。

何琳儀：

楚系　周城之鈢

楚兵器、楚璽、包山簡周，姓氏。　《戰國古文字典》，中華書局，1998年9月，第181~182頁。

何琳儀：

楚系　周城之鈢

楚器城，地名後綴。　《戰國古文字典》，中華書局，1998年9月，第810頁。

徐　暢：

東周·楚系公鈢　周成之鈢　《中國篆刻全集》，黑龍江美術出版社，2000年7月，第12頁。

來一石：

周成之鈢　《古印集萃·戰國卷》，榮寶齋出版社，2000年11月，第42頁。

戴山青：

周城之鉢　《古璽漢印集萃》上冊，廣西美術出版社，2001年10月，第16頁。

徐暢主編：

戰國公鉩與印跡・楚系鉩印　104　周城之鉩　《中國書法全集》第92卷，榮寶齋出版社，2003年2月，第41頁。

徐暢主編：

104　周城之鉩

作於東周時期。楚官鉩。《古璽彙編》〇二〇七號著錄。故宮博物院收藏。　《中國書法全集》第92卷，榮寶齋出版社，2003年2月，第206頁。

小林斗盦：

周城之鉢　《中國璽印類編》，天津人民美術出版社，2004年6月，第41、180、445頁。

肖　毅：

二、害城之璽

《古璽彙編》0207號璽……原書釋爲「周」，學者多從之。（湯餘惠《略論戰國文字形體研究中的幾個問題》，《古文字研究》第十五輯，中華書局，1986年；何琳儀《戰國古文字典》，181頁，中華書局，1998年；文炳淳《先秦楚璽文字研究》，53頁，臺灣大學中國文學研究所博士論文，2002年）。今按「周」字楚系文字多作如下等形體：

 包·57　 包·183　 包·207

璽文與上列形體還是有些差別的。頗疑此字當爲「害」。楚系文字中有从害的字，如：

 曾·編磬　 包·121　 曾·編磬

其中「害」或从「口」，或从「曰」形，或省「口」。

害城，疑爲地名，其地未詳。害，或可讀爲「葛」。害、葛古音月部，一爲匣紐，一爲見紐，音近，文獻中「害」與「葛」所从的「曷」常通用。《清史稿·地理志五》江蘇條之

江寧府條下有「葛城鎮」、《讀史方輿紀要》卷四十一山西平陽府絳州垣曲縣邵城條下有古地名「葛城」、卷二十九江南滁州椒縣條下有「葛城驛」等，其中或有與璽文相關者。附記小文草成後曾跟楊澤生兄進行過交流，他說「鄗呈」應該是文獻中常見的「鄗郢」；「害城」不一定是地名，也可能是職事，懷疑「害」用作「盖」，指建造，「盖城」猶文獻中的「築城」。　《楚璽劄記二則》，《古文字研究》第二十五輯，中華書局，2004年10月，第407頁。

施謝捷：

楚系官璽　善埅（城）之鉨（璽）　《古璽彙考》，安徽大學博士學位論文，2006年5月，第174頁。

陳光田：

楚系古璽　「周城之鉨（璽）」（0207）。「周城」文獻無載，具體地望待考。該璽當爲楚周城之地的官署所用之物。　《戰國璽印分域研究》，嶽麓書社，2009年5月，第145頁。

李守奎按：

0207 璽「周」字肖毅釋爲「害」，似不可信。「害」字楚文字屢見，無一例作此形（《楚文字編》459頁）。所舉楚文字中所从的「害」，與也有明顯的區別。「害」上面兩筆構成一個尖角，與楚文字的「」旁相同；璽文豎筆中出，兩側開口，這種寫法的「周」字與信陽1.12號簡中「周公」之「周」酷似，釋「周」問題不大。有學者統計，周氏在包山楚簡中多達31人，在楚境內分佈亦很廣泛（文炳淳《研究》119頁）。楚璽中「周」字出現異體，並不奇怪。

官璽第二五七：行家（麓）之鉨（璽）

印　面：

北京市文管處藏印

著　錄：

《古璽彙編》，北京：文物出版社，1981年12月，第36頁。

《印典》（一），石家莊：河北美術出版社，1989年8月，第394頁。
《中國璽印篆刻全集》，上海：上海書畫出版社，1999年11月，第49頁。
《中國篆刻全集》，哈爾濱：黑龍江美術出版社，2000年7月，第11頁。
《古印集萃·戰國卷》，北京：榮寶齋出版社，2000年11月，第42頁。
《古璽漢印集萃》上冊，南寧：廣西美術出版社，2001年10月，第13頁。
《戰國璽印分域編》，上海：上海書店出版社，2001年10月，第191頁。
《中國書法全集》第92卷，北京：榮寶齋出版社，2003年2月，第46頁。
《中國璽印類編》，天津：天津人民美術出版社，2004年6月，第62頁。
《書法新鑒：古璽文新鑒》，西安：世界圖書出版公司，2005年6月，第42頁。
《古璽彙考》，安徽大學博士學位論文，2006年5月，第170頁。
《戰國璽印分域研究》，長沙：嶽麓書社，2009年5月，第149頁。
《中國印學》，杭州：中國美術學院出版社，2010年6月，第219頁。
《先秦印風》，重慶：重慶出版社，2011年5月，第28頁。

集　釋：

羅福頤：

0214　行□之鉨　《古璽彙編》，文物出版社，1981年12月，第36頁。

陳漢平：

釋彔緑

古璽文有字作（0214行～之璽），（0141～官之璽），舊不識，《古璽文編》收入附録。

按江陵楚簡録字作、二體，所从與上列古璽文二字相同。又古璽文祿字或作，據此知上二體古璽文當釋爲彔，讀爲祿。璽文「行祿之璽」、「祿官之璽」俱爲當時祿官之印信。　《古文字釋叢》，《出土文獻研究》，文物出版社，1985年6月，第237頁。

黄錫全：

92、行彔

（169）行彔之璽　璽彙0214

根據此印的風格及「璽」字的寫法，可定爲楚璽。第二字原缺釋，陳漢平釋爲「彔」，讀爲「祿」（《出土文物（編按：當爲「獻」）研究》237頁），至確。上部所从的「」乃「八」形訛變，祇要與頌簋，師晨鼎、伯簋　、楚簡等彔字進行比較，就可以明了其字形的演變軌跡（說詳另文）。「祿」即官吏的俸祿。《禮記・王制》：「位定然後祿之。」注：「與之以常食。」「行彔」大致相當於「司祿」，是主管班祿之事的長官。《周禮・地官・序官・司祿注》：「主班祿。」　《古文字中所見楚官府官名輯證》，《文物研究》總第七輯，黄山書社，1991年12月，第230頁。

吴振武：

二、衡鹿

「行宲之鉨」璽著錄於《古璽彙編》36.0214。據《古璽彙編》，此璽現藏北京市文物管理處。此璽璽面2.9cm見方，陰文，有邊框（附圖2）從風格上看，屬楚的可能性較大。

璽文第二字前人未釋，《古璽文編》列於附錄（499頁第2欄）。

我們認爲，此字从「宀」从「彔」，應隸定爲「宲」。西周金文中的「彔」字作：

《金文編》498～499頁

漢印「祿」字所从的「彔」或作：

《漢印文字徵》1.2上

皆與此字「彔」旁相似。「寀」字雖不見於後世字書，但按照漢字構造的通例來看，它應該是从「彔」得聲的。在楚文字中，常有一些字贅加「宀」旁，也許此字就是「彔」字的異體。

璽文「行寀」應該讀作「衡鹿」，是官名。「衡」字本从「行」聲，典籍中从「行」得聲的字常和「衡」通。例如：《詩·小雅·采芑》「有瑲蔥珩」，韓、齊、魯三家「珩」作「衡」（參王先謙《詩三家義集疏》）。《禮記·雜記》「甕、甒、筲、衡，實見間」，鄭注：「衡當爲桁。」可見「行」字可以讀作「衡」。「寀」字从「彔」得聲，自可讀爲

「鹿」。《說文》說「麓」字从「林」「鹿」聲，古文則从「彔」聲作「禁」。商代卜辭和西周金文中的「麓」字亦作「禁」（《甲骨文編》267～268頁、《金文編》410頁），和《說文》古文同。又卜辭中的「彔」字也多讀作「麓」，這是大家所熟知的。

衡鹿是古代掌管林麓之官。大致相當於上引銅器銘文中的「林」和《周禮》中的「林衡」。《左傳·昭公二十年》：「山林之木，衡鹿守之。」杜注：「衡鹿，官名也。」孔疏說：「《正義》曰：《周禮》司徒之屬有林衡之官，掌巡林麓之禁。鄭玄云：『衡，平也，平林麓之大小及所生者。竹木生平地曰林，山足曰麓。』此置衡鹿之官守山林之木，是其宜也。」按前人多認爲衡鹿之「鹿」是「麓」的借字。《周禮·地官》記林衡的具體職責是：掌巡林麓之禁令，而平其守，以時計林麓而賞罰之，若斬木材，則受法於山虞，而掌其政令。林衡掌管林麓，虞人掌管山澤，兩者的關係顯然是十分密切的。因此典籍中掌管山林之官也往往通稱爲「衡」、「虞」、「虞衡」或「麓」，孫詒讓在《周禮正義》卷17中說：「《國語·齊語》云『山立三衡』，韋注云：『《周禮》有山虞、林衡之官。』案彼蓋兼山林官言之。三衡者，山與林麓各有大中小三等，亦通謂之虞。故《喪大記》云：『復有林麓，則虞人設階。』《易》屯六三爻辭云：『即鹿無虞，惟入於林中。』鹿、麓字通，彼虞即謂林衡也。山林地相比，故虞衡通稱亦通謂之麓。《説文·林部》云：『麓，守山林吏也。』《國語·晉語》云：『主將適螻而麓不聞。』《左》昭二十年傳云：『山林之木，衡鹿守之。』是也。」《戰國璽印中的「虞」和「衡鹿」》，《江漢考古》1991年第3期，第86~87頁。

康殷、任兆鳳：

行□《印典》（一），河北美術出版社，1989年8月，第394頁。

何琳儀：

楚系　行㝅之鉨

㝅，从宀，彔聲。疑彔之繁文。

楚璽「行㝅」，讀「衡鹿」。官名。彔、鹿音近可通。《説文》：「麓古文作𣘘，《集韻》「轆或作䡜，均其佐證。」《戰國古文字典》，中華書局，1998年9月，第382頁。

何琳儀：

楚系　行宩之鈢

楚璽「行宩」，讀「衡鹿」。《左・昭二十年》：「山林之木，衡鹿守之。」注：「衡鹿，官名也。」

莊新興：《戰國古文字典》，中華書局，1998年9月，第623～625頁。

行□之鈢　戰國　《中國璽印篆刻全集》，上海書畫出版社，1999年11月，第49頁。

徐　暢：

東周・楚系公鈢　行宩之鈢　《中國篆刻全集》，黑龍江美術出版社，2000年7月，第11頁。

來一石：

行□之鈢　《古印集萃・戰國卷》，榮寶齋出版社，2000年11月，第42頁。

肖　毅：

47.行宩之璽　0214

吴振武認爲「行宩」當讀爲「衡鹿」，是古代掌管林麓之官（吴振武：《戰國璽印中的「虞」和「衡鹿」》，《江漢考古》1991年第3期）。《左傳・昭公二十年》：「山林之木，衡鹿守之。」杜注：「衡鹿，官名也。」第二字或釋「录（祿）」　《古璽所見楚系官府官名考略》，《江漢考古》，2001年第2期，第44頁。

戴山青：

行□之鉢　《古璽漢印集萃》上冊，廣西美術出版社，2001年10月，第13頁。

莊新興：

1073　行□之鉨　楚系·楚　《戰國璽印分域編》，上海書店出版社，2001年10月，第191頁。

徐暢主編：

戰國公與印跡·楚系鉨印　157　行（衡）冡（鹿）之鉨　《中國書法全集》第92卷，榮寶齋出版社，2003年2月，第46頁。

徐暢主編：

157　行（衡）冡（鹿）之鉨

作於東周時期。楚官鉨。《古璽彙編》〇二一四號著錄。北京文管處收藏。

《古璽彙編》第二字缺釋。吳振武隸定爲「𡨦」，由「录」字得聲，可能是録字的異體。「行𡨦」，讀作「衡鹿」，是古代掌管林麓之官，相當於《周禮·地官》中的「林衡」，亦即《左傳·昭公二十年》：「山林之木，衡鹿（麓）守之」的「衡鹿」。司徒之屬有林衡之官，掌巡林麓之禁。

參考　吳振武《戰國璽印中的「虞」和「衡鹿」。《中國書法全集》第92卷，榮寶齋出版社，2003年2月，第209頁。

小林斗盦：

行□之鉥　《中國璽印類編》，天津人民美術出版社，2004年6月，第62頁。

肖曉輝：

楚璽中有「行彔之鉩」（《古璽彙編》0214）、「下蔡行彔」璽，「行彔」讀爲「衡麓」，「衡」本以「行」字爲聲，所以「行」可讀爲「衡」，而「彔」、「鹿」音同，多可互換。《說文解字》：「麓，守山林吏也。……𣘶，古文从彔。」《國語·晉語》：「主將適螻而麓不聞」，注：「麓，主君苑囿之官。」「衡」與「麓」都是守護山林的官吏，所以有時又合稱爲「衡麓」。《左傳·昭公二十年》：「山林之木，衡鹿守之。」《書法新鑒：古璽文新鑒》，世界圖書出版公司，2005年6月，第42頁。

施謝捷：

楚系官璽　行𡨦（麓）之鉨（璽）　《古璽彙考》，安徽大學博士學位論文，2006年5月，第170頁。

陳光田：

楚系古璽　「行（衡）𡨦（祿）之鉨（璽）」（0214）。璽文第二字舊不識，或釋爲錄，讀做祿。（陳漢平：《古文字釋叢》，《出土文獻研究》，文物出版社，1985年第237頁。）當釋爲𡨦，「行𡨦」讀做衡鹿，爲古代掌管林麓之官。（吳振武：《戰國璽印中「虞」和「衡鹿」》，《江漢考古》1991年3期。）該璽當爲管林麓的官員用璽。《戰國璽印分域研究》，嶽麓書社，2009年5月，第149頁。

吳清輝：

行𡨦（鹿）之鉨　戰國（楚）　《中國印學》，中國美術學院出版社，2010年6月，第219

頁。

徐　暢：

戰國楚系官鉨　行家（麓）之鉨　《先秦印風》，重慶出版社，2011年5月，第28頁。

楊　勇：

行□之鉨

戰國楚銅質官鉨。縱29毫米，橫29毫米。

這方楚系官鉨，左起上下讀，第二個字至今未能識別。此印筆畫厚重實在，平穩中多變化，典雅中寓奇巧。章法上分兩行排列，「鉨」字的左邊刻在印面居中略偏右的地方，和左邊的字融爲一體，而且由於其本身形體較小故留出了大塊的空白，密而不滿。下面兩個字中有三個「人」字頭，排列在一起，變化十分巧妙。左邊的「人」左筆長，右筆短，筆畫較直；中間的「人」左筆短，右筆長；最右邊的「人」則左右兩邊幾乎等長，且左筆重，略有向上的弧度。下部的兩個字體形較大，占了整方印的三分之二，給上部的「行」和「之」留出的空間較小，形成對比關係。　《先秦古璽賞析100例》，江西美術出版社，2015年7

月，第64頁。

邱傳亮按：

新出《上海博物館藏戰國楚竹書（六）・景公瘧》：「山林使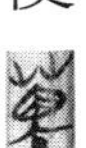守之」。其中字整理者釋爲「衡」，可信。該璽爲古代的守山林之官提供了實物證據。

官璽第二五八：下鄀（蔡）行（衡）⿱宀彔（麓）

印面：

鶴盧印存

著錄：

《戰國璽印分域編》，上海：上海書店出版社，2001年10月，第188頁。

《書法新鑒：古璽文新鑒》，西安：世界圖書出版公司，2005年6月，第42頁。

《古璽彙考》，安徽大學博士學位論文，2006年5月，第170頁。

《戰國璽印分域研究》，長沙：嶽麓書社，2009年5月，第133頁。

集釋：

莊與新：

1058 下蔡行鈢 楚系・楚 《戰國璽印分域編》，上海書店出版社，2001年10月，第188頁。

肖曉輝：

楚璽中有「行彔之鈢」（《古璽彙編》0214）、「下蔡行彔」璽，「行彔」讀爲「衡麓」，「衡」本以「行」字爲聲，所以「行」可讀爲「衡」，而「彔」、「鹿」音同，多可互換。《説文解字》：「麓，守山林吏也。……𣠔，古文从彔。」《國語・晉語》：「主將適螻而麓不聞」，注：「麓，主君苑囿之官。」「衡」與「麓」都是守護山林的官吏，所以有時又合稱爲「衡麓」。《左傳・昭公二十年》：「山林之木，衡鹿守之。」 《書法新鑒：古璽文新鑒》，世界圖書出版公司，2005年6月，第42頁。

施謝捷：

楚系官璽 下鄀（蔡）行（衡）⿱宀彔（麓） 《古璽彙考》，安徽大學博士學位論文，2006年5月，第170頁。

陳光田：

楚系古璽　「下𨛜（蔡）行（衡）㝑（麓）」（《分域》188）。璽文最後一字舊不識，當釋爲㝑，讀做麓。前文已談及，衡麓爲古代掌管林麓之官。（吳振武：《戰國璽印中「虞」和「衡鹿」》，《江漢考古》1991年3期。）　《戰國璽印分域研究》，嶽麓書社，2009年5月，第133頁。

李守奎按：

「行㝑」亦當讀爲「衡麓」。

官璽第二五九：舍（舒）新（新）之鉩（璽）

印　面：

鐵雲藏印四集四十八冊、陳簠齋手拓古印集四冊

著　錄：

《古璽彙編》，北京：文物出版社，1981年12月，第37頁。

《古印集萃・戰國卷》，北京：榮寶齋出版社，2000年11月，第42頁。

《古璽漢印集萃》上冊，南寧：廣西美術出版社，2001年10月，第36頁。

《中國璽印類編》，天津：天津人民美術出版社，2004年6月，第437頁。

《古璽彙考》，安徽大學博士學位論文，2006年5月，第176頁。

《戰國璽印分域研究》，長沙：嶽麓書社，2009年5月，第137頁。

《先秦古璽集粹》，長春：吉林文史出版社，2011年11月，第18頁。

集　釋：

羅福頤：

0218　□□之鉨　《古璽彙編》，文物出版社，1981年12月，第37頁。

施謝捷：

新舒之鉨　《〈古璽彙編〉釋文校訂》，《容庚先生百年誕辰紀念文集》，廣東人民出版社，1998年4月，第644頁。

何琳儀：

齊璽　□之舍鉨　《戰國古文字典》，中華書局，1998年9月，第534頁。

來一石：

□□之鉨　《古印集萃·戰國卷》，榮寶齋出版社，2000年11月，第42頁。

戴山青：

□□之鉢　《古璽漢印集萃》上冊，廣西美術出版社，2001年10月，第36頁。

何琳儀：

舒刎（閒）之鉨　詳見「樂成之鉨（璽）」條。《楚官璽雜識》，《南京師範大學文學院學報》，2002年第1期，第166頁。

小林斗盦：

□之□鉢　《中國璽印類編》，天津人民美術出版社，2004年6月，第437頁。

施謝捷：

楚系官璽　新（新）酓之鉨（璽）　《古璽彙考》，安徽大學博士學位論文，2006年5月，第176頁。

陳光田：

楚系古璽　「舒閒之鉨（璽）」（0218）。璽文前兩字舊不識，有學者將其釋爲平（編按：施文釋新）舒。（施謝捷：《〈古璽彙編〉釋文校訂》，《容庚先生百年誕辰紀念文集》，廣東人民出版社，1998年，第644頁。）其實當釋爲舒閒。（何琳儀：《楚官璽雜識》，《南京師範大學文學院學報》，2002年第1期。）舒閒，地名，具體地望待考。該璽從風格看爲楚系，當爲楚「舒閒」之地的官署所用。　《戰國璽印分域研究》，嶽麓書社，2009年5月，第138頁。

王義驊：

□□之鉨　《先秦古璽集粹》，吉林文史出版社，2011年8月，第18頁。

李守奎按：

「舍」字見於包山120號簡，是姓氏用字。何琳儀釋爲「舒」，當可信。此璽如讀爲「舍（舒）新之璽」，則當爲私璽。

官璽第二六〇：⿰舍阝（舒）鉨（璽）

印面：

20世紀90年代後期，河南省駐馬店市新蔡縣城東部，新蔡故城遺址出土，北京古陶文明博物館收藏

著錄：

《古陶文明博物館藏戰國封泥》，北京：文雅堂，2003年8月。

《文物》，北京：文物出版社，2005年第1期，第56頁。

《古璽彙考》，安徽大學博士學位論文，2006年5月，第189頁。

《二十世紀出土璽印集成》，北京：中華書局，2010年1月，第154頁。

集釋：

路東之：

第十九品　⿰舍阝鉨

楚系。「郘」，地名，《左傳・僖三十三年》：「文夫人斂而葬之郘城之下。」杜預注：「郘城，故郘國，在滎陽、密縣東北。」郘相傳爲祝融之後，妘姓，西周時分封之諸侯國，春秋初年爲鄭所滅。《史記・鄭世家》記：「虢、郘之君貪而好利」。郘在今河南省密縣東南。僅見一品。　《古陶文明博物館藏戰國封泥》，文雅堂，2003年8月。

周曉陸、路東之：

25.「郘鉨」（1-12.4）。印面長方形，有邊欄，陽文（圖九：25）。「郘」地名，《左傳》僖三十三年：「文夫人斂而葬之郘城之下。」杜預注：「郘城，故郘國，在滎陽、密縣東北。」　郘相傳爲祝融之後，妘姓，西周時分封的諸侯國，春秋初年爲鄭所滅，《史記・鄭世家》記有：「虢、郘之君貪而好利。」郘在今河南省新密市東南。　《新蔡故城戰國封泥的初步考察》，《文物》，2005年第1期，第54～55頁。

施謝捷：

楚系官璽　坾（市）鉨（璽）【封泥】　《古璽彙考》，安徽大學博士學位論文，2006年5月，第189頁。

周曉陸主編：

二-GP-0142　郃鉩　東周（楚）　泥封　《二十世紀出土璽印集成》，中華書局，2010年1月，第154頁。

李守奎按：

施謝捷釋爲坾鉩，大概是筆誤。首字不甚清晰，但从「邑」無疑，字或可釋郃，即舒氏之舒。

官璽第二六一：田□之鉩（璽）

印面：

璽印集林四冊

著錄：

《古璽彙編》，北京：文物出版社，1981年12月，第39頁。

《印典》（四），北京：國際文化出版公司，1994年1月，第2747頁。

《中國篆刻全集》，哈爾濱：黑龍江美術出版社，2000年7月，第11頁。

《古印集萃・戰國卷》，北京：榮寶齋出版社，2000年11月，第46頁。

《古璽漢印集萃》上冊，南寧：廣西美術出版社，2001年10月，第10頁。

《戰國璽印分域編》，上海：上海書店出版社，2001年10月，第192頁。

《中國書法全集》第92卷，北京：榮寶齋出版社，2003年2月，第46頁。

《中國璽印類編》，天津：天津人民美術出版社，2004年6月，第452頁。

《古璽彙考》，安徽大學博士學位論文，2006年5月，第71頁。

《戰國璽印分域研究》，長沙：嶽麓書社，2009年5月，第146頁。

集　釋：

羅福頤：

0231　田□之鈢　《古璽彙編》，文物出版社，1981年12月，第39頁。

湯餘惠：

楚璽　田窑（匋）之鉨　《略論戰國文字形體研究中的幾個問題》，《古文字研究》第十五輯，中華書局，1986年6月，第76頁。

康　殷、任兆鳳：

田□　《印典》（四），國際文化出版公司，1994年1月，第2747頁。

何琳儀：

楚系　田窑之鉨

窑，从穴，缶聲。《正字通》：「窑，俗窯字。」《說文》：「窯，燒瓦竈也。从穴，羔聲。」或釋鋺，讀罐。

楚璽窑，讀窯。　《戰國古文字典》，中華書局，1998年9月，第246頁。

徐　暢：

東周·楚系公鉨　田窑之鉨　《中國篆刻全集》，黑龍江美術出版社，2000年7月，第11頁。

來一石：

田□之鉨　《古印集萃·戰國卷》，榮寶齋出版社，2000年11月，第46頁。

戴山青：

田□之鉢　《古璽漢印集萃》上冊，廣西美術出版社，2001年10月，第10頁。

莊新興：

1083　田□之鉨　楚系・楚　《戰國璽印分域編》，上海書店出版社，2001年10月，第192頁。

徐暢主編：

戰國公鉨與印跡・楚系鉨印　158　田□之鉨　《中國書法全集》第92卷，榮寶齋出版社，2003年2月，第46頁。

徐暢主編：

158　田□之鉨

作於戰國時期。楚官鉨。《古璽彙編》〇二三一號著錄。面徑二・九釐米—三・一釐米。第二字不識。或釋爲窑，但上部从穴，下从心，中間不清。與窑字不類。疑此爲田官之鉨。圓形鉨印四字如正方形鉨印排列，中實而四面空曠。此爲楚鉨的佈白特色之一。

參考　徐暢《寓石齋璽印考》《中國書法全集》第92卷，榮寶齋出版社，2003年2月，第209頁。

小林斗盦：

田□之鉥《中國璽印類編》，天津人民美術出版社，2004年6月，第452頁。

施謝捷：

楚系官璽　田□之鉨（璽）《古璽彙考》，安徽大學博士學位論文，2006年5月，第71頁。

陳光田：

楚系古璽　「田窯（陶）之鉨（璽）」（0231）。田，地名。窯當讀做陶。該璽可能是楚「田」邑負責陶器、冶煉事務的官署所用。《戰國璽印分域研究》，嶽麓書社，2009年5月，第146頁。

官璽第二六二：楮□埜（野）鉨（璽）

印　面：

尊古齋印存四集四十冊、尊古齋古璽集林初二集

著錄：

《古璽彙編》，北京：文物出版社，1981年12月，第43頁。
《印典》（四），北京：國際文化出版公司，1994年1月，第2732頁。
《篆字印彙》，上海：上海書店出版社，1999年1月，第1516頁。
《中國篆刻全集》，哈爾濱：黑龍江美術出版社，2000年7月，第36頁。
《古印集萃・戰國卷》，北京：榮寶齋出版社，2000年11月，第19頁。
《古璽漢印集萃》上冊，南寧：廣西美術出版社，2001年10月，第34頁。
《中國書法全集》第92卷，北京：榮寶齋出版社，2003年2月，第67頁。
《中國璽印類編》，天津：天津人民美術出版社，2004年6月，第285、452頁。
《古璽彙考》，安徽大學博士學位論文，2006年5月，第183頁。

《戰國璽印分域研究》，長沙：嶽麓書社，2009年5月，第146頁。

集 釋：

羅福頤：

0252 □坙埜（野）鉨 《古璽彙編》，文物出版社，1981年12月，第43頁。

康 殷、任兆鳳：

⿰氵⿱𦍌止坙埜 《印典》（四），國際文化出版公司，1994年1月，第2732頁。

林清源：

二、《璽彙》0252「𦎫坙野鉨」

《璽彙》0252「△坙野鉨」，△字原書未釋。比對△字右旁，與《璽彙》0181「楮」字所从的「者」旁，二者的構形基本相合，祇是上半形體略有差別而已。楚國「者」字上半多作「」形，而《璽彙》0252作「止」形，變得與「之」相似。此一形體類化現象，在其他从「者」的楚國文字中經常出現。例如：

「著」字作「」（信陽簡1.28）；

「都」字作「」（包山簡113）；

「豬」字作「」（天星觀簡）。

上述諸字所从「者」旁的上半，都寫得很像「之」字。據此可知璽文△字其實是从米、者聲，應該釋爲「䊰」。「䊰」字典籍未見，在楚國文字資料中，多出現於「集䊰」、「集䊰尹」、「䊰椐」等詞中，前二者爲食官，後者爲廚具。根據楚國文字資料的用法推測，「䊰」字的字義應該與煮食之事有關（除了《璽彙》0252外，楚國「䊰」字還見於下列資料中：壽縣楚幽王墓所出鑄客諸器的「集䊰」、信陽簡2.24的「集䊰之器」、天星觀簡的「集䊰尹」、包山簡266的「一䊰椐」）。

此璽「野」字作「」形，跟其他楚國文字資料所見的構形相合。「者」字上半類化爲「之」旁，下半類化爲「皿」旁，也都是楚國文字習見寫法。根據上述字形特徵判斷，這應該是一枚楚國璽印。璽文內容爲「䊰𡈼野鉩」，印面爲陰文加框，大約2.7公分見方，

《璽彙》把它歸於官璽類。由璽文內容與印面形制尺寸來看，確實都比較接近官璽，不像是姓名私璽，因此《璽彙》的分類應該是合理的。《周禮·地官》云「遂人掌邦之野」，鄭玄《注》云：「郊外曰野。此謂甸、稍、縣、都。」由此可見，當時設有專門的職官來掌管邦野之事。璽文的「野」字，應該是指掌管邦野之事的行政單位或主管官員，「⿰米者坖」則是楚國地名。　《楚國官璽考釋》（五篇），《中國文字》新廿二期，藝文印書館，1997年7月，第212～213頁。

何琳儀：

楚系　⿰米者坖埜鉨

⿰米者，从米，者聲。疑⿰食者之異文。《酉陽雜俎·酒食》：「飽餘謂之⿰食者。」楚器「集（或作𩟄）⿰米者」，掌管飲食之機構。　《戰國古文字典》，中華書局，1998年9月，第521頁。

傅嘉儀：

□坖野璽　《篆字印彙》，上海書店出版社，1999年1月，第1516頁。

徐　暢：

東周・齊系公鉨　□坓埜（野）鉨　《中國篆刻全集》，黑龍江美術出版社，2000年7月，第36頁。

來一石：

□坓埜（野）鉨　《古印集萃・戰國卷》，榮寶齋出版社，2000年11月，第19頁。

肖　毅：

楮坓野鉨　《古璽所見楚系官府官名考略》，《江漢考古》，2001年第2期，第44頁。

戴山青：

□□野鉨　《古璽漢印集萃》上册，廣西美術出版社，2001年10月，第34頁。

徐暢主編：

戰國公鉨與印跡・齊系鉢印　352　□埜（野）坓鉢　《中國書法全集》第92卷，榮寶齋出版社，2003年2月，第67頁。

小林斗盦：

□坙埜鉢　《中國璽印類編》，天津人民美術出版社，2004年6月，第285頁。

小林斗盦：

□坙野鉢

與酓肯鼎但盤勺野字同。　《中國璽印類編》，天津人民美術出版社，2004年6月，第452頁。

林文彦：

（二）0252　□坙埜（野）鉩·楮坙（或「淫」）埜（野）鉩　楚

0252　楮坙（或「淫」）埜（野）鉩

此璽曾著錄於林廷勳《璽印集林》（簡稱《集林》）（林廷勳《璽印集林》，1972年，台北，海嶠印集。）、黃濬《尊古齋藏印》。

第一字《璽彙》未釋，《璽文》作爲未能辨識的字，收於附錄52（頁469）。《戰典》頁521、530釋爲「楮坙埜鉩」，楚璽，並云：「楮，从米、者聲。疑餚之異文。《酉陽雜

組・酒食》：『飽䬴謂之餚。』」。林清源引壽縣楚幽王墓所出鑄客諸器的「集赭」、信陽簡2.24「集赭之器」、天星觀簡「集赭尹」及包山簡266的「一赭樞」，釋爲：「从米、者聲，應該釋爲『赭』。『赭』字典籍未見，……根據楚國文字資料的用法推測，『赭』字的字義應與煮食之事有關。」（林清源〈楚國官璽考釋（五篇）〉，《中國文字》新22期，頁212，1997年12月，台北市，藝文印書館。）；按此字與0181楮（堵）里之鉩的字右部所从類近，釋赭可從。

第二字，从爪从壬，《古璽彙編》及《古璽文編》皆釋𡈼，吳振武《古璽文編校訂》（簡稱《文校》）（吳振武《古璽文編校訂》，頁219，吉林大學博士論文，1984年10月，長春。））頁219云：「……隸定作𡈼不確，應隸定爲㸒。」；《大廣益會玉篇》（簡稱《玉篇》）壬部收有「㸒」字，下注「余箴切，濫貪也。」（〔梁〕顧野王《大廣益會玉篇》，頁77，1987年7月，北京，中華書局。）；《汗簡》有字，其下注「滛」，按《汗簡》「壬」字條下稱「凡壬之屬皆壬」（〔宋〕郭忠恕撰《汗簡》中1.43，頁22，1982年11月，北京，中華書局。），似應釋爲从水从㸒的「淫」；《信陽楚簡》頁2.10也有字，皆

當釋爲「坙」或「淫」，𦙶坙（或「淫」）爲楚國地名。《古璽掇遺》，《書畫藝術學刊》，2006年第1期，第5頁。

施謝捷：

楚系官璽　𦙶坙埜（野）鉨（璽）《古璽彙考》，安徽大學博士學位論文，2006年5月，第183頁。

陳光田：

楚系古璽、「□倉埜（野）鉨（璽）」（0252）。璽文前兩字舊不識，第二字應爲「倉」之省。「□倉埜（野）」具體含義待考，可能爲地名。《戰國璽印分域研究》，嶽麓書社，2009年5月，第146頁。

官璽第二六三：𨛭（郰）遖迖鉨（璽）

印　面：

陳簠齋手拓古印集四冊、璽印集林四冊

著錄：

《古璽彙編》，北京：文物出版社，1981年12月，第44頁。
《印典》（二），北京：國際文化出版公司，1993年5月，第1316頁。
《篆字印彙》，上海：上海書店出版社，1999年1月，第974頁。
《中國璽印篆刻全集》，上海：上海書畫出版社，1999年11月，第48頁。
《中國篆刻全集》，哈爾濱：黑龍江美術出版社，2000年7月，第13頁。
《古印集萃・戰國卷》，北京：榮寶齋出版社，2000年11月，第37頁。
《古璽漢印集萃》上冊，南寧：廣西美術出版社，2001年10月，第23頁。
《戰國璽印分域編》，上海：上海書店出版社，2001年10月，第186頁。
《中國璽印類編》，天津：天津人民美術出版社，2004年6月，第204、441頁。

《戰國璽印分域研究》，長沙：嶽麓書社，2009年5月，第147頁。

《先秦古璽集粹》，長春：吉林文史出版社，2011年11月，第20頁。

集　釋：

羅福頤：

0263　郰□□鉨　《古璽彙編》，文物出版社，1981年12月，第44頁。

康　殷、任兆鳳：

郰□□　《印典》（二），國際文化出版公司，1993年5月，第1316頁。

何琳儀：

楚璽　郰隨迖鉨

《說文》：「郰，魯下邑孔子之鄉。从邑，取聲。」

楚璽郰，讀聚。　《戰國古文字典》，中華書局，1998年9月，第387頁。

何琳儀：

齊璽　郰隨迖鉨

䢓，从辵，犬聲。

齊璽䢓，人名。　《戰國古文字典》，中華書局，1998年9月，第1008～1009頁。

施謝捷：

聊隨䢓（逐）鉨　《〈古璽彙編〉釋文校訂》，《容庚先生百年誕辰紀念文集》，廣東人民出版社，1998年4月，第645頁。

吳振武：

《璽彙》0263「聊（?）遞（追）䢓（逐）璽」那樣的楚私璽，則更大至2.4公分見方，有時竟不免被後人誤以爲是官璽。　《古璽姓氏考》（複姓十五篇），《出土文獻研究》第三輯，中華書局，1998年10月，第87頁。

傅嘉儀：

□□□璽　《篆字印彙》，上海書店出版社，1999年1月，第974頁。

莊新興：

聊□□鉨　戰國　《中國璽印篆刻全集》，上海書畫出版社，1999年11月，第48頁。

徐　暢：

東周・楚系公鉨　郰隨□鉨　《中國篆刻全集》，黑龍江美術出版社，2000年7月，第13頁。

來一石：

郰□□鉨　《古印集萃・戰國卷》，榮寶齋出版社，2000年11月，第37頁。

戴山青：

郰□□鉥　《古璽漢印集萃》上冊，廣西美術出版社，2001年10月，第23頁。

莊新興：

1048　敢□鉨　楚系・楚　《戰國璽印分域編》，上海書店出版社，2001年10月，第186頁。

小林斗盦：

郰隨逐鉥　《中國璽印類編》，天津人民美術出版社，2004年6月，第204、441頁。

陳光田：

楚系古璽　「郰隨逐鉨（璽）」（0263）。璽文第二、三字舊不識，可釋爲隨逐。（施謝捷：《古璽彙編》釋文校訂》，《容庚先生百年誕辰紀念文集》，廣東人民出版社，1998

年，第644頁。）「詢里進」和「耶隨逐」可能爲地名，此二璽爲其官署所用之物。《戰國璽印分域研究》，嶽麓書社，2009年5月，第147頁。

徐　暢：

戰國楚系官鉨　耶隨□鉨　《先秦印風》，重慶出版社，2011年5月，第32頁。

王義驊：

耶隨逐鉨　《先秦古璽集粹》，吉林文史出版社，2011年8月，第20頁。

李守奎按：

「遖」釋「隨」非是。「隨」所从的聲符「陏」在楚文字中雖然有多種異體（《楚文字編》824~825頁），但都有義符「阜」。璽文釋「隨」，與字形不合，當隸定爲「遖」。「遖」字不見於後世字書，其所从的「脽」見於《說文》卷四。

李守奎按：

「迖」何琳儀此字注明是齊璽，但在同璽文字「隨」（878頁）、「耶」（387頁）、「鉨」（1252）等字下注明是楚璽，此處或許是筆誤。從「鉨」字及「耶」所从的「邑」旁的寫法來看，此璽是楚璽無疑。

「迖」字與《康熙字典》中「達」的訛字不會是一個字，施謝捷釋「逐」可備一說。

官璽第二六四：吁昜（陽）□鉨（璽）

印面：

故宮博物院藏印

著錄：

《古璽彙編》，北京：文物出版社，1981年12月，第45頁。

《印典》（一），石家莊：河北美術出版社，1989年8月，第272頁。

《古璽通論》，上海：上海書畫出版社，1996年3月，第107頁。

《中國篆刻全集》，哈爾濱：黑龍江美術出版社，2000年7月，第17頁。

《古印集萃·戰國卷》，北京：榮寶齋出版社，2000年11月，第36頁。

《戰國璽印分域編》，上海：上海書店出版社，2001年10月，第190頁。

《中國書法全集》第92卷，北京：榮寶齋出版社，2003年2月，第47頁。

《中國璽印類編》，天津：天津人民美術出版社，2004年6月，第42、319頁。

《古璽彙考》，安徽大學博士學位論文，2006年5月，第186頁。

《戰國璽印分域研究》，長沙：嶽麓書社，2009年5月，第155頁。

《先秦印風》，重慶：重慶出版社，2011年5月，第37頁。

《先秦古璽集粹》，長春：吉林文史出版社，2011年11月，第21頁。

集　釋：

羅福頤：

0269　吁昜□鉨　《古璽彙編》，文物出版社，1981年12月，第45頁。

康　殷、任兆鳳：

吁昜□　《印典》（一），河北美術出版社，1989年8月，第272頁。

何琳儀：

吁昜□鉩　《戰國文字與傳鈔古文》，《古文字研究》第十五輯，中華書局，1986年6月，第123頁。

曹錦炎：

29.号昜（陽）□鉩

「号」字寫作「」，見於臨沂銀雀山漢簡，馬王堆帛書《黄帝書·九主》「號」字偏旁構形也同。「号」讀爲「鄡」，《晏子春秋·內篇·雜下》「鴞當陛布翌」，《說苑·辨物》引「鴞」作「梟」；《楚辭·七諫》「近習鴟梟」，《考異》「梟一作鴞」，均其證。鄡，是以「梟」爲聲的地名專用字，「鴞」从「號」聲，可見号、鄡可通。璽文之「号陽」，即「鄡陽」，故城在今江西鄱陽縣西北。漢置鄡陽縣，屬豫章郡，戰國時正爲楚地。漢時「鄡陽」縣名，當沿舊稱。　《古璽通論》，上海書畫出版社，1996年3月，第108～109頁。

何琳儀：

楚系　号昜□鉩

号，从口，丂聲。号，匣紐宵部；丂，溪紐幽部。匣、溪爲喉、牙通轉，幽、宵旁轉。号爲丂之准聲首。戰國文字丂或作于形。《說文》「丂，古文以爲亏字」，銀雀山漢簡《尉繚子》号作，馬王堆帛書《老子》甲本號作，均其確證。于或演變爲、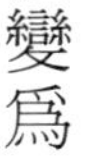。号或省作，遂與也字混同。《說文》：「号，痛也。从口在丂上。（胡到切）。」楚璽「号昜」，讀「鄡陽」。《晏子春秋・內篇・雜下》「鴞當陛布翌」，《說苑・辨物》引鴞作梟。《楚辭・七諫》「近習鴟梟」，考異「梟一作鴞」。是其佐證。鄡陽，地名，隸《漢書・地理志》豫章郡。在今江西鄱陽西北。　《戰國古文字典》，中華書局，1998年9月，第287頁。

徐　暢：

東周・楚系公鈢　吁（無）昜（陽）□鈢　《中國篆刻全集》，黑龍江美術出版社，2000年7月，第17頁。

來一石：

吁昜□鈢　《古印集萃・戰國卷》，榮寶齋出版社，2000年11月，第36頁。

肖　毅：

33.吁陽盧璽

第三字左殘，右當爲「膚」，讀爲「盧」。《周禮·冬官考工記》「攻木之工：輪、輿、弓、廬、匠、車、梓。」又「廬人爲廬器」，廬人爲製作兵器之柄的工官。《古璽所見楚系官府官名考略》，《江漢考古》，2001年第2期，第43頁。

莊新興：

1069　吁陽□鉨　楚系·楚　《戰國璽印分域編》，上海書店出版社，2001年10月，第190頁。

徐暢主編：

戰國公鉨與印跡·楚系鉨印　172　吁（無）昜（陽）□鉨　《中國書法全集》第92卷，榮寶齋出版社，2003年2月，第47頁。

徐暢主編：

172　吁（無）昜（陽）□鉨

《古璽彙編》〇二六九號著録。

湯餘惠説無陽即湖南芷江，何琳儀説爲今湖北荊門。不知孰是，待考。《中國書法全集》第92卷，榮寶齋出版社，2003年2月，第210頁。

小林斗盦：

吁昜□鈢　《中國璽印類編》，天津人民美術出版社，2004年6月，第42、319頁。

王慶衛：

楚系文字中有這樣一個字，寫作「」，過去學者多把它釋讀作「号」。楚璽中有「昜（陽）□鈢」《彙》0269），《古璽彙編》將此釋作「吁」。曹錦炎先生據銀雀山漢簡、馬王堆帛書《黄帝書・九主》中「號」字所从「号」與「」形相同而將此字釋作「号」。他認爲「号陽」即「鄡陽」，故城在江西鄱陽縣西北（曹錦炎：《古璽通論》，第107~108頁，上海書畫出版社，1996年）。此字還見於望山楚簡，寫作「」（望2.45），朱德熙、裘錫圭、李家浩三位先生在釋文中，亦將此字釋爲「号」（朱德熙、裘錫圭、李家浩：《望山楚簡》，第111頁，中華書局，1995年）。何琳儀先生《戰國古文

字典》「号」字條下引用了這兩個字例，而且把古文字中从「」从心的兩個字釋作「愕」（何琳儀：《戰國古文字典》，第287頁，中華書局，1995年）：

愕矢形器

愕距末

最近，從湖南常德戰國楚墓出土了一對銅距末，其中一枚銘文作「作距末，用佐商國」。此種距末以前也有著録。陳松長先生認爲「」爲作器者名，從曹錦炎先生所釋作「愕」（陳松長：《湖南常德新出土銅鉅末銘文小考》，載《文物》2002年第10期）。以上諸家先生的注解皆依據銀雀山漢簡及馬王堆帛書中的「号」字與此字形相類。馬王堆漢墓帛書《老子》甲本三七行「終日號而不嚘」，「號」字作「」。銀雀山漢墓竹簡《尉繚子》四八六簡「發号施令」，「号」字作「」。銀雀山漢簡《守法令等十三篇》八六零簡「故號令行」，「號」字作「」。

從字形上看，漢簡、帛書中的「号」字與楚系文字中的「」字的確相似，但我們認爲

它們並不是同一個字。我們認爲「」字還是應釋作「吁」字。在郭店楚簡《語叢二》篇簡15-16中，「」字也曾出現：「援生於欲，生於援，15/忘生於。16」整理者將這兩個字皆釋作「吁」（荊門市博物館：《郭店楚墓竹簡》，第203頁，文物出版社，1998年）。從《語叢二》篇頂真的行文方式來看，我認爲這種看法應該是正確的。如簡文中有「愛生於性，親生於愛，8/終生於親。9/欲生於性，慮生於欲，10/悟生於慮，靜生於悟，11/尚生於靜。12」（荊門市博物館：《郭店楚墓竹簡》，第203頁，文物出版社，1998年），其內容是上下對應的，而簡15、16中的「」、「」也應爲同一字，即「吁」。「」的寫法祇不過是將本位於「于」旁左下的「口」旁移至於「于」上而已。這種偏旁的錯位在戰國文字是極爲常見的（這種情況可參見何琳儀先生《戰國文字通論》第四章中的「異化」章節部份）。

南京大學考古與藝術博物館藏有一件青銅砭，這件青銅砭在手柄與砭頭之間有約2.2釐米長的間隔，呈現爲方形的柱狀，在這方形柱狀四面各鑄有一字，依次爲：

 A  B

 C  D

B、C、D分別釋爲「嗟」、「虖」、「敬」。這件青銅砭著錄於《殷周金文集成》11998，也就是何琳儀先生提到的「愕矢形器」。「」字从心从，何琳儀先生釋爲「愕」（何琳儀：《戰國古文字典》，第287頁，中華書局，1998年）。我們認爲「」字應釋作「呿」，讀作「吁」。銅砭上的這四個字讀作「吁嗟乎，敬」。在古代文獻中，常見「吁嗟」或「嗟乎」這兩個表示感歎的語氣詞，也有「吁嗟乎」這種用法，這應是一種極度感歎的語氣詞，《詩經》曾有出現，如《詩·召南·騶虞》：

彼茁者葭，壹發五（編按：此處脫「豝」字，今據《十三經註疏》補）。于嗟乎，騶虞！

彼茁者蓬，壹發五（編按：此處脫「豝」字，今據《十三經註疏》補）。于嗟乎，騶虞！

《詩・秦風・權輿》：

于我乎夏屋渠渠，今也每食無餘。于嗟乎，不承權輿。

于我乎每食四簋，今也每食不飽。于嗟乎，不承權輿。

「吁」與「于」同，「于，音吁。」（朱熹：《詩集傳》，第14頁，上海古籍出版社，1980年）。故「吁嗟乎，敬」，可以解釋爲：「哎呀，要小心謹慎呀！」這樣，銘文的解釋正好與青銅砭作爲醫療器具的功用相吻合，正如《千金藥方》所云：「因針所生，若更失度者，有死之憂也，所謂針能殺人，不能起死人，謂愚人妄針必死，不能起生人也。」

根據上面的討論，可以認爲楚系文字中的「」字應釋爲「吁」字。那麼如何解釋銀雀山漢簡和馬王堆帛書中的「号」字（旁）寫作「」形，這種寫法從字形上看與「」極其相似。我們認爲這兩者實際上是完全不同的兩個字，祇是由於特殊的寫法造成了字形的混同。

《説文·号部》：「号，痛聲也。从口在丂上。」「号」字可能是从丂得聲的形聲字，「丂」字古音爲溪紐幽部，「号」爲匣紐宵部，聲韻皆近。「号」字所从的「丂」早期作「」形。古文字中常見在豎筆上添加飾點的現象，而後又將飾點變作短横，這種情況在戰國文字中非常普遍。「丂」字在戰國文字中又變作「」、「」形，正是這種情況的體現。我們可以參考古文字中的「丂」、「考」字來印證「丂」的這種演變。

Ⅰ  同簋  頌鼎

Ⅱ  者汈鐘  蔡侯盤

Ⅲ  陳逆𠤳  上·詩論8

從上列「丂」、「考」諸字例，我們可以清楚地看到其演變的線索。值得注意的是，在秦系文字中，Ⅲ型「丂」字下部豎筆上的短横進而又變作長横。睡虎地秦簡中的「考」字作：

 睡・日書乙241　 睡・日書乙238

其所从的「」實際上是「丂」的變體。這種寫法恰恰和「于」字字形一樣，因此很容易形成混同。我們推測，銀雀山漢簡和馬王堆帛書中的「号」字之所以寫作「」、「」（號字所从）、「」（號字所从），可能就是由於其所从的「丂」訛變作「于」形的緣故，這種寫法應是從秦系文字沿襲而來。其演變過程如下所示：

當然，由「」變作「」形的過程出現的時代相對比較晚，而就目前所見到的文字材料訛（編按「訛」字當爲衍文）來看，這種情況似乎衹見於秦簡和漢簡。楚簡中「考」字所从的「丂」旁，其下部豎筆上的短橫未見有變作長横之例。我們認爲至少在楚簡文字中，「于」和「丂」的寫法可以比較明顯地區分開來。

最後，我們還想指出的是，絶大多數秦漢文字及《說文》中的「考」、「号」所从的「丂」還是沿襲了甲骨文、西周金文的寫法，寫作「」，或變作「」。而秦簡「考」字、漢簡帛書中的「号」字所从「丂」作「」、「」形的寫法只是一種由於訛變造成的個別現象，並未對後代的文字産生影響。

楚系文字中的「吁」字和漢簡帛書中的「号」字，我們認爲它們本來是兩個完全不同的字，出現在不同的時代和地域，但由於前者在書寫時出現了形體的錯位，而後者的部件發生了訛變，使得兩字在形體上十分相似，很容易造成混同。《試析戰國楚系文字中的「吁」》，《考古與文物》，2004年第3期，第88～89頁。

施謝捷：

楚系官璽　旱（吁）昜（陽）□鈢（璽）　《古璽彙考》，安徽大學博士學位論文，2006年5月，第186頁。

陳光田：

楚系古璽　「吁昜（陽）癡（盧）鈢（璽）」（0269）。第一字有學者釋爲號（朱德熙等：

《望山楚簡》，中華書局，1995年，第111頁。），或從其説（何琳儀：《戰國古文字典》，北京：中華書局，1998年，第287頁。），或認爲「虢陽」即鄡陽，故城在今江西鄱陽縣西北。（曹錦炎：《古璽通論》，上海書畫出版社，1996年，第108頁。）其實舊釋「吁」是正確的，望山簡中有此字。第三字舊不識，當釋爲盧，讀做廬。（肖毅：《古璽所見楚系官府官名考略》，《江漢考古》，2001年2期。）「廬」爲一種工官，《周禮・冬官・考工記》云：「攻木之工：輪、輿、弓、廬、匠、車、梓。」又「廬人爲廬器」，廬人爲製作兵器之柄的工官。該璽可能爲楚吁陽之地的廬官所用之璽。　《戰國璽印分域研究》，嶽麓書社，2009年5月，第155頁。

徐　暢：

吁（無）易（陽）□鉨　《先秦印風》，重慶出版社，2011年5月，第37頁。

王義驊：

吁易□鉨　《先秦古璽集粹》，吉林文史出版社，2011年8月，第21頁。

李守奎按：

王慶衛以《詩經》「於嗟乎」與青銅砭上的銘文對讀，釋爲「吁」，可信。楚文字中，結構易位的異體字並不罕見，舉一些左右結構和上下結構構成異體的例子：「詐」字異體與（《楚字編》154頁）、「复」字異體與（《楚字編》184頁），「諆」字異體「訢」與「諆」（天星觀簡作「」，上海博物館藏戰國楚竹書二《民之父母》8號簡作），（《楚字編》，「庶」字異體與（《楚字編》552頁），「好」字異體與（《楚字編》682頁），「尊」字異體與（《楚字編》862頁）等。「吁」的「口」旁並不固定，除在左側和上方外，還有在右下方的，例如郭店簡《尊德義》的「訏」異體作（《楚字編》147頁）。「吁陽」地在何處，待考。

官璽第二六五：鄭（濮）昜（陽）訏（信）鉨（璽）

印面：

珍秦齋藏印

著　録：

《珍秦齋藏印・戰國篇》，澳門：澳門基金會出版，2001年6月，第140頁。

《戰國璽印分域研究》，長沙：嶽麓書社，2009年5月，第157頁。

集　釋：

吳振武：

鄴（濮）昜信鉨（璽）。

質料：銅

尺寸（公分）：1.50×1.50×1.00　《珍秦齋藏印・戰國篇》，澳門基金會出版，2001年6月，第140頁。

陳光田：

楚系古璽「鄴（濮）昜（陽）信鉨（璽）」（《珍秦齋藏印（戰國篇）》99.140）。璽文第二字舊釋爲昜，誤，當釋爲昜，讀做陽。濮陽，春秋時衛之都城，因在濮水之北而得名。該璽當爲楚濮陽邑的官署所用。　《戰國璽印分域研究》，嶽麓書社，2009年5月，第157頁。

官璽第二六六：龍城□鉩（璽）

印面：

陳簠齋手拓古印集四冊

著録：

《古璽彙編》，北京：文物出版社，1981年12月，第47頁。

《印典》（四），北京：國際文化出版公司，1994年1月，第2377頁。

《中國篆刻全集》，哈爾濱：黑龍江美術出版社，2000年7月，第14頁。

《古印集萃·戰國卷》，北京：榮寶齋出版社，2000年11月，第36頁。

《古璽漢印集萃》上冊，南寧：廣西美術出版社，2001年10月，第28頁。

《戰國璽印分域編》，上海：上海書店出版社，2001年10月，第191頁。

《中國書法全集》第92卷，北京：榮寶齋出版社，2003年2月，第47頁。

《中國璽印類編》，天津：天津人民美術出版社，2004年6月，第377、445頁。

《古璽彙考》，安徽大學博士學位論文，2006年5月，第183頁。

《戰國璽印分域研究》，長沙：嶽麓書社，2009年5月，第148頁。

《先秦印風》，重慶：重慶出版社，2011年5月，第38頁。

《先秦古璽集粹》，長春：吉林文史出版社，2011年11月，第21頁。

集　釋：

羅福頤：

0278　龍城□鉨　《古璽彙編》，文物出版社，1981年12月，第47頁。

康　殷、任兆鳳：

龍城□　《印典》（四），國際文化出版公司，1994年1月，第2377頁。

何琳儀：

楚系　龍城飤鉨

飤，从食（或省作皀旁），弋聲。饐之異文。《玉篇》：「飤，古文作饐。」《說文》：「饐，飯傷濕也。从食，壹聲。」楚璽飤，讀貸。《戰國古文字典》，中華書局，1998年9月，第71頁。

何琳儀：

楚系　龍城飤鉨

「龍城」，地名。《水經·獲水注》：「獲水又東歷龍城，不知誰所創築也。」在今安徽蕭縣東。《戰國古文字典》，中華書局，1998年9月，第426～427頁。

何琳儀：

楚系　龍城[皀弋]鉨

城，西周金文作（班簋）。从𩫖，成聲。或作（元年師兌簋），成旁省作戌旁。春秋金文作（徐䣄尹鉦），以土旁易𩫖旁。戰國文字承襲春秋金文。楚系文字或聲化爲从王得聲。《說文》：「，以盛民也。从土，从成，成亦聲。，籀文城，从𩫖。」（十三下十）

楚器城，地名後綴。　《戰國古文字典》，中華書局，1998年9月，第810頁。

徐　暢：

東周・楚系公鉩　龍城飤鉩　《中國篆刻全集》，黑龍江美術出版社，2000年7月，第14頁。

來一石：

龍城□鉩　《古印集萃・戰國卷》，榮寶齋出版社，2000年11月，第36頁。

戴山青：

龍城□鉨　《古璽漢印集萃》上冊，廣西美術出版社，2001年10月，第28頁。

莊新興：

1074　龍城□鉩　楚系・楚　《戰國璽印分域編》，上海書店出版社，2001年10月，第191頁。

徐暢主編：

戰國公鉩與印跡・楚系鉩印　163　龍城飤鉩　《中國書法全集》第92卷，榮寶齋出版社，2003年2月，第47頁。

徐暢主編：

163　龍城飤鈢

作於戰國時期。楚國官鈢。《古璽彙編》〇二七八號著錄。

龍城，包山楚簡作「鄘城」。龍城在今安徽蕭縣東。第三字何琳儀釋爲飤，即饋之省體。或許即貣之異文。《說文》：「貣，從人求物也。从貝，弋聲。」此可能是借貸之憑證。

參考　何琳儀《戰國官璽雜識》《中國書法全集》第92卷，榮寶齋出版社，2003年2月，第209頁。

小林斗盦：

龍城□鈢　《中國璽印類編》，天津人民美術出版社，2004年6月，第377、445頁。

施謝捷：

楚系官璽　俞塋（城）（戟）鈢（璽）

圖七

圖八

我們在整理過程中看到了更爲清晰的印蛻（圖八），印文第一、三兩字明顯較《古璽彙編》所收者清晰。過去有學者據《古璽彙編》所收者將第三字摹作「」，以爲此字从皀（食之省）弋聲，是「饐」之異文，讀「貸」，印文釋讀爲「龍城飤（貸）鉨」（何琳儀 1995a：《戰國古文字典》71 頁。《中國篆刻全集》1.14 頁沿襲其説）。現在看來首字右半與常見「龍」所从有差異，第三字也並不从「皀」，舊釋「龍城飤（貸）鉨」這一說法顯然應該重新審視。

《古璽彙考》，安徽大學博士學位論文，2006 年 5 月，第 15 頁。

施謝捷：

此璽印文原釋爲「龍城□鉨」（《古璽彙編》0278；《戰國璽印分域編》1074），或將第三字摹作「」，以爲此字从皀（食之省）弋聲，即「饐」之異文，讀「貸」，印文釋讀爲「龍城飤鉨」（何琳儀 1993a；《戰國古文字典》71 頁。《中國篆刻全集》1.14 頁沿襲其説）。從較爲清晰的印文看，第三字實際上作「」形，左半所从顯然不是「皀」，更不會是「食」之省形，將此字據《古璽彙編》並不清晰的印本摹作「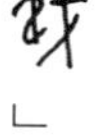」，顯然失真。第一字右半所从與常見的「龍」字所从「巳」形也有差異。可見舊釋「龍城飤鉨」，恐怕

並不妥當。今謂第一字右半所从與「俞」相似，而「」與戰國文字中的「戟」相近似，印文或當釋爲「俞埅（城）（戟）鉨（璽）」，具體所指，俟再考。《古璽彙考》，安徽大學博士學位論文，2006年5月，第183頁。

陳光田：

楚系古璽「龍城□鉨（璽）」（0278）。龍城，今安徽蕭縣。（何琳儀：《戰國文字通論（訂補）》，江蘇教育出版社，2003年，第156頁。）第三字舊不識，該字左邊不清晰，右从「戈」。該字可能爲職官名。《戰國璽印分域研究》，嶽麓書社，2009年5月，第148頁。

徐暢：

戰國楚系官鉨　龍城飤鉨　《先秦印風》，重慶出版社，2011年5月，第38頁。

王義驊：

龍城□鉨　《先秦古璽集粹》，吉林文史出版社，2011年8月，第21頁。

李守奎按：

楚簡「俞」字屢見，作或。璽文與「俞」不類。釋「龍」不誤。

官璽第二六七：□□鉨（璽）

印　面：

陳簠齋手拓古印集四冊，故宮博物院藏印

著　錄：

《古璽彙編》，北京：文物出版社，1981年12月，第55頁。

《印典》（四），北京：國際文化出版公司，1994年1月，第2709頁。

《篆字印彙》，上海：上海書店出版社，1999年1月，第974頁。

《中國篆刻全集》，哈爾濱：黑龍江美術出版社，2000年7月，第17頁。

《古印集萃・戰國卷》，北京：榮寶齋出版社，2000年11月，第40頁。

《古璽漢印集萃》上冊，南寧：廣西美術出版社，2001年10月，第35頁。

《中國書法全集》第92卷，北京：榮寶齋出版社，2003年2月，第48頁。

《古璽彙考》，安徽大學博士學位論文，2006年5月，第187頁。

《戰國璽印分域研究》，長沙：嶽麓書社，2009年5月，第158頁。

《先秦印風》，重慶：重慶出版社，2011年5月，第40頁。

集　釋：

羅福頤：

0315　□□鉨　《古璽彙編》，文物出版社，1981年12月，第55頁。

何琳儀：

遊□鉨　《戰國古文字典》，中華書局，1998年9月，第1537頁。

傅嘉儀：

□□璽　《篆字印彙》，上海書店出版社，1999年1月，第974頁。

徐　暢：

東周·楚系公鉨　□□鉨　《中國篆刻全集》，黑龍江美術出版社，2000年7月，第17頁。

來一石：

□□鉨　《古印集萃·戰國卷》，榮寶齋出版社，2000年11月，第40頁。

戴山青：

□□鉨　《古璽漢印集萃》上冊，廣西美術出版社，2001年10月，第35頁。

徐暢主編：

戰國公鉨與印跡·楚系鉨印　180　□□鉨　《中國書法全集》第92卷，榮寶齋出版社，2003年2月，第48頁。

施謝捷：

楚系官璽　鉨（璽）　《古璽彙考》，安徽大學博士學位論文，2006年5月，第187頁。

陳光田：

楚系古璽　「□□之鉨（璽）」（0315）。該璽從印面形制及字體看似屬僞作，暫列於此。

《戰國璽印分域研究》，嶽麓書社，2009年5月，第158頁。

官璽第二六八：㝯（蜜）鉥（璽）

印面：

尊古齋古璽集林初二集、衡齋藏印十六冊

著錄：

《古璽彙編》，北京：文物出版社，1981年12月，第60頁。

《印典》（四），北京：國際文化出版公司，1994年1月，第2697頁。

《篆字印彙》，上海：上海書店出版社，1999年1月，第973頁。

《中國璽印篆刻全集》，上海：上海書畫出版社，1999年11月，第50頁。

《中國篆刻全集》，哈爾濱：黑龍江美術出版社，2000年7月，第70頁。

《古印集萃·戰國卷》，北京：榮寶齋出版社，2000年11月，第31頁。

《古璽漢印集萃》上冊，南寧：廣西美術出版社，2001年10月，第33頁。
《戰國璽印分域編》，上海：上海書店出版社，2001年10月，第194頁。
《中國書法全集》第92卷，北京：榮寶齋出版社，2003年2月，第94頁。
《戰國璽印》，上海：上海書畫出版社，2003年8月，第203頁。
《古璽彙考》，安徽大學博士學位論文，2006年5月，第168頁。
《戰國璽印分域研究》，長沙：嶽麓書社，2009年5月，第149頁。
《先秦印風》，重慶：重慶出版社，2011年5月，第89頁。
《先秦古璽集粹》，長春：吉林文史出版社，2011年11月，第28頁。

集釋：

羅福頤：

0348 □璽　《古璽彙編》，文物出版社，1981年12月，第60頁。

吳振武：

㐭（廩）鉩　《〈古璽彙編〉釋文訂補及分類修訂》，《古文字學論集》（初編），香港中文大學，1983年9月，第492頁。

吴振武：

〔八五七〕今按：此字應釋爲「亩（稟）」。趙士軍鉀亩字作（《文物》一九八一年八期），即之變，詳拙作《戰國「亩（稟）」字考察》。原璽全文作「亩（稟）鉩」，可知是倉廩所用之璽。故此字應和五四〇頁第一欄、一一八頁稟字條下、、、、等同列一欄並釋爲「亩（稟）」。亩（稟）字《說文》立爲部首。

《〈古璽文編〉校訂》，吉林大學博士學位論文，1984年12月，第618~619頁。

何琳儀：

楚系　昵鉩

昵从日，必聲。

楚璽昵，讀必。《漢書·韓信傳》「且漢王不可昵（編按：當爲「必」訛）。」，注「必謂信之」。

《戰國古文字典》，中華書局，1998年9月，第1102頁。

傅嘉儀：

□璽　《篆字印彙》，上海書店出版社，1999年1月，第973頁。

莊新興：

□鈢　戰國　《中國璽印篆刻全集》，上海書畫出版社，1999年11月，第50頁。

徐　暢：

東周·三晉系公鈢　亩（稟）鈢　《中國篆刻全集》，黑龍江美術出版社，2000年7月，第70頁。

劉信芳：

四、窨鈢（編按：圖略）。

《璽彙》0348：「□鈢」。

吳振武先生釋文爲「廩鈢」（吳振武：《〈古璽《彙編》〉釋文訂補及分類修訂》，載《古文字學論集》初編，香港中文大學中國文化研究所，1983年9月，第492頁）。何琳儀先生將第一字隸作「⿰日必」，分析其字形爲「从日，必聲」，讀爲「必」，引《漢書·韓信傳》：「且漢王不可必。」注：「必謂信之。」依此釋，該璽衹能被理解爲吉語璽（何琳儀：《戰國古文字典》，北京中華書局，1998年，第1102頁）。

按該璽之橢圓白文邊框的上部突出一小點，依據這一特點，應釋文爲「窨鈢」，「窨」字之「宀」借該璽邊框爲之。字从甘，宓聲，楚簡用爲「蜜」。包255：「窨一缶。」又：「窨某一缶。」257：「窨飿二箕。」「窨鈢」作爲官府用璽，頗使人迷惑。若讀「窨」爲「蜜」，則應是製「蜜飿」、「蜜梅」的官辦作坊用璽；若讀爲「密」，則應是地方官府用璽。春秋時楚有地名「啇密」，見《左傳》僖公二十五年，西漢稱「密陽鄉」，見《漢志》，其地在今湖北丹江口水庫淹沒區。權此二者，以工官用璽的可能性爲大。《古璽試解十則》，《中國文字》新廿六期，藝文印書館，2000年12月，第164頁。

來一石：

□鈢 《古印集萃·戰國卷》，榮寶齋出版社，2000年11月，第31頁。

戴山青：

□鈢 《古璽漢印集萃》上冊，廣西美術出版社，2001年10月，第33頁。

莊新興：

1090　□鉨　楚系·楚　《戰國璽印分域編》，上海書店出版社，2001年10月，第194頁。

徐暢主編：

戰國公鉨　與印跡·三晉系鉨印　627　廩鉨　《中國書法全集》第92卷，榮寶齋出版社，2003年2月，第94頁。

莊新興：

□璽（楚）　《戰國璽印》，上海書畫出版社，2003年8月，第203頁。

施謝捷：

楚系官璽　窨（蜜）鉨（璽）　《古璽彙考》，安徽大學博士學位論文，2006年5月，第168頁。

陳光田：

楚系古璽　「□鉨（璽）」（0348）。璽文第一字舊不識，或釋爲亩，讀做廩，掌管倉廩的官員所用之璽。（吳振武：《戰國「亩（廩）」字考察》，《考古與文物》1984年第4期。）該字從形體看不像「亩」，當存疑爲是。　《戰國璽印分域研究》，嶽麓書社，2009年5

月，第150頁。

徐　暢：

戰國晉系官鉨　亯（稟）鉨　《先秦印風》，重慶出版社，2011年5月，第89頁。

王義驊：

亯鉨　《先秦古璽集粹》，吉林文史出版社，2011年8月，第28頁。

李守奎按：

劉信芳以邊欄上部爲筆畫，釋爲「窨」，比較可信。

官璽第二六九：□鉨（璽）

印　面：

尊古齋古璽集林初二集、尊古齋印存四集四十冊

著錄：

《古璽彙編》，北京：文物出版社，1981年12月，第62頁。

《印典》（四），北京：國際文化出版公司，1994年1月，第2709頁。

《篆字印彙》，上海：上海書店出版社，1999年1月，第974頁。

《中國篆刻全集》，哈爾濱：黑龍江美術出版社，2000年7月，第11頁。

《古印集萃・戰國卷》，北京：榮寶齋出版社，2000年11月，第31頁。

《古璽漢印集萃》上冊，南寧：廣西美術出版社，2001年10月，第33頁。

《戰國璽印分域編》，上海：上海書店出版社，2001年10月，第192頁。

《中國書法全集》第92卷，北京：榮寶齋出版社，2003年2月，第48頁。

《古璽彙考》，安徽大學博士學位論文，2006年5月，第170頁。

《先秦印風》，重慶：重慶出版社，2011年5月，第31頁。

集釋：

羅福頤：

0358 □鉩 《古璽彙編》，文物出版社，1981年12月，第62頁。

康 殷、任兆鳳：

□璽 《印典》（四），國際文化出版公司，1994年1月，第2709頁。

何琳儀：

楚系 陶鉩 《戰國古文字典》，中華書局，1998年9月，第1518頁。

傅嘉儀：

□璽 《篆字印彙》，上海書店出版社，1999年1月，第974頁。

徐 暢：

東周·楚系公鉩 □鉩 《中國篆刻全集》，黑龍江美術出版社，2000年7月，第11頁。

來一石：

□鉩 《古印集萃·戰國卷》，榮寶齋出版社，2000年11月，第31頁。

肖 毅：

17.市璽

陶从阜从勹从市，當爲市字異構。《說文》：「市，買賣所之也。」《禮記・王制》：「命之納賈」鄭玄注：「市，典市者。」《尉繚子・武議》：「夫市也者，百貨之官也。」此璽當爲市官所用印。《古璽所見楚系官府官名考略》，《江漢考古》，2001年第2期，第41頁。

戴山青：

□鉢　《古璽漢印集萃》上册，廣西美術出版社，2001年10月，第33頁。

莊新興：

1084　□鉩　楚系・楚　《戰國璽印分域編》，上海書店出版社，2001年10月，第192頁。

徐暢主編：

戰國公鉩與印跡・楚系鉩印　174　□鉩　《中國書法全集》第92卷，榮寶齋出版社，2003年2月，第48頁。

施謝捷：

楚系官璽　　鉩（璽）　《古璽彙考》，安徽大學博士學位論文，2006年5月，第170頁。

程　燕：

（0358）左字是個疑難字形，一直未釋。現在看來，右上所从偏旁「」即「夗」，在楚文字中習見：

《江漢考古》1993.3

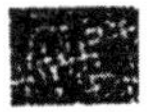鄧鼎淅川下寺春秋楚墓8圖五（趙平安認爲「縶」字所从「夗」是聲符，都是元部字。參從語源學的角度看東周時期鼎的一類別名[C]//新出簡帛與古文字考論。北京：商務印書館，2009：17-18）

《集成》289.2

《集成》290

《集成》319

《集成》346

《集成》326

《集成》330（裘錫圭、李家浩認爲「羸」應該就是見於《國語》的「羸亂」。《曾侯乙墓鐘磬銘文釋文及考釋》注14。上博周易公佈後，徐在國先生撰文認爲「此字从『子』沒有問題，但是『子』上絕對不是『而』，應該是『夗』。上博竹書（三）〈周易〉釋文補正[EB /OL]・http://www.jianbo.org 2004-4-24）

上博三《周易》2

上博三《周易》2

上博三《周易》2

上博三《周易》2

上博三《周易》2（裘錫圭、李家浩認爲「羸」應該就是見於《國語》的「羸亂」。

《曾侯乙墓鐘磬銘文釋文及考釋》注14。上博周易公佈後，徐在國先生撰文認爲「此字从『子』沒有問題，但是『子』上絕對不是『而』，應該是『夗』。上博竹書（三）〈周易〉釋文補正[EB /OL]·http://www.jianbo.org 2004-4-24）

 包山151

 九店M56.17

 九店M56.20

 九店M56.22

 九店 M56.24（徐在國很早就將此字分析爲：从艸、从田、夗聲。參讀楚系簡帛文字編劄記[J]安徽大學學報（哲學社會科學版），1998（5）後在《上博竹書（三）〈周易〉釋文補正》一文中重申這一觀點。）

 上博一《孔子詩論》21

 上博一《孔子詩論》22（此字形體與包山、九店所从「夗」旁稍有差異，但其字正好對應今本《詩・陳風》之《宛丘》的「宛」，此字从夗聲也是肯定無疑的。）

 上博七《君者何必安哉》甲9

 上博七《君者何必安哉》乙（何家興認爲此字是一個雙聲符的字，从「旱」从「」，二者皆聲。「」即「夗」。參說「𠅘」及其相關諸字[EB/OL]・http:www.guwenzi.com2009-1-4。）

隨著諸多新材料的不斷出現，加之與傳世文獻的互相印證，學者們對楚文字中的這個「」旁即「夗」的考證已成定論。李零認爲，這種形體類似於「勹」的偏旁「夗」可能是由金文「𡨦」字所从的演變而來（李零・讀九店楚簡[J]・考古學報・1999（2））。其實還可以更早上溯到甲骨文，于省吾早在《甲骨文字釋林》中就釋出了甲骨文中有關「夗」聲

旁的字（于省吾．甲骨文字釋林[M]．北京：中華書局，1979：40-42。）。後來，劉釗、馮勝君、趙平安等先後撰文考釋了古文字中一系列从「夗」的字，並對字形做了細緻入微的分析（a．劉釗．釋甲骨文中从夗的幾個字[C]//古文字考釋叢稿．長沙：嶽麓書社，2005：30-47．b．劉釗．釋金文中从夗的幾個字[C]//古文字考釋叢稿．長沙：嶽麓書社，2005：106-115．c．馮勝君．釋戰國文字中的「怨」[C]//古文字研究（25）．北京：中華書局，2004．d．趙平安．戰國文字中的「宛」及其相關問題研究[C]//新出簡帛與古文字古文獻研究．北京：商務印書館，2009：143-154。），此不贅述。

「夗」旁釋出後，考證其下所从的「」就成了此字考釋的關鍵所在，我們懷疑這個偏旁可能就是「奐」。「奐」旁在金文中作：

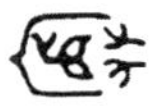 師奐父簋

 師奐父盤

 史奐簋

牆盤

金文「奐」从人，从穴，从，會从它人宅有所取之意。亦聲（疊加音符）。所从或訛作形，戰國文字或省旁（參黃德寬主編.古文字譜系疏證[M]．北京：商務印書館，2007：2580）。

上博四《內豊》8號簡中有一字作：

昷（冠）不奐

田煒據侯馬盟書中的「奐」字作等形，「[衤+奐]」字作等形，「寏」字作，將上博簡的「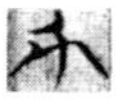」改釋爲「奐」（田煒．讀上博竹書（四）瑣記[EB/OL]．http://www.jianbo.org2005-4-3）。其說可從。

細審之，本文所討論的「」與「奐」的常見標準字形稍有差異，「人」形右上方多一短

斜劃。我們猜測這一短斜劃可能是裝飾性筆劃，與所从奐旁右上的短斜劃類似，只是位置不同而已。

其實，這種在「人」形右方加一短斜劃的現象在戰國文字中不僅此一例，又如「及」：

上博一・孔15

上博一・緇3

上博一・性1

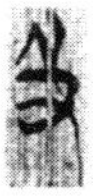
上博四・逸・多1

新蔡甲三43

新蔡乙四9

新蔡零

新蔡零259

如果將「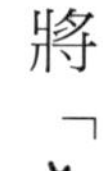」釋作「奐」不誤的話，那麼「奐」乃此字的疊加聲符。奐，曉紐元部，夗，影紐元部。影、曉同爲喉音，韻部相同。

根據以上分析，我們可以將璽文左字分析爲：从阜，夗聲，奐亦聲。在璽文中疑讀作「苑」。

《說文・艸部》：「苑，所以養禽獸。」《周禮・地官・敘官》「囿人」注：「囿，今之苑。」古人對苑囿的認識或以爲大小之分，或以爲有無牆之別，孫詒讓認爲「諸說蓋各舉一端言之，實則苑囿通稱。」苑璽，應該是掌管苑囿的官員所用璽印。此官大概相當於《周禮》中的「囿人」，《周禮・天官・敘官》注：「囿，御苑也。」《周禮・地官・囿人》：「囿人掌囿遊之獸禁、牧百獸。祭祀、喪紀、賓客，共其生獸、死獸之物。」

查檢戰國文字材料，我們發現有關「苑」的記載還是比較豐富的。除了上文所討論的楚系的「苑」之外，其他國家的出土文字中也不乏有關「苑」的記載，如：晉璽中有一字作（郚采～产），李家浩釋作梋（李家浩・戰國官印考釋三篇[C]//出土文獻研究（6）・上海：上海古籍出版社，2004:19），吴振武考釋說：「『梋』似應讀作『苑』『梋』和『苑』都

是元部字。『梋』爲曉母，『苑』爲影母，聲母亦近。『苑監』應是掌苑囿的官。掌苑囿的官稱『監』，顯然可以跟上述『主山林川澤之官』稱『監』相聯系。《後漢書·百官志》記鉤盾令屬官有『濯龍監、直裏監各一人』（《漢書·百官公卿表》顔注：『盾主近苑囿。』）本注謂『濯龍、直裏』皆園名，」（吳振武·戰國璽印中所見的監官[C]//中國古文字研究（1）·長春：吉林大學出版社，1999:120）秦文字中也有不少有關「苑」的資料，王輝撰有專文加以研究（王輝·出土文字所見之秦苑囿[C]//高山鼓乘集——王輝學術文存二[M]·北京：中華書局，2008:178-188）。我們期待著有更多有關「苑」文字材料的出土，這將有助於對戰國林苑制度有更深入的理解。《「苑璽」考》，《考古與文物》，2012年第2期，第106～108頁。

官璽第二七〇：閑（閒）宙（中）盧鉩（璽）

印　面：

上海博物館藏印

著錄：

《上海博物館藏印選》，上海：上海書畫出版社，1979年8月，第11頁。
《古璽彙編》，北京：文物出版社，1981年12月，第504頁。
《印典》（四），北京：國際文化出版公司，1994年1月，第2696頁。
《中國璽印篆刻全集》，上海：上海書畫出版社，1999年11月。
《中國篆刻全集》，哈爾濱：黑龍江美術出版社，2000年7月，第15頁。
《古璽漢印集萃》上冊，南寧：廣西美術出版社，2001年10月，第24頁。
《戰國璽印分域編》，上海：上海書店出版社，2001年10月，第180頁。
《中國璽印類編》，天津：天津人民美術出版社，2004年6月，第284、381、382頁。
《古璽彙考》，安徽大學博士學位論文，2006年5月，第182頁。

《戰國璽印分域研究》，長沙：嶽麓書社，2009年5月，第153頁。
《先秦印風》，重慶：重慶出版社，2011年5月，第31頁。
《先秦古璽集粹》，長春：吉林文史出版社，2011年11月，第30頁。

集釋：

上海博物館：

閑虛鉨　《上海博物館藏印選》，上海書畫出版社，1979年8月，第11頁。

羅福頤：

5559　閒□虛鉨　《古璽彙編》，文物出版社，1981年12月，第504頁。

湯餘惠：

楚璽　閑（閒）虛鉨　《略論戰國文字形體研究中的幾個問題》，《古文字研究》第十五輯，中華書局，1986年6月，第76頁。

康　殷、任兆鳳：

閑□虛璽　《印典》（四），國際文化出版公司，1994年1月，第2696頁。

劉信芳：

五、虛閒冢鈢。

《禮記・檀弓下》：「墟墓之間，未施哀於民而民哀。社稷宗廟之中，未施敬於民而民敬。」是「虛閒」亦指墓地。《蒿宮、蒿閒與蒿里》，《中國文字》新廿四期，藝文印書館，1998年12月，第118頁。

何琳儀：

楚系　虛閖命鈢

閖，从門外聲，閒之繁文。閒，見紐元部；外，疑紐月部。見、疑均屬牙音，月、元入陽對轉。

楚璽，某閖，地名。閖，疑爲地名後綴。參曾姬無卹壺「蒿閒」，包山簡「鄗郮」。《戰國古文字典》，中華書局，1998年9月，第914頁。

何琳儀：

楚系　虛閅命鈢　《戰國古文字典》，中華書局，1998年9月，第1553頁。

莊新興：

閑□虛鈢　戰國　《中國璽印篆刻全集》，上海書畫出版社，1999年11月，第50頁。

徐　暢：

東周·楚系公鈢　閑（閒）□虛鈢　《中國篆刻全集》，黑龍江美術出版社，2000年7月，第15頁。

肖　毅：

9.閒□虛璽

「虛」，或可讀爲「巨」。魚部，一爲曉紐，一爲群紐。又疑「虛」爲地名。《古璽所見楚系官府官名考略》，《江漢考古》，2001年第2期，第44頁。

戴山青：

□（閑）□虛鈢　《古璽漢印集萃》上冊，廣西美術出版社，2001年10月，第24頁。

莊新興：

1013　閑□虗鈢　楚系·楚　《戰國璽印分域編》，上海書店出版社，2001年10月，第180

頁。

小林斗盦：

閑□䖒鈢　《中國璽印類編》，天津人民美術出版社，2004年6月，第284頁。

小林斗盦：

閑□䖒鈢

說文古文、曾姬無卹壺與璽文形近。　《中國璽印類編》，天津人民美術出版社，2004年6月，第381頁。

施謝捷：

楚系官璽　閑（閒）安墟鈢（璽）　《古璽彙考》，安徽大學博士學位論文，2006年5月，第182頁。

陳光田：

楚系古璽　「閒命䖒鈢（璽）」（5559）。……「閒命」當爲地名。閒命䖒、太䖒亦可能爲地名，具體地望待考。　《戰國璽印分域研究》，嶽麓書社，2009年5月，第153頁。

徐　暢：

戰國楚系官鉨　閛閑虛鉨　《先秦印風》，重慶出版社，2011年5月，第31頁。

王義驊：

閑□虛鉨　《先秦古璽集粹》，吉林文史出版社，2011年8月，第30頁。

李守奎按：

戰國文字「中」字異體繁多，但审上再加飾筆短橫的形，是楚文字所僅見。5559號璽之「中」字形體特別，但釋「中」從字形上說是合理的。略舉幾例，以資比較：

 天卜157　 郭店・六德12

讀「間中虛璽」還是「虛間中璽」，待考。

另外，加「宼」與不加「宼」的「中」用法無別，「宼」是一個羨符。

官璽第二七一：外閑（閒）

印　面：

故宮博物院藏印

著　錄：

《古璽彙編》，北京：文物出版社，1981年12月，第302頁。
《印典》（二），北京：國際文化出版公司，1993年5月，第1431頁。
《古璽印精品集成》，上海：上海古籍出版社，1998年9月，第47頁。
《中國篆刻全集》，哈爾濱：黑龍江美術出版社，2000年7月，第344頁。
《古璽漢印集萃》上冊，南寧：廣西美術出版社，2001年10月，第64頁。
《戰國璽印分域編》，上海：上海書店出版社，2001年10月，第193頁。
《中國璽印類編》，天津：天津人民美術出版社，2004年6月，第232頁。
《古璽彙考》，安徽大學博士學位論文，2006年5月，第173頁。

集釋：

羅福頤：

3215　外閑　《古璽彙編》，文物出版社，1981年12月，第302頁。

吳振武：

外閑（閒）《〈古璽彙編〉釋文訂補及分類修訂》，《古文字學論集》（初編），香港中文大學，1983年9月，第513頁。

康　殷、任兆鳳：

外閑　《印典》（二），國際文化出版公司，1993年5月，第1431頁。

何琳儀：

楚系　外閒　《戰國文字與傳鈔古文》，《古文字研究》第十五輯，中華書局，1986年6月，第111頁。

何琳儀：

楚系　外閑

閖，从門，外聲。閒之繁文。閒，見紐元部；外，疑紐月部。見，疑均屬牙音，月、元入陽對轉。

楚璽「某閖」，地名。閖疑爲地名後綴。參曾姬無卹壺「蒿閒」、包山簡「郚郙」。《戰國古文字典》，中華書局，1998年9月，第914頁。

莊新興：

外□　《古璽印精品集成》，上海古籍出版社，1998年9月，第47頁。

徐　暢：

六國・私鉨　外閖（閒）　《中國篆刻全集》，黑龍江美術出版社，2000年7月，第344頁。

戴山青：

古璽（私鉨）　外閖　《古璽漢印集萃》上冊，廣西美術出版社，2001年10月，第64頁。

莊新興：

1087　外閖　楚系・楚　《戰國璽印分域編》，上海書店出版社，2001年10月，第193頁。

施謝捷：

外閖（閒）　《古璽彙考》，安徽大學博士學位論文，2006年5月，第173頁。

官璽第二七二：邞菱（陵）鉨（璽）

印　面：

解放前長沙出土，湖南省博物館藏印

著　録：

《湖南省文物圖録》，長沙：湖南人民出版社，1964年6月，第59頁。

《湖南省博物館藏古璽印集》，上海：上海書店，1991年6月，第1頁。

《古璽通論》，上海：上海書畫出版社，1996年3月，第35頁。

《楚文物圖典》，武漢：湖北教育出版社，2000年1月，第421頁。

《中國篆刻全集》，哈璽濱：黑龍江美術出版社，2000年7月，第8頁。

《中國璽印真僞鑒别》，合肥：安徽科學技術出版社，2001年1月，第39頁。

《中國書法全集》第92卷，北京：榮寶齋出版社，2003年2月，第40頁。
《古璽印通論》，北京：紫禁城出版社，2003年9月，第16頁。
《中國璽印類編》，天津：天津人民美術出版社，2004年6月，第205頁。
《湖南古代璽印》，上海：上海辭書出版社，2004年12月，第36頁。
《書法新鑒：古璽文新鑒》，西安：世界圖書出版公司，2005年6月，第74頁。
《古璽彙考》，安徽大學博士學位論文，2006年5月，第173頁。
《戰國璽印分域研究》，長沙：嶽麓書社，2009年5月，第154頁。
《中國印學》，杭州：中國美術學院出版社，2010年6月，第13頁。
《先秦印風》，重慶：重慶出版社，2011年5月，第39頁。

集　釋：

李學勤：

郏菫□璽

在楚國璽印中有一種特殊的「三合印」，即一鈕圓印可拆爲三個部份，必須三塊相合，才能鈐用。湖南文管會所藏一鈕，現存兩塊，文爲「郝蓳□璽」。「郝」是氏，古璽中有「郝這」等。此外祇存一塊的還有兩鈕（圖5、6）（編按：圖略），前一鈕傳出土於長沙。

《戰國題銘概述》（下），《文物》，1959年第9期，第61頁。

李家浩：

叁、菱郝□鉨

《湖南省文物圖録》圖版五十九著録如下一枚三合印：

這是由三塊組合的圓印，現僅存三分之二，另外三分之一缺失。此印右下一字當是「鉨」字殘文。「鉨」左一字當是「菱」字，長沙戰國帛書「山陵」（楚帛書A3．5）和鄂君啓節「襄陵」（于省吾：《「鄂君啓節」考釋》，《考古》1963年8期圖版捌）等「陵」字所从「夌」旁與此偏旁相同可證。

這枚三合印舊釋讀爲「郝蓳（菱）□璽」（李學勤：《戰國題銘概述》，載《文物》1959年第9期，第61頁）。按戰國方印四個字上下左右排列的，通常是從右行由上到下，然後轉向左行由上到下讀。也有從左向右讀的。但圓印的讀法卻很特別，如下錄一枚楚國圓形官印：（《古璽彙編》31.0183）

此印即從左邊的「郢」字開始，順時針方向讀爲「郢閒愧（？）大夫鈢」。曾姬無卹壺銘文有「漾陵蒿間之無⿷匸馬（匹）」語（郭沫若：《兩周金文辭大系圖録考釋》4·181，科學出版社，1958年）。「蒿」、「郊」古通，《周禮・地官・載師》鄭玄注：「故書……郊盛爲蒿。……杜子春云：『蒿』，讀爲郊。」此是其證。疑銘文的「蒿」當讀爲「郊」。「漾菱蒿」是指漾陵這個地方的郊區。《說文・邑部》：「郢，南陽西鄂亭。」印文「郢」綴於地名之後，與曾姬無卹壺銘文文例相同，可證我們對這枚圓印文字的讀法是正確的。上錄三合印與「郢閒愧（？）大夫鈢」同是楚國圓形印，因此這枚印應從「菱」字開始順時針方向釋寫爲：

菱郝□鉨（璽）。

「菱郝」當是地名。「郝」下所缺之字可能是官名，如「五渚正鉨」之「正」之類的字。也有可能是「之」字。

楚國有地名叫「菱夫」。《戰國策·秦策三》：

伍子胥橐載而出昭關，夜行而晝伏，至於菱夫，無以餌其口，坐行蒲服，乞食於吳市，卒興吳國，闔閭爲霸。

這裏記的是春秋時期伍子胥從楚國逃到吳國的情況，當時「菱夫」尚屬吳國。到了戰國時期楚威王滅越（目前史學界對於楚滅越的年代有不同的說法，這裏所說楚威王滅越是從《史記·越王勾踐世家》。關於這個問題，我在《楚王酓璋戈與楚滅越的年代》待刊，另有論述）。「盡取故吳地至浙江」（見《史記·越王勾踐世家》），其地遂爲楚所有。「菱郝□璽」是戰國時楚印，印文「菱郝」當是《秦策》的「菱夫」。「菱夫」是地名，故印文

「郏」从「邑」。

上引《戰國策·秦策三》的一段文字，是用《四部叢刊》影印元至正十五年鮑彪校注吳師道補正本，姚宏校正續注本「菱夫」作「菱水」，《史記·范雎傳》作「陵水」。鮑本作「菱夫」，與楚印合，可見鮑本是有所本的。

《范雎傳》「陵水」之「陵」當是「菱夫」之「菱」的異文。可能「菱夫」在「陵水」邊上，故《戰國策》作「菱夫」，《史記》作「陵水」。《史記·范雎傳》索隱：「劉氏云：『陵水，即栗水也』。」按：「陵、栗聲相近，故惑也」。栗水即溧水。如劉氏說不誤，則「菱夫」應在今江蘇溧陽縣境內。

據目前所知，戰國印裏由兩塊以上組合而成的有「大廄（廄）」二合印，（李正光、彭青野：《長沙湖橋一帶古墓發掘報告》，《考古學報》1957年4期44頁圖十一·2，圖版肆·10）「京」字三合印，「郘」字三合印〔李學勤：《戰國題銘概述（下）》，載《文物》1959年9期61頁圖5、6〕，加上「菱郏」三合印共四枚。「大廄（廄）」二合印是管理楚王馬廄官署所用的印（參看朱德熙《戰國文字中所見有關廄的資料》，載《古文字學論集》

初編419～420頁，香港中文大學，1983年），與「菱郝」三合印都是官印。「京」字三合印和「𨚕」字三合印因僅存三分之一字，不能斷定是官印還是私印。以「市亭」印文（《古璽彙編》29　3093）和「昃亭」、「斛（？）亭」陶文（牛濟普：《鄭州、滎陽兩地新出土戰國陶文介紹》，《中原文物》1981年1期14頁圖10、15頁圖11·13）的「亭」以「京」字爲之來看，「京」字三合印的「京」也可能用爲「亭」，此印即某市亭官署所用的印。既然「菱郝」三合印、「京」字三合印都是官印，那么形制相同的「𨚕」字三合印大概也是官印。《周禮·地官·司市》：「凡通貨賄，以璽節出入之。」此把「璽」稱爲「璽節」。「大廄」二合印和「菱郝」三合印等，都是官印，必須由兩塊或三塊相合後才能鈐用，這是否如符節一樣具有合符節的作用呢？這個問題有待進一步研究。　《楚國官印考釋（四篇）》，《江漢考古》，1984年第2期，第46～47頁。

鄭　超：

39.菱郝□鉨《湖南省文物圖録》圖版五十九

此印爲三合圓印，現存三分之二，「菱」字起右環讀。李家浩認爲「菱郝」即《戰國策·

秦策三》「伍子胥橐載而出昭關，夜行而晝伏，至於菱夫」中的「菱夫」，可信。「郑」下所缺一字可能是「之」字。

李家浩指出：戰國印裏由兩塊以上組合而成的有「大𠪚（廄）」二合印、「京」字三合印、「邔」字三合印，加上「菱夫」三合印共四枚。他説：「大廄二合印和菱郑三合印等都是官印，必須由兩塊或三塊相合後才能璽用，這是否如符節一樣具有合符節的作用呢？這個有趣的問題有待深入研究。」我們認爲這裏面還有另外一種可能，從《周禮》中可以看到有些官府的首長是由兩個或兩個以上的人充任，如《周禮・地官》「閭師上士二人」、「縣師上士二人」、「泉府上士四人」、《周禮・夏官》「校人中大夫二人」等等。兩合印、三合印的含義大概是每印由兩三位首長分掌，如要璽用，必須兩三位首長同時在場，這樣大概可以防止官吏個人舞弊。秦律中也有類似條文。如《睡虎地秦墓竹簡》中的《秦律十八種・倉律》：「入禾倉，萬石一積而比黎之爲戶，縣嗇夫若丞及倉、鄉相雜以印之，而遺倉嗇夫及離邑倉佐主稟者各一戶以餼。自封印，皆輒出餘之索而更爲發戶。嗇夫免，效者發，見雜封者，以題效業，而復雜封之，勿度縣，唯倉自封印者是度縣」。秦律要求封倉時各級有關官吏都在場，而對個別官吏單獨封倉則表示不信任。《楚國官璽考述》，《文物研究》總第二輯，黄山書社，1986年12月，第92～93頁。

湖南省博物館：

郏菱（璽）鉨

年代：戰國　出處：發掘品

質地：銅　原大：36×27mm（其中一爲合復製品）　《湖南省博物館藏古璽印集》，上海書店，1991年6月，第1頁。

曹錦炎：

個別古璽的形制比較特殊，用兩塊或三塊璽印契合而成。……再如長沙還發現過一枚三合璽，由三塊扇面狀石印組合而成，圓柱鈕亦一分爲三，旁有繫孔可捆縛，出土時衹存兩塊。經復原，印文應爲「郏菱鉨」（《湖南省文物圖録》圖板59，湖南人民出版社1964年版）。「郏菱」爲地名，「菱」即「陵」，「菱」字異構，地名稱「某陵」，習見於楚器銘文。或以爲此璽文應讀爲「菱郏」，即菱夫，是楚國晚期的一個地名，本爲吳地，見《戰國策・秦策三》：「伍子胥橐載而出昭關，夜行而晝伏至於菱夫，無以餌其口，坐行蒲服，乞食於吳市，卒興吳國，闔閭爲霸。」即其地（李家浩《楚國官印考釋》，《江漢考古》1984年第2期）。可備一說。最近新出土的包山楚簡中，文書類《集著》簡有載：「漾陵大宫痃、大駐尹師郕公丁、士師墨、士師陽慶吉啓漾陵之叁鉨，而在之；呆廑在漾陵之叁鉨，間御之典匱。」簡文提及的「叁鉨」，就是指這種三合之鉨（《包山楚簡》第41頁注[32]，文物出版社1991年10月版）。　這類古璽，需要幾方印契合在一起，才能使用，兼有合符的作用。從目前發現的實物來看，此類契合印似爲楚地所特有（李學勤《戰國題銘概述（下）》，文物1959年第9期）至於一些帶鉤狀璽、戒指狀璽和臂釧狀璽等，則兼作其他之用。　《古璽通論》，上海書畫出版社，1996年3月，第32～35頁。

林清源：

三、《湖南省博物館藏古璽印集》菱郑□鉨

《湖南省文物圖録》圖版59著録一枚三合圓璽，此璽出土於長沙，是由三塊扇面狀銅質印組合而成，出土時祇存兩塊，以致璽文殘缺不全。

《璽彙》0183著錄一枚楚國圓形官璽，璽文依照順時鐘方向排列，李家浩釋爲「郢閒愧大夫鉩」。李家浩又根據《璽彙》0183的讀序，主張這枚三合圓璽也應該採順時鐘方向排列，讀作「菱邞□鉩」，認爲璽文「菱邞」就是《戰國策·秦策三》的「菱夫」，此地春秋時屬於吳國，戰國時爲楚國所併（李家浩《楚國官印考釋（四篇）》，《江漢考古》1984年2期，頁46）。後來，湖南省博物館根據實物，仿製出缺失的部份，並將復原後的印拓收錄在《湖南省博物館藏古璽印集》中，璽文釋爲「邞菱鉩」（湖南省博物館主編《湖南省博物館藏古璽印集》，頁1，編號1）。曹錦炎對於這枚三合璽印的釋讀，一方面贊成釋爲「邞菱（陵）鉩」，另一方面又認爲李家浩的意見「可備一説」，態度模棱兩可（曹錦炎《古璽通論》，上海書畫出版社，1996，頁33～34）。

核對《湖南省博物館藏古璽印集》著錄的印拓，即可知道《湖南省文物圖録》著録的摹文，應該是面對璽印臨摹而成的，所以摹文印拓的方向恰好左右相反。李家浩根據左右相反的摹文，解讀三合圓璽，認爲璽文應該依順時鐘方向讀作「菱邞□鉩」。假如李家浩的釋讀正確，則三合圓璽的讀序應採逆時鐘方向排列，而不是李文所説的順時鐘方向。假如真如李家浩所說，《璽彙》0183 與三合圓璽的讀序應該一致，那麼三合圓璽若依逆時鐘方向讀作「菱邞□鉨」時，《璽彙》0183 就不該依順時鐘方向釋讀，而必須改採逆時鐘方向讀序。三合圓璽的頭兩字，依據楚國官璽習見的辭例來看，應該是個地名，從這個角度考慮，璽文釋爲「菱邞」，可以跟《戰國策・秦策三》所記的地名「菱夫」密切對應，比起讀爲「邞菱」的說法，顯得更加有憑有據。其次，依據《湖南省博物館藏古璽印集》復原的印拓來看，「邞」、「璽」二字之間空隙頗大，中間確實還有可能容納一個筆畫簡單的字（「邞」下所缺的字，李家浩認爲可能是官名，如「五渚正鉨」（《璽彙》0343）的「正」之類的字，也有可能是「之」字。參閱李家浩《楚國官璽考釋（四篇）》，《江漢考古》1984 年 2 期，頁 46~47）。因此，筆者基本上相信李家浩的意見，同意將三合圓璽讀作「菱邞□鉨」。《楚國官璽考釋》（五篇），《中國文字》新廿二期，藝文印書館，1997 年 7 月，第 213~214 頁。

何琳儀：

楚系　菱邞鉨

《說文》：「邦，琅邪縣也。一名純德。从邑夫聲。」

楚璽「菱邦」，地名。　《戰國古文字典》，中華書局，1998年9月，第590頁。

陳松長：

邦菱鉨　戰國官璽。湖南長沙地區出土，確切情況不詳。該璽爲三合柱鈕形制，銅質，印面直徑3.6釐米，通高2.7釐米，現存兩合，每合印面呈扇形，印鈕上各有一穿，當爲系帶用所設。款識爲白文「邦菱鉨」三字，有人認爲當讀爲「菱邦鉨」。我們認爲，從款識的排列，特別是戰國圓面古璽的款識排列習慣上考慮，似乎宜仍讀「邦菱鉨」，至於「邦菱」究竟是湖南古代的哪一處地名，尚待考證。該璽形制特別，是迄今僅見的戰國三合古璽，因此彌足珍貴。現藏湖南省博物館。　《楚文物圖典》，湖北教育出版社，2000年1月，第421頁。

葉其峰：

「邦菱鉨」也是湖南出土，三合，存二合，「每合上各鑄有一耳以穿帶，三合內側亦有榫眼結構，三合各呈菱形狀，自然地吻合在一起。」（高至喜、陳松長《湖南省博物館藏古璽印集》）兩種器物均有凸榫或榫眼，可以符合，而底面均刻字可鈐，與王獻唐先生所述之璽節形制相符，其爲璽節自無疑義。從數塊符合以爲憑證的特點看，可視璽節爲節。而從底面刻字以爲信物的角度，又可視璽節爲璽。現今出版的古印書刊均把上述兩種璽節歸入古璽之中是正確的。璽節雖非門、關所制，但它作爲門、關查檢來往貨物的憑證，也可認爲它是門、關官署用璽的一種，是特殊的門關官署璽（編按：詳見「大廄」條）。《戰國官署璽——兼談古璽印的定義》，《中國古璽印學國際研討會論文集》，香港中文大學文物館，2000年3月，第18～19頁。

徐　暢：

東周・楚系公鉨　郑菱鉨　《中國篆刻全集》，黑龍江美術出版社，2000年7月，第8頁。

后曉榮、丁鵬勃、渭　父：

④拼合璽。由三塊扇形印面合成的一種璽印，每塊一字，合成圓形印面。印體結合部都有榫卯，類似合符之功用。印面鑿成柄鈕。例見湖南出土「郲陵璽」（圖1-311）。另有一種爲兩塊矩形印面合成，每塊兩字，印體結合部有榫卯。　《中國璽印真僞鑒別》，安徽科

學技術出版社，2001年1月，第39頁。

徐暢主編：

戰國公鉨與印跡·楚系鉨印　90　郏菱鉨　《中國書法全集》第92卷，榮寶齋出版社，2003年2月，第40頁。

徐暢主編：

90　郏菱鉨

作於戰國中期。楚國符節鉨。建國前湖南長沙出土，建國後蔡季襄捐贈。《湖南省博物館藏古璽印集》一頁一號著録。湖南省博物館收藏。銅質。三合柱鈕。圓形，直徑3.6釐米，通高2.7釐米。

印由三塊扇形印面組合成的圓印，故稱爲三合鉨。現僅存三分之二，另外一塊缺失，爲極罕見的三合銅印。「菱」字，長沙子彈庫帛書「山陵」和鄂君啓節「襄陵」等「陵」字所从「夌」旁與此偏旁相同。郏菱（陵），地名。

此字用仿製的一合加在一起鈐出的印跡，可看出用筆的勁健挺拔，感覺得到那種桀驁不羈的雄強之氣。

參考　陳松長《湖南省博物館藏古璽印藝術概述》、《書法》一九九一年第三期　《中國書法全集》第92卷，榮寶齋出版社，2003年2月，第205頁。

小林斗盦：

菱郝鉨　《中國璽印類編》，天津人民美術出版社，2004年6月，第205頁。

陳松長：

郝陵鉨　圓形銅質，柱鈕，直徑3.6釐米，通高2.7釐米。這是湖南20世紀40年代發現的唯一的一枚三合楚官璽（原物僅存兩合）。所謂三合璽，即將該璽分爲三塊，每塊的鈕上各有一耳以穿帶用，三塊合起來其鈕呈柱狀，分開來每合呈扇形，明顯具有符節的作用和功能。故葉其峰先生稱其爲璽節，認爲它是一種特殊的門關官署璽（《戰國官署璽——兼談古璽印的定義》）。湖北荆門包山二號墓出土的楚簡中曾有「三璽」的記載，其文曰：「……士帥陽慶吉啓漾陵之三璽而在之……」近年上海博物館也徵集到一枚完整的楚三合璽，其形制與「郝陵鉨」基本相同，可見這類璽節性質的三合璽確實是楚地通用的官署璽之一。

關於這枚璽的釋讀，一般都釋讀爲「郏陵鉨」，因爲地名稱「某陵」者，在楚器銘文中習見。但有的學者則認爲應讀爲「陵郏鉨」（見李家浩《楚國官璽考釋》四篇，載《江漢考古》1984年第2期），其理由是這類圓形的璽印，其文字的讀法應該是順時針方向爲序，而「陵郏」又是楚國的一個地名。但頗爲遺憾的是，該學者在論證時所依據的印文是根據印面所作的摹本，其文字的排列正好是左右顛倒的，如果按照他所說的順時針方向爲序釋讀，就應該是「郏陵鉨」，而不是「陵郏鉨」。　《湖南古代璽印》，上海辭書出版社，2004年12月，第36頁。

肖曉輝：

有的橛鈕外側有環，用以系組，將三部份綁縛在一起，如「郏菱鉢」三合印。印面所分割處，不避文字，甚至直接從文字中央分開，如此防僞性能更佳。……湖南出土一副三合印，石質，存留了其中兩塊。研究人員復原其印文爲「郏菱鉢」，「郏菱」爲地名，這是當地官府所用征調人員或器物之璽。　《書法新鑒：古璽文新鑒》，世界圖書出版公司，2005

年6月，第72～73頁。

施謝捷：

楚系官璽　郑莝（陵）□鉨（璽）

此係民國時期湖南省長沙地區發掘品，現存三合璽之二。《古璽彙考》，安徽大學博士學位論文，2006年5月，第173頁。

韓天衡、陳道義：

5.「郑菱璽」

此爲三合璽（其中一合爲複製品）。外觀呈柱狀，每合上各鑄一耳以穿帶，三合內側有榫眼結構，以便自然而緊湊地吻合在一起，是古璽印鈕製作上鮮見的佳構。印文爲陰刻，三字合在一起，左上留有一塊紅地，三個字在圓形白線邊欄的界格內緊密環抱一體，正側相摻，端莊而靈動。而且，三合相吻處形成的三條間隔線又爲全印增添了一些古樸和蒼茫。

《點擊中國篆刻》，上海人民美術出版社，2006年8月，第17頁。

陳光田：

楚系古璽　「夌（菱）邞（夫）□鉨（璽）」（《湖南文物圖錄》59）。該璽爲三合圓璽，現存三分之二，李家浩先生從「菱」字右環讀。菱邞當爲地名，下缺之字可能爲官名。楚有菱邞，《戰國策・秦策》云：「伍子胥橐載而出昭關，夜行晝伏，至於菱夫。」「菱夫」，地名，夫从邑，爲地名專用字，故地可能在今江蘇溧陽縣境內。（李家浩：《楚國官印考釋（四篇）》，《江漢考古》1984年第2期。）該璽可能具有符節的功用，由三位地方長官分別持有，需要用璽時，必須有三位長官同時在場，這樣可能是爲了避免官吏個人的舞弊行爲。

《戰國璽印分域研究》，嶽麓書社，2009年5月，第154頁。

吳清輝：

邞菱鉨（三合驗鉨）　楚　《中國印學》，中國美術學院出版社，2010年6月，第13頁。

肖　毅：

二、菱【之】璽

民國時期湖南出土一方三合璽，現存三合璽之二（施謝捷：《古璽彙考》，安徽大學博士學位論文，2006年，第170頁）（圖7）：

此璽後來曾復原（湖南省博物館：《湖南省文物圖錄》，湖南人民出版社 1964 年，第 59 頁），打本見圖 8（湖南省博物館：《湖南省博物館藏古璽印集》，上海書店出版社 1991 年，第 1 頁）：

圖 7

圖 8

此後的論著引用該璽多是復原以後的圖片，影響較大，較爲謹慎的是去掉復原的部份。我們這裏主要討論該璽的復原問題。

「郝」楚璽文字中較爲常見，如圖 9：

2064

2065

2067

3528　圖 9

也見於楚簡（圖 10）：

包山 120

包山 122

包山 123　圖 10

這些「邦」所从的「邑」旁上部的圈或作「▽」形，或作半圓形，下部的圈多作「□」形，而復原圖中的兩個圈作「□」形，且過於狹長，有悖於楚文字常見寫法。類似復原圖中的「邦」字見於2068（見圖11）。

雖然2068有些楚文字特徵，可以作爲楚璽看待，但是該璽也有一些非楚因素，如有豎格、文字方正等，應該是楚漢時物。其中「邑」旁兩個圈作「□」形正是非楚因素，所以我們認爲復原後「邦」字「邑」旁應該是上部的圈作半圓形，下部的圈作「▽」形。

楚璽文字中「璽」字的形體有很多變化，其「金」旁主要有三類，其一是從四點的，其二是四點與中間的一横一豎組合成「中」形的，其三是「中」形再與上面的横組合成「田」形的。從印面照片看，該合璽的「金」旁應該是從四點的（圖12）。

2068　圖11

《湖南省文物圖彔》五九　圖12

我們曾對楚璽中的「金」旁作過較爲細緻的分析，發現楚璽從四點作的「金」旁的四點一般作兩「八」形，多較爲開張（蕭毅：《古璽文字研究》，中山大學博士學位論文，2002

年，第14頁。參看蕭毅：《古璽所見「璽」字的地域特徵》，載《簡帛》（二），上海古籍出版社2007年，第71～79頁），明顯超出橫畫外，不明顯的很少見，如13：

0002

0146

0161

0132　圖13

其中0132是不明顯的例子。雖然原復原圖中的「金」旁四點也比較開張，但沒有超出橫畫以外，我們認爲復原應該選取較爲常見的寫法。

原復原圖中「爾」旁的上部作「十」形。楚璽中「爾」旁的上部作「十」形的話中豎上多無飾點，且三豎筆多平行，如0207、0270、5559等，有飾點的很少見，如0346，而且0346中兩側的筆劃呈開張的「八」形。原復原圖與這些例子都不合（見圖14）。

殘存的部份中間豎畫上有一飾點，兩側筆劃較長，上部基本與中豎平行，下部微微外張。楚璽中類似寫法的「爾」上部多作「個」形，如下各例（圖15）。

因此我們推測「爾」的上部應該是「個」形，而不是原復原圖中的「十」形。

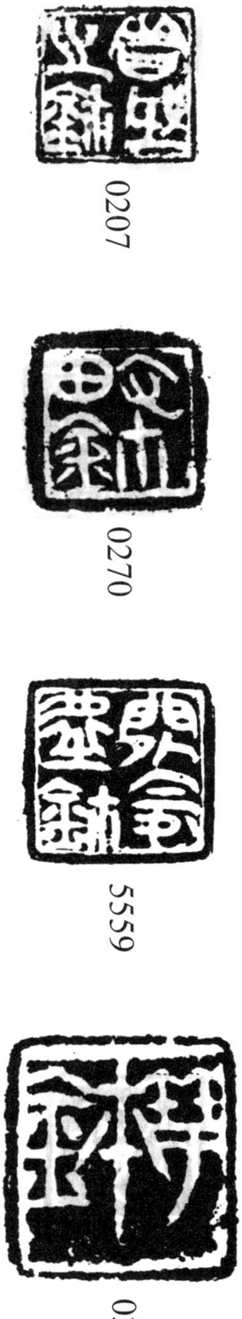
0207　0270　5559　0346　圖15

4574　0180　0213　圖16

原復原圖中「璽」字上方是沒有字的，空處略大。此璽李家浩先生據《湖南省文物圖錄》圖版五九釋爲「菱邞□璽」，沒有採用圖錄中提供的復原部份，並認爲所缺之字可能是官名，也可能是「之」字（李家浩：《楚國官印考釋（四篇）》，載《江漢考古》1984年2期，第44~49頁）（1984）。施謝捷先生釋璽文爲「邞菱□璽」，也沒有採用復原的部份（施謝捷：《古璽彙考》，安徽大學博士學位論文，2006年，第170頁）。所缺究竟是官名還是「之」字，我們認爲與璽印的性質相關。葉其峰先生將戰國官璽分爲官名璽與官署璽兩大類，官名璽均鐫官名，是王國政府委任某官時頒發給任官本人的官璽。官署璽是王國政府設置的行政管理機構以及某種職能官署的用璽，絕大多數不鐫官名。該文認爲此璽是「門關官署用璽」（葉其峰：《戰國官署璽—兼談古璽印的定義》，載《中國古璽印國際研討會論文集》，香港中文大學文物館2000年，第15～30頁）。雖然說是否屬於門關還有待研究，但定其爲官署用璽應該是可信的。該璽爲三合璽，應該是由三方各執其一的，現存戰國合璽每個部份都有穿就是很好的證明。合璽不大可能是官名璽，而應該是官署璽，很難想像由一個職官管理的事要有三方圖16合而爲一才能成事。既然合璽是官署璽，那麼這裏所缺的可能是「之」字，而不是官名。

該璽缺失三璽之一，與一般的殘泐不同，引用該璽圖片原則上應該是只用現存的兩部份。至於釋文，以用「□」代替缺失的文字，作「郏菱□璽」爲上；或可補「之」字，作「郏菱【之】璽」。

有關此璽的考釋，可參看邱傳亮先生文（邱傳亮：《楚璽文字集釋》，吉林大學碩士學位論文，2005年，第44～47頁）。若要想像一下該璽的整體面貌，圖16的復原圖可供參考。

圖16

《楚官璽劄記二則》，《武漢大學學報》（人文科學版），2014年第2期，第95～97頁。

李守奎按：

「菱」字《說文》失收。《呂氏春秋·恃君》「夏日則食菱芡，冬日則食橡栗」，高誘注：「菱，芰也。」《集韻·蒸韻》：「淩，《說文》『芰也。』或作菱。」楚簡異體又作，在「菱」上添加冰聲。「䓝」所从的偏旁「坴」，見於楚帛書之「山坴」、鄂君啓節之「襄坴」等。很早就有學者讀把「坴」讀爲「陵」，認爲「坴」相當於「陵」。但由於字形上沒有得到合理的解釋，還有「坴」、「垂」之爭。鄭剛先生早在1988年就對「坴」作了詳細的分析，指出「坴」从「來」聲，「來」與「陵」是之、蒸對轉。（《楚簡道家文獻辨正》，P64～65）。

據139號（施謝捷《彙考》）「□」推測，所缺字可能是「郟府厶（三）鉨」。璽文讀爲

「邞（陵）厶（三）鉨（璽）」。

官璽第二七三：五□之鉨（璽）

印面：

2001年，湖南郴州市三里田燕子小區2號墓出土

著錄：

《湖南古代璽印》，上海：上海辭書出版社，2004年12月，第37頁。

《古璽彙考》，安徽大學博士學位論文，2006年5月，第176頁。

《二十世紀出土璽印集成》，北京：中華書局，2010年1月，第15頁。

集釋：

陳松長：

五□之鉨　銅質，鼻鈕，邊長2.1釐米×2釐米，通高1.2釐米，2001年郴州三里田燕子小區

2號墓出土。該墓長2.9米，寬1.86米，同出的楚器有銅劍、銅戈、玉璜、銅鈴等，據墓葬材料分析，此墓爲戰國晚期墓。此璽第二字稍殘，待考。傳世楚璽中有「五渚正璽」，可證「五□」當是楚國地名。　《湖南古代璽印》，上海辭書出版社，2004年12月，第37頁。

施謝捷：

楚系官璽　五者（渚）之鉨（璽）

此璽2001年湖南郴州市三里田燕子小區2號楚墓出土。　《古璽彙考》，安徽大學博士學位論文，2006年5月，第176頁。

周曉陸主編：

二-SY-0062　五□之鉨　東周（楚）　銅　鼻紐　21×20-12　《二十世紀出土璽印集成》，中華書局，2010年1月，第15頁。

官璽第二七四：簷(??)

印　面：

天津市藝術博物館藏印

著　錄：

《周叔弢先生捐獻璽印選》，天津：天津人民美術出版社，1984年3月，第6頁。

《天津市藝術博物館藏古璽印選》，北京：文物出版社，1997年8月，第11頁。

《中國篆刻全集》，哈爾濱：黑龍江美術出版社，2000年7月，第385頁。

《古璽彙考》，安徽大學博士學位論文，2006年5月，第168頁。

《戰國璽印分域研究》，長沙：嶽麓書社，2009年5月，第147頁。

《天津博物館藏璽印》，北京：文物出版社，2013年11月，第32頁。

集　釋：

尤仁德：

這六方古璽印，是天津著名古璽收藏家和鑒賞家周叔弢先生捐獻給天津藝術博物館近千方古璽中的幾顆珍品。

圖一（編按：圖略）籚鉢

戰國璽。銅質，鼻鈕。長、寬各2.4釐米。　籚字从竹慮聲。竹旁作「」，是戰國文字特有的寫法。慮之慮與河南信陽戰國竹簡膚字作相似。心旁作，與戰國璽文志字作（《陳簠齋手拓古印集》43上）相同。《集韻》：「籚，良據切，音慮，舟中簣籚」籚鉢可能是私鉢。鉢字爲上下羅列形，且「木」旁作橫書，其挪畫與「金」旁下横畫共用的寫法，在璽文中則屬少見。字體粗獷奔放，章法不拘規範，代表了我國早期璽印古樸美的藝術風格。　《古璽六得》，《天津社會科學》，1983年第2期，第97頁。

天津市藝術博物館：

藘鉩　《周叔弢先生捐獻璽印選》，天津人民美術出版社，1984年3月，第6頁。

天津市藝術博物館：

籚鉩　《周叔弢先生捐獻璽印選》，天津人民美術出版社，1984年3月，第5頁。

徐　暢：

六國・私鉩　籚鉩　《中國篆刻全集》，黑龍江美術出版社，2000年7月，第385頁。

施謝捷：

楚系官璽　⿱竹憲佘（鉨—璽）

此璽首字所从「竹」及「心」旁是楚文字特有的寫法，訂（編按：「訂」字爲「定」字誤）爲楚系璽當無異議。從其形制及印文格式與楚系「魚鉨」、「敀鉨」、「竽鉨」等官璽類似的情況看，很可能也應該是官璽。

首字，尤仁德先生釋爲「从竹慮聲」的「⿱竹慮」，謂：「《集韻》：『⿱竹慮，良據切，音慮，舟中簀⿱竹慮。』⿱竹慮鉨可能是私鉨。」（尤仁德 1983）後來出版的《周叔弢先生捐獻璽印選》等印譜釋文均從其說，將此字釋爲「⿱竹慮」。覆檢《集韻》去聲九御：「⿱竹慮，舟中簀也。」音「良據切」，尤文所引，未詳其據。實際上此字下半所从並非「慮」，原釋「⿱竹慮」顯然是錯誤的。郭店竹簡中的楚簡《老子（甲）》簡 28「不可㝵（得）而利，亦不可㝵（得）而叡（害）」的「叡（害）」字作「」，《成之聞之》簡中的「害」作「」，所从「」旁寫法與璽文所从相同。徐在國先生認爲此字「應分析爲从『竹』、『憲』聲，釋爲『⿱竹憲』。『⿱竹憲』字不見於後世字書，疑是『藼』字異體。《說文》：『藼，令人忘憂草

也。从艸、憲聲。《詩》曰「安得藼艸」。』」（徐在國2003a）捷按：徐氏將印文首字釋爲「⿱竹憲」，誠爲卓識。而把「⿱竹憲」視爲「藼」字之異體，則恐未必。《古璽彙考》，安徽大學博士學位論文，2006年5月，第168頁。

陳光田：

楚系古璽「⿱竹憲鉨（璽）」（0261）。徐在國先生認爲此字應分析爲从竹、憲聲，釋爲⿱竹憲。⿱竹憲字不見於後世字書，疑是「藼」字異體。《戰國璽印分域研究》，嶽麓書社，2009年5月，第147頁。

天津博物館編：

018　「簿鉨」銅璽　戰國

高1.3、長2.3、寬2.3釐米

齊國私璽。半環形紐，圓形穿，印背飾渦紋。方形印面，印文爲陰文「簿鉨」二字。字體爲戰國古文篆書。「簿」字爲戰國齊國私璽。《天津博物館藏璽印》，文物出版社，2013年11月，第32頁。

官璽第二七五：左榑（博）鉨（璽）

印　面：

陳簠齋手拓古印集四冊

著　錄：

《古璽彙編》，北京：文物出版社，1981年12月，第171頁。

《印典》（四），北京：國際文化出版公司，1994年1月，第2709頁。

《中國篆刻全集》，哈爾濱：黑龍江美術出版社，2000年7月，第234頁。

《戰國璽印分域編》，上海：上海書店出版社，2001年10月，第229頁。

集　釋：

羅福頤：

1652　左□鉨　《古璽彙編》，文物出版社，1981年12月，第171頁。

康　殷、任兆鳳：

□□□璽　《印典》（四），國際文化出版公司，1994年1月，第2709頁。

徐暢：

六國·私鉨　左□鉨·楚　《中國篆刻全集》，黑龍江美術出版社，2000年7月，第343頁。

莊新興：

1305　左□鉨　楚系·楚　《戰國璽印分域編》，上海書店出版社，2001年10月，第229頁。

李守奎按：

左下角之字即下一方璽韓自強考釋爲「博」之字，構形不明。

官璽第二七六：左𢍮（博）鉨（璽）

印面：

1966年蚌埠廢銅倉庫揀選，安徽阜陽博物館收藏

著錄：

《文物》，北京：文物出版社，1988年第6期，第89頁。

《中國篆刻全集》，哈爾濱：黑龍江美術出版社，2000年7月，第343頁。

《中國書法全集》第92卷，北京：榮寶齋出版社，2003年2月，第133頁。

《戰國璽印》，上海：上海書畫出版社，2003年8月，第44頁。

《戰國璽印分域研究》，長沙：嶽麓書社，2009年5月，第156頁。

《二十世紀出土璽印集成》，北京：中華書局，2010年1月，第13頁。

集釋：

韓自強：

6.左博鈢　戰國銅私印。1966年於蚌埠廢銅倉庫揀選。印體方形，壇座鼻鈕。邊長1.7、通高0.9釐米。朱文。

此印之字，在《古文四聲韻》入聲中作，又引《古孝經》作，均爲「博」字之古文寫法。

在《漢印文字徵》裏收有趙博、孫博、楊博、伍博等姓名私璽。現在又見到一方戰國時代的左博鉨。博字的這種古文字寫法十分罕見，因此，此印爲古文研究提供了新材料。《安徽阜陽博物館藏印選介》，《文物》，1988年第6期，第89頁。

黃盛璋：

六、左博鉨

此印爲楚國私印，韓文僅考明「博」字，而未定爲何國私印，今據「鉨」所从「金」旁斷爲楚文字，由此印的國別亦不難判明。《關於安徽阜陽博物館藏印的若干問題》，《文物》，1993年第6期，第81頁。

黃盛璋：

戰國楚文字之「鉨」字以所从之金旁寫法最爲奇特。他國之金旁與大、小篆及隸書均相近，之下从土中上下左右各加一點，作，《說文》所謂「金生土中」，楚文字將四點連成兩直，於是就一變而爲，由此演變爲、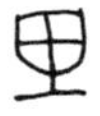、、、等，韓文所介紹「專室之鉨」、「左博鉨」，「鉨」皆从，仿佛从田形，至於所从之「」，上可變爲圓

頂形，如此印即从。楚印鈢字所从金旁，也有同於小篆者，但絕大多數寫作「」。

《關於安徽阜陽博物館藏印的若干問題》，《文物》，1993年第6期，第80頁。

何琳儀：

楚系　左𨐌鈢　《戰國古文字典》，中華書局，1998年9月，第1535頁。

徐　暢：

六國・私鈢　左博鈢・楚　《中國篆刻全集》，黑龍江美術出版社，2000年7月，第343頁。

徐暢主編：

戰國私鈢　1050　左博鈢　《中國書法全集》第92卷，榮寶齋出版社，2003年2月，第133頁。

徐暢主編：

1050　左博鈢

作於戰國時期。楚私鈢。一九六六年蚌埠市廢銅倉庫揀選。《文物》一九八八年第六期八八頁著錄。安徽阜陽博物館收藏。銅質。壇座鼻鈕。邊長一・七釐米，通高〇・九釐米。

據「鉩」字寫法可斷爲楚鉩。左爲姓，博爲名。陽文楚鉩較爲少見。此爲三字佈白，奇古生動，尤爲傑作。

參考　《文物》一九九三年第六期；《文物》一九八年第六期八八頁韓自強文。　《中國書法全集》第92卷，榮寶齋出版社，2003年2月，第251頁。

莊新興：

左□璽　楚系　《戰國璽印》，上海書畫出版社，2003年8月，第44頁。

陳光田：

楚系古璽　「左□鉩（璽）」（《文物》1988年第6期）。或以爲璽文第二字與《古文四聲韻》中的「博」字相近，爲「博」字的古文寫法，非是。該字從形體來看與「博」字區別明顯，當存疑爲是。左□，當爲地名，地望待考。　《戰國璽印分域研究》，嶽麓書社，2009年5月，第156頁。

周曉陸主編：

二-SY-0045　左博鉩　東周　銅　鼻紐　17×17-9　《二十世紀出土璽印集成》，中華書局，

2010年1月，第13頁。

官璽第二七七：⿰言尨亦（夜）之鉨（璽）

印　面：

據施謝捷《古璽彙考》現藏北京楊廣泰文雅堂

著　錄：

《古璽彙考》，安徽大學博士學位論文，2006年5月，第175頁。

集　釋：

施謝捷：

楚系官璽　⿰言尨亦（夜）之鉨（璽）　《古璽彙考》，安徽大學博士學位論文，2006年5月，第175頁。

官璽第二七八：州𢈔（甲）之鉨（璽）

印面：

鑒印山房藏印

著錄：

《古璽彙考》，安徽大學博士學位論文，2006年5月，第175頁。

《鑒印山房藏古璽印菁華》，鄭州：河南美術出版社，2006年7月，第218頁。

集釋：

施謝捷：

楚系官璽  之鉨（璽） 《古璽彙考》，安徽大學博士學位論文，2006年5月，第175頁。

許雄志：

□□之鉨

銅質　鼻鈕　《鑒印山房藏古璽印菁華》，河南美術出版社，2006年7月，第218頁。

李守奎按：

疑釋爲「州㢈之鉨」。「㢈」讀爲鎧甲之「甲」。

官璽第二七九：⿰昜刀（傷）□之鉨（璽）

印　面：

安昌里館璽存

著　錄：

《古璽彙考》，安徽大學博士學位論文，2006年5月，第176頁。

集　釋：

施謝捷：

楚系官璽　⿰昜刀（傷）□之鉨（璽）　《古璽彙考》，安徽大學博士學位論文，2006年5月，第176頁。

官璽第二八〇：⿰鳥於呈之鉨（璽）

印　面：

安昌里館璽存

著　錄：

《古璽彙考》，安徽大學博士學位論文，2006年5月，第174頁。

《戰國璽印分域研究》，長沙：嶽麓書社，2009年5月，第156頁。

集　釋：

肖　毅：

一、⿰鳥於口王之璽

《安昌里館璽存》（宜哲《安昌里館璽存》，湖北省圖書館藏四冊鈐印本，1934年）收有一方古璽，如下圖（編按：圖略）。

右上一字从鳥从於，可隸定作「⿰鳥於」。於，同「烏」，烏名。《說文·烏部》：「烏，孝烏也。」又謂：「於，象古文烏省。」《穆天子傳》卷三：「比徂西土，爰居其野。虎豹爲群，於鵲與處。」郭璞注：「於，讀曰烏。」璽文「⿰鳥於」从「鳥」，或爲「於」烏字之繁構。

璽文「⿰鳥於呈」可讀爲「於郢」，蓋爲楚眾多陪都之一，其地或即「於」，又稱於中，古邑名，爲楚西北地區邊境備秦要地，一般認爲其地在鄧州內鄉縣（今河南西峽縣）東七里之於村，其地在武關以東、楚方城以西，連同商密一帶合稱商於之地。今或以爲其地在淅川老城附近的丹水南岸（石泉主編《楚國歷史文化辭典》，253頁，武漢大學出版社，1996年）。《戰國策》卷四「齊助楚攻秦章」：「張儀南見楚王曰：『……大王苟能閉關絕齊，臣請使秦王獻商於之地，方六百里……』」《史記·越世家》：「商於、析、酈、宗胡之地。」《索隱》：「商於屬南陽，楚之西南。」《正義》：「括地志云：『商洛縣則古商國城也。

荊州圖副云：鄧州內鄉縣東七里於村，即於中地也。』括地志又云：『鄧州內鄉縣楚邑也。』」《史記·張儀列傳》：「臣請使秦王獻商於之地六百里。」《索隱》：「劉氏云：『商，今之商州，有古商城，其西二百餘里有古於城。』」《集解》：「商於之地在今順陽郡南鄉、丹水二縣，有商城在於中，古謂之商於。」《史記·商君列傳》：「衛鞅既破魏還，秦封之於、商十五邑，號爲商君。」《索隱》：「於、商二縣名。在弘農。」《正義》：「於、商，在鄧州內鄉縣東七里，古於邑也。商洛縣在商州東八十九里。」《通典》：「今內鄉縣東七里有於村，亦曰於中，即古商於地。」《讀史方輿紀要》：「商即商州，自商州至內鄉六百里皆古商於地。」

附記：小文草成後曾跟楊澤生兄進行交流，他說「⿰鳥於呈」應該是文獻中常見的「鄢郢」。

《楚璽劄記二則》，《古文字研究》第二十五輯，中華書局，2004年10月，第406~407頁。

施謝捷：

楚系官璽　⿰鳥於（烏）呈（程）之鉨（璽）

此璽之「鉨」字是楚系文字典型的寫法，斷此爲楚璽，應該沒有問題。此璽首字「」，

目前僅見此一例。今謂此字左半所从乃「鳥」字，近年所出楚簡文字中「从鳥」之字數見，如「鷄」字作「」（《戰國文字編》233頁，包山257）、「雄」字作「」、「」（同上234頁，郭店・語叢4.14、4.16）、「雌」字作「」（同上234頁，郭店・語叢4.26）、「鴼（鷺）」字作「」（《上海博物館藏楚竹書・四》「采風曲目」簡4。原誤釋，此從董珊2005說），是其比。右半所从則是「於（烏）」（類似寫法可參看《戰國文字編》244～245頁「烏（於）」欄所錄楚系文字字例）。《說文・烏部》：「（烏），孝烏也。象形。孔子曰：烏盱呼也。取其助气，故以爲烏呼。（於），古文烏，象形。（於）（小徐本古文作「」），象古文烏省。」然則從「」的構形考察，當即「⿰鳥於」字。後世字書收有俗字「⿰鳥於」，《龍龕手鏡・鳥部》：「⿰鳥於，俗，音烏。」《字彙補・鳥部》：「⿰鳥於，於姑切。音烏。見《篇海》。」張涌泉先生謂：「此字疑即『烏』的增旁俗字。『烏』也爲鳥屬，故俗書贅旁作『⿰鳥於』。」（《漢語俗字叢考》1161頁）璽印文的「⿰鳥於」字也當作是論。上海博物館藏戰國楚竹書《逸詩》「交=（交交）鳴（鳴）⿰鳥於（烏）」之「⿰鳥於」作「」（《交交鳴烏》簡2、簡3），其結構與璽文相同，

唯所从「烏」旁寫法與璽文及前舉包山、郭店竹簡稍有差異，馬承源先生謂此字「从烏，於聲，即『烏』之古文。」（《上海博物館藏戰國楚竹書·四》175頁）甚是。然則「鴋（⿰鳥於）」即「烏（於）」字增形旁之繁構，此璽印文應該釋爲「鴋（烏）呈（程）之鉨（璽）」。北京古陶文明博物館藏近年西安新出秦封泥中有「烏呈（呈）之印」（《秦封泥集》301頁，二·三·50）：

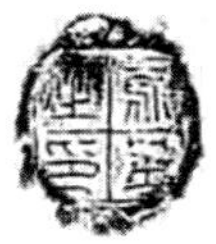

與上揭楚璽如出一轍。《史記·吳太伯世家》：「（吳王壽夢）十六年，楚共王伐吳，至衡山。」杜預曰：「吳興烏程縣南也。」《索隱》曰：「《春秋經》襄三年『楚公子嬰齊帥師伐吳』，《左傳》曰『楚子重伐吳，爲簡之師，克鳩茲，至於衡山』也。」《漢書》卷二十八《地理志八上》：「會稽郡，秦置。高帝六年爲荊國，十二年更名吳。景帝四年屬江都。屬揚州。」所領二十六縣中有烏程縣。《元和郡縣志》卷二十五《江南道一》湖州烏程縣：「本秦舊縣，《越絕》云：始皇至會稽，徙於越之人於烏程。」《太平寰宇記》卷九十四湖州烏程縣：「本漢舊縣。《越絕外傳》云：秦始皇至會稽，徙越之人於烏程。

……《郡國志》云：春申君立菰城縣，秦改爲烏程。」今據「鳥（烏）呈（程）之鉩（璽）」，可知「烏程」之名在先秦時期業已存在，寫作「鳥（於）呈」。秦置縣作「烏呈（呈）」，漢以後寫作「烏程」，當屬沿用舊名，唯寫法稍有不同。其地戰國時爲楚所有，故治位於今浙江省湖州市南雲巢。

蕭毅先生將此璽印文釋讀爲「鳥（於）呈（郢）之鉩（璽）」，謂：「『於』，又稱於中，古邑名，爲楚西北地區邊境備秦要地，一般認爲其地在鄧州內鄉縣（今河南西峽縣）東七里之於村，其地在武關以東、楚方城以西，連同商密一帶合稱商於之地。今或以爲其地在淅川老城附近的丹水南岸。」（蕭毅 2004）楊澤生先生則謂：「『鳥呈』應該是文獻中常見的『鄔郢』。」（蕭毅 2004 引及）說恐未必。

上海博物館藏戰國楚竹書《采風曲目》簡4有「虎」，原釋爲「募虎」，無詳說（《上海博物館藏戰國楚竹書・四》168～169頁）。楊澤生先生謂：「第一個字應該釋爲『鳥』，同簡上文『鷺羽之白』之『鷺』作（參看董珊 2005）可證；第二個字與5號簡最末一個字相同，整理者釋『虎』當可從。當然，如果把右下角用作標點的短橫看作兼用的筆畫，

此字當隸定作『虘』的可能性也不能完全排除；『虘』从『虍』聲，而『虘』在楚文字中常用作『吾』，所以『鳥虎』或『鳥虘』或可讀作『鳥吾』。『鳥吾』見於古書，是漢代西北一個部族的名稱，如《後漢書·西羌傳》：『鳥吾種復寇漢陽，隴西、金城諸郡兵共擊破之，各還降附。』《後漢書·孝桓帝紀》：『鳥吾羌寇漢陽、隴西、金城，諸郡兵討破之。』『鳥虎』文有一曲目《北埜（野）人》，此『鳥虎』或『鳥虘』不知是否和《後漢書》的『鳥吾』有關。又『語』字从『吾』得聲，『鳥虘』或可讀作『鳥語』。《後漢書·蔡邕列傳》：『昔伯翳綜聲於鳥語，葛盧辯音於鳴牛。』《後漢書·南蠻列傳》：『其母鳥語。』簡文『鳥虎』到底應該如字讀還是應該讀作『鳥吾』或『鳥語』，有待進一步研究。」（楊澤生2005）捷按：此處「虎」字與下文簡6之「虘」不同，不宜釋爲「虘」，原整理者所釋可從。細審簡文，「」字並不从「頁」，與上文「鴼（鷺）」所从「鳥」旁作「」的寫法也有差異，可見原整理者釋爲「寡」固誤，楊氏改釋爲「鳥」亦不妥。今謂「」字實際上是「从鳥从於（烏）」，與璽文「烏呈（程）」及楚竹書《逸詩》「交交鳴烏」的「烏」結構相同，顯然也應該釋爲「鵨（鴮）」，即「於（烏）」字異體。

曲目「鯲（鴼）虎」相當於「烏虖」或「於虖」，文獻中也寫作「嗚呼」。既明「」字非「鳥」字，則楊氏所舉《後漢書》中的「鳥吾」或「鳥語」當與此無涉。　《古璽彙考》，安徽大學博士學位論文，2006年5月，第174頁。

陳光田：

楚系古璽　「鯲（於）呈（郢）之鈢（璽）」（《安昌里館璽存》1）。璽文第一字从鳥从於，當隸作鯲。於同烏，鳥名。《說文・烏部》：「烏，孝鳥也。」又謂「於」，向（編按：「向」當爲「从」字誤植。）古文烏聲。璽文「鯲呈」，或讀做於郢，爲楚眾多陪都之一，其地就是「於」又稱爲「於中」，古代邑名。（肖毅：《楚璽劄記二則》，《古文字研究》第25輯，中華書局，2004年第406頁。）該璽當爲楚王在「於」設立的官署所用之物。　《戰國璽印分域研究》，嶽麓書社，2009年5月，第157頁。

官璽第二八一：大（太）虛之鈢（璽）

印　面：

安徽濉溪出土，1964年安徽省博物館收購

著　錄：

《古璽彙考》，安徽大學博士學位論文，2006年5月，第173頁。

《戰國璽印分域研究》，長沙：嶽麓書社，2009年5月，第153頁。

《二十世紀出土璽印集成》，北京：中華書局，2010年1月，第49頁。

集　釋：

何琳儀：

楚璽　廬江出土璽　大虛之鉨

楚璽「大虛」，讀「太虛」，宇宙真元之氣。宋玉《小言賦》：「超於太虛之域。」吉語。

《戰國古文字典》，中華書局，1998年9月，第920～922頁。

何琳儀：

安徽省博物館館藏一方楚璽，據云1964年由合肥市食品公司轉售。印面長寬各2.4cm，壇鈕，白文四字（編按：圖略）：

太虛之鉨

第二字下从「丘」作形，中間增一短橫爲飾。相同的寫法參見《璽彙》0277、3508、3757，《陶彙》3.43等，均爲齊器。這方楚璽的文字風格接受北方齊魯的影響，大概與楚國晚期東遷淮水流域有關。該璽「虛」所从「虎」頭過於簡略，但若與下列楚系文字「虎」頭相互比較，仍不難看出「虎」頭省變的序列：

 璽彙5559→  郭店・成四→  郭店・老乙7→  安博古璽

因此，該璽「虛」字的隸定，似乎不成問題。

「大虛」，應讀「太虛」。宋玉《小言賦》：「超於太虛之域。」《文選・孫綽游天臺山賦》：「太虛遼廓而無閡，運自然之妙有。」李善注曰：「太虛，謂天也。」楚璽「大虛

之鈢」疑是掌管天文機構的璽印。「大虛」猶如楚文字資料中的「大府」（郢大府量）、「大廄」（《璽彙》5590）、「大殿」（隨縣13）等，可補文獻之闕。《楚官璽雜識》，《南京師範大學文學院學報》，2002年第1期，第167～168頁。

施謝捷：

楚系官璽　大虛之鈢（璽）

此璽安徽省濉溪出土，1964年爲安徽博物館收購（《安徽省志·57·文物志》428頁）《古璽彙考》，安徽大學博士學位論文，2006年5月，第174頁。

陳光田：

楚系古璽　「大（太）虛之鈢（璽）」（何琳儀：《古璽雜識》，《遼海文物學刊》，1986年2期）。大虛亦可讀做太虛，或以爲「大虛」相當於楚文字資料中的「大府」等。爲掌管天文曆法方面的機構用印。（何琳儀：《古璽雜識》，《遼海文物學刊》，1986年2期。）……「閒命」當爲地名。閒命虛、太虛亦可能爲地名，具體地望待考。《戰國璽印分域研究》，嶽麓書社，2009年5月，第153頁。

周曉陸主編：

二-GY-0030　大𣥺之鈢　東周（楚）　銅　鼻紐　23×23-　《二十世紀出土璽印集成》，中華書局，2010年1月，第49頁。

官璽第二八二：□□之鈽（璽）

印　面：

萬印樓藏印六十四卷，故宮博物院藏印

著　錄：

《古璽彙編》，北京：文物出版社，1981年12月，第346頁。

《印典》（四），北京：國際文化出版公司，1994年1月，第2708頁。

《中國篆刻全集》，哈爾濱：黑龍江美術出版社，2000年7月，第378頁。

《古璽彙考》，安徽大學博士學位論文，2006年5月，第168頁。

《戰國璽印分域研究》，長沙：嶽麓書社，2009年5月，第183頁。

集　釋：

羅福頤：

3747　□之鉩　《古璽彙編》，文物出版社，1981年12月，第346頁。

康　殷、任兆鳳：

□之璽　《印典》（四），國際文化出版公司，1994年1月，第2708頁。

徐　暢：

六國·私鉩　□之鉩·楚　《中國篆刻全集》，黑龍江美術出版社，2000年7月，第378頁。

施謝捷：

楚系官璽　畜（亩）之鉩（璽）。　《古璽彙考》，安徽大學博士學位論文，2006年5月，第168頁。

陳光田：

楚系古璽　「□之鉩（璽）」（3747）（編按：作者以爲楚系姓名私璽。）　《戰國璽印分域研究》，嶽麓書社，2009年5月，第183頁。

官璽第二八三：□善之鉨（璽）

印　面：

安徽通志金石古物考稿，民國初年安徽壽縣出土

著　錄：

《古璽彙考》，安徽大學博士學位論文，2006年5月，第176頁。

集　釋：

施謝捷：

楚系官璽　□善之鉨（璽）

傳民國初年安徽省壽縣出土。　《古璽彙考》，安徽大學博士學位論文，2006年5月，第176頁。

官璽第二八四：窠（集）䘺之鉩（璽）

印面：

藤井靜堂氏藏印

著錄：

《書道全集》第廿七卷，東京：平凡社，1932年4月，第25頁。

《篆字印彙》，上海：上海書店出版社，1999年1月，第29頁。

《古璽彙考》，安徽大學博士學位論文，2006年5月，第164頁。

集釋：

施謝捷：

楚系官璽　窠（集）䘺之鉩（璽）　《古璽彙考》，安徽大學博士學位論文，2006年5月，第164頁。

程　燕：

傅嘉儀先生編著的《篆字印彙》（傅嘉儀：《篆字印彙》，上海書店出版社，1999年第29頁。）著錄如下一方楚璽。（編按：圖略）

首二字原書缺釋。

第一字施謝捷先生隸作「窠」，釋爲「集」（施謝捷：《古璽彙考》，安徽大學博士學位論文，2006年第161頁），可從。檢楚文字「集」字或作：

 長沙銅量　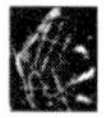 鑄客鼎　 集脞爐

 酓忎鼎　 包山10　 郭店・五行42

第二字施先生隸作「⿴衣戔（䘺）」（施謝捷：《古璽彙考》，安徽大學博士學位論文，2006年第161頁），我們懷疑此字應隸作「宓」，讀爲「蜜」。楚系文字「蜜」字作：

 包山255　 包山255　 包山257　 上博二・民之父母8

从「宀」、从「甘」，「必」聲，上部所从與璽文第二字形近。如上釋不誤的話，這方楚璽當釋爲「集宓（蜜）之鉨」。

有「集蜜之鉨」很容易使人想到楚文字中習見的「集某」銘文。「集某」類銘文有如下幾種：

（1）集脰：鑄客爲集脰爲之（鑄客鼎）

集脰鳴腋（包山 194）

（2）集糈：鑄客爲集糈爲之（鑄客鼎）

集糈之器（信陽 2-024）

（3）集胥（吳振武：《朱家集楚器銘文辨析三則》，載《黃盛璋先生八秩華誕紀念文集》，第 291 頁注釋 3，中國教育文化出版社，2005 年。）：鑄客爲集胥爲之（鑄客大鼎）

（4）集醻（？）鑄客爲集醻（？）爲之（鑄客爐）

（5）集既：鑄客爲集既鑄爲之（鑄客甑）

（6）集脞（吳振武：《朱家集楚器銘文辨析三則》，載《黃盛璋先生八秩華誕紀念文集》，第298頁，中國教育文化出版社，2005年。）：鑄客爲集脞爲之（集脞爐）

（7）集獸：集獸黃辱（包山211）

（8）集脰尹：集脰尹（天星觀簡《楚系簡帛文字編》315頁）

（9）集䊨尹：集䊨尹（天星觀簡《楚系簡帛文字編》315頁）

學者對「集某」類銘文已做了很好的研究，但意見並不統一。對（1）—（6）類「集某」銘文，主要有兩種觀點：一種認爲是官名，一種認爲是機構名。我們傾向於後一種意見。「集」字，陳秉新先生認爲是「總匯」、「集納」之義（陳秉新：《壽縣楚器銘文考釋拾零》，載《楚文化研究論集》第一輯，第333頁，荆楚書社，1987年。），可從。「脰」、「䊨」、「胥」、「醻（?）」、「既（饑）」、「脞」、「獸（嘼）」、「蜜」均與飲食膳饈有關。李學勤先生認爲「集×」之「×」都是食品名（李學勤：《戰國題銘概述（下）》，載《文物》1959年第9期，第60頁。），是正確的。因此，「集某」當是楚國掌管飲食膳饈的機構，「集脰尹」、「集緒尹」當是負責「集脰」、「集緒」的官員。如此，「集蜜之鉨」當是楚國集蜜機構所用的璽印。《楚「集蜜」之璽考》，《中國文字研究》2009年第一輯（總第十二輯），大象出版社，2009年6月，第84～85頁。

官璽第二八五：⿰言竞（競）忻厶（私）鉨（璽）

印　面：

尊古齋印存四集四十冊，中國歷史博物館藏印

著　錄：

《古璽彙編》，北京：文物出版社，1981年12月，第46頁。

《印典》（一），石家莊：河北美術出版社，1989年8月，第515頁。

《古印集萃·戰國卷》，北京：榮寶齋出版社，2000年11月，第28頁。

《古璽漢印集萃》上冊，南寧：廣西美術出版社，2001年10月，第28頁。

《中國璽印類編》，天津：天津人民美術出版社，2004年6月，第31、80頁。

《古璽彙考》，安徽大學博士學位論文，2006年5月，第185頁。

集　釋：

羅福頤：

0275　競□□鉨　《古璽彙編》，文物出版社，1981年12月，第46頁。

康　殷、任兆鳳：

競□甘　《印典》（一），河北美術出版社，1989年8月，第515頁。

何琳儀：

楚系　諺忻厶鉨

竟，甲骨文作（甲九一六），競之省文。金文作（啓卣澭作）。戰國文字承襲金文。《說文》：「，樂曲盡爲竟。从音。从人。（居慶切）」（三上十八）競、竟實爲一字之變。《史記・高祖功臣侯者年表》：「甘泉侯王竟」。《漢書・高惠高后孝文功臣表》竟作競。《淮南子・人間》：「發一端，散無竟。」《文子・微明》竟作

競。均其佐證。舊據竟「居慶切」入見紐，競「渠慶切」入溪紐，分爲二聲首，茲合併爲一。

⿰言竟，从言竟聲。競之省文（省一儿）。《集韻》：「競，或作⿰言竟。」

楚璽⿰言竟，讀竟，姓氏。　《戰國古文字典》，中華書局，1998年9月，第646頁。

來一石：

競□□鉨　《古印集萃·戰國卷》，榮寶齋出版社，2000年11月，第28頁。

戴山青：

競□□鈢　《古璽漢印集萃》上册，廣西美術出版社，2001年10月，第28頁。

小林斗盦：

競□□鈢　《中國璽印類編》，天津人民美術出版社，2004年6月，第31、80頁。

肖曉輝：

古璽中有幾枚「競訓」璽，有學者把它們看作成語璽，「訓」讀成「順」，並引江淹「四海競順，其會如林」句來說明「競訓」的含義（劉釗《璽印文字叢釋（二）》，載《考古與文物》1998年第3期）。其實「競」在古璽中往往用作姓氏，如齊私璽「競忻厶鉨」

（《古璽彙編》0275）。古人也多有取名爲「順」者，如《古璽彙編》2236「丁訓」、2565「塲（唐）訓」、5651「苛訓」、《古玉印集存》65「齒訓」，這些私璽中的人名「訓」都應該讀成「順」，天星觀楚簡有「利訓」一詞，等於「利順」。以上以「訓」爲名的私璽都是楚璽，可見楚地有以「順」爲人名的風尚。人名「順」、「不牾」、「不違」可以互相參證。

《書法新鑒：古璽文新鑒》，世界圖書出版公司，2005年6月，第86頁。

施謝捷：

楚系官璽　競（境）𢘑（巡）厶鉨　《古璽彙考》，安徽大學博士學位論文，2006年5月，第185頁。

官璽第二八六：競𢘑（訓）厶（私）鉨（璽）

印　面：

傳河南新蔡出土

著　錄：

《古璽彙考》，安徽大學博士學位論文，2006年5月，第185頁。

集　釋：

施謝捷：

楚系官璽　競（境）⿱川心（巡）厶鉩【封泥】

傳近年河南新蔡出土。　《古璽彙考》，安徽大學博士學位論文，2006年5月，第185頁。

官璽第二八七：□□之金

印　面：

湖北江陵九店東周墓出土，現藏湖北省文物考古研究所

著　錄：

《江陵九店東周墓》，北京：科學出版社，1995年7月，第285頁。

《古璽彙考》，安徽大學博士學位論文，2006年5月，第185頁。

集　釋：

湖北省文物考古研究所：

銅印，2方。出自2座墓中。728：5，方形，印背作臺階狀，中部一橋形鈕。印面陰刻「競人之鉩」4字，略殘缺。通高0.9、邊長1.2釐米。　《江陵九店東周墓》，科學出版社，1995年7月，第257頁。

施謝捷：

楚　競（境）人之鉩（璽）　《古璽彙考》，安徽大學博士學位論文，2006年5月，第185頁。

李守奎按：

印文不清，左側似「之金」。其他字不識。

官璽第二八八：尹之厶（私）鉩（璽）

印面：

徐茂齋藏印正續集，故宮博物院藏印

著錄：

《古璽彙編》，北京：文物出版社，1981年12月，第338頁。

《中國篆刻全集》，哈爾濱：黑龍江美術出版社，2000年7月，第372頁。

《古璽彙考》，安徽大學博士學位論文，2006年5月，第153頁。

《戰國璽印分域研究》，長沙：嶽麓書社，2009年5月，第179頁。

集釋：

羅福頤：

3653　□□　《古璽彙編》，文物出版社，1981年12月，第338頁。

徐　暢：

六國·私鉨　尹之厶（私）鉨　《中國篆刻全集》，黑龍江美術出版社，2000年7月，第

372頁。

施謝捷：

楚系官璽　尹之厶（私）鉩（璽）　《古璽彙考》，安徽大學博士學位論文，2006年5月，第153頁。

陳光田：

楚系古璽　「尹之私鉩（璽）」（3653）。璽文舊不識，當釋爲尹之私璽。（施謝捷：《〈古璽彙編〉釋文校訂》，《容庚先生百年誕辰紀念文集》，廣東人民出版社，1998年，第644頁。）……「尹」本是楚官名，《風俗通·姓氏》云：「師尹，三公官，以官爲氏。」

《戰國璽印分域研究》，嶽麓書社，2009年5月，第179頁。

李守奎按：

璽字作「坔」，與楚文字不合，疑非楚璽。

官璽第二八九：厶（私）鉩（璽）

印面：

鴨雄綠齋藏印

著錄：

《鴨雄綠齋藏中國古璽印精選》，東京：アートライフ社，2004年8月，第70頁。

《戰國璽印分域研究》，長沙：嶽麓書社，2009年5月，第175頁。

集釋：

菅原石盧：

022　回鉨

銅印　鼻鈕

全高　11.8mm

臺高　5.8mm

印面　26.0×22.2mm　《鴨雄綠齋藏中國古璽印精選》，アートライフ社，2004年8月，第70頁。

陳光田：

楚系古璽「私鉨（璽）」（《集粹》1.38）。該璽爲某氏私人所用之物。《戰國璽印分域研究》，嶽麓書社，2009年5月，第175頁。

邱傳亮按：

楚文字「ム」字作（包山141）、（郭店・老子甲・2）形，與該字完全相同，釋「ム」字無疑。楚璽中有諒（競）忻ム（私）鉨（璽）（《彙編》0275），與該璽當屬同類性質的璽印。

官璽第二九〇：備鉨（璽）

印　面：

故宮博物院藏印

著錄：

《古璽印概論》，北京：文物出版社，1981年12月，第46頁。

《古璽彙編》，北京：文物出版社，1981年12月，第247頁。

《古圖形璽印彙》，石家莊：河北美術出版社，1983年8月，第201頁。

《故宮博物院藏肖形印選》，北京：人民美術出版社，1984年9月，第45頁。

《中國歷代璽印精品博覽》，南昌：江西人民出版社，1995年9月，第77頁。

《篆字印彙》，上海：上海書店出版社，1999年1月，第975頁。

《戰國璽印分域編》，上海：上海書店出版社，2001年10月，第223頁。

《中國書法全集》第92卷，北京：榮寶齋出版社，2003年2月，第84頁。

《戰國璽印》，上海：上海書畫出版社，2003年8月，第48、224頁。

《古璽印通論》，北京：紫禁城出版社，2003年9月，第68頁。

集釋：

羅福頤：

2562 □鉨　《古璽彙編》，文物出版社，1981年12月，第247頁。

康　殷：

禽獸等文飾　□璽　《古圖形璽印彙》，河北美術出版社，1983年8月，第201頁。

《故宮博物院藏肖形印選》編輯室：

雙獸紋璽　戰國

邊長2.35×2.35釐米，通高0.7釐米

印文：　鉨　《故宮博物院藏肖形印選》，人民美術出版社，1984年9月，第45頁。

蕭高洪：

「偻鉨」爲文字和圖形結合鉨。　《中國歷代璽印精品博覽》，江西人民出版社，1995年9月，第77頁。

施謝捷：

備鉨　《〈古璽彙編〉釋文校訂》，《容庚先生百年誕辰紀念文集》，廣東人民出版社，1998年4月，第648頁。

何琳儀：

楚系　備鉩　《戰國古文字典》，中華書局，1998年9月，第124～125頁。

傅嘉儀：

□璽　《篆字印彙》，上海書店出版社，1999年1月，第975頁。

莊新興：

1328 □鉩　楚系·楚　《戰國璽印分域編》，上海書店出版社，2001年10月，第233頁。

徐暢主編：

圖像鉩　1617備鉩·雙獸鉩　《中國書法全集》第92卷，榮寶齋出版社，2003年2月，第184頁。

徐暢主編：

1617　備鉩·雙獸鉩

作於戰國時期。楚國私鉩。《故宮博物院歷代藝術館陳列品圖目》二八四號、《故宮博物肖形印選》四五號、《古璽彙編》二五六二號著錄。故宮博物院收藏。銅質。平板印體鼻鈕。通高〇·七釐米。

首字施謝捷據子彈庫楚帛書釋爲「備」。鉨文之「備」當爲帛書之異體省文。兩獸形態不一，一長頸似鹿，伸頸回頭；一頭長一角，縮頸回眸翹尾，造型極爲精彩。《中國書法全集》第92卷，榮寶齋出版社，2003年2月，第278頁。

莊新興：

□璽　楚系　《戰國璽印》，上海書畫出版社，2003年8月，第48、224頁。

葉其峰：

……在肖形璽中，有些是作爲文字的裝飾而存在。我們稱此類印章爲附屬圖像肖形璽。由於古璽文字與秦漢印文字風格迥然不同，因而此類肖形璽的時代一望而知。如故宮博物院藏的一方雙獸紋璽，璽面施田字界格，文字、獸紋，分別鐫於界格之中，璽文「鉨」爲典型之戰國文字，因而定此爲戰國肖形璽絕對無誤。《古璽印通論》，紫禁城出版社，2003年9月，第68頁。

李守奎按：

疑讀爲「服璽」，佩帶之璽，此璽有龍虎圖案，裝飾性很強。

官璽第二九一：事鉨（璽）

印面：

碧葭精舍印存八冊

著錄：

《古璽彙編》，北京：文物出版社，1981年12月，第417頁。

《中國篆刻全集》，哈爾濱：黑龍江美術出版社，2000年7月，第38頁。

集釋：

羅福頤：

4573　事鉨　《古璽彙編》，文物出版社，1981年12月，第417頁。

何琳儀：

楚系　事鉨　《戰國古文字典》，中華書局，1998年9月，第107～108頁。

徐　暢：

東周·齊系公鉨　史（吏）鉨　《中國篆刻全集》，黑龍江美術出版社，2000年7月，第38頁。

官璽第二九二：事□

印　面：

尊古齋印存四集四十册

著　録：

《古璽彙編》，北京：文物出版社，1981年12月，第189頁。

《中國篆刻全集》，哈爾濱：黑龍江美術出版社，2000年7月，第251頁。

集　釋：

羅福頤：

1867　事□　《古璽彙編》，文物出版社，1981年12月，第189頁。

徐　暢：

六國·私鉨　史□　《中國篆刻全集》，黑龍江美術出版社，2000年7月，第251頁。

邱傳亮 編著

第三册

楚官璽集釋 下編

學苑出版社

《楚官璽集釋》下編 第三冊目錄

卷十七

卷十八

卷十九

官璽第二九三：鉨（璽）

印面：

昔則廬古璽印存初二三集

著錄：

《古璽彙編》，北京：文物出版社，1981年12月，第476頁。

《中國篆刻全集》，哈爾濱：黑龍江美術出版社，2000年7月，第435頁。

《古璽漢印集萃》上冊，南寧：廣西美術出版社，2001年10月，第168頁。

集釋：

吳大澂：

古璽字从金从尒，經典尒爾通用。《周禮》：「貨賄用璽節。」鄭注：「璽節者，今之也。」

今世所傳古銅鉨多計鉨之文，皆通貨所用，秦漢以後天子之璽始用玉□、□。……鉨字金旁變化不一，皆六國時異體，□、□、□、□，□或从土，亦金之省文。許氏說：「璽者，王者印也，所以主土。」□、□。《說文古籀補》，商務印書館，1936年3月，第218～219頁。

牛濟普：

「鉨」字許氏《說文解字》中沒有，而只有「璽」字。現錄如下：「璽，王者印也，所以主土，从土爾聲，斯氏切。璽，籀文从玉。」他講的是秦始皇統一中國後所流行的「璽」字解。从爾聲是對的，但从土一說靠不住。从古鉨中我們可以看到如下的鉨字：

□、□、□、□、□、□、□、□、□、□

即可證明「鉨」是从「金」的，和銅器的生產相關連。古鉨中也有从土的，如：□、□、□、□、□、□，這又當何解呢？我認爲鑄造青銅的鉨印必經陶土製範而後澆鑄方得以成，故有从「土」的「鉨」字。「鉨」字第三種寫作、、、、、、、、，這類尒字，許氏《說文解字》存有此字。從段注的《說文》裏可以知道「尒」後來被「尔」所代替，「尔行而尒廢」。古文中「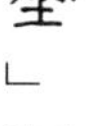」還依「」而从土，後由於出現玉石治印，而演變爲「璽」，从玉不从土了。

關於「鉨印」的記載，最早的見《左傳·襄公二十九年》云：「季武子取卞，使公冶問璽書，追而與之。」這是公元前544年的事。又《周禮》中記載：「貨賄用璽節」鄭箋：「璽節，如今之印章。」這時任免官員也用它作信證，如《淮南子》中記載「魯君召子貢，授以大將軍印」。這就是說鉨印在春秋時期已經使用於商業貿易和政權機構。發展到戰國時期，鉨印不僅用於官方，而且在民間使用也很廣泛，用法有兩種，一種是佩帶，猶如今天的證件一樣，人們常常隨身攜帶著。《史記》中就有「蘇秦佩六國相印」的記載。第二種是封書用，封過的書劄稱作「璽書」，當時人們相互交往，來往公文、書函要用鉨印封檢，一是使對方相信，二是爲了保密，以防中途被人打開。有的把鉨印加蓋在所生產的陶器上，起到「物勒功名，以考其誠」的作用。

《古璽初探》，《河南文博通訊》，1979年第4期，第32頁。

羅福頤：

元代人稱三代無印，見元大德四年（公元一三〇〇年）吾丘衍著《學古篇》。其説曰：多有人依款識（元人稱鐘鼎文爲款識）字式作印，此大不可。蓋漢時印文不曾如此，三代時卻又無印，學者慎此。《周禮》雖有璽節，及職掌辨其美惡，揭而璽之之説，注曰：印。其實手執之節也，正面刻字，如秦氏璽而不可印，印則字反矣，古人以之表信，不問字反，淳樸如此。若戰國時蘇秦六印制度未聞。《淮南子・人間訓》曰：魯君召子貢授以將軍之印。劉安寓言而失詞耳。

案此説至明代仍因之，故顧汝脩著《印藪》冠以秦九字小璽，以爲是印之最古者。

其實今日視之此璽不過是漢人殉葬印耳，並不屬秦。今審《印藪》中已有戰國古璽數十方。而顧氏列之未識時代古印中。於此可證，元明時期尚不知有戰國古璽，其可知矣。

至清乾隆間，程瑤田作《看篆樓印譜》序，始釋古璽「私鉩」二字。

《然其文祇著重釋字而未明確璽之時代。至清嘉道間以金石學之發達，好古家作印譜者漸夥。在道光十五年張延濟《清儀閣古印偶存》中始稱戰國璽爲古文印，仍未能肯定其時代。至清吳式芬《雙虞壺齋印譜》出，始列古璽在秦漢印之前，其書簽上始有古璽官印、古朱文印字樣。及同治十二年（公元一八七三年），陳介祺編《十鐘山房印舉》亦首列古璽。

陳氏於次年致吳氏手札中說：

朱文銅印似六國文字，玉印似六國書法近兩周者（見五冊本《簠齋尺牘》）。迨光緒七年（公元一八八一年），高慶齡著《齊魯古印攈》首列三代銅官璽，三代銅私璽，前有王懿榮序。方肯定璽之稱官名者，是出周秦之際，如司徒、司馬、司工之屬皆見《周官》。

時吳大澂作《說文古籀補》亦收錄璽文，是爲古璽文字有著錄之始。私璽二字之釋，雖肇於程瑤田，然程氏未明確璽之時代及璽文意義。至民國之初年（公元一九一五年）先人作《赫連泉館古印存》序中始指出：

古璽印中有成語印，如得志、右生、安官、敬事、明上之類。

於次年又作《赫連泉館古印續存》序中更說：

古璽中成語印不僅如前所舉，兼有富生、思言、千萬、宜有千萬、公私之璽等，以至有單字璽，兼審璽文中有與貞卜文、古金文、古陶文合者，舉吳、侃、吉諸字爲證。

至是，學者對戰國古璽有了進一步之認識。

清末金石家對戰國古璽之時代多慎重，衹稱之爲古璽，陳簠齋亦作遊移之辭，說似六國文字。而至海寧王氏國維，觀堂文始因前人之說，根據璽上文字廣征博引乃肯定爲六國文字，先是在一九二四年頤得觀堂文賜書，說：

近有人作一種議論，謂許書古文爲漢人僞造，更進而斷孔壁書爲僞造，擬爲一文以正之，兄所集古璽文字其中與《說文》古文同者，如恒字之類當必不少，祈錄示，並請下注璽云。

因之頤據所知，錄出上、下、信、公、秦、宰、碣、渴、吳、恒等二十餘字以呈。厥後，觀堂文作《桐鄉徐氏印譜》序（見全集本《觀堂集林》），文中舉正始石經古文及戰國遺物上銘文，以至古陶、郢金，貨布上諸文字，參證璽文合者十同八九，始肯定爲六國文字無疑。近證以山西侯馬所出侯馬盟書及河南信陽戰國出竹簡，河北平山縣中山王墓出鼎、壺銘文多與古璽文合者，益證前人斷代信而有徵。……

戰國官璽之肯定雖始於王懿榮，然當時祇見司徒、司馬、司工諸璽而已。近世以來出土日多，所見益廣，對古璽之認識有所發展。且前人衹知白文大璽爲官璽，而近來知見有朱文璽，大小與私璽略同，審其文字所載官名有可與史書相印證者，知亦是官璽。至於何以大小不同，朱白文異，殆以官階或國別之殊耶？是實有待來者之考證。然其爲官璽則無疑問。

……

以上所述，只舉近百年來對古璽認識之一斑，由文字而斷定時代以至發展辨其種類。於此得證三代無印之説不攻自破。至於古璽學識未發其藴者仍夥，類如戰國文字尚多難釋，官璽何以有朱白文異，大小不同，璽印分國亦萌芽，種種解決多待來者。方今世出土品日多，啓發比較是在好學深思之士，頤企足以俟之矣。　《近百年來古璽文字之認識和發展》，《古文字研究》第五輯，中華書局，1981年1月，第243～254頁。

羅福頤：

5257　鉨　《古璽彙編》，文物出版社，1981年12月，第476頁。

邵　磊：

四、楚糸古璽

古楚國轄括今湖南、湖北、安徽以及河南的大部份地區，是戰國時期版圖最爲遼闊的國家。因爲楚國國力強盛，文化藝術十分發達，故遺存的璽印數量之多、品類之富，亦每每令人歎爲觀止。

楚璽多係鑿款，有邊欄，少數有界格，除少量爲圓形印面外，一般以方形白文璽爲大宗。其中官璽尺寸達2.5釐米左右，私璽略小，約在1.0-2.0釐米之間。楚璽文字與信陽、江陵、長沙等地出土的楚簡、帛書文字堪爲一家眷屬，在結體上大多有從右上部向左旋轉的趨勢，並蘊含著較濃郁的隸書意味，顯得蕭散、奇譎，而私璽尤甚（圖三，2，3，4）。

楚地還流行一種玉質私璽，其字文係出鉈治，筆道中部肥潤而起迄處俱呈銳利的尖錐狀，頗流露出一股逸筆草草的神韻（圖三，5）。

楚璽中有許多楚國特有的官名，如「職室」、「職歲」、「連尹」、「亘計」、「莫敖（囂）」等。楚璽中的「鉨」字所从「金」部，常寫作，或變體作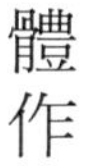、、等，而其他六國之「鉨」字「金」部卻鮮有此寫法。此外，如「大」作、「官」作、「府」作、「陵」作等，也屢見於楚國文字，堪爲檢驗楚璽的可靠標尺。《戰

國古璽分域叢談》，《南方文物》，1996年第4期，第36～38頁。

曹錦炎：

先秦時代，璽字本來寫作「尒」、「木」，後來或增土旁作「坾」，或增金旁作「鉩」。

馬國權指出：「原來，璽字在古璽中多寫作『木』、『尒』，上端的『丄』、或『人』，就是璽的鈕或柄的側面之形，下邊的『氺』，是按捺之後呈現出來的紋樣。《說文解字》卷九有『彡』字的部首，許慎解釋說：「毛飾畫文也。」意思是用筆畫出來的線條。可知璽字下邊的『氺』與『彡』實際是一路東西。我們知道，象形字的產生是先於象形兼會意字的，有了『朩』之後，纔有『杢』、『坾』、『杜』、『栓』、『鈢』等形作。意思非常明顯：『杢』是把「璽」這東西印在泥土上；坾、杜則說明璽的使用與泥土的關係；而「栓」或「鈢」是說明璽本身的金屬質料。」（《古璽文字初探》，中國古文字研究會第三屆年會論文，油印本）馬說似可作爲參考。　《古璽通論》，上海書畫出版社，1996年3月，第2頁。

羅運環：

隨著楚文化考古，尤其是楚文化研究的進展，楚璽及其文字日益受到重視。但是，楚璽的起源、內容、特點、功能（涉及楚封泥，朱色印記與烙印文字）等等，尚需系統的研究，作者在清理楚文字資料的過程中，有感於此，特撰本文，聊作嘗試。

一、楚璽的起源

古璽的起源是較早的，是與社會的文明程度相適應的。《續漢書·祭祀志（下）》論曰：「嘗聞儒言，三皇無文，結繩以治，自五帝始有書契。至於三王，俗化雕文，詐僞漸興，始有印璽，以檢奸萌。」即此之謂。楚在鬻熊、熊繹之際已進入文明社會，但西周時期，還未見到有關傳聞。

春秋後期，列國用璽情況偶有記載，楚國亦有傳聞可考。《吳越春秋·王僚使公子光傳》云，楚平王信讒，囚大臣伍奢，並欲得奢二子伍尚和伍子胥皆誅之，「即遣使者駕駟馬，封函印綬，往詐召子尚、子胥。」這段引文雖屬傳聞，但其基本內容，尤其是平王免其父而往詐召子尚、子胥之說，與史傳所載「免其父召之」相吻合，所以「封函印綬」一語，儘管夾雜著漢代人的習慣用語，但還是有一定價值的。從已鑒別的楚璽，以及傳世文獻有關春秋列國用璽的記載來看，楚在春秋中後期當已用璽，衹是還沒有發現罷了。《史記》的《楚世家》云，楚懷王曾「置相璽於張儀」。《張儀列傳》亦載：「張儀往相楚。……（楚懷王）乃以相印授張儀。」這是戰國中期楚人用璽的記載。除此之外，戰國時楚人用璽的情況，文獻不見再有明確的記述，但是，楚璽則有相當數量的發現。所以，研究楚璽，主要是研究戰國時代的楚國古璽。

二、楚璽銘刻的類别

楚璽的數量較多，按其銘刻，亦可分爲五類，即：官璽、私名璽、吉語璽、箴言璽及肖形璽。楚官璽的内容比較豐富，涉及中央到地方的各類職官。有的官職前冠以地名，如：「江陵行邑大夫璽」《古璽彙編》（0101）「下蔡邑大夫璽」（0097）、「安昌里璽」（0178）等等，不但可從中了解一些職官名稱，而且還可從中考察到一些地名及地方機構的建制情況。又如「高府之璽」（0132）、「大府」璽（0127）、「敀（造）府之璽」（0131）、「戠（織）室之璽」（0213）、「勿正（征）關璽」（0295）等等，還涉及到國家的府庫、手工業、税收制度等。凡此，對研究戰國時的政治經濟大有裨益。

私名璽，如「⿱邵心（悼）鼻」（2975）、「卲（昭）□」（3486）等等，可從中探討楚國的宗法制度，吉語、箴言璽如：「敬事」（3529）、「信」（5509）、「忠信」（4510）、「恒」（5700）等等，可從中了解楚人的倫理道德。

肖形璽，較爲少見，且難以考定。從已發現的幾方來看，有人物、獸類，也有肖形與文字組合在一起的。黃質《濱虹草堂藏古璽印》著錄的一方安徽壽縣出土的武士形銅璽，其肖形爲（1），作武士狀，一手執劍，一手持盾。王伯敏先生云：「擬楚人遺物。」此即人物類。又如，1957年，湖南長沙陳家大山26號戰國楚墓，出土一獸形方璽。其肖形爲（2）。1979年，湖南益陽天成垸2號戰國楚墓出土一獸形璽，其肖形爲（3），此獸一角，殆即所謂「令觸不直」的解廌獸，非爲虎形。此形亦類似安徽阜陽及湖南長沙所出的有關漢印，當屬楚璽。此二例皆爲獸類。關於肖形與文字組合的璽，在湖北宜城縣楚皇城遺址東南角也出土了一方，即王字肖形璽。此璽臺座人鈕　，璽面的契刻爲（4），畫面正中豎一建鼓，右上角刻一「王」字，右下方一人弓步擊鼓；左邊的肖形還難識別，或以爲其下似一人作舞蹈狀，其上形似臥羊，這是一種推測。根據文字風格，畫面內容，人鈕飾著，以及出土地點，王少泉同志認爲此璽「不會晚於戰國時期」，並「擬爲楚王室的私人印璽」。

三、楚璽的形制及文字風格

楚璽的質料及形制，同列國古璽一樣，還沒有形成秦漢以後那樣嚴格的制度，楚璽大都爲銅質，但也有極少量的玉、骨、琉璃等質料的。

楚璽的璽面形狀，一般多爲正方形，少數呈圓形、長方形和三角形。其銘刻與三晉多朱文相反，楚璽的白文多，朱文少。璽面周圍有邊欄，少數方形璽面的文字間有十字界格，個別的爲直線界格。

同列國古璽一樣，楚璽均有鈕，鈕上有孔，用以穿綬系於腰帶，即所謂佩璽。鈕形一般多作鼻鈕（或稱壇鈕），祇有極少數的爲柱形或稱長柄鈕，如「大府」、「大廄」璽等。僅就官璽而言，楚璽的鈕座一般沒有燕璽那樣的小臺階，其坡形鈕座直接與璽臺相連，但沒有三晉的那樣陡峭。

另外，還有兩種形制特殊的楚璽。其一爲二合璽。其璽面及璽臺均由兩個長方形合成，印鈕則爲兩個半邊圓柱形合成。20世紀50年代湖南出土的「大廐」璽就是如此。大廐璽僅存其中的一半，有白文「大㕁」二字，半圓柱鈕的剖面有榫頭2個、卯眼1個，以便合攏使用。其二爲三合璽，這種圓形璽面和圓柱形的鈕，均由三個扇面狀合成。如「郪菱□璽」、「京」字三合璽、「郘」字三合璽都是如此，前1璽衹發現2塊，後2璽各存1塊。

楚璽文字也很有特色。如：習見的之字作（《古璽彙編》0132），（0142），璽字作（0139）、（0228）、（0131），出字作（0168），邑字作（0100）、（0097），大字作（0127），大夫的合文作（0097）、（0099），織字作（0205），客字作（0160），府字作（0135）、（0127），中字作（《湖南省博物館藏古璽印集》8），等等，都具有戰國中晚期楚文字特有的風格。

凡此，皆有益於楚璽的辨别與斷代研究。

四、楚璽的用途與封泥、朱色印記和烙印文字

（1）楚璽的用途

古璽有多種用途，其中主要的是鈐蓋封泥，作爲封緘之用。即《釋名·釋書契》所謂，「封物使可轉徙而不可發也」；「封物爲信驗也。」其二，施印於陶器，即在陶器燒製之前，

鈐蓋上去。這是「物勒工名」的一種形式，齊魯較多，楚陶罕見。其三，作爲烙印使用。先秦古璽有用於烙馬和烙木等。楚國的衹發現烙木璽文。其中，鈐蓋在絲織物上，以作爲標記。此項僅楚國有發現。

此外，從另一個角度而言，古璽有其特殊的藝術風格，亦可供玩賞。官璽又是一種權力的象徵，所謂操持「權柄」之說即由此引申而來。因此，授職便授璽，罷官（或辭職）亦繳璽。如前所言，楚懷王授張儀「相璽」，即是授官授璽的例證，儘管其所授之官爲名義者。楚璽的使用遺蹟僅有少量的封泥、朱色印記及烙印文字發現。

（2）楚封泥及有關泥劃文字

封泥有廣狹二義，狹義的封泥是指封緘簡牘（或曰文書）及其他物器時加蓋璽印的泥塊。廣義的封泥則泛指作爲封緘之用的泥土，其中還包括泥劃文字（或泥劃圖形標記）。前者是最主要的。

大凡在寫好的簡牘之外，另加一挖有方槽的木塊，捆扎後，將繩結放在木槽內，塗泥並鈐蓋璽印，這就是簡牘之類的封泥。其他物品的封泥也都是在系結處塗泥、鈐蓋璽印而形成的。在楚國發現有盛物陶器的封泥。

1978年，湖北江陵天星觀1號戰國楚墓出土一件瓮，其附近發現有幾塊封泥，大都破碎，僅兩塊保存較好，近方形，上有圖形印記，作（5）形。近似文字。

1986年，湖北荆門市包山2號楚墓出土幾件盛物陶罐，其頸部發現封泥印記，如：75號陶罐頸部封泥鈐蓋有直徑1釐米的渦紋印記。7、15號陶罐頸部封泥上各鈐有三個牛紋印記，作（6）形。牛紋凸起，呈抵觸狀。封泥直徑1.5、厚0.7釐米。

另外，包山2號墓的陶罐口上還發現了泥劃文。如：75號陶罐蓋頂上的封泥劃有「永旨□」三字；16號陶罐蓋頂封泥上劃有（7）字，或釋爲魚字。這些都是僅見的廣義的楚封泥。

（3）烙印文字

烙印大都是陽文，烙出的文字則爲陰文，使用時將璽燒熱，烙在木器、漆器上，或獸體上，即成烙印文字。在楚國方面發現有烙在木器和漆器上的烙印文字。

木器烙印文多見於墓葬的槨蓋板上。如：1956年，湖南長沙市省銀行干校14號墓的烙印文字就是如此，印記呈圓形，直徑5釐米，有「沅易於魚」四字，印記發現更多的是湖北江陵望山2號墓。該墓於1965年秋發掘。墓中的槨板上共有16處烙印文字。記有兩種：其一，文字爲「於王既正」。在三塊內槨底板的東端和兩塊內槨的外面都烙有同樣的文字。其二，文字爲「邵呂竽」。在內槨與內棺之間，四周各蓋一木板，其中南邊的一塊烙有此文字。同樣的印記在同一塊槨板上發現有6處。漆器烙印文字發現較少。1980年，湖南長沙市五里牌3號戰國木槨墓出土兩件羽觴，其中一件底部所烙印記，呈三角（角圓）形，其中有一「（8）」字。

（4）朱色印記

所謂朱色璽文，如同今人將蘸好印泥的印章鈐蓋在紙上一樣，即把蘸好紅顏色的璽鈐蓋在絲織物上，呈現出朱色璽文。此項僅發現於楚國。其資料罕見，往往被古璽研究者所忽視。朱色璽文，1957年首次發現於湖南長沙左家公塘楚墓。該墓出土的褐地矩紋錦殘片是由兩塊錦拼縫的，在錦的一邊有0.8釐米的黃絹作邊，絹上墨書「女五氏」三字，在錦面靠近邊幅處蓋有朱色印記，呈長方形，由於絲織品已殘，印記也隨之殘缺，殘存的文字尚待考證。印記比較完整的見於湖北江陵馬山1號楚墓。該墓1982年1月發掘，出土的絲質衣物的邊幅或靠近邊幅處，除了墨書文字外，發現有朱色印記，如：編號爲N16的小菱形紋錦面綿袍的深黃絹裏，除有墨書「柬」字外，另鈐有朱色正方形印記，邊長0.6釐米，文字已無法辨識，N14對龍對鳳紋繡淺黃絹面綿袍的灰白絹裏，有朱色印記，摹本爲（9）邊長0.7、寬0.5釐米；N3塔形文錦帶上多處蓋有相同的朱色印記，摹本作（10），呈正方形，邊長0.9釐米，但有的印記不夠清晰。這些都是我國已知最早的朱色璽文，後世在紙上鈐蓋朱色印文當是由此逐漸發展而來的。

結語

以上的研究表明：楚璽至遲在春秋晚期已經使用。已發現的楚璽大多屬於戰國中期和戰國晚期。楚璽不僅用於封緘，烙印木器、漆器，還蘸赤色顏料鈐蓋絲織物，這些都進一步豐富了我們對古璽用途的知識。

必須指出：楚璽研究還祇是起步，許多問題還未解決，其中最突出的問題仍然是對楚璽的鑒別，尤其是楚國的私璽、吉語璽、箴言及肖形璽。同時，對楚璽的起源、斷代也需要進一步探索和研究。

附圖：

（1）（2）（3）（4）（5）

（6）（7）（8）（9）（10）

《論楚璽及其他》，《容庚先生百年誕辰紀念文集》，廣東人民出版社，1998年4月，第637~643頁。

徐　暢：

六國·私鉨　鉢　《中國篆刻全集》，黑龍江美術出版社，2000年7月，第435頁。

戴山青：

古璽（私鉢）　鉢　《古璽漢印集萃》上册，廣西美術出版社，2001年10月，第168頁。

官璽第二九四：□逑之鉨（璽）

印　面：

璽印集林四冊

著　錄：

《古璽彙編》，北京：文物出版社，1981年12月，第37頁。

《印典》（四），北京：國際文化出版公司，1994年1月，第2710頁。

《中國篆刻全集》，哈爾濱：黑龍江美術出版社，2000年7月，第20頁。

《古印集萃·戰國卷》，北京：榮寶齋出版社，2000年11月，第40頁。

《古璽漢印集萃》上冊，南寧：廣西美術出版社，2001年10月，第33頁。

《中國書法全集》第92卷，北京：榮寶齋出版社，2003年2月，第48頁。

《中國璽印類編》，天津：天津人民美術出版社，2004年6月，第55頁。

《古璽彙考》，安徽大學博士學位論文，2006年5月，第179頁。

《戰國璽印分域研究》，長沙：嶽麓書社，2009年5月，第146頁。

《先秦印風》，重慶：重慶出版社，2011年5月，第38頁。

集釋：

羅福頤：

0221　□邇之鉩　《古璽彙編》，文物出版社，1981年12月，第37頁。

康殷、任兆鳳：

哏迩之璽　《印典》（四），國際文化出版公司，1994年1月，第2710頁。

何琳儀：

楚系　哉迩之鉩

楚璽「哉迩」，讀「能邇」，箴言。能从㠯聲。《禮記・哀公問》：「寡人雖無似也」，《孔子家語・大婚解》似作能。㠯、戈聲系相通。《書・皐陶謨》「載采采」，《史記・夏本紀》作「始事事」。《孟子・梁惠王》下「湯一征自葛始」，《初學記・帝部》引始作載。是其佐證。《書・舜典》「柔遠能邇」，《漢書・百官公卿表》注：「能，善也。

《戰國古文字典》，中華書局，1998年9月，第101、1249頁。

徐　暢：

東周·楚系公鉨　□逑之鉨　《中國篆刻全集》，黑龍江美術出版社，2000年7月，第20頁。

來一石：

□邇之鉨　《古印集萃·戰國卷》，榮寶齋出版社，2000年11月，第40頁。

肖　毅：

40.長（掌）迩之掌（編按：「掌」爲「鉨」之訛）

「迩」當讀爲「璽」，5220「璽」字作「迩」，3535「璽」字作「坙」可爲證。「長迩」當讀爲「掌璽」，與《周禮·地官·司徒》中的「掌節」相似：「門關用符節，貨賄用璽節，道路用旌節，皆有期以反節。」「掌璽」當是職掌璽印的官職，與秦漢之符璽郎、唐之符寶郎相當。」　《古璽所見楚系官府官名考略》，《江漢考古》，2001年第2期，第43頁。

戴山青：

□邇之鉨　《古璽漢印集萃》上冊，廣西美術出版社，2001年10月，第33頁。

徐暢主編：

戰國公鉨與印跡・楚系鉨印　181　□逑之鉨　《中國書法全集》第92卷，榮寶齋出版社，2003年2月，第48頁。

小林斗盦：

之鉢□邇　《中國璽印類編》，天津人民美術出版社，2004年6月，第55頁。

李守奎：

四、逑

《古璽彙編・官璽》0221號……原釋文爲「□邇之璽」，「邇」字之釋，《先秦印風》、《戰國文字編》等從之不疑。據新出土楚簡材料，此字當是「逑」字。

「尔」與「朮」本不同形，由於簡化，逐漸混訛爲一了。下面是「鉢」、「逑」二字中「尔」、「朮」兩個偏旁的簡化過程：

尔：包山13　璽彙347　璽彙100

术：郭店·老子丙2　郭店·性自命出14　郭店·五行34

單從偏旁上看，釋「迩」釋「逑」均可。我們主張釋「逑」，有如下理由：從字形上看，首先，楚簡中有與之形近的「逑」字，但未見「迩」字。《郭店楚簡·五行》34號簡「逑」字與此字幾近同形。其次，楚文字中有與小篆「迩」相當的「𨗨」。《郭店楚簡·緇衣》43號簡「𢔶」，讀「迩」。從文義上看，釋「迩」不好講通，釋「逑」可讀爲「遂」。楚官璽中的「逑」讀爲「鄉遂」之「遂」，吳振武師有詳論（吳振武：《釋三方收藏在日本的中國古代官印》，臺灣，載《中國文字》新24期，第90~93頁，藝文印書館，1998年。包山楚簡似未見「遂」制。如果楚確實有過「遂」制，大概也是在向北擴展過程中，在所佔領的原齊國舊地沿襲齊國的舊制）。《楚璽文字六考》，《古文字研究》第二十五輯，中華書局，2004年10月，第403頁。

施謝捷：

楚系官璽　听逑（遂）之鉩（璽）

此璽印文舊釋爲「□迩（邇）之鉨」（《古璽彙編》0221；《先秦印風》38 頁），或釋爲「□述之鉨」（《中國篆刻全集》1.20）；或釋爲「哉迩之鉨」，謂：「楚璽『哉迩』，讀『能邇』，箴言。能从㠯聲。《禮記・哀公問》『寡人雖無似也』，《孔子家語・大婚解》似作能。㠯、弋聲系相通。《書・皋陶謨》『載采采』，《史記・夏本紀》作『始事事』。《孟子・梁惠王下》『湯一征自葛始』，《初學記・帝部》引始作載。是其佐證。《書・舜典》『柔遠能邇』，《漢書・百官公卿表》注『能，善也』。」（《戰國古文字典》101 頁）捷按：「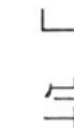」字構形與「哉」不類，「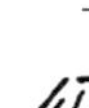」字所从與同璽「鉨」字所从「尔」寫法不同，原釋「哉迩」不妥。今謂首字上从斤下从可，據其構形可釋爲「听」，或改釋爲「述」，當可信。然則「听」當是地名，「述」也應讀作鄉遂之「遂」。（《古璽彙考》，安徽大學博士學位論文，2006年5月，第179頁。

陳光田：

楚系古璽「□述（遂）之鉨（璽）」（0221）。璽文第二字舊釋爲邇；應釋爲述，讀做遂。（李守奎：《楚璽文字六考》，《古文字研究》第25輯，中華書局，2004年第401頁。）

楚有居民組織「鄉遂」，該璽可能爲楚某鄉遂的官署所用。《戰國璽印分域研究》，嶽麓書社，2009年5月，第146頁。

李守奎按：

0221號「述」舊多釋爲「迩」。楚文字的「朮」旁與「尔」旁有所不同，0221號璽「述」、「鉥」二字同出，所从偏旁明顯不同。釋「迩」是依據齊系文字「尔」旁的寫法。楚之「朮」與齊之「尔」，同形但不同字。戰國文字的釋讀必須充分考慮地域的差別同形。楚璽中的「述」都讀爲鄉遂之「遂」。

左上角之字，施謝捷釋「听」近是。

官璽第二九五：□門述

印　面：

赫連泉館古印續存一冊，故宮博物院藏印

著　録：

《古璽彙編》，北京：文物出版社，1981年12月，第58頁。

《印典》（四），北京：國際文化出版公司，1994年1月，第2403頁。

《篆字印彙》，上海：上海書店出版社，1999年1月，第1450頁。

《中國篆刻全集》，哈爾濱：黑龍江美術出版社，2000年7月，第35頁。

《古印集萃・戰國卷》，北京：榮寶齋出版社，2000年11月，第30頁。

《古璽漢印集萃》上冊，南寧：廣西美術出版社，2001年10月，第31頁。

《戰國璽印分域編》，上海：上海書店出版社，2001年10月，第117頁。

《中國書法全集》第92卷，北京：榮寶齋出版社，2003年2月，第62頁。

《中國璽印類編》，天津：天津人民美術出版社，2004年6月，第51、381頁。

《古璽彙考》，安徽大學博士學位論文，2006年5月，第180頁。

《戰國璽印分域研究》，長沙：嶽麓書社，2009年5月，第156頁。

《先秦印風》，重慶：重慶出版社，2011年5月，第28頁。

集釋：

羅福頤：

0333 □門逑 《古璽彙編》，文物出版社，1981年12月，第58頁。

何琳儀：

分域待考 阿門逑

古璽（疑齊璽）逑，讀遂。《周禮·地官·遂人》：「五鄙爲縣，五縣爲遂。」《戰國古文字典》，中華書局，1998年9月，第1243～1244頁。

吳振武：

北京故宮博物院所藏戰國古印有「□門逑」印：

《古璽彙編》58.0333

從印風格上看，亦近於楚。印中「□門」是地名，「逑」也應當讀作鄉遂之「遂」。《釋三方收藏在日本的中國古代官印》，《中國文字》新廿四期，藝文印書館，1998年12月，第92頁。

傅嘉儀：

□門述　《篆字印彙》，上海書店出版社，1999年1月，第1450頁。

徐　暢：

東周・齊系公鉨　陭門述　《中國篆刻全集》，黑龍江美術出版社，2000年7月，第35頁。

來一石：

□□述　《古印集萃・戰國卷》，榮寶齋出版社，2000年11月，第30頁。

莊新興：

662　□門述　齊系　《戰國璽印分域編》，上海書店出版社，2001年10月，第117頁。

徐暢主編：

戰國公鉨與印跡・齊系鉨印　300　陭門述　《中國書法全集》第92卷，榮寶齋出版社，2003年2月，第62頁。

小林斗盦：

□門述　《中國璽印類編》，天津人民美術出版社，2004年6月，第51、381頁。

施謝捷：

楚系官璽　隋門述（遂）

此璽印文首字舊多闕釋（《古璽彙編》0333），後或改釋爲「隋」（《先秦印風》28頁；《中國篆刻全集》1.35），誤。或將此璽歸在齊系《戰國璽印分域編》662；《中國篆刻全集》1.35），吳振武先生謂：「從印風格上看，亦近於楚。印中『□門』是地名，『述』也應讀作鄉遂之『遂』。」（吳振武1998f）其說可從。　《古璽彙考》，安徽大學博士學位論文，2006年5月，第180頁。

陳光田：

楚系古璽　「□門述（遂）」（0333）。　詳見「陽𤓰之述（遂）」條。　《戰國璽印分域研究》，嶽麓書社，2009年5月，第156頁。

徐　暢：

戰國楚系官鉨　隋門述　《先秦印風》，重慶出版社，2011年5月，第28頁。

官璽第二九六：⿱陽土（陽）⿰阝阝之述（遂）

印　面：

鴨雄綠齋藏印

著　錄：

《中國篆刻全集》，哈爾濱：黑龍江美術出版社，2000年7月，第35頁。
《中國書法全集》第92卷，北京：榮寶齋出版社，2003年2月，第62頁。
《鴨雄綠齋藏中國古璽印精選》，東京：アートライフ社，2004年8月，第79頁。
《古璽彙考》，安徽大學博士學位論文，2006年5月，第180頁。
《戰國璽印分域研究》，長沙：嶽麓書社，2009年5月，第156頁。
《先秦印風》，重慶：重慶出版社，2011年5月，第28頁。

集　釋：

吳振武：

三、⿱陽土⿰㼌阝之述

（編按：圖略）此印亦爲菅原先生鴨雄綠齋藏品。著録情況與上釋「左庫尙歲」印同。原印銅質鼻鈕。印面2.5釐米見方。印文四字，右讀，可隸釋爲「⿱陽土（陽）⿰㼌阝之述（遂）」。此印從風格上看，是典型的楚印。這一點菅原先生已明確指出過。〔菅原石廬：《古璽に學ふ……》，載《篆刻の鑑賞と實踐》（全日本篆刻連盟監修），92頁，藝術新聞社，1995年，東京〕。⿱陽土下一字頗難隸釋，今暫隸定爲「⿰㼌阝」。但「⿱陽土⿰㼌阝」是地名，則是可以肯定的。疑「⿱陽土⿰㼌阝」即古書中的陽夏。1983年江蘇丹徒背山所出春秋遷邟鐘銘曰：「余鏞（鋁）鏐是羼（擇），允唯吉金，乍（作）鑄（鑄）龢鐘，我台（以）夏台（以）南，中（終）鳴妣（且）好。」（《文物》1989年第四期，52～53頁圖一、圖二，北京。按銘中「中（終）鳴妣（且）好」一句，舊釋多誤，說詳另文）銘中「台（以）夏台（以）南」，即《詩・小雅・鼓鐘》「以雅以南」（參商志䃅、唐鈺明：《江蘇丹徒背山頂春秋墓出土鐘鼎銘文釋證》，載《文物》1989第四期，51～56頁，北京；曹錦炎：《遷邟編鐘銘文釋議》，同上，57～59頁）。「雅」从「牙」聲，而从「牙」得聲的「邪（以遮切）」、「釾」、

「與」等字古皆與「瓜」、「窊」同音（喻母魚部），故「𨛭」有可能讀作「夏」。《史記・項羽本記》：「漢五年，漢王乃追項王至陽夏南。」《正義》曰：「《括地志》云：『陳州太康縣，本漢陽夏縣也。《續漢書・邵國志》云：『陽夏縣屬陳國。』』」按：太康縣城夏后太康所築，隋改陽夏爲太康。其地即在今河南太康縣，戰國時正在楚國疆域內。印文中的「述」應讀作鄉遂之「遂」。在古書和古文字資料中，「述」、「遂」相通之例屢見不尠（古書中的例子，參高亨、董治安：《古字通假會典》，555頁，齊魯書社，1989年，濟南）。以兩周銅器銘文爲例，「述」字用作鄉遂之「遂」的例子有：

逋盂：……命逋事（事）于述（遂）上（《考古》1977年第一期，圖版玖，2，北京。參陝西省博物館：《陝西長安灃西出土的逋盂》，同上，71～72頁）。

史密簋：……齊𠂤（師）、族土（徒）述、（遂）入乃執啚（鄙）寬亞（惡）。師俗率齊𠂤（師）、述（遂）入左□伐長必（《文物》1989年第七期圖三、圖四，北京。參李學勤：《史密簋銘所記西周重要史實》，載《走出疑古時代》，170～178頁，遼寧大學出版社，1994年，瀋陽）。

用作副詞「遂」的例子有：

小盂鼎：……述（遂）贊邦賓（《考古學報》1956年第二期，圖版玖，北京。參李學勤：《小盂鼎與西周制度》，載《李學勤集》，165~179頁，黑龍江教育出版社，哈爾濱）。

中山王嚳方壺：……述（遂）定君臣之謂（位），上下之軆（體）（張守中：《中山王嚳器文字編》，91、113頁，中華書局，1981年，北京）。

印文中的「述」字，顯然用作鄉遂之「遂」，既曰「陽（陽）郿（夏？）之述（遂）」，自當是陽夏（？）所屬之遂所用的印。

北京故宮博物院所藏戰國古印有「□門述」印：

《古璽彙編》58.0333

從印風格上看，亦近於楚。印中「□門」是地名，「述」也應當讀作鄉遂之「遂」。古代行政區劃或居民組織有里、州、遂、都等名目。在戰國楚印中，過去我們已知道有里印和州印（里印見《古璽彙編》30.0178、0179、31.0180、0181、510.5601；州印見同書31.0184、0185、503.5554），現在又發現有在里、州之上的遂印，這對研究楚國鄉遂制度來說，應該是有意義的。

1992年，北京大學李家浩曾發表《齊國文字中的「遂」》一文（載《湖北大學學報》（哲學社會科學報）1992年第三期，30～37頁，武漢）。文中考出四方齊國遂印，並對齊國的鄉遂制度有較深入的討論。本篇所釋，多受李文啓發，讀者宜與李文互觀。　《釋三方收藏在日本的中國古代官印》，《中國文字》新廿四期，藝文印書館，1998年12月，第90～93頁。

徐　暢：

東周・齊系公鉩　㙮（陽）鄉（信）之述（鉩）　《中國篆刻全集》，黑龍江美術出版社，

2000年7月，第35頁。

徐暢主編：

戰國公鉨與印跡·齊系鉨印　299　陽鄉（信）之述　《中國書法全集》第92卷，榮寶齋出版社，2003年2月，第62頁。

菅原石廬：

陽鄉之述

銅印　鼻鈕

全高　13.4mm

臺高　7.0mm

印面　25.4×25.4mm　《鳴雄錄齋藏中國古璽印精選》，アートライフ社，2004年8月，第79頁。

施謝捷：

楚系官璽　陽（陽）郷之述（遂）

此璽印文，原釋爲「陽鄉之述」（《中國璽印集粹》第1冊目錄；《先秦印風》28頁）；或釋爲「陽（陽）郿（信）之迩（鉨）」（《中國篆刻全集》1.35）。吳振武先生專門考釋過此璽，謂：「『陽』下一字，頗難隸釋，今暫隸定爲『郿』。但『陽郿』是地名，則是可以肯定的。疑『陽郿』即古書中的陽夏。1983年江蘇丹徒背山[頂]所出遷邟鐘銘曰：『余鏞（鋁）鏐是羼（擇），允唯吉金，乍（作）（鑄）龢鐘。我台（以）夏台（以）南，中（終）鳴娀（且）好。』銘中『台（以）夏台（以）南』，即《詩・小雅・鼓鐘》『以雅以南』。『雅』从『牙』聲，而从『牙』得聲的『邪』（以遮切）、『釾』、『與』等字古皆與『㼌』、『寙』同音（喻母魚部），故『郿』字有可能讀作『夏』。《史記・項羽本紀》：『漢五年，漢王乃追項王至陽夏南。』《正義》曰：『《括地志》云：「陳州太康縣，本漢陽夏縣也。《續漢書・郡國志》云陽夏縣屬陳國。」按：太康縣城夏后太康所築，隋改陽夏爲太康。』其地在今河南省太康縣，戰國時正在楚國疆域內。」（吳振武1998f）

「述」字，應該讀作鄉遂之「遂」。吳振武先生謂：「在古書和古文字資料中，『述』、『遂』相通之例屢見不尠（古書的例子，參看高亨、董治安：《古字通假會典》555頁）。

以兩周銅器銘文爲例，『逑』字用作鄉遂之『遂』的例子有：逋盂：……命逋事（使）于逑土。史密簋：……齊𠂤（師）、族土（徒）、逑（遂）人乃執啚（鄙）寬亞（惡）。師俗率齊𠂤（師）、逑（遂）人左□伐長必。用作副詞『遂』的例子有：小盂鼎：……逑（遂）贊邦賓。中山王礜方壺：……逑（遂）定君臣之蝟（位）、上下之軆（體）。印文中的『逑』字，顯然用作鄉遂之『遂』。」（吳振武1998f）捷按：近年在湖北出土的楚簡文字中，「遂」亦每每寫作「逑」，如郭店竹簡《老子（甲）》簡39「攻（功）逑身退（退）」，馬王堆漢墓帛書《老子》甲本作「功逑身芮」，乙本作「功遂身復（退）」，王弼本作「功成名遂身退」，傅奕本作「成名功遂身退」。又《老子（丙）》簡2：「城（成）事逑社（功）」，馬王堆漢墓帛書《老子》甲、乙本作「成功遂事」，王弼本、傅奕本作「功成事遂」。亦其比。「陽（陽）郿（夏）之逑（遂）」璽，當是陽郿（夏）所屬之遂所用的印。《古璽彙考》，安徽大學博士學位論文，2006年5月，第180頁。

陳光田：

楚系古璽　「陽郿之逑（遂）」（《古璽精粹》1.2）。「□門逑（遂）」（0333）。「逑」

讀做遂。楚有居民組織「鄉遂」，此二璽可能爲楚之「陽瓜」、「□門」的某遂官署所用。

《戰國璽印分域研究》，嶽麓書社，2009年5月，第156頁。

官璽第二九七：中述（遂）之鉩（璽）

印面：

鑒印山房藏印

著錄：

《古璽彙考》，安徽大學博士學位論文，2006年5月，第180頁。

《鑒印山房藏古璽印菁華》，鄭州：河南美術出版社，2006年7月，第218頁。

集釋：

施謝捷：

楚系官璽　中述（遂）之鉩（璽）　《古璽彙考》，安徽大學博士學位論文，2006年5月，第180頁。

許雄志：

□逑之鉨

銅質　鼻鈕　《鑒印山房藏古璽印菁華》，河南美術出版社，2006年7月，第218頁。

官璽第二九八：逑（遂）保之鉨（璽）

印面：

珍秦齋藏印

著　錄：

《珍秦齋藏印·戰國篇》，澳門：澳門基金會出版，2001年6月，第32頁。

《古璽彙考》，安徽大學博士學位論文，2006年5月，第181頁。

《戰國璽印分域研究》，長沙：嶽麓書社，2009年5月，第157頁。

集釋：

吳振武：

逑（遂）保之鉨（璽）：「遂」讀作鄉遂之「遂」，已見於西周史密簋等器，楚璽中有「陽⿰瓜阝之逑（遂）」，亦借「逑」爲「遂」。「堡」謂城堡。《左傳·襄公八年》：「焚我郊保。」遂保猶此郊保。

楚璽

質料：銅

尺寸（公分）：1.85×1.90×1.25　《珍秦齋藏印·戰國篇》，澳門基金會出版，2001年6月，第32頁。

施謝捷：

楚系官璽　逑（遂）保之鉨（璽）

《禮記·檀弓下》：「戰於郎，公叔禺人遇負杖入保者息。」鄭玄注：「保，縣邑小城。」

《禮記·月令》：「孟夏行秋令則苦雨數來五穀不滋，四鄙入保。」鄭玄注：「鄙，界上邑。小城曰保。」《左傳·成公十三年》：「夏，四月戊午，晉侯使呂相絕秦，曰：『文公即世，穆爲不吊，蔑死我君，寡我襄公，迭我殽地，奸絕我好，伐我保城，殄滅我費滑，散離我兄弟，撓亂我同盟，傾覆我國家。』」《左傳·襄公八年》：「焚我郊保，馮陵我城郭。」杜預注：「郭外曰郊。保，守也。」《左傳·襄公九年》：「九年，春，宋災，樂喜爲司城以爲政，使伯氏司里。……使華臣具正徒，令隧正納郊保，奔火所。」杜預注：「隧正，官名也。五縣爲隧。納聚郊野保守之民，使隨火所起往救之。」《古璽彙考》，安徽大學博士學位論文，2006年5月，第181頁。

陳光田：

楚系古璽「逑（遂）保之鉨（璽）」（《珍秦齋藏印（戰國篇）》15.2）。璽文「逑」當讀做鄉遂之「遂」。「保」即城堡，《左傳·襄公八年》云：「焚我郊保。」「郊保」當與「遂保」相類似。《戰國璽印分域研究》，嶽麓書社，2009年5月，第157頁。

官璽第二九九：嵩宛（縣）

印　面：

戰國古璽印取，現藏楊廣泰文雅堂

著　錄：

《古璽彙考》，安徽大學博士學位論文，2006年5月，第166頁。

集　釋：

施謝捷：

楚系官璽　嵩（皭）宧（序）　《古璽彙考》，安徽大學博士學位論文，2006年5月，第166頁。

官璽第三〇〇：嵩宛（縣）

印　面：

安徽阜陽地區出土，現藏安徽省亳州博物館

著　錄：

《古璽彙考》，安徽大學博士學位論文，2006年5月，第166頁。

集　釋：

施謝捷：

楚系官璽　⿱山畺（⿰目⿱山畺）宮（序）

安徽省阜陽地區出土。　《古璽彙考》，安徽大學博士學位論文，2006年5月，第166頁。

官璽第三〇一：⿰畀阝侯宛（縣）鉨（璽）

印　面：

上海博物館藏印

著錄：

《古璽彙考》，安徽大學博士學位論文，2006年5月，第151頁。

集釋：

施謝捷：

楚系官璽　鄵医（侯）宧（序）鉩（璽）　《古璽彙考》，安徽大學博士學位論文，2006年5月，第151頁。

官璽第三〇二：臧（藏）英宛（縣）鉩（璽）

印面：

陳簠齋手拓古印集四冊、璽印集林四冊

著錄：

《古璽彙編》，北京：文物出版社，1981年12月，第145頁。

《古璽通論》，上海：上海書畫出版社，1996年3月，第173頁。

《篆字印彙》，上海：上海書店出版社，1999年1月，第1218頁。

《中國篆刻全集》，哈爾濱：黑龍江美術出版社，2000年7月，第38頁。

《中國書法全集》第92卷，北京：榮寶齋出版社，2003年2月，第62頁。

《中國璽印類編》，天津：天津人民美術出版社，2004年6月，第34頁。

《古璽彙考》，安徽大學博士學位論文，2006年5月，第186頁。

《先秦印風》，重慶：重慶出版社，2011年5月，第49頁。

集　釋：

羅福頤：

1333　臧□□鉨　《古璽彙編》，文物出版社，1981年12月，第145頁。

曹錦炎：

43.（三晉）臧苒命（令）鉨

「臧苒」，地名。令，縣令。三晉官璽稱「令」者是戰國後期三晉地區推行郡縣制的結果。

（李學勤《戰國題銘概述（中）》，《文物》1959年第8期。）傳世三晉官璽有「䣼（留）守倫（令）璽」（3437）、「厶（私）郇（勻）守」璽（2238），「留」、「私勻」爲地名。「守」，職官名，見前「倫守鉨」考。又《韓非子·內儲說》：「董閼于爲趙上地守」；《外儲說》：「解狐舉邢伯柳爲上黨守。」可證。「守令」之守，或以爲是代理之意，《戰國策·秦策》：「文信侯出走，與司空馬之趙，趙以爲守相。」高誘注：「守，假官。」上三璽均爲三晉地方長官所用印，確切地名及國別待考。　《古璽通論》，上海書畫出版社，1996年3月，第173頁。

傅嘉儀：

臧□命璽　《篆字印彙》，上海書店出版社，1999年1月，第1218頁。

徐　暢：

東周·齊系公鉨　臧（臧）英命（令）鉨　《中國篆刻全集》，黑龍江美術出版社，2000年7月，第38頁。

徐暢主編：

戰國公鉩與印跡・齊系鉩印　298　臧苒命（令）鉨　《中國書法全集》第92卷，榮寶齋出版社，2003年2月，第62頁。

小林斗盦：

臧□命鉢　《中國璽印類編》，天津人民美術出版社，2004年6月，第34頁。

施謝捷：

楚系官璽　臧（臧）英命（宛—苑）鉨（璽）　《古璽彙考》，安徽大學博士學位論文，2006年5月，第186頁。

官璽第三〇三：母義宛（縣）鉨（璽）

印面：

尊古齋古璽集林初二集、陳簠齋手拓古印集四冊

著錄：

《中國篆刻全集》，哈爾濱：黑龍江美術出版社，2000年7月，第38頁。

《古璽彙考》，安徽大學博士學位論文，2006年5月，第186頁。

集　釋：

徐　暢：

東周・楚系公鉨　母□命（令）鉨　《中國篆刻全集》，黑龍江美術出版社，2000年7月，第38頁。

施謝捷：

楚系官璽　母義命（宛—苑）鉨（璽）　《古璽彙考》，安徽大學博士學位論文，2006年5月，第186頁。

官璽第三〇四：安昌里鉨（璽）

印　面：

陳簠齋手拓古印集四冊、安昌里璽印彙

著錄：

《古璽彙編》，北京：文物出版社，1981年12月，第30頁。

《印典》（四），北京：國際文化出版公司，1994年1月，第2738頁。

《古璽通論》，上海：上海書畫出版社，1996年3月，第114頁。

《篆字印彙》，上海：上海書店出版社，1999年1月，第377頁。

《中國璽印篆刻全集》，上海：上海書畫出版社，1999年11月，第48頁。

《中國篆刻全集》，哈爾濱：黑龍江美術出版社，2000年7月，第9頁。

《古印集萃·戰國卷》，北京：榮寶齋出版社，2000年11月，第35頁。

《古璽漢印集萃》上冊，南寧：廣西美術出版社，2001年10月，第13頁。

《戰國璽印分域編》，上海：上海書店出版社，2001年10月，第189頁。

《中國書法全集》第92卷，北京：榮寶齋出版社，2003年2月，第47頁。

《戰國璽印》，上海：上海書畫出版社，2003年8月，第4頁。

《古璽印通論》，北京：紫禁城出版社，2003年9月，第16頁。

《中國璽印類編》，天津：天津人民美術出版社，2004年6月，第221、243頁。

《書法新鑒：古璽文新鑒》，西安：世界圖書出版公司，2005年6月，第14頁。

《古璽彙考》，安徽大學博士學位論文，2006年5月，第182頁。

《戰國璽印分域研究》，長沙：嶽麓書社，2009年5月，第142頁。

《先秦印風》，重慶：重慶出版社，2011年5月，第34頁。

《先秦古璽集粹》，長春：吉林文史出版社，2011年11月，第15頁。

集　釋：

羅福頤：

0178　安昌里鉨　《古璽彙編》，文物出版社，1981年12月，第30頁。

湯餘惠：

楚璽　安昌里鉩　《略論戰國文字形體研究中的幾個問題》，《古文字研究》第十五輯，中華書局，1986年6月，第76頁。

鄭　超：

楚國還有一些里名印如：

42.安昌里璽（《古璽彙編》0178）

43.郭里之璽（《古璽彙編》0180）

此外，還有兩鈕第一字無法隸定的里名印（《古璽彙編》0179、0181），從璽字的寫法看，也是楚印。這大概是楚國鄉里之里的小官吏所用的。《古璽彙編》3232是一鈕有界格的秦印，印文是「顫里典」，里典是秦里官，見秦簡。相當於漢代的里正。此與楚里名印可以互證。　《楚國官璽考述》，《文物研究》總第二輯，黃山書社，1986年12月，第93頁。

牛濟普：

安昌里鉩

「安」、「樂」、「成」、「璽」皆典型楚系文字，……「安昌」，地在今河南省確山。……

楚國的「里」，大約相當於小邑，與秦漢時期縣下的里不同。　《楚系官璽例舉》，《中原文物》，1992年第3期，第94頁。

康　殷、任兆鳳：

安昌里　《印典》（四），國際文化出版公司，1994年1月，第2738頁。

曹錦炎：

42.郛里之鉨（0180）

43.安昌里鉨（編按：圖略）

上兩璽均爲楚國里級行政機構之印。

里，是地方基層行政單位，據包山楚簡，楚國的里在州之下，里之負責人稱「里公」。

郛里、安昌里，均爲里名。　《古璽通論》，上海書畫出版社，1996年3月，第114頁。

林清源：

安昌里鉨　詳見「楮里之鉨」條。　《楚國官璽考釋》（五篇），《中國文字》新廿二期，藝文印書館，1997年7月，第211頁。

何琳儀：

楚系　安昌里鈢

昌，甲骨文作（甲一八五）。从日，从口，會日出謳歌之意。疑唱之初文。《禮記·樂記》「壹唱而三歎。」典籍亦作倡。或說昌从日，口爲分化符號。本義爲日光，參見《說文》或說。春秋金文作（蔡侯申盤）移日於口內。戰國文字承襲甲骨文。齊系文字承襲春秋金文，移日於口內，口演變爲。燕系文字日或作、等形，口或演變爲，訛變爲、等形。晉璽文字口多作，比較統一。楚璽文字日訛作形，呈地域特點。秦系文字口或訛作曰形。《說文》：「，美言也。从日，从曰。一曰，日光也。《詩》曰，東方昌矣。（尺良切），籀文昌」（七上三）

楚璽「安昌」，地名。

《戰國古文字典》，中華書局，1998年9月，第654~655頁。

何琳儀：

楚系　安昌里鈢

戰國文字里，多爲行政區劃單位。一里有二十五家、五十家、七十二家、八十家、百家諸說。里隸屬於衢（鄉）見齊系文字；或隸屬於州，見楚系文字。燕系文字里作俫（或省作來），見來、俫二字。　《戰國古文字典》，中華書局，1998年9月，第83頁。

傅嘉儀：

安昌里璽　《篆字印彙》，上海書店出版社，1999年1月，第377頁。

莊新興：

安昌里鉩　戰國　《中國璽印篆刻全集》，上海書畫出版社，1999年11月，第48頁。

徐　暢：

東周・楚系公鉩　安昌里鉩　《中國篆刻全集》，黑龍江美術出版社，2000年7月，第9頁。

來一石：

安昌里鉩　《古印集萃・戰國卷》，榮寶齋出版社，2000年11月，第35頁。

戴山青：

安昌里鉢　《古璽漢印集萃》上冊，廣西美術出版社，2001年10月，第13頁。

莊新興：

1062　安昌里鉩　楚系・楚　《戰國璽印分域編》，上海書店出版社，2001年10月，第189頁。

徐暢主編：

戰國公鉩與印跡・楚系鉩印　165　安昌里鉩　《中國書法全集》第92卷，榮寶齋出版社，2003年2月，第47頁。

徐暢主編：

165　安昌里鉩

作於戰國時期。楚官鉩。上海市博物館收藏。《古璽彙編》〇一七八號著錄。《青少年書法》一九九六年十期。銅質。

安昌在今河南省確山縣。里爲地方基層行政機構。據包山楚簡，里在州之下。《中國書法全集》第92卷，榮寶齋出版社，2003年2月，第209頁。

莊新興：

安昌里璽（楚）　《戰國璽印》，上海書畫出版社，2003年8月，第4頁。

肖曉輝：

楚官璽　安昌里鉨　《書法新鑒：古璽文新鑒》，世界圖書出版公司，2005年6月，第14頁。

小林斗盦：

安昌里鉨　《中國璽印類編》，天津人民美術出版社，2004年6月，第221、243頁。

施謝捷：

楚系官璽　安昌（昌）里鉨（璽）　《古璽彙考》，安徽大學博士學位論文，2006年5月，第182頁。

陳光田：

楚系古璽　「安昌里鉨（璽）」（0178）。安昌在今河南確山。（何琳儀：《戰國文字通論（訂補）》，江蘇教育出版社，2003年，第156頁。）……「里」是地方基層行政單位。據包山楚簡所載，楚國的「里」在州之下，里的長官稱作「里正」。包山楚簡中有些「里」的長官還稱「里公」。「安昌里」和「郛里」是里名，上列諸璽可能爲這幾個「里」的官署用璽。《戰國璽印分域研究》，嶽麓書社，2009年5月，第143頁。

王義驊：

安昌里鉨　《先秦古璽集粹》，吉林文史出版社，2011年8月，第15頁。

楊　勇：

安昌里鉨

「安昌里鉨」是楚系銅質鉨印。縱17毫米，横7.5毫米。現藏上海博物館。

此方鉨印文字以圓筆爲主。此印中「安」字與晉系「春安君」中的「安」字寫法明顯不同（晉系文字中「女」居寶蓋頭下且呈包圍之勢），即上面的寶蓋頭寫得很短，沒能把下邊的「女」包圍起來。「昌」字上面的「日」筆畫粘連在一起，形成一種塊面感，下邊的「曰」刻成一個「U」字形，且向右傾斜，讓人感到了明顯的欹側之勢。「里」字的上部刻得比較圓轉，下面兩横，一長一短。「鉨」字左邊金字旁爲楚系文字特有的寫法。整體來看，此印對於曲線的運用極爲自然，而且幾處邊框的殘破也恰到好處，這或許就是所謂的「時間的打磨」吧。總之，通過此鉨我們可以看到楚人對線條的運用，尤其是曲線、弧線，可謂是得心應手，仿佛使我們感受到了那個時代張揚而又浪漫的氣質。　《先秦古璽賞析》

100例》，江西美術出版社，2015年7月，第46頁。

李守奎按：

「安昌」，古地名。《史記・楚世家》：「楚昭王滅唐。」杜預曰：「義陽安昌縣東南上唐鄉。」據《晉書・志第五・地理下》載，安昌隸屬於義陽郡。後世行政單位，一般是郡（或州）下設縣，縣下設鄉，鄉下設里。這裏的「安昌」顯然是相當於後世的一個縣級行政單位。「里」是最爲基層的行政單位，正如何琳儀所言，「里」有「二十五家、五十家、七十二家、八十家、百家」諸說。此類璽印，前面是大單位，後面是小官職，其具體性質、職掌等尚待進一步考證。或許戰國時期楚國的行政單位不同於中原各國，楚國的「里」或可相當於中原各國的縣。

官璽第三〇五：樂（欒）成里鉨（璽）

印　面：

陳簠齋手拓古印集四冊、璽印集林四冊

著錄：

《古璽彙編》，北京：文物出版社，1981年12月，第30頁。

《印典》（四），北京：國際文化出版公司，1994年1月，第2738頁。

《篆字印彙》，上海：上海書店出版社，1999年1月，第594頁。

《中國篆刻全集》，哈爾濱：黑龍江美術出版社，2000年7月，第8頁。

《古印集萃·戰國卷》，北京：榮寶齋出版社，2000年11月，第35頁。

《戰國璽印分域編》，上海：上海書店出版社，2001年10月，第189頁。

《中國書法全集》第92卷，北京：榮寶齋出版社，2003年2月，第47頁。

《中國璽印類編》，天津：天津人民美術出版社，2004年6月，第171、440、451頁。

《古璽彙考》，安徽大學博士學位論文，2006年5月，第182頁。

《戰國璽印分域研究》，長沙：嶽麓書社，2009年5月，第143頁。

《黃賓虹集古璽印存》，杭州：西泠印社出版社，2009年7月，第9頁。

《先秦印風》，重慶：重慶出版社，2011年5月，第34頁。

集　釋：

李學勤：

楚國璽印迄今已出土不少，官印如「安徽金石古物考稿」卷十六所錄壽縣出土的「新邦官璽」、「雷候雍璽」、「（⿰弓殳）成里璽」等，但其形制並不一律，不能指出有什麼特徵。　《戰國題銘概述》（下），《文物》，1959年第9期，第60～61頁。

羅福頤：

0179　□成里鉨　《古璽彙編》，文物出版社，1981年12月，第30頁。

湯餘惠：

楚璽　□成里鉨　《略論戰國文字形體研究中的幾個問題》，《古文字研究》第十五輯，中華書局，1986年6月，第76頁。

牛濟普：

樂成里璽

……「樂」、「成」、「璽」皆典型楚系文字，「樂」字右上角殘，據文字規律，可推知應篆作「」，隸爲「樂」字。「成」借爲「城」，篆作「」，寫法同於《長沙帛書》。……「樂城」在今河南省鄧州市西南三十里，戰國時爲楚地里名，漢置樂城縣。楚國的「里」，大約相當於小邑，與秦漢時期縣下的里不同。《楚系官璽例舉》，《中原文物》，1992年第3期，第94頁。

康　殷、任兆鳳：

□成里　《印典》（四），國際文化出版公司，1994年1月，第2738頁。

林清源：

樂成里鉨　詳見「楮里之鉨」條。《楚國官璽考釋》（五篇），《中國文字》新廿二期，藝文印書館，1997年7月，第211頁。

何琳儀：

楚系　樂成里鉩

楚璽、包山簡「樂成」，地名，隸《漢書・地理志》南陽郡。在今河南鄧縣西南。　《戰國古文字典》，中華書局，1998年9月，第300頁。

傅嘉儀：

□成里璽　《篆字印彙》，上海書店出版社，1999年1月，第594頁。

徐　暢：

東周・楚系公鉩　〔樂〕成里鉩　《中國篆刻全集》，黑龍江美術出版社，2000年7月，第8頁。

來一石：

樂成里鉩　《古印集萃・戰國卷》，榮寶齋出版社，2000年11月，第35頁。

莊新興：

1065　樂成里鉩　楚系・楚　《戰國璽印分域編》，上海書店出版社，2001年10月，第189頁。

徐暢主編：

戰國公鉨與印跡·楚系鉨印 168 樂成里鉨 《中國書法全集》第92卷，榮寶齋出版社，2003年2月，第47頁。

徐暢主編：

168 樂成里鉨

作於戰國時期。楚官鉨。《古璽彙編》〇一七九號著錄。

首字，鄭超、何琳儀釋爲「樂」。樂城里在今河南鄧縣。漢置樂城縣。 《中國書法全集》第92卷，榮寶齋出版社，2003年2月，第209頁。

小林斗盦：

樂成里鉢 《中國璽印類編》，天津人民美術出版社，2004年6月，第171、440、451頁。

施謝捷：

楚系官璽 樂（樂）戚（成）里鉨（璽）

此璽傳安徽壽縣出土（《安徽通志金石古物考稿》）。 《古璽彙考》，安徽大學博士學位論文，2006年5月，第182頁。

陳光田：

楚系古璽　「樂城里鈢（璽）」（0179）。第一字舊不識，當釋爲樂，樂城在今河南鄧州市。（何琳儀：《戰國文字通論（訂補）》，江蘇教育出版社，2003年，第156頁。）詳見「安昌里鈢（璽）」條。　《戰國璽印分域研究》，嶽麓書社，2009年5月，第143頁。

邱傳亮按：

《史記·表第八》有「樂成」一名，《索隱》曰：「表在平氏，志屬南陽。」。《漢書·志第八》樂成縣屬河間國。在今河南鄧縣西南。

官璽第三〇六：郛里之鈢（璽）

印　面：

故宮博物院藏印

著錄：

《古璽彙編》，北京：文物出版社，1981年12月，第31頁。

《印典》（四），北京：國際文化出版公司，1994年1月，第2738頁。

《篆字印彙》，上海：上海書店出版社，1999年1月，第1513頁。

《中國篆刻全集》，哈爾濱：黑龍江美術出版社，2000年7月，第18頁。

《戰國璽印分域編》，上海：上海書店出版社，2001年10月，第189頁。

《中國書法全集》第92卷，北京：榮寶齋出版社，2003年2月，第47頁。

《中國璽印類編》，天津：天津人民美術出版社，2004年6月，第198頁。

《古璽彙考》，安徽大學博士學位論文，2006年5月，第181頁。

《戰國璽印分域研究》，長沙：嶽麓書社，2009年5月，第143頁。

《先秦印風》，重慶：重慶出版社，2011年5月，第34頁。

集釋：

羅福頤：

0180　郛里之鈢　《古璽彙編》，文物出版社，1981年12月，第31頁。

湯餘惠：

楚璽　郛里之鈢　《略論戰國文字形體研究中的幾個問題》，《古文字研究》第十五輯，中華書局，1986年6月，第76頁。

吴振武：

〔四三一〕今按：此字从邑从孚，《古璽彙編》釋爲郛，甚是。古璽孚字作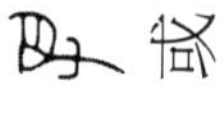或（六四頁），郛（一四四頁）、浮（二七二頁）等字所从之孚作或，皆與此字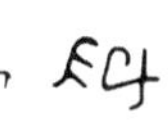旁極近。故此字應入一四四頁郛字條下。　《〈古璽文編〉校訂》，吉林大學博士學位論文，1984年12月，第351頁。

鄭　超：

郭里之璽　詳參「安昌里鈢（璽）」條。　《楚國官璽考述》，《文物研究》總第二輯，黄山書社，1986年12月，第93頁。

牛濟普：

郛里之鉩　詳參「安昌里鉩（璽）」條。《楚系官璽例舉》，《中原文物》，1992年第3期，第94頁。

曹錦炎：

郛里之鉢　詳參「安昌里鉩（璽）」條。《古璽通論》，上海書畫出版社，1996年3月，第113～114頁。

林清源：

郛里之鉩　詳參「楮里之鉩（璽）」條。《楚國官璽考釋》（五篇），《中國文字》新廿二期，藝文印書館，1997年7月，第210～212頁。

何琳儀：

楚系　郛里之鉩

《説文》：「郛，郭也。从邑，孚聲。」

楚璽、包山簡郛，地名。　《戰國古文字典》，中華書局，1998年9月，第250頁。

傅嘉儀：

□里之璽　《篆字印彙》，上海書店出版社，1999年1月，第1513頁。

徐　暢：

東周・楚系公鉨　郛里之鉨　《中國篆刻全集》，黑龍江美術出版社，2000年7月，第18頁。

莊新興：

1064　郛里之鉨　楚系・楚　《戰國璽印分域編》，上海書店出版社，2001年10月，第189頁。

徐暢主編：

戰國公鉨與印跡・楚系鉨印　167　郛里之鉨　《中國書法全集》第92卷，榮寶齋出版社，2003年2月，第47頁。

徐暢主編：

167　郛里之鉨

作於戰國時期。楚官鉨。《古璽彙編》〇一八〇號著錄。故宮博物院收藏。　《中國書法全集》第92卷，榮寶齋出版社，2003年2月，第209頁。

小林斗盦：

郛里之鉨　《中國璽印類編》，天津人民美術出版社，2004年6月，第198頁。

施謝捷：

楚系官璽　郛里之鉨（璽）　《古璽彙考》，安徽大學博士學位論文，2006年5月，第181頁。

陳光田：

楚系古璽　「郛里之鉨（璽）」（0180）。郛，地名。具體地望待考。　詳見「安昌里鉨（璽）」條。　《戰國璽印分域研究》，嶽麓書社，2009年5月，第143頁。

邱傳亮按：

何琳儀認爲「郛」是地名，但具體地望不詳。依據楚國這類璽的特點看，「郛」是地名似無疑問。但檢索文獻，「郛」無疑例外皆作外城講。疑「郛里之鉨」是「郛」這一範圍內的里級基層單位所用的璽印。參「安昌里璽」條。

官璽第三〇七：楮里之鉨（璽）

印面：

陳簠齋手拓古印集四冊、璽印集林四冊

著錄：

《古璽彙編》，北京：文物出版社，1981年12月，第31頁。

《印典》（四），北京：國際文化出版公司，1994年1月，第2739頁。

《漢銅印叢》，杭州：西泠印社，1998年4月，第6頁。

《中國篆刻全集》，哈爾濱：黑龍江美術出版社，2000年7月，第18頁。

《古印集萃・戰國卷》，北京：榮寶齋出版社，2000年11月，第44頁。

《戰國璽印分域編》，上海：上海書店出版社，2001年10月，第189頁。

《中國書法全集》第92卷，北京：榮寶齋出版社，2003年2月，第47頁。

《中國璽印類編》，天津：天津人民美術出版社，2004年6月，第452頁。

《古璽彙考》，安徽大學博士學位論文，2006年5月，第181頁。

《戰國璽印分域研究》，長沙：嶽麓書社，2009年5月，第143頁。

《先秦印風》，重慶：重慶出版社，2011年5月，第35頁。

集　釋：

羅福頤：

0181　□里之鉨　《古璽彙編》，文物出版社，1981年12月，第31頁。

湯餘惠：

楚璽　梏（？）里之鉨　《略論戰國文字形體研究中的幾個問題》，《古文字研究》第十五輯，中華書局，1986年6月，第76頁。

牛濟普：

柾里之璽　詳見「郘里之璽」條。　《楚系官璽例舉》，《中原文物》，1992年第3期，第94頁。

康　殷、任兆鳳：

棪里　《印典》（四），國際文化出版公司，1994年1月，第2739頁。

林清源：

一、《璽彙》0181「楮里之鈢」

《璽彙》0181「△里之鈢」，印面爲陰文加邊框，約2.2公分見方。「鈢」字从「金」旁作「」形，「金」旁中豎畫兩側小點連筆是楚國文字特有寫法。根據這項字形特徵，可以斷定此璽爲楚國璽印。

璽文△字，原篆作「」形，《璽彙》未釋。牛濟普隸定作「柾」，湯餘惠懷疑是「梏」字。（牛濟普《楚系官璽例舉》，《中原文物》1992年3期，頁94。湯餘惠《略論戰國文字形體研究中的幾個問題》，《古文字研究》第15輯，1986年，頁76）。楚國「丘」字多作「」形（包山簡90）象丘峰連綿之形，或在底部增添「土」旁以爲義符，作「」（包山簡237）、「」（鄂君啓節）等形，與《說文》古文構形相合。璽文△字右旁，下半雖跟「丘」字相似，但上半所从的部件，卻從未在「丘」字上頭出現，二者顯然不是同一個字。

楚國「告」字下半皆从「口」旁，獨體時多作「」形（包山簡15），在偏旁中則多在頂

端增添一道斜筆作「」形（鄦陵君王子申豆）。璽文△字右旁下半既不从「口」旁，上半更與「告」字所从迥然有別，因而璽文△字不可能是「梏」字。

璽文△字右旁所从，筆者認爲應該是「者」字。戰國時期楚國文字所見的「者」旁多作「」形，但也曾出現多種變體，其中有些寫法的下半段，往往訛變作「」形。例如：

「者」字作「」（包山簡113）；

「楮」字作「」（信陽簡2·24）；

「都」字作「」（《璽彙》0281）；

「煮」字作「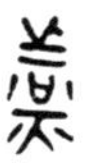」（包山簡147）（包山簡「煮」字考釋參見劉釗《包山楚簡文字考釋》，《中國古文字研討會第九屆學術研討會論文》，1992年，頁13。《璽彙》0281「都」字考釋，參閱上海書畫出版社主編《上海博物館藏印選》，上海：上海書畫出版社，1979年，頁10）。

這些「者」旁所从的「□」部件，與戰國時期楚國「皿」旁寫法完全一樣，很可能受到「皿」旁影響而產生的形體類化現象。

楚國文字的「皿」旁，曾經出現好幾種寫法，其中「□」與「□」兩種形體，跟本文所要討論的「者」旁有關。茲舉幾個見於包山簡的例字臚列如下：

「盛」字作「□」（簡125），又作「□」（簡132）；

「盍」字作「□」（簡254），又作「□」（簡254）；

「盬」字作「□」（簡186），又作「□」（簡186）；

「鑒」字作「□」（簡277），又作「□」（簡263）；

據此可知，戰國時期楚國「皿」旁，既可以作「□」形，也可以作「□」形。

比對璽文△字右旁，與上述諸字所从的「者」旁，上半寫法完全相同，下半則分別跟楚國「皿」旁的兩種寫法相合，因而可以肯定就是「者」字。璽文△字，从木、者聲，正是《說文》訓爲「穀也」的「楮」字。《璽彙》0181全文，應該釋爲「楮里之鉨」。在《璽彙》收錄的楚國官璽中，「安昌里鉨」（0178）、「樂成里鉨」（0179）、「郛里之鉨」（0180）等，辭例皆與《璽彙》0181相似。璽文中的「楮」、「安昌」、「樂成」、「郛」等，都是楚國地名，「里」是楚國地方行政系統的基層單位。根據包山簡的記載，里的主管官員稱爲里公。璽文「楮里之鉨」，應該是楮里里公所用的官印。「楮」字還見於包山簡149「告楮一邑」，簡文「楮」字作「□」形。依照竹簡上下文推斷，「告楮」應該是個邑名，而璽文的「楮里」是個地名，二者行政層級有別。《楚國官璽考釋》（五篇），《中國文字》新廿二期，藝文印書館，1997年7月，第210～212頁。

汪啟叔集印、徐敦德釋文：

□里之鉨　《漢銅印叢》，西泠印社，1998年4月，第6頁。

何琳儀：

楚系　楮里之鉨

《說文》：「楮，穀也。从木，者聲。□，楮或从宁。」（六上七）

楚璽楮，讀堵，地名。　《戰國古文字典》，中華書局，1998年9月，第520頁。

徐　暢：

東周·楚系公鉨　□里之鉨　《中國篆刻全集》，黑龍江美術出版社，2000年7月，第18頁。

來一石：

□里之鉨　《古印集萃·戰國卷》，榮寶齋出版社，2000年11月，第44頁。

莊新興：

□里之鉨　楚系·楚　《戰國璽印分域編》，上海書店出版社，2001年10月，第189頁。

徐暢主編：

戰國公鉨與印跡·楚系鉨印　166　□里之鉨　《中國書法全集》第92卷，榮寶齋出版社，2003年2月，第47頁。

徐暢主編：

166　□里之鉨

作於戰國時期。楚官鉨。《古璽彙編》〇一八一號著錄。《中國書法全集》第92卷，榮寶齋出版社，2003年2月，第209頁。

小林斗盦：

□里之鉢《中國璽印類編》，天津人民美術出版社，2004年6月，第452頁。

施謝捷：

楚系官璽　楮里之鉨（璽）《古璽彙考》，安徽大學博士學位論文，2006年5月，第180頁。

陳光田：

楚系古璽「□里之鉨（璽）」（0181）。詳見「安昌里鉨（璽）」條。《戰國璽印分域研究》，嶽麓書社，2009年5月，第143頁。

官璽第三〇八：㝖公里鉨（璽）

印　面：

浙江省博物館藏印

著錄：

《賓虹草堂璽印釋文》石印本，1958年12月。
《古璽彙編》，北京：文物出版社，1981年12月，第510頁。
《印典》（一），石家莊：河北美術出版社，1989年8月，第190頁。
《篆字印彙》，上海：上海書店出版社，1999年1月，第1513頁。
《中國篆刻全集》，哈爾濱：黑龍江美術出版社，2000年7月，第8頁。
《戰國璽印分域編》，上海：上海書店出版社，2001年10月，第189頁。
《中國書法全集》第92卷，北京：榮寶齋出版社，2003年2月，第47頁。
《古璽彙考》，安徽大學博士學位論文，2006年5月，第182頁。
《戰國璽印分域研究》，長沙：嶽麓書社，2009年5月，第143頁。

《先秦印風》，重慶：重慶出版社，2011年5月，第34頁。

集釋：

黄賓虹：

喬昭里鉥

从从木，字書無。从高省，喬之古字。佋、昭同，郘毁。里，里君，附庸國。見令彝史頌毁。《書·酒誥》：「越百姓里居。」里居即里君之訛。《逸周書·商誓》：「百官里居。」亦誤。

《賓虹草堂璽印釋文》石印本，1958年12月。

羅福頤：

5601　□公里鉨　《古璽彙編》，文物出版社，1981年12月，第510頁。

湯餘惠：

（10）楚璽有（5601）字，舊不識，疑當釋「章」，即「郭」本字，《説文》又以爲「墉」之古文。按戰國楚系文字的「章」和从章的字作：a、、（並曾侯乙墓編鐘）b（望山M1竹簡）c（巴納摹本帛書）a、b、c各例從裘錫圭、李家浩釋，

參看《曾侯乙墓編鐘磬銘文釋文說明》，《音樂研究》一九八一年第一期第二〇—二一頁，其形即金文、（後趙簋城字所从）形之訛變，璽文此字當即例b此旁之省，其形與例c此旁基本相同，可以爲證。《略論戰國文字形體研究中的幾個問題》，《古文字研究》第十五輯，中華書局，1986年6月，第16頁。

何琳儀：

郭

《彙》2461-2462（編按：當爲2416-2464）收錄四十九方姓名私璽，其姓氏之字作、、、等形，隸定爲椁。新鄭兵器銘文「鄭令涌」（《文物》1972.10圖版伍），其姓氏也是上揭璽文的變體。

按，朱公釓鐘「陸終」之終作，从𩫖（編按：本文𩫖「字」當爲「𩫖」訛，下文逕改，餘不出注）（庸）得聲。長沙帛書「祝融」之融作，亦應从𩫖得聲。「祝融」，武梁祠畫像作「祝誦」。《史記·周本紀》成王名誦，《竹書紀年》作庸。《國語·周語》「服物昭庸」。王引之《經義述聞》卷20「庸與融通」。然則帛書之自應讀庸，故與融通

用。如果從形體分析，顯然又是的變體。其演化序列爲：

朱公釓鐘 哀成叔鼎 隨縣六墉鐘 望山竹簡 長沙帛書

《說文》𩫏的音讀有二：卷十三以爲墉之古文，余封切；卷五以爲郭之初文，古博切。姓名私璽的𩫏讀庸讀郭都未嘗不可，然而考慮到這一姓氏在古璽中出現的頻率甚高，應該是常見的姓氏，所以讀郭的可能性更大。段玉裁《說文解字注》：「蓋古讀如庸，秦以後讀如郭。」以古璽按驗，𩫏的音讀在戰國以前就開始分化。

《彙編》5601收錄一方官璽，其文爲：「公里鈺（編按：此文刊印多誤，「鉨」字誤作「鈺」，下文徑改，不再出校）」。首字亦應讀郭。《春秋莊二十四傳》：「赤歸於曹郭公」。《公羊》、《穀梁》以「曹郭公」連讀，以爲赤即郭公，乃人名。杜預以爲經有闕誤。清儒則以郭爲虢（參汪喜孫：《孟慈文集》，洪亮吉：《左傳詁》等）。按，銅器銘文有虢，也有𩫏，均爲地名，清儒誤混爲一，殊不可據。杜預云「闕誤」實乃疑似之辭。《公羊》、《穀梁》連讀雖有可取之處，然而以人名解之，遂使經文扞格難通。「郭公里鉨」的釋讀，爲釋讀這句聚訟紛紜的經文提供了新的線索。衆所周知，里是古代鄉里制度

產生的地名稱謂。古璽「安昌里鉨」、「樂成里鉨」、「郛里之鉨」、「威郿里鉨」中的某某里都是地名，「郭公里」當然也是地名。《春秋》「曹郭公」謂曹國屬地郭公。西周周公毁銘「州人、東人、郭人」，其中「州」見於《左桓五年傳》「州公如曹」，春秋時也屬曹國（今山東安邱）。郭的地望當與之相近。總之，典籍州、郭均屬曹國，又與西周銅器銘文吻合，似乎並非偶然。古鉨「郭公」即《春秋》之「郭公」。《古璽雜識》，《遼海文物學刊》，1986年第2期，第141~142頁。

康　殷、任兆鳳：

㙔公里 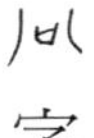 字與甲骨文同　《印典》（一），河北美術出版社，1989年8月，第190頁。

何琳儀：

楚系　𩫏公里鉨

𩫏，墉或郭之初文，詳亯字。六國文字演變序列爲 、、、、、、，秦漢文字演變序列爲 、、。《說文》：「，度也。民所度居也。从回，象城𩫏之重兩亭相對也。或但从囗。（古博切）」（五下十）

楚璽「𩫖公」，見《春秋·莊公廿四年》，疑即《左·襄十九年》：「取洙田自漷水」之漷。《戰國古文字典》，中華書局，1998年9月，第493頁。

傅嘉儀：

韓昭里璽　《篆字印彙》，上海書店出版社，1999年1月，第1516頁。

徐　暢：

東周·楚系公鉩　椁（郭）公里鉩　《中國篆刻全集》，黑龍江美術出版社，2000年7月，第8頁。

莊新興：

1063　□□里鉩　楚系·楚　《戰國璽印分域編》，上海書店出版社，2001年10月，第189頁。

徐暢主編：

戰國公鉩與印跡·楚系鉩印　169　郭公里鉩　《中國書法全集》第92卷，榮寶齋出版社，2003年2月，第47頁。

徐暢主編：

169　郭公里鉨

作於戰國時期。楚官鉨。《古璽彙編》五六〇一號著錄。

首字湯餘惠隸定爲梮，釋爲「郭」字。《中國書法全集》第92卷，榮寶齋出版社，2003年2月，第209頁。

施謝捷：

楚系官璽　𩏂（[illegible]—犉）公里鉨（璽）　《古璽彙考》，安徽大學博士學位論文，2006年5月，第182頁。

陳光田：

楚系古璽　「郭公里鉨（璽）」（5601）。第一字舊不識，當爲「郭」的本字。（湯餘惠：《略論戰國文字形體研究中的幾個問題》，《古文字研究》第15輯，中華書局，1986年第16頁。）該璽當爲楚郭公之地的某里所用之物。詳見「安昌里鉨（璽）」條。《戰國璽印分域研究》，嶽麓書社，2009年5月，第143頁。

李守奎按：

戰國時期的楚國，出現了大量的「公」，僅包山簡中就不少於三十個。楚國春秋時縣的行政長官就稱爲「公」，如陳公、蔡公等，這些縣公延續到了戰國時期。包山166號簡有「陳公」，248號簡有「蔡公」。戰國時期楚國的除縣公外，還有和州公、里公、州里公、州加公等不同級別的「公」。璽文中的「𩫏公」是哪一個級別的公，待考。

李守奎按：

至今爲止，楚文字中尚未發現有省形作「亯」的構形。

璽文舊釋爲「犉」，主要考慮到字形的下方是「牛」旁。現在看來，湯餘惠、何琳儀二位先生釋「𩫏」更有理據。據「鉩」字的寫法，此璽是楚璽無疑。字和旁在楚文字中屢見。「牆」、「城」皆以「𩫏」爲義符；「融」以「𩫏」爲聲符。「𩫏」旁亠部的寫法有的與「牛」相近。如包山170簡和上博一《孔子詩論》28號簡中的「牆」分別作、。「犉」字所从的「享」小篆作，上从「亯」下从「羊」，楚文字作（上博三《周易》19）、（上博三《周易》49），字形與「」有明顯區別。

據楚璽「安昌里璽」、「樂成里璽」、「郛里之璽」、「精里之璽」（《彙編》P0178~0181）等「里」璽的義例和釋讀順序，璽文似當讀爲「□公里璽」。「□公」當是「里」的具體名稱，是地名，但地名中很少有稱「公」的。如果此璽可以橫讀，就可以讀爲「郭里公璽」。「郭里公璽」可能是「郭里」之公的用璽，也可能是郭之「里公」的用璽。「×里」的稱謂已見上文，不煩再舉例。包山簡中有許多「里公」如 30 號簡「里公隋得」、122 號簡的「里公吳臧」等，若此，「郭里公璽」即「郭」之里公所用之璽。但楚璽中尚無可以橫讀的確據。以上讀法，僅是一種推測。

李守奎按：

璽文或釋爲「犒」（《戰國文字編》61 頁），或釋爲「犉」（《楚文字編》58 頁），主要考慮到字形的下方是「牛」旁。至今爲止，我們雖然不能排除是「犉」的可能性，但湯餘惠、何琳儀二位先生釋「𦎧」更有理據。我們先看釋「犉」的可能性。「犉」字所从的「享」小篆作 ，上从「亯」下从「羊」，《彙編》4024 號璽據字形當是楚璽，其「敦（淳）于」合文作 ，「亯」當是「犉」的省形。把璽文𦎧分析爲上从

「犉」的省形、下从「牛」，釋爲「犉」是有理由的。但4024號璽並不能完全確定就是楚璽，楚文字的「犉」見於楚簡，作（上博三《周易》19）、（上博三《周易》49），不能提供「亯」就是「犉」的確切證據。而且釋「犉」在辭例上更難解讀。再看釋「𩫖」的可能性。5601號璽據「鈢」字的寫法，是楚璽無疑。「𩫖」字和「𩫖」旁在楚文字中屢見。「牆」、「城」皆以「𩫖」爲義符；「融」以「𩫖」爲聲符。「𩫖」旁下部的寫法有的與「牛」相近。如包山170簡和上博一《孔子詩論》28號簡中的「牆」分別作、，所从的「𩫖」與璽文很相近，這是字形上的直接證據。

「𩫖」在璽文中似當讀爲「郭」。據楚璽「安昌里璽」、「樂成里璽」、「郛里之璽」、「精里之璽」（《彙編》P0178-0181）等「里」璽的義例和釋讀順序，璽文似當讀爲「郭公里璽」。

「郭公」當是「里」的具體名稱，是地名，但地名中很少有稱「公」的。如果此璽可以橫讀，就可以讀爲「郭里公璽」。「郭里公璽」可能是「郭里」之公的用璽，也可能是郭之「里公」的用璽。「×里」的稱謂已見上文，不煩再舉例。包山簡中有許多「里公」如30號簡「里公隋得」、122號簡的「里公吴臧」等，若此，「郭里公璽」即「郭」之里公所用之璽。但楚璽中尚無可以横讀的確據。以上讀法，僅是一種推測。

右上角之字下部从牛，當以釋「犉」爲是。

官璽第三〇九：訽里倠（進）鉨（璽）

印面：

萬印樓藏印六十四卷、陳簠齋手拓古印集四冊，故宫博物院藏印

著錄：

《古璽彙編》，北京：文物出版社，1981年12月，第46頁。
《印典》（一），石家莊：河北美術出版社，1989年8月，第502頁。
《中國篆刻全集》，哈爾濱：黑龍江美術出版社，2000年7月，第15頁。
《古印集萃・戰國卷》，北京：榮寶齋出版社，2000年11月，第35頁。
《戰國璽印分域編》，上海：上海書店出版社，2001年10月，第189頁。

《中國書法全集》第92卷，北京：榮寶齋出版社，2003年2月，第47頁。

《古璽彙考》，安徽大學博士學位論文，2006年5月，第180頁。

《戰國璽印分域研究》，長沙：嶽麓書社，2009年5月，第147頁。

《先秦印風》，重慶：重慶出版社，2011年5月，第35頁。

集釋：

丁佛言：

古鉥　訶里倠鉥　《說文古籀補補》，中華書局，1988年2月，第11、38頁。

羅福頤：

0274　□里□鉨　《古璽彙編》，文物出版社，1981年12月，第46頁。

吴振武：

□里倠（進）鉨　《〈古璽彙編〉釋文訂補及分類修訂》，《古文字學論集》（初編），香港中文大學，1983年9月，第491頁。

吴振武：

〔八八四〕今按：此字从彳隹，應隸定爲倠，釋爲進。古文字从彳與从辵往往無別。如金文所見迊、逆、遘、還、遹、遺、追、邊等字皆可从彳作（看《金》卷二辵部），例不勝舉。故此字應和三九七頁第四欄同列一欄，並釋爲進。進字見於《説文・辵部》。《〈古璽文編〉校訂》，吉林大學博士學位論文，1984年12月，第634頁。

湯餘惠：

楚璽　訶里倠（進）鉨　《略論戰國文字形體研究中的幾個問題》，《古文字研究》第十五輯，中華書局，1986年6月，第76頁。

康　殷、任兆鳳：

詢里□　《印典》（一），河北美術出版社，1989年8月，第502頁。

何琳儀：

楚系　訶里倠鉨　《戰國古文字典》，中華書局，1998年9月，第852、1204頁。

徐　暢：

東周・楚系公鉨　訶里倠（進）鉨　《中國篆刻全集》，黑龍江美術出版社，2000年7月，第15頁。

來一石：

□里□鉩　《古印集萃·戰國卷》，榮寶齋出版社，2000年11月，第35頁。

肖　毅：

39.詢里倠（唯）璽

倠字在此讀爲唯。勞榦認爲漢代出土文獻中的「里唯」當讀爲「里魁」（勞榦：《居延漢簡考釋》52下，南溪石印本，1944年），漢印中「某某唯印」習見，俞偉超認爲「唯」字亦當讀爲「魁」字（俞偉超：《中國古代公社組織的考察》第91頁，文物出版社，1988年）。　《古璽所見楚系官府官名考略》，《江漢考古》，2001年第2期，第43頁。

莊新興：

1066　□里□鉩　楚系·楚　《戰國璽印分域編》，上海書店出版社，2001年10月，第189頁。

徐暢主編：

戰國公鉨與印跡·楚系鉨印　170　訶里之鉨　《中國書法全集》第92卷，榮寶齋出版社，2003年2月，第47頁。

徐暢主編：

170　訶里之鉨

《古璽彙編》〇二七四號著録。　《中國書法全集》第92卷，榮寶齋出版社，2003年2月，第209頁。

施謝捷：

楚系官璽　詢里倠鉨（璽）　《古璽彙考》，安徽大學博士學位論文，2006年5月，第180頁。

陳光田：

楚系古璽　「詢里倠（進）鉨（璽）」（0351）。……「詢里進」和「郰隨逐」可能爲地名，此二璽爲其官署所用之物。　《戰國璽印分域研究》，嶽麓書社，2009年5月，第147頁。

徐　暢：

戰國楚系官鉩　詢進里鉩　《先秦印風》，重慶出版社，2011年5月，第35頁。

李守奎按：

右上角首字與「訶」字不類，施謝捷釋「詢」近是。

「𢓊」，隸作「𢓊」，釋爲「進」，可信。

官璽第三一〇：黄里貣（貸）鉩（璽）

印　面：

1975年徵集於阜陽縣插花廟，阜陽博物館收藏

著　録：

《文物》，北京：文物出版社，1988年第6期，第88頁。

《中國篆刻全集》，哈爾濱：黑龍江美術出版社，2000年7月，第35頁。

《中國書法全集》第92卷，北京：榮寶齋出版社，2003年2月，第68頁。

《古璽彙考》，安徽大學博士學位論文，2006年5月，第181頁。

《戰國璽印分域研究》，長沙：嶽麓書社，2009年5月，第156頁。

《二十世紀出土璽印集成》，北京：中華書局，2010年1月，第49頁。

《先秦印風》，重慶：重慶出版社，2011年5月，第55頁。

集　釋：

韓自強：

2.荑里貣鉨　戰國官印。1975年徵集於阜陽縣插花廟。印體方形，鼻鈕。邊長2.3、通高1釐米。白文。

此印首字不清，細審似應作「荑」。貣，《說文解字》六下：「貣，从人求物也。」段注云：「「代、弋同聲，古無去入之別，求人施人，古無貣貸之分，由貣字或作貸。」戰國璽印中，常可見到以貣爲名者，如《古璽彙編》姓名私璽類中收有宋貣（1108）、事貣（1761）、圁貣（2992）等。此處貣字似亦爲人名。但此印形制與戰國私名印很不相同，倒是與當時的常見官印相近。因此，我們推測此印或許是里一級行政機構爲管理借貸事務專用的璽印。《周禮·地官·司徒·泉府》載：「凡民之貸者，與其有司辨而授之。」鄭注云：「貸者謂從官借本賈也。」然而這種借貸官家財物是否由里一級參與經手，尚俟他證。

《安徽阜陽博物館藏印選介》，《文物》，1988年第6期，第88頁。

黄盛璋：

四、「蔞里貸鉨」

蔞里是里名，此印是蔞里之官印，毫無可疑，印文之「貣」即借「貸」之貸，韓釋正確，但里名之下爲何用「貸」字，作何解釋？用途爲何？《周禮·地官·司徒》所屬有泉府，其職責之一爲「凡民之貸者，與其有司辨而授之，以國服爲之息。」鄭注引鄭司農云：「貸者謂從官借本賈也，故有息使民弗利，以其所賈之國所出爲息也。」《周禮》爲晚周儒家託古之作，並非西周古制，有一部份應據當時尚行制度而加以理想化，而鄭司農所云則又據漢代制度爲說，鄭注下文指出：「王莽時民貸以治産業者，但計贏所得受息，無過什一。」可知漢時官府確有貸給民衆以錢，而收取利息者。

1973 年湖北江陵鳳凰山西漢初年的 10 號墓出土一批墓主生前做鄉吏時簡牘文書，其中有「鄭里稟簿」，斷殘拼合，凡 25 簡，完整者皆云：戶人某，能田幾人，口幾人，田多少畝，貸多少石、斗，每一畝皆按貸一斗比例計算。經研究，肯定貸種糧作爲種田之用（拙著《江陵鳳凰山漢墓簡牘及其歷史地理研究上的價值》，載《文物》1974 年第 6 期，經修改後收《歷史地理與考古論叢》）。而《漢書》宣帝地節三年、元帝初元年及永元元年都有「貸種食」的詔文，與文獻記載，可以相互印證。墓主張偃生前是一個鄉吏，5 號牘正是所管市陽與鄭里兩里的收支賬，「鄭里稟簿」則是由他經手向該里二十五戶貸給種糧之賬。貸字前皆附有「十」、「卩」兩個記號，「十」即後世之畫「十」，表貸穀的人已領取，故畫押即「十」字爲記；「卩」則表示完結、完了，相當於漢簡表示完畢之「已」，或吐魯番文書中的畫「了」。漢簡中也常出現此記號，皆在文書最末，一般皆爲官吏所書，表示這筆借貸手續已經辦理完畢。由此可以確證：向里民借貸給種糧，皆由鄉吏辦理，至於貸錢或其他物當然也是同例，這種借貸是鄉吏的職責，所涉及事項很多，如貸借人畫押、官府驗證簽署等等。這些材料給「蒉里貣璽」一印提供了物證，而韓文對借貸官家財物是否由里一級參與經手這一疑而未決問題因此也得到了解決。　《關於安徽博物館藏印的若干問題》，《文物》，1993年第6期，第80～81頁。

韓自強、韓　朝：

四、蒦里貣璽

1975年於阜陽插花廟農民手中征集，銅璽方形，鼻鈕，邊長2.3釐米，通高1釐米，白文，無邊欄。

貣，《説文解字》：「从人求物也。」段注：「代，弋同聲，古無去入之別，求人施人，古無貣貸之分，由貣字或作貸。」包山楚簡103～119簡是關於子司馬及令尹子士，大師子繡以楚王之令，令有關官員爲某地貸越異之黄金以糴種的紀（編按：當寫「記」字訛）錄，其貸字均作貣，與「蒦里貣璽」的貣同。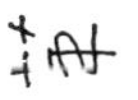，包山楚簡作。此璽是基層里一級行政機構，爲管理借貸事務的專用璽。《周禮·地官司徒·泉府》：「凡民之貸者與其有司辨而授之。」鄭注云：「貸者謂從官借本賈也。」借貸官家財物由里一級行政單位參與，是這枚官璽提供的信息。借貸官家財物由里一級行政單位參與，是這枚官璽提供的信息。

包山楚簡120～123簡記錄一殺人案件（以下據劉信芳先生今譯擇錄）：

楚懷王九年（前319年）夏曆三月乙卯，下蔡蕭里人佘猬向下蔡糾執事人陽城公樣睪狀告「郝拳在下蔡放馬，卻來到陽城贖債，殺了下蔡人佘睪」。陽城公發令將郝拳捉拿施了黥刑，解押拘所。

三月丁巳，下蔡山陽里人郝拳供說：「小人沒有放馬，小人確實與下蔡關里人顧里返，東邶里人埸賈，蔑里人景不害在景不害的客館殺了佘睪，然後將佘睪的屍體丟棄在了大路上，棄屍時景不害沒去。」

這起殺人審案實錄記載，殺人地點是在下蔡的蔑里景不害的客館，景不害案犯也是蔑里人。這方「蔑里貣鉨」是在今阜陽市插花廟鄉發現的，此地離下蔡（今鳳臺縣）祇有百華里之遙，蔑里璽與包山楚簡合符，二千年的巧合，耐人尋味。

包山楚簡這個案是由陽城公樣睪審理的，原告說郝拳下蔡放馬，卻到陽城贖債，說明陽城離下蔡不遠，這個案例爲我們尋找楚悼王爲陽城君時的封邑和秦末農民起義領袖陳勝、吳廣的家鄉陽城，提供了重要線索。　《安徽阜陽出土的楚國官璽》，《古文字研究》第二十二輯，中華書局，2000年7月，第178頁。

徐　暢：

東周·楚系公鉩　葦里貳鉩　《中國篆刻全集》，黑龍江美術出版社，2000年7月，第35頁。

肖　毅：

19.萬里貣璽　《書簽》410頁

《說文》：「貣，从人求物也。从貝，弋聲。」段注：「代，弋同聲，古無去、入之別；求人施人，古無貣、貸之分。」《廣韻·德韻》：「貣，假貣，謂從官借本賈也。」《睡虎地秦簡·法律答問》：「府中公金錢私貣（貸）用之，與盜同法。」此璽當爲萬里掌管借貸事務之官所用印。　《古璽所見楚系官府官名考略》，《江漢考古》，2001年第2期，第41～42頁。

徐暢主編：

戰國公鈢與印跡・燕國鈢印　357　萬里貸鈢　《中國書法全集》第92卷，榮寶齋出版社，2003年2月，第68頁。

施謝捷：

楚系官璽　萬里貣鈢（璽）　《古璽彙考》，安徽大學博士學位論文，2006年5月，第181頁。

陳光田：

楚系古璽　「萬里貣（貸）鈢（璽）」（《文物》1988年第6期）。《說文》：「云貣，从人求物也。从貝弋聲。」《廣韻・德韻》：「貣，假貳，謂從官借本賈也。」段玉裁《說文解字注》云：「古無貣、貸之分。」《睡虎地秦簡・法律答問》云：「府中公金錢私貣（貸）用之，與盜同法。」「里」爲楚的基層行政單位。該璽當爲「萬里」負責借貸事務的官吏所用之物。　《戰國璽印分域研究》，嶽麓書社，2009年5月，第156頁。

周曉陸主編：

二-GY-0028　萬里貣鈢　東周（楚）　銅　鼻紐　23×23-10　《二十世紀出土璽印集成》，中華書局，2010年1月，第49頁。

徐暢：

戰國齊系官鉨　《先秦印風》，重慶出版社，2011年5月，第55頁。

官璽第三一一：戠（職）州之□

印面：

魏石經室古璽印景八冊，現藏日本岩手縣立博物館

著錄：

《古璽彙編》，北京：文物出版社，1981年12月，第56頁。

《印典》（四），北京：國際文化出版公司，1994年1月，第2529頁。

《古印集萃・戰國卷》，北京：榮寶齋出版社，2000年11月，第27頁。

《戰國璽印分域編》，上海：上海書店出版社，2001年10月，第191頁。

《古璽彙考》，安徽大學博士學位論文，2006年5月，第162頁。

《戰國璽印分域研究》，長沙：嶽麓書社，2009年5月，第158頁。

《先秦印風》，重慶：重慶出版社，2011年5月，第94頁。

集釋：

石志廉：

戰國璽「戠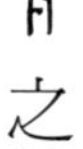之鉢」的戠字作，見太田孝太郎《夢盦藏印》 詳見「中職室之璽」條。

《戰國古璽考釋十種》，《中國歷史博物館館刊》，1980年第2期，第110頁。

羅福頤：

0320 □□之□ 《古璽彙編》，文物出版社，1981年12月，第56頁。

吳振武：

戠□之□ 《〈古璽彙編〉釋文訂補及分類修訂》，《古文字學論集》（初編），香港中文大學，1983年9月，第491頁。

吳振武：

〔五二八〕今按：此字从戈从音，石志廉先生在《戰國古璽考釋十種》一文中釋爲戠，甚是。戠字金文或作戠（《金》六四九頁），古璽或作戠（參本文「三二五」條），皆與此字相近。故此字應和二九五頁戠字條下戠同列一欄並入同頁戠字條下。又《古璽彙編》三七五九號「后戠□鉨」璽中的戠字也應釋爲戠。本書未錄。《〈古璽文編〉校訂》，吉林大學博士學位論文，1984年12月，第407頁。

黃錫全：

（36）織室（？）之璽

「職室（？）之璽」之「室」字不清，疑爲室字，故錄於此。詳見「職室之璽」條。

《古文字中所見楚官府官名輯證》，《文物研究》總第七輯，黃山書社，1991年12月，第213頁。

康　般、任兆鳳：

戠□　《印典》（四），國際文化出版公司，1994年1月，第2529頁。

來一石：

□□之□□　《古印集萃·戰國卷》，榮寶齋出版社，2000年11月，第27頁。

肖　毅：

2.职火（？）之/0320

「職」字從吳振武釋（《璽訂》），第二字疑爲火字。　《古璽所見楚系官府官名考略》，《江漢考古》，2001年第2期，第44頁。

莊新興：

1077　戠□之鉩　楚系・楚　《戰國璽印分域編》，上海書店出版社，2001年10月，第191頁。

施謝捷：

楚系官璽　戠（職）分（分）之鉩（璽）　《古璽彙考》，安徽大學博士學位論文，2006年5月，第162頁。

陳光田：

楚系古璽　「戠□之鉩（璽）」□之鉩（璽）（0320）。璽文第一、二四字舊不識，第一字或釋爲戠；第四字當釋爲鉩。……「戠□」可能爲地名。　《戰國璽印分域研究》，嶽麓書社，2009年5月，第158頁。

徐暢：

未明時地官鉨　□□之□　《先秦印風》，重慶出版社，2011年5月，第94頁。

官璽第三一二：州鉨（璽）

印面：

上海市文管會藏印三冊

著錄：

《古璽彙編》，北京：文物出版社，1981年12月，第31頁。

《印典》（四），北京：國際文化出版公司，1994年1月，第2699頁。

《中國篆刻全集》，哈爾濱：黑龍江美術出版社，2000年7月，第12頁。

《戰國璽印分域編》，上海：上海書店出版社，2001年10月，第193頁。

《中國書法全集》第92卷，北京：榮寶齋出版社，2003年2月，第41頁。

《古璽印通論》，北京：紫禁城出版社，2003年9月，第16頁。

《中國璽印類編》，天津：天津人民美術出版社，2004年6月，第373頁。

《古璽彙考》，安徽大學博士學位論文，2006年5月，第172頁。

《戰國璽印分域研究》，長沙：嶽麓書社，2009年5月，第143頁。

《先秦印風》，重慶：重慶出版社，2011年5月，第30頁。

《先秦古璽集粹》，長春：吉林文史出版社，2011年11月，第15頁。

集　釋：

羅福頤：

0184　州鈢　《古璽彙編》，文物出版社，1981年12月，第31頁。

鄭　超：

41.州璽

此印從文字風格上看似爲楚璽。楚宣王時和楚傾襄王時都有州侯，分別見《戰國策·楚策一》和《戰國策·楚策四》，州即其封地，在今湖北省武漢市西南。不過戰國封君廢置無常，此印也許是州地的地方官吏所用。《楚國官璽考述》，《文物研究》總第二輯，黄山書社，1986年12月，第93頁。

韓自強：

州璽　詳參「中州之璽」條。《安徽阜陽博物館藏印選介》，《文物》，1988年第6期，第88頁。

康　殷、任兆鳳：

州璽　《印典》（四），國際文化出版公司，1994年1月，第2699頁。

何琳儀：

分域待考　州鈢

古璽州，行政單位。《戰國古文字典》，中華書局，1998年9月，第188頁。

葉其峰：

2.州里官署用璽。傳世古璽中，可以明確定爲「州」級官署璽的有「州鈢」（彙0184）一種，里璽較多，《古璽彙編》就收有「安昌里鉨」（彙 0178）等數種。古代州里均是地方基層行政機構，所轄戶數不多。州的主吏稱州長，《周禮・地官・司徒》：「州長各掌其州之教治政令之法。」里的主吏稱里宰，《周禮・地官・司徒》：「里宰掌比其邑之眾寡，與其六畜兵器，治其政令。」有稱里正，見《韓非子・外儲說下》。還有稱作里公的，見包山楚簡。這些不同的稱謂，乃與國別有關。州里均有主吏，然古璽及秦漢州、里印中，無一有州長、里宰、里正、里公等官名，可見當時並不發給州、里官員官名印，而僅給官署印。究其原因，當然是其職低官微，未能達到頒發官名印的界度。《戰國官署璽》，《中國古璽印學國際研討會論文集》，香港中文大學文物館，2000 年 3 月，第 16 頁。

徐　暢：

東周・楚系公鉨　州鉨　《中國篆刻全集》，黑龍江美術出版社，2000 年 7 月，第 12 頁。

莊新興：

1088　州鉨　楚系・楚　《戰國璽印分域編》，上海書店出版社，2001 年 10 月，第 193 頁。

徐暢主編：

戰國公鈢與印跡·楚系鈢印　106　州鈢　《中國書法全集》第92卷，榮寶齋出版社，2003年2月，第41頁。

徐暢主編：

106　州鈢

作於東周時期。楚官鈢。《古璽彙編》〇一八四號著錄。上海市文管會收藏。銅質。

此印從文字風格看應是楚鈢。楚宣王時和楚頃襄王時都有州侯，分別見《戰國策》的《楚策一》和《楚策四》，其封地州，在今湖北省武漢市西南。此印也可能是州邑的地方官吏用印。

此印在製作時先用陽文印模壓抑成陰範再澆鑄。可見字邊壓抑的痕跡。此爲楚國官鈢製作的一種常見方式。

參考　徐暢《寓石齋璽印考》　《中國書法全集》第92卷，榮寶齋出版社，2003年2月，第206頁。

施謝捷：

楚系官璽　州鉨（璽）　《古璽彙考》，安徽大學博士學位論文，2006年5月，第172頁。

陳光田：

楚系古璽「州鉨（璽）」（0184）。楚宣王和楚頃襄王時都有「州侯」，見於《戰國策・楚策》。州當即爲其封地，其地在今湖北武漢附近。該璽可能爲楚之州地的官吏用璽。同時，「州」也爲戰國時期的一級地方基層組織，「州」的長官稱爲州長。《周禮・地官・司徒》云：「五黨爲州。」鄭注曰：「二千五百家爲州。」該璽也可能爲楚某州的官吏用印。　《戰國璽印分域研究》，嶽麓書社，2009年5月，第143頁。

王義驊：

州鉨　《先秦古璽集粹》，吉林文史出版社，2011年8月，第15頁。

官璽第三一三：西州巨四

印　面：

契齋古印存十冊

著　錄：

《古璽彙編》，北京：文物出版社，1981年12月，第55頁。

《印典》（四），北京：國際文化出版公司，1994年1月，第2393頁。

《中國篆刻全集》，哈爾濱：黑龍江美術出版社，2000年7月，第20頁。

《中國書法全集》第92卷，北京：榮寶齋出版社，2003年2月，第45頁。

《中國璽印類編》，天津：天津人民美術出版社，2004年6月，第380頁。

《古璽彙考》，安徽大學博士學位論文，2006年5月，第173頁。

《戰國璽印分域研究》，長沙：嶽麓書社，2009年5月，第141頁。

集　釋：

羅福頤：

0316　西□□□　《古璽彙編》，文物出版社，1981年12月，第55頁。

李家浩：

西□巨四……

第二印「西」下一字不識。「西□」當是地名。《漢書・吳王劉濞傳》：「膠西王、膠東王爲渠率（帥），與菑川、濟南共其圍臨菑。」「渠帥」猶言「將帥」。「渠帥」之「渠」或作「䁦」。《廣雅・釋言》：「將、䁦，帥也。」《古璽彙編》0174號印：「武關⿰虘又。」

以同類關印「武關牆（將）璽」（《古璽彙編》30.0176）、「汝關𤅳（將）捐」（《古璽彙編》30.0177。舊釋「捐」爲「和」，非是。關於此字的釋讀，另有專文討論）例之，「⿰虘又」當讀爲「䁦」。「渠」、「䁦」、「⿰虘又」三字古音相近，當是一聲之轉。《春秋》定公十五年「齊侯、衛侯次於渠蒢」之「渠」，《左傳》、《公羊傳》並作「蘧」。《荀子・修身》「有法而無志其義則渠渠然」，楊倞注：「渠，讀遽。古字渠、遽通。」《史記・孔子世家》人名「雍渠」，《戰國策・趙策四》作「雍疽」，《韓非子・難四》作「雍鉏」。此其證。「渠」从「巨」聲，故「渠」、「巨」二字古通。如「蝨」字或體作「蟝」；

《書・禹貢》「渠搜」，《列子・穆天子》作「巨蒐」。據此，疑印文「巨」應該讀爲「渠帥」之「渠」。「西□巨」即「西□」這個地方的將帥。《漢書・文帝紀》：二年「九月，初與郡守爲銅虎符、竹使符」，顔師古注引應劭曰：「銅虎符第一至第五，國家當發兵遣使者，至郡合符，符合乃聽受之。竹使符皆以竹箭五枚，長五寸，鐫刻篆書，第一至第五。」傳世漢代虎符有「某郡左幾」、「某郡右幾」的銘文（羅振玉：《增訂歷代符牌圖錄》上3~7上頁，1925年），與應劭說合。「連囂之□三」、「公卒之四」、「西□巨四」三印之「三」、「四」，當與漢虎符、竹使符第一至第五的記數性質相類。《戰國策・韓策二》記楚圍韓雍氏，韓求救於秦，秦使公孫昧入韓，公孫昧對公仲說：「……司馬康三反之郢矣，甘茂與昭獻（《史記・韓世家》昭獻作「昭魚」，索隱引《戰國策》作「昭⿰⿸虍魚攴」。「魚」、「⿰⿸虍魚攴」古通，傳本《戰國策》「昭獻」乃「昭⿰⿸虍魚攴」之訛）遇於境，其言曰收璽，其實猶有約也」，鮑彪注：「璽，軍符。收之者，言欲止楚之攻韓。」可見戰國時韓璽印具有兵符的作用。「公卒之四」和「西□巨四」是軍璽，所以有與漢虎符、竹使符第一至第五性質類似的記數。「連囂之□三」最後一字也是數字，與「公卒之四」、「西□

巨四」二印相同，亦應該是軍璽，「連囂」即職掌軍事的官。上文曾經提到《史記・淮陰侯傳》索隱引張晏曰，以「司馬」釋「連敖」。「司馬」也是管軍事的官。看來張晏的説法大概是對的。　《楚國官印考釋（四篇）》，《江漢考古》，1984年第2期，第48～49頁。

鄭　超：

西□巨四　《楚國官璽考述》，《文物研究》總第二輯，黄山書社，1986年12月，第94頁。

黄錫全：

39、巨（渠）

（92）「西□巨四」　璽彙0316

從此璽的文字風格分析，斷爲楚璽無疑。第二字不清，右旁似从戈。李家浩認爲「西□」爲地名，「巨」疑讀爲「渠帥」之渠，「西□巨」即「西□」這個地方的將帥，「四」爲記數，其義與上引「連敖之四」類同。　《古文字中所見楚官府官名輯證》，《文物研究》總第七輯，黄山書社，1991年12月，第219頁。

康　殷、任兆鳳：

西□□□　《印典》（四），國際文化出版公司，1994年1月，第2393頁。

何琳儀：

楚系　西□巨四　《戰國古文字典》，中華書局，1998年9月，第1350頁。

徐　暢：

東周·楚系公鉩　西□巨四　《中國篆刻全集》，黑龍江美術出版社，2000年7月，第20頁。

劉信芳：

三、西州巨四

……李家浩先生釋文爲「西□巨四」，讀「巨」爲「渠帥」之「渠」，釋「四」爲此璽之記數（李家浩：《楚國官印考釋（四篇）》，《江漢考古》1984年第2期，第48頁）。按該璽第二字應是「州」字，其字形可參《璽彙》0185「右州之鉩」、5554「代州之鉩」。楚簡「州」字屢見，亦可參照。包184、191記有「王西州」，依包簡文例，凡「王」謂時王，即楚懷王，西州乃懷王之私州。類似例包58有「宣王之坾州」。璽文之「西州」是否就是包簡之「西州」，恐怕是值得考慮的。「巨」字讀爲「距」，「四距」謂該州東南西北四方之距。「西州巨四」應是明確西州轄區範圍的信璽。

關於「巨四」，包簡提供了極好的文例。簡153：「啻蘆之四（編按：「四」爲「田」之誤），南與郗君距疆，東與陵君距疆，北與鄝昜距疆，西與鄱君距疆」。「距疆」包154作「執疆」，執疆猶言接壤。《詩·周頌·執競》毛〈傳〉：「執，持也。」《廣雅·釋詁》：「接，持也。」从執得聲之「槷」又作「蹳」，知執、接音近義通。

五祀衛鼎銘文亦有類似記載：「迺舍寓（宇）於厥邑，厥逆（朔）疆眔厲田，厥東疆眔散田，厥南疆眔散田眔政父田，厥西疆眔厲田。」（《文物》1976年第5期，第38頁）「眔」是「至」的意思。劉樂賢先生已指出五祀衛鼎銘文與包簡「距疆」可比〔（劉樂賢：《楚文字雜識（七則）》，《第三屆國際中國古文字學研討會論文集》，香港中文大學，1997年10月，第613頁〕。可知疆域四距，或銘之於鼎，或鈐之以璽印，皆是以法定的形式規定土地範圍。　《古璽試解十則》，《中國文字》新廿六期，藝文印書館，2000年12月，第163頁。

徐暢主編：

戰國公鉩與印跡·楚系鉩印　143　西□巨四　《中國書法全集》第92卷，榮寶齋出版社，2003年2月，第45頁。

徐暢主編：

143　西□巨四

作於東周時期。楚官鉩。《古璽彙編》○三一六號著録

「西」下一字不識。「西□」當爲地名。李家浩説渠讀遽。古字渠、遽通。「渠」从「巨」聲，故「渠」、「巨」二字古通。疑印文「巨」讀爲「渠帥」之「渠」。「西□巨」即「西□」這個地方的將帥。《漢書·文帝紀》：「二年九月，初與郡守爲銅虎符、虎使符」。顔師古注引應（編按，原誤作「名」，今改）劭曰：「銅虎符第一至第五，符皆以竹箭五枚，長五寸，鐫刻篆書，第一至第五。」先秦軍鉩「之鉩」的記數性質與漢虎符、竹使符第一至第五的記數性質相類。下兩印類同。

參考　李家浩《楚國官印考釋（四篇）》　《中國書法全集》第92卷，榮寶齋出版社，2003年2月，第208頁。

林文彥：

一、0316 西□□□・西州巨（遽）四

此璽原釋「西□□□」，三字未識，《璽文》第二、三字未錄，第四字作爲未能辨識的字，收於附錄98（562頁）。

此璽第三字作，何琳儀先生在《戰國古文字典》（簡稱《戰典》）495頁中云：「巨，金文作（伯矩簋），像人以手持弓（木匠取直角之工具）之形，或作（伯矩鼎），其大形演變爲夫形，又訛變爲矢形，遂隸定爲矩，或加木作榘。工亦聲。巨，溪紐；工，見紐；均屬牙音。秦系文字作，乃截取的部份形體。六國文字作、，則形之訛變與《說文》古文吻合。」第四字作，《戰典》1285頁中云：「四，甲骨文作（甲504），表示四物……楚系文字或作、、（或作與晉系文字相同），秦系文字作。」

李家浩先生在《楚國官印考釋（四篇）》將此璽釋爲「西□巨（渠—遽）四」（李家浩《楚國官印考釋（四篇）》，《江漢考古》1984年第2期，總第11期，武漢，頁48~49），認爲「『西□』是地名」、「疑印文『巨』讀爲『渠帥』之『渠』。『西□巨』即『西□』這個地方的將帥。」並引「《漢書·文帝紀》：二年『九月，初與郡守爲銅虎符、竹使節』。顔師古注引名（編按：「名」字乃「應」字訛）。劭曰：『銅符節第一至第五，國家當發兵遣使者，至郡合符，符合乃聽受之。竹使符皆以竹箭五枚，長五寸，鐫刻篆書，第一至第五。』」及「《戰國策·韓策二》：『……司馬康三反之郢矣，甘茂與昭獻於境，其言曰收璽，其實猶有約也。』鮑彪注：『璽，軍符。收之者，言欲止楚之攻韓。』可見戰國時韓璽印具有兵符的作用。」，因此，「『西□之四』的『四』，當與漢虎符、竹使符第一至第五的記數性質相類。」、「『西□之四』是軍璽，所以有與漢虎符、竹使節第一至第五性質相類的記數。」

李立芳先生在《古文字中所見楚史資料輯考》（李立芳《古文字中所見楚史資料輯考》，《楚文化研究論集》第4集，1994年6月，河南，河南人民出版社，頁528～529）中則認爲「『渠』本無『將帥』之意，……『渠帥』也並非古官制。」並引《璽彙》0288「鄗辱洰傳鉨」，認爲「『洰』即古『渠』字，『巨』和『洰（渠）』當讀爲『遽』。『巨』、『洰』

均爲群母、魚韻，『遽』亦爲群母、魚韻；『巨』、『洰』（渠）、『遽』三個字雙聲疊韻可通。」

《說文》：「遽，傳也。」《國語·吳語》：「吳、晉爭長未成，邊遽乃至，以越亂告。」韋昭注：「遽，傳也。」《列子·說符》：「使遽人謁之。」張湛注：「遽，傳也。」《爾雅·釋言》：「馹、遽，傳也。」郭璞注：「皆傳車，馹，馬之名。」

《說文》又訓「傳，遽也。」遽與傳互訓，段玉裁注：「傳者，如今之驛馬。驛必有舍，故曰傳舍。」《廣雅·釋宮》：「傳，舍也。」王念孫疏證：「人所止息而去，後人復來。轉轉相傳，無常主也。」

《左傳·昭公二年》：「子產在鄙，聞之，懼弗及，乘遽而至。」杜預注：「遽，傳驛。」

《左傳·僖公三十三年》：「且使遽告於鄭。」杜預注：「遽，傳車。」

《周禮·秋官·行夫》：「掌邦國傳遽之小事。」鄭玄注：「傳遽，若今時傳騎驛而使者也。」

《禮記·玉藻》：「士曰傳遽之臣。」鄭玄注：「傳遽，以車馬給使者也。」

《詩經·大雅·韓奕》：「江漢湯湯，武夫洸洸，經營四方，告成於王。」鄭玄箋：「則使傳遽告成於王。」釋文：「以車曰傳，以馬曰遽。」

據上引史籍，知古人除以遽、傳互訓，並將傳、遽兩字連言成「傳遽」；「遽傳」雖不見於史書古籍，但《璽彙》官璽中有：0186「𨓚鄘（都）虡（虞）呈」、0187「坪（平）险（陰）都虞呈」、0188「閔（啓）昜（陽）都虞呈」、0189「杫（梋）昜（陽）都虞呈」，補遺二也載有5551「泃城都虞呈」、5552「梎湩都虞呈」，另《湖南省博物館藏古璽印集》也收錄一方「文安都虞呈」（《湖南省博物館藏古璽印集》，1991年6月，上海書店，2頁）。本則所錄這方璽印中的最後二字，朱德熙、裘錫圭二位先生在《戰國文字研究（六種）》中釋爲「虡（虞）呈」，讀作「遽馹」（朱德熙、裘錫圭《戰國文字研究（六種）》，《考古學報》1972年2期。又載《朱德熙古文字論集》，1995年2月，中華書，43～53頁）。其說可信，這幾方「遽馹（傳）」璽正可補史書之闕佚。

李立芳先生在《古文字中所見楚史資料輯考》認爲「遽、傳同義，皆指驛車驛馬中管理驛站的人。」，又說：「該璽可能『西□』這個地方的驛站長官所用之璽。」，其說可從。但此璽第二字由於印跡漫漶，近二十多年來古文字學者或者由於矜慎，一直當作未識字處理。

康敃、任兆鳳夫婦合編的《印典》釋作「西城□四」（康敃、任兆鳳主輯《印典》1～4冊，1994年1月，國際文化出版公司，頁2908）。按此璽爲戰國楚璽，戰國楚系文字「城」作（參《璽彙》0207「周城之鉨」、0278「龍城飤（貸）鉨」等），與此璽構形不類。劉信芳先生在《古璽試解十則》中認爲「第二字應是『州』字，其字形可參《璽彙》0185『右州之璽』、5554『卯州之璽』。楚簡『州』字屢見，亦可參照。」（劉信芳：《古璽試解十則》，載《中國文字》新廿六期，2000年12月，藝文印書館，頁163）。按楚璽5554「代州之鉨」作，另0184「州鉨」作、0185「右州之鉨」作，晉璽0046「陽邑州左右赤（少）司馬」作、1307「成州」作、1325「武州華」作，皆與近似，知劉說可從。但此璽之「州」字原印漫漶，因此二十多年來研究者一直不敢貿然釋讀，劉信芳先生在該文中未對「州」字釋讀多所著墨，且對「『巨』字讀爲『距』，『四距』爲該州東南西北四方之距」說法也與本文所論的「數字印」序數迥異，於此僅抒續貂之論，二說並列爲研究該璽時之參考。

1978年安徽舒城縣秦家橋鄉西北的楊店村北，發現的戰國楚墓M2墓中出土有編號M2：3駒壺（又名「南州壺」），其壺徑豎排倒刻銘文3行10字爲：（右行）、里（中行）、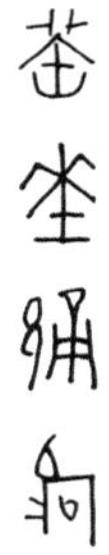（左行），郙駒壺銘文釋爲：「南州茁里郙駒（右、中行）、茁麦（陵）郙駒（左行）」，右行「」中的「」字與0316  字同，一正一反而已，戰國文字中字作正反往往無別。《戰典》247頁「茁」字條下收本器銘文載：「南州壺：南州茁里郙駒。」釋云：「茁，从艸，缶聲。南州壺茁，地名。」李立芳先生在《安徽舒城秦家橋楚墓銅器銘文考》中亦載：「『南州』爲地名，與包山楚簡、璽印、古陶文、古幣文均合。」（李立芳：《安徽舒城秦家橋墓銅器銘文考》，《古文字研究》第22輯，2000年7月，北京，中華書局，第108頁）另，1966年安徽蚌埠廢銅倉庫檢選一方楚璽「中州之鉩」（今藏阜陽博物館，韓自強、韓朝：《安徽阜陽出土的楚國官璽》，《古文字研究》第22輯，2000年7月，北京，中華書局，頁178、179）。此璽的「州」字作 ，與0316  構形皆同，可知此璽第二字釋「州」殆無疑義。

《周禮·地官·大司徒》：「令五家爲比，使之相保；五比爲閭，使之相受；四閭爲族，使之相葬；五族爲黨，使之相救；五黨爲州，使之相賙；五州爲鄉，使之相賓。」鄭玄注：

「州，二千五百家。」

古璽「州」爲地方一級的居民編制，和古代的鄉遂制度有關，但典籍中有關「州」的大小記載不一，上述《周禮》鄭注爲二千五百家，《管子・度地》載爲一萬家，而《立政》中又以一千家爲州，爲《度地》的十分之一，同爲《管子》一書，記載卻有不同；另，銀雀山漢簡《田法》則以五百家州。從包山楚簡可知「州」是「里」的上一級，可能直接上屬中央，是一種特別的地方居民編制。

史籍所載先秦民戶編制的「州」有千戶、二千五百戶和萬戶，戰國時楚國的「州」也應當在千戶以上；作爲官署，璽印實證見上述「代州之鉨」、「州鉨」、「右州之鉨」、「中州之鉨」。包山楚簡184有「王西州」句，楚國「州」一級的名稱，多以方位命名，可證「西州」爲地名，地望待考。

「西州巨（遽）四」當爲「西州」的驛館站長官所使用的璽印，四作爲序數字，可知含（編按：「含」字疑衍文）此璽至少應有四方璽印，唯一、二、三璽未見傳世。《古璽中的「數字印」》，《臺南女院學報》第24期，2005年10月，第306~308頁。

小林斗盦：

西□□□　《中國璽印類編》，天津人民美術出版社，2004年6月，第380頁。

施謝捷：

楚系官璽　鹵（西）州巨（渠）卯（四）　《古璽彙考》，安徽大學博士學位論文，2006年5月，第173頁。

陳光田：

楚系古璽　「西□巨（渠）四」（0316）。巨、渠二字讀音相通，「巨」可能讀做渠帥之「渠」，「渠帥」猶言將帥。第二字或釋爲誠，恐非。「西□巨」即「西□」這一地方的將帥。（李家浩：《楚國官印考釋（四篇）》，《江漢考古》1984年第2期。）　《戰國璽印分域研究》，嶽麓書社，2009年5月，第141頁。

官璽第三一四：代州之鉨（璽）

印　面：

待時軒印存初集十八冊續集十五冊

著　錄：

《古璽彙編》，北京：文物出版社，1981年12月，第503頁。

《古璽通論》，上海：上海書畫出版社，1996年3月，第113頁。

《中國篆刻全集》，哈爾濱：黑龍江美術出版社，2000年7月，第15頁。

《戰國璽印分域編》，上海：上海書店出版社，2001年10月，第118頁。

《中國書法全集》第92卷，北京：榮寶齋出版社，2003年2月，第42頁。

《中國璽印類編》，天津：天津人民美術出版社，2004年6月，第441頁。

《古璽彙考》，安徽大學博士學位論文，2006年5月，第172頁。

《戰國璽印分域研究》，長沙：嶽麓書社，2009年5月，第144頁。

《先秦印風》，重慶：重慶出版社，2011年5月，第30頁。

集　釋：

羅福頤：

5554 □州之鉨 《古璽彙編》，文物出版社，1981年12月，第503頁。

韓自強：

□州字鉨 詳見「中州之璽」條。 《安徽阜陽博物館藏印選介》，《文物》，1988年第6期，第88頁。

黃盛璋：

「北州之鉨」

此印第一字原書缺釋作□，細審其字作 北，明是「北」字。右旁下有蝕跡，有如短橫，如認識是筆劃，遂不成字，看來應是腐蝕或磨碰所致，應予排除，就容易認爲「北」字。

《關於安徽阜陽博物館藏印的若干問題》，《文物》，1993年第6期，第80頁。

曹錦炎：

40.代州之鉩（編按：《彙編》5554）

41.右州之鉩（0185）

上兩璽均爲楚國州級行政機構之印。

州，是地方一級的居民編制，和古代的鄉遂制度有關。典籍中有關州的大小記載不一，《周禮・地官・大司徒》「五黨爲州」，鄭司農注「二千五百家爲州」；銀雀山漢簡《田法》「五十家而爲里，十里而爲州，十鄉（州）而爲州（鄉）」，是以五百家爲州；《管子・度地》：「故百家爲里，里十爲術（遂），術（遂）十爲州，州十爲都。」而《立政》則曰：「分國以爲五鄉，五鄉爲之師；分鄉以爲五州，州爲之長；分州以爲十里，里爲之尉；分里以爲十游，游爲之宗，十家爲什，五家爲伍，什伍皆有長焉。」是以一千家爲州，爲《度地》的十分之一。同是《管子》，記載卻不一樣。從包山楚簡看，楚國的州是里的上一級行政單位，州上一級是鄉還是都，尚不清楚。

代州、右州，均爲州名，確切地不詳。　《古璽通論》，上海書畫出版社，1996年3月，第113頁。

何琳儀：

卯州之璽　詳見「右州之璽」條。　《戰國古文字典》，中華書局，1998年9月，第188頁。

韓自強、韓　朝：

北州之璽　詳見「中州之璽」條。　《安徽阜陽出土的楚國官璽》，《古文字研究》第二十二輯，中華書局，2000年7月，第178頁。

徐　暢：

東周·楚系公鉩　代州之鉩　《中國篆刻全集》，黑龍江美術出版社，2000年7月，第15頁。

莊新興：

1059　代州之鉩　楚系·楚　《戰國璽印分域編》，上海書店出版社，2001年10月，第188頁。

徐暢主編：

戰國公鉩與印跡·楚系鉩印　109　代州之鉩　《中國書法全集》第92卷，榮寶齋出版社，2003年2月，第42頁。

徐暢主編：

109　代州之鉩

作於戰國時期。《古璽彙編》五五五四號著錄。《中國書法全集》第92卷，榮寶齋出版社，2003年2月，第206頁。

小林斗盦：

□州之鉢　《中國璽印類編》，天津人民美術出版社，2004年6月，第441頁。

施謝捷：

楚系官璽　北州之鉨（璽）　《古璽彙考》，安徽大學博士學位論文，2006年5月，第172頁。

陳光田：

楚系古璽　「北州之鉨（璽）」（5554）。……楚「州」一級的名稱往往用方位來表示，該璽當爲州地方官署所用之印。《戰國璽印分域研究》，嶽麓書社，2009年5月，第144頁。

徐　暢：

戰國楚系官鉨　代州之鉨　《先秦印風》，重慶出版社，2011年5月，第30頁。

邱傳亮按：

該璽首字不清。何琳儀釋「卯」，「卯」字楚文字一般作（包山228），顯然與該字不

類；黃盛璋以爲該字右旁下有飾筆，釋「北」字。「北」字楚文字作（郭店・太13）。《說文・北部》：「乖也，从二人相背。」北字是「背」字的象形初文，其兩人相背之形極爲明顯。但該字除黃盛璋所說的右旁下有飾筆外，其實右部的上半部份也與人旁不同。所以，釋「北」之說亦不可取。曹錦炎釋「代」。「代」字楚文字作（包山26）。細審二字，該字除右旁下部飾筆與簡文字不同外，與簡文「代」字並無不同。所以，我們以爲該字從曹錦炎釋「代」字。代州，地名不詳。

官璽第三一一五：中州之鈢（璽）

印　面：

1966年安徽蚌埠廢銅倉庫揀選，阜陽博物館收藏

著　錄：

《文物》，北京：文物出版社，1988年第6期，第88頁。

《楚文物圖典》，武漢：湖北教育出版社，2000年1月，第422頁。

《中國篆刻全集》，哈爾濱：黑龍江美術出版社，2000年7月，第15頁。

《中國書法全集》第92卷，北京：榮寶齋出版社，2003年2月，第42頁。

《古璽彙考》，安徽大學博士學位論文，2006年5月，第173頁。

《戰國璽印分域研究》，長沙：嶽麓書社，2009年5月，第144頁。

《二十世紀出土璽印集成》，北京：中華書局，2010年1月，第49頁。

《先秦印風》，重慶：重慶出版社，2011年5月，第30頁。

集　釋：

韓自強：

3.安州之鉨。戰國銅官印。1966年於蚌埠廢銅倉庫揀選。印體方形，壇座鼻鈕。邊長2.2、通高1.5釐米。白文，有邊欄。

《禮記·內則》：「五黨爲州，州二千五百家也。」可見州是戰國時期的一級地方基層行政組織。現在我們見到的戰國時期關於「州」的實證，基本上來源於古璽中，如《古璽彙編》中收有州鉨（0184）、右州之鉨（0185）、□州之鉨（5554）等。此印即爲安州地方行政機構所用之印。《安徽阜陽博物館藏印選介》，《文物》1988年第6期，第88頁。

黄盛璋：

三、中州止（之）鉨

此印韓文釋爲「安州之鉨」，未定國别，據「鉨」字寫法，又據「止（之）鉨」假用「止」字，即可定爲楚官印。戰國楚文字之「鉨」字以所从之金旁寫法最爲奇特。他國金旁與大、小篆及隸書均相近，之下从上中下左右各加一點，作，《說文》所謂「金生土中」，楚文字將四點連成兩直，於是就一變而爲，由此演變爲、、、、等，韓文所介紹的「專室之鉨」、「左博鉨」，「鉨」皆从，仿佛从田形，至於所从之「尒」，上可變爲圓頂形，如此印即从。楚印鉨字所从金旁，也有同於小篆者，但絕大多數寫作「畣」。其次，楚印「之」字皆用「」，即「止」字代「之」字，「專室鉨」與此印皆如此作。根據「止鉨」二字寫法，可確定此印的國别。

韓文將第一字釋爲「安」，按「安」字古今皆無此種寫法，楚文字亦從無此作。《說文》

「安，立爭（編按：「立爭」當爲「靜」之訛）也，从女在宀中」。安字上必从屋形之，隸書變而爲宀。六國文字雖異形，但安字結構仍皆上从宀下从女，今第一字上从二橫，據此可判定絶非「安」字。中國歷史博物館藏一傳世戰國古印「安陽水鉩」，第一字作，石志廉同志釋「安」（石志廉《館藏戰國七璽考》，《中國歷史博物館館刊》，1979年第1期），李家浩釋同，諸家也未識出「中」字而非「安」。楚無安陽，而有中陽，見《包山楚簡》71等簡，「中」正作，「中陽水鉩」中字亦从从中，僅下增飾一短劃，不關結構，又簡269「中干」，字作「」，與此印「中」字結構全同，從而落實爲「中」字而非「安」。簡體作「」，此即小篆與隸、楷書中字由來。繁體則於上下或上加二劃，表旌旗之斿作、，後者變爲、、、等，楚文字更於上加一短橫，如長沙楚墓出土「中職室鉩」作，黃質《賓虹草堂鉩印釋文》收一吉語印「中信」，中字作，如將中字繁體中字下短橫仍保留，即成印文第一字之「」字。

今將繁體之中字戰國演變之主要過程表示如下：

《古璽彙編》收有三方有關州的官印：（1）「州鉨」（0184），（2）「右州之鉨」（0185），（3）「北州之鉨」（5554）（此印第一字原書缺釋作□，細審其字作北，明是「北」字，右旁下有蝕跡，有如短橫，如認識是筆劃，遂不成字，看應是腐蝕或磨碰所致，應予排除，就容易辨認爲「北」字）。《禮記·內則》：「五黨爲州，州二千五百家也。」州是縣以下的地方行政單位，相當於秦漢之鄉，所以前加之詞有右、北、中等，以示州在一縣中之方位所在，後世亦常於鄉前加方位之詞，如北鄉、西鄉、中鄉等，由州前加右、北諸方位詞，亦可旁證此印第一字是方位詞之「中」而非「安」字。　《關於安徽阜陽博物館藏印的若干問題》，《文物》，1993年第6期，第80頁。

韓　朝：

□州之鉨　戰國官璽。1966年安徽蚌埠廢銅倉庫揀選。通高1.5釐米，邊長2.2釐米。重29克。方形，壇座鼻鈕，印面刻「□州之鉨」4字。白文，有邊框。《禮記·內則》：「五黨爲州，州二千五百家也。」州是戰國時期縣以下的地方行政單位，相當於秦、漢的鄉，現在我們見到的戰國時期關於「州」的實證，基本上來源於古璽。如《古璽彙編》中收有「右州之鉩」、「北州之鉩」等，以示州在一縣中之方位所在。現藏安徽省阜陽地區博物館。

《楚文物圖典》，湖北教育出版社，2000年1月，第422頁。

徐　暢：

東周·楚系公鉩　中州之鉩　《中國篆刻全集》，黑龍江美術出版社，2000年7月，第15頁。

韓自強、韓　朝：

三、中州之璽

……中作，原釋爲安不確，據黃盛璋先生指教改釋爲中。包山楚簡中字作（138）、（140），也有作审的，如（198）、（221），這些审字的寫法都是楚國特有的。

……楚國州一級的名稱，多以方位來命名。　《安徽阜陽出土的楚國官璽》，《古文字研究》第二十二輯，中華書局，2000年7月，第178頁。

徐暢主編：

戰國公鉨與印跡·楚系鉨印　108　中州止（之）鉨　《中國書法全集》第92卷，榮寶齋出版社，2003年2月，第42頁。

徐暢主編：

108　中州止（之）鉨

作於戰國時期。楚官鉨。一九六六年蚌埠市廢銅倉庫揀選。《文物》一九八八年第六期八八頁著録。安徽阜陽博物館收藏。銅質。壇座鼻鈕。邊長二·二釐米，通高一·五釐米。據「止（之）鉨」的寫法可定爲楚鉨。原報告釋爲安州，黄盛璋釋爲「中州」，甚是。《禮記·内則》：「五黨爲州，州二千五百家也。」州是縣以下的地方行政單位，相當於秦國的鄉。

參考　《文物》一九八八年第六期八十八頁，韓自強文；《文物》一九九三年第六期七十七頁，黄盛璋文。　《中國書法全集》第92卷，榮寶齋出版社，2003年2月，第206頁。

施謝捷：

楚系官璽　安州之鉨（璽）

此璽1966年安徽蚌埠市廢銅倉庫揀選。　《古璽彙考》，安徽大學博士學位論文，2006年5月，第173頁。

陳光田：

楚系古璽　「中州之鉩（璽）」（《文物》88.6）。璽文「中」字同包山楚簡中的「中」字相近，爲典型的楚文字風格。楚「州」一級的名稱往往用方位來表示，該璽當爲州地方官署所用之印。　《戰國璽印分域研究》，嶽麓書社，2009年5月，第144頁。

周曉陸主編：

二-GY-0029　安州之鉢　東周（楚）　銅　鼻紐　22×22-15　《二十世紀出土璽印集成》，中華書局，2010年1月，第49頁。

徐　暢：

戰國楚系官鉩　中州之鉩　《先秦印風》，重慶出版社，2011年5月，第30頁。

官璽第三一六：右州之鉩（璽）

印面：

古印偶存八冊、衡齋藏印十六冊、尊古齋古璽集林初二集，故宮博物院藏印

著錄：

《古璽彙編》，北京：文物出版社，1981年12月，第31頁。

《故宮博物院藏古璽印選》，北京：文物出版社，1982年12月，第4頁。

《印典》（一），石家莊：河北美術出版社，1989年8月，第241頁。

《篆字印彙》，上海：上海書店出版社，1999年1月，第227頁。

《中國篆刻全集》，哈爾濱：黑龍江美術出版社，2000年7月，第12頁。

《中國書法全集》第92卷，北京：榮寶齋出版社，2003年2月，第41頁。

《古璽彙考》，安徽大學博士學位論文，2006年5月，第172頁。

《戰國璽印分域研究》，長沙：嶽麓書社，2009年5月，第144頁。

《先秦印風》，重慶：重慶出版社，2011年5月，第30頁。

集釋：

羅福頤：

0185　右州之鈢　《古璽彙編》，文物出版社，1981年12月，第31頁。

《故宮博物院藏古璽印選》編輯組：

32　右州之鈢　《故宮博物院藏古璽印選》，文物出版社，1982年12月，第6頁。

康　殷、任兆鳳：

右州之璽　《印典》（一），河北美術出版社，1989年8月，第241頁。

曹錦炎：

右州之鈢　詳參「代州之鈢（璽）」條。　《古璽通論》，上海書畫出版社，1996年3月113頁。

何琳儀：

分域待考　右州之鈢

古璽州，行政單位。　《戰國古文字典》，中華書局，1998年9月，第188頁。

傳嘉儀：

右州之璽　《篆字印彙》，上海書店出版社，1999年1月，第227頁。

韓自強、韓　朝：

右州之鉨　詳參「中州之璽」條。　《安徽阜陽出土的楚國官璽》，《古文字研究》第二十二輯，中華書局，2000年7月，第178頁。

徐　暢：

東周・楚系公鉨　右州之鉢　《中國篆刻全集》，黑龍江美術出版社，2000年7月，第12頁。

徐暢主編：

戰國公鉨與印跡・楚系鉨印　107　右州之鉨　《中國書法全集》第92卷，榮寶齋出版社，2003年2月，第41頁。

徐暢主編：

107　右州之鉨

《故宮博物院藏古璽印選》、《衡齋藏印十六冊》、《尊古齋古璽印集林初二集共十二冊》、

《古璽彙編》〇一八五號著錄。故宮博物院收藏。　《中國書法全集》第92卷，榮寶齋出版社，2003年2月，第206頁。

施謝捷：

楚系官璽　右州之鉨（璽）　《古璽彙考》，安徽大學博士學位論文，2006年5月，第172頁。

陳光田：

楚系古璽　「右州之鉨（璽）」（0185）。……楚「州」一級的名稱往往用方位來表示，該璽當爲州地方官署所用之印。　《戰國璽印分域研究》，嶽麓書社，2009年5月，第144頁。

徐　暢：

戰國楚系官鉨　右州之鉨　《先秦印風》，重慶出版社，2011年5月，第30頁。

官璽第三一七：李（李）是（氏）之州

印　面：

鴨雄綠齋藏印

著錄：

《鴨雄綠齋藏中國古璽印精選》，東京：アートライフ社，2004年8月，第82頁。

《書法新鑒：古璽文新鑒》，西安：世界圖書出版公司，2005年6月，第125頁。

《古璽彙考》，安徽大學博士學位論文，2006年5月，第172頁。

《戰國璽印分域研究》，長沙：嶽麓書社，2009年5月，第156頁。

集釋：

菅原石廬：

孝是之州

銅印　鼻鈕

全高　10.3mm

臺高　4.1mm

印面　20.0×20.0mm　《鴨雄綠齋藏中國古璽印精選》，アートライフ社，2004年8月，第82頁。

肖曉輝：

不過，圓形印面中遵循慣常左行豎列式讀序的也較多，其排列方式爲$\begin{smallmatrix}3&1\\4&2\end{smallmatrix}$，如「尃室之鉨」（《古璽彙編》0228）、「左桁廩木」（《古璽彙編》0300）、「李是之州」（《中國璽印集萃》6,）等。　《書法新鑒：古璽文新鑒》，世界圖書出版公司，2005年6月，第125頁。

施謝捷：

楚系官璽　李是之州　《古璽彙考》，安徽大學博士學位論文，2006年5月，第172頁。

陳光田：

楚系古璽　「孝是（氏）之州」（《古璽精粹》1.6）璽文第一字當釋爲孝。「孝是」當讀做孝氏。州可能爲其封地。該璽爲管理其封地的官吏所用之物。　《戰國璽印分域研究》，嶽麓書社，2009年5月，第156頁。

李守奎按：

「是」

包山簡有許多人的名稱與州官構成領屬關繫組合，如181號簡「卲（昭）上之州加公鄗」、「𨞛（應）族之州人孫之」、「莫囂之州加公五昜」、「平夜公之州加公畬慶」等。「李是之州」也當是一種領屬關繫。「李是」可能是人名，也可能讀爲「李氏」。「是」讀爲「氏」，例子很多，如楚簡《容成氏》中有「喬結是」、「倉頡是」等，「是」皆讀爲「氏」；秦印「李是家印」與「張氏家印」（許雄志《秦印文字彙編》，河南美術出版社，2001年9月，243頁）性質相同、漢印「劉是千萬」（《漢印文字徵》卷二·十頁，文物出版社，1978年9月）與「李氏大利」（《漢印文字徵》卷十二·十六頁）性質相同，其中的「是」，皆當讀爲「氏」。

官璽第三一八：東昜（陽）州鉨（璽）

印面：

濱虹草堂藏古璽印二集八冊

著錄：

《古璽彙編》，北京：文物出版社，1981年12月，第368頁。

《印典》（二），北京：國際文化出版公司，1993年5月，第1151頁。

《書法新鑒·古璽文新鑒》，西安：世界圖書出版西安公司，2005年6月，第106頁。

集釋：

羅福頤：

3993　東昜□鉨　《古璽彙編》，文物出版社，1981年12月，第368頁。

吳振武：

東昜（陽）□鉨 《〈古璽彙編〉釋文訂補及分類修訂》，《古文字學論集》（初編），香港中文大學，1983年9月，第520頁。

康 殷、任兆鳳：

東易□ 《印典》（二），國際文化出版公司，1993年5月，第115頁。

肖曉輝：

「東陽」：古璽中有複姓「東陽」，如《古璽彙編》3993「東陽□鉨」、3994「東陽夷吾」。《通志·氏族略》：「見《姓苑》。此出於東陽郡也。」《姓氏考略》：「爲春秋時齊魯晉邑名，其先列國大夫。以邑爲氏。見《姓氏辯證》。」或又用作人名，如《古璽彙編》1145「高東陽」。 《書法新鑒：古璽文新鑒》，世界圖書出版公司，2005年6月，第106頁。

官璽第三一九：滬（滮）州

印 面：

上海博物館藏印

著錄：

《中國歷代璽印精品博覽》，南昌：江西人民出版社，1995年9月，第77頁。

《中國篆刻學》，杭州：西泠印社，1999年5月，第97頁。

《中國篆刻全集》，哈爾濱：黑龍江美術出版社，2000年7月，第13頁。

《中國書法全集》第92卷，北京：榮寶齋出版社，2003年2月，第41頁。

《古璽彙考》，安徽大學博士學位論文，2006年5月，第172頁。

《中國印學》，杭州：中國美術學院出版社，2010年6月，第120頁。

集釋：

蕭高洪：

……還有十分奇怪的「盧」字鉨，分爲上下兩半，一半有凸榫，一半有凹孔，以此將兩半合攏起來，組成一個完整的「盧」字鉨。這個古鉨，頗類於後來的兵符與信符。上下級或內外人各執一半，以此取信驗身，或調兵遣將，或出入關門，或用於其它事宜中，用作驗證信的憑證。《中國歷代璽印精品博覽》，江西人民出版社，1995年9月，第77頁。

吳清輝：

戰國合同鉨　《中國篆刻學》，西泠印社，1999年5月，第97頁。

徐　暢：

東周・楚系公鉨　瀘州・兩合鉨　《中國篆刻全集》，黑龍江美術出版社，2000年7月，第13頁。

徐暢主編：

戰國公鉨與印跡・楚系鉨印　105　滬（瀘）州　《中國書法全集》第92卷，榮寶齋出版社，2003年2月，第41頁。

徐暢主編：

105　滬（瀘）州

作於戰國時期。楚國官鉨。上海市博物館中國歷代印章館收藏。《青少年書法》一九九六年第十一期著錄。銅質。兩合鉨。

孫慰祖釋爲瀘州兩字。此印爲何作二合，待考。

線條有流動感，頗具筆意，有楚文字的結構特點。

參考　孫慰祖《中國印章藝術的歷史長廊》　《中國書法全集》第92卷，榮寶齋出版社，2003年2月，第206頁。

施謝捷：

楚系官璽　盧（淲）州

此璽係現存二合璽之完整者。　《古璽彙考》，安徽大學博士學位論文，2006年5月，第172頁。

吴清輝：

□□　戰國（楚）　《中國印學》，中國美術學院出版社，2010年6月，第120頁。

劉洪濤：

一、釋盧

劉正成先生主編《中國書法全集 92·篆刻編·先秦璽印》著錄的 105 號印是一紐楚系二合印，現藏上海博物館。……

孫慰祖先生把印文釋寫爲「滬州」二字，讀爲「瀘州」（劉正成主編 2003：41、206）。我們認爲印文只有一個字，應釋爲「盧」。

古文字「盧」字一般作下引之形：

《集成》10174

或在「魚」旁左右加對稱的羨筆，又在豎畫上加一點或一橫，使下部變作「火」字形：

《集成》271　《集成》9715

有的則加兩橫畫，如下引古璽「魚」字：

《璽彙》0563　《璽彙》0564

這兩個「魚」字下部所从的「火」已經同上面的筆劃寫斷開。「⿸虍魚」所从的「魚」也有這種情況：

《集成》2840　《古錢大辭典》302

根據我的理解，印文的這個字應該原作如下之形：

上部从「虍」，下部跟上引諸字所从之「魚」的寫法相近，可見應該釋爲「⿸虍魚」。這個字所从的「魚」跟常見的「魚」字有三點不同。第一，省掉「魚」字外部所从表示魚形外廓

的弧形筆劃，當然也可以看作是借用「虍」字的筆劃來表示。請看：

徐王糧鼎銘（《集成》2675）「魚」字作：

寫法與此相近。古文字「盧」有借用筆劃的例子，如：

　侯馬盟書96：3

可證我們的看法是有根據的。第二，弧形筆劃內的U字形筆劃兩側有兩對對稱的筆劃，其

中上面一對借用邊框表示。我們上面所作的摹本就是按照這種理解摹寫的。古文字「魚」所從的這對對稱的筆劃有時連筆寫作一橫，例如下引「魯」字：

《集成》2815

上引徐王糧鼎銘的「魚」字，是這類寫法的中間環節，對稱的筆劃已經連接，只要再把筆劃拉直就變作一橫了。因此，這個字原本也可能是作下引之形的：

不管原作哪種字形，都是借用璽印的邊框作爲筆劃的。鄔可晶先生看過本文初稿後，認爲這個字所从之「魚」弧形筆劃內的∪字形筆劃兩側只有一對對稱的筆劃，並未借用邊框作爲筆劃。這種可能也是存在的。第三，下部所从比「火」字形多出一對對稱的筆劃。但上

引徐王糧鼎銘的「魚」字也比一般寫法的「魚」多出一筆，此多出兩筆並不奇怪，也應是羨筆，可與戰國文字「光」、「赤」、「褱」等字所从的兩對對稱筆劃比較（何琳儀2003：261-262）。因此，把印文此字釋爲「⿱虍魚」，應該是沒有問題的。

郭店竹簡《緇衣》6號有下引之字：

上從「亡」中从「木」下从「水」。上博竹簡《緇衣》4號與之對應的字作「⿱虍魚」，裘錫圭先生（2004）據此認爲此字是「⿱虍魚」字之訛，「上端之『亡』與『木』的上半爲『虍』之誤摹，『木』的下半和下部橫置的『水』爲『魚』之誤摹」。把印文「⿱虍魚」字誤釋爲「滮州」二字，跟把「⿱虍魚」誤摹爲郭店竹簡《緇衣》之形情況類似。這也可作爲我們把印文此字改釋爲「⿱虍魚」的旁證。

《古璽彙編》1650號「左吳」官印，吳振武先生（1991）讀爲「左虞」，認爲是掌管山澤之官。本文所討論的「䖒」印是一紐二合印，從這一點來看應該是一枚官印。疑印文「䖒」字也應讀爲「虞」，也是掌管山澤之官。戰國文字吳越之「吳」經常用「䖒」或從「䖒」聲的「𢿢」字等表示，例如工𢿢大叔盤、工王姑發聶反之弟劍、工𢿢大子姑發聶反劍、工𢿢王皮難之子者減鐘等（施謝捷1998：121）。根據《說文》的分析，「虞」从「吳」得聲，所以「䖒」可以用作「虞」。如果進一步分析，「虞」、「䖒」二字都應該是兩聲字，所从「虍」、「吳」、「魚」三旁皆聲。既然它們都从「虍」得聲，自然可以通用。古代的虞官主要有二，一是山虞，一是澤虞，分別是掌管山林和川澤的職官。《周禮・地官》對它們的具體職掌有詳細的記載，《山虞》說：

山虞掌山林之政令，物爲之厲而爲之守禁。仲冬斬陽木，仲夏斬陰木。凡服耜，斬季材，以時入之。令萬民時斬材，有期日。凡邦工入山林而掄材，不禁。春秋之斬木不入禁。凡竊木者，有刑罰。若祭山林，則爲主，而修除且蹕。若大田獵，則萊山田之野，及弊田，植虞旗於中，致禽而珥焉。

又《澤虞》說：

澤虞掌國澤之政令，爲之厲禁，使其地之人守其財物，以時入之於玉府，頒其餘於萬民。凡祭祀、賓客，共澤物之奠。喪紀，共其葦蒲之事。若大田獵，則萊澤野，及弊田，植虞旌以屬禽。

《古璽彙編》5562號「中陽都吳（虞）王勹（?）」印、《中國書法全集92・篆刻・先秦璽印》419號「易都吳（虞）」印等，都是燕國地方上的虞官所用的印。此「虞（虞）」印前不著任何限定語，當是楚國中央系統的虞官所用的印。　《戰國官印考釋兩篇》，復旦大學出土文獻與古文字研究中心網站論文，2011年8月16日：http://www.gwz.fudan.edu.cn/SrcShow.asp? Src_ID=1666。

官璽第三二〇：童弄（瑟）京（亭）鉨（璽）

印　面：

續齊魯古印攈十六冊、陳簠齋手拓古印集四冊

著錄：

《古璽彙編》，北京：文物出版社，1981年12月，第47頁。

《印典》（一），石家莊：河北美術出版社，1989年8月，第527頁。

《中國篆刻全集》，哈爾濱：黑龍江美術出版社，2000年7月，第14頁。

《戰國璽印分域編》，上海：上海書店出版社，2001年10月，第190頁。

《中國書法全集》第92卷，北京：榮寶齋出版社，2003年2月，第47頁。

《戰國璽印》，上海：上海書畫出版社，2003年8月，第127頁。

《中國璽印類編》，天津：天津人民美術出版社，2004年6月，第81、157頁。

《古璽彙考》，安徽大學博士學位論文，2006年5月，第182頁。

《戰國璽印分域研究》，長沙：嶽麓書社，2009年5月，第148頁。

《先秦印風》，重慶：重慶出版社，2011年5月，第36頁。

集釋：

丁佛言：

古鉩 許童弄 从言省。《說文古籀補補》，中華書局，1988年2月，第10、12頁。

丁佛言：

古鉩 許童丌 兩丌相累有層累義。《說文古籀補補》，中華書局，1988年2月，第5、1頁。

羅福頤：

0279 童□□鉩 《古璽彙編》，文物出版社，1981年12月，第47頁。

何琳儀：

京 《戰國文字與傳鈔古文》，《古文字研究》第十五輯，中華書局，1986年6月，第117頁。

康 殷、任兆鳳：

童弄□ 《印典》（一），河北美術出版社，1989年8月，第527頁。

何琳儀：

《璽彙》〇二七九著錄一方官璽，文字風格、佈局款式與一件傳爲山東所出的陶文酷似。

今將璽文和陶文摹寫如次：

璽文第三字，筆者曾隸定爲「京」（《戰國文字與傳抄古文》，《古文字研究》，第十五輯117頁）。 根據是三體石經《僖公》「京」作「」形。的豎筆多一短橫，屬裝飾筆畫，無義。𠫑羌鐘「京」作「」，也有裝飾筆畫，可以參照。「京」，甲骨文一般都作「」形，或作「」形（《前編》四·三一·六），則與「亭」同形。秦陶文「咸（即咸陽）亭」之「亭」一般作「」形。而秦權「咸陽亭」之「亭」作「」形（《度量》一九五），顯然是「京」字。至於秦陶文「咸亘陽」（《考古》一九六二·六·二八九），（《荀子·解蔽》：「桀死於亭山」，或本作「鬲山」，即因「亭」似「鬲」而誤）。也是以「京」爲「亭」。戰國文字中「六國文字」也有以「京」爲「亭」的例證：

市（《璽彙》三〇九三）

昃（《中原文物》一九八一・一・一四・一〇）

以上「京」字，由辭例推勘祇能讀「亭」。

研究先秦古音者均以「京」屬陽部，以「亭」屬耕部。陽部「京」在漢代韻文中每與耕部字，諸如「寧」、「征」、「平」、「形」、「情」、「靈」、「成」、「營」等相葉（顧炎武《唐韻正》卷五第十六頁，《音學五書》）。而耕部「亭」偶爾也與陽部字相葉，如班固高祖泗水亭碑「寸木尺土，無竢斯亭。揚威斬蛇，金精摧傷。」以「亭」葉陽部字「傷」，故《韻補》謂「亭」有「徒陽切」之讀音。凡此說明，秦漢「京」、「亭」二字讀音相近。

陶文「亭」作「」、「」等形（《匋文》五・三七），其年代上限不會早於戰國晚期。因此，有的學者認爲古文字「亭」即「京」（馬敘倫《讀金器刻辭》一五二頁），不無道理。「京」字本像高臺上有亭形。「亯」（郭），甲骨文作「」形，《說文》云

「象城郭之重，兩亭相對也」，可資參證。秦漢「亭」字陶文甚多，「亭」前之字均爲地名。（俞偉超《秦漢的亭市陶文》，《先秦兩漢考古學論集》一三二至一四一頁）。上揭璽文和陶文首二字均爲地名（詳下文），地名下的「京」應據秦漢陶文的辭例讀「亭」。上揭陶文「亭」上二字君从「邑」，無疑是地名。第一字與三晉布幣「鄙」（《古幣》二三二）實乃一字。此字或不从「邑」作「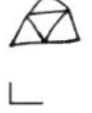」形（《古幣》二三三），與陶文右部所从如出一轍。（「」右下橫筆與「」右上橫筆共用一筆，屬借用筆劃現象。「」是「」（酓朏鼎）的省簡，應隸定爲「盄」，釋爲「鑄」。「」應隸定爲「鄙」，釋「」。「弄」乃「亓」之疊體，望山楚簡或作「𠕁」，均應釋「其」。類似的「重疊形體」屬古文字「繁化」現象，例如：

各 （長沙帛書） （《信陽》一·〇一）

堯 （長沙帛書）（李學勤：《論楚帛書中的天象》，《湖南考古輯刊》一集七〇頁） （《璽文》一三·一二）

然則「」應隸定「邜」，釋「鄓」。「鑄鄓」即「祝其」。《禮記・樂記》「封帝堯之後於祝」。注「祝或爲鑄」。又《後漢書・郡國志》「濟北國」注亦作「鑄」。《淮南子・俶真訓》「冶工之鑄器」，注「鑄讀作祝」。凡此「鑄」可讀「祝」之確證。「祝其」，見《左傳》定公十年「公會齊侯於祝其，實夾谷」，即《漢書・地理志》「東海郡」之「祝其」。《地理志》「東海郡」又有「厚丘，莽曰祝其亭」。以上「祝其」和「祝其亭」分别在今江蘇省東海縣北和縣南，相距六十多公里，戰國後期均屬楚境。楚國陶文至爲罕見，「鑄鄓亭鈢」陶文國別的確認，使我們對楚國陶文有所瞭解。

根據陶文「鑄其亭」可以推斷：璽文「童其亭」也應是楚地名。另外，璽文「童」作「」形，則是典型的楚文字，也有助於判定古璽的國別。《漢書・地理志》地名稱「某其」者，除「祝其」以外，尚有「不其」（琅玡郡）、「魏其」（琅玡郡）、「贅其」（臨淮郡）等（《璽彙》〇二五三「會丌垔璽」，風格近齊。「會丌」待考）。由此可見「其」應是常見的地名後綴，諸如「陰」、「陽」、「丘」、「陵」之類。值得注意的是，《地理志》四

個「某其」都分佈在「琅玡」、「臨淮」二郡，屬「徐夷」古地。因此，「其」可能是「徐夷」古方言。檢《書·微子》「若之何其」，鄭注「其，語助也。齊、魯之間聲如姬。《記》曰，「何居」。《史記·高祖本紀》：「其以沛爲朕湯沐邑」，集解「《風俗通義》曰，《漢書》注，沛人語初發聲皆言其。其者，楚言也。」以上所謂「齊、魯之間」、「沛」都在「徐夷」範圍之內，可見「其」的古方言在典籍中不絕如縷。檢《地理志》雖未見「童其」，但「臨淮郡」下有「僮」。全祖望云「宜依《水經注》作潼，蓋以潼水得名。」（全祖望《漢書地理志稽疑》卷三第九頁）在今安徽省泗縣，戰國屬楚境。據以上對「其」的考察，璽文「童其」很可能即《地理志》所載地名「僮」。

史稱漢高祖秦末官爲「泗水亭長」，「泗水亭」舊爲楚地。陶文「鑄其亭」、璽文「童其亭」亦均屬楚境。這爲推測秦漢時代亭里制度的起源提供了考古方面的線索。《古璽雜識續》，《古文字研究》第十九輯，中華書局，1992年8月，第480~482頁。

劉國勝：

瑟考

漆文有相連的二字作「□□」（編按：曾侯乙墓E61號漆箱上所書），上一字左旁从金，右旁與其下一字「□」同形，「□」當从金从「□」。

琴，《說文》古文作「□」，从金。瑟，《說文》古文作「□」。段注：「玩古文琴、瑟二字，似先造瑟而琴從之。」依段玉裁說，「□」所从「□」即是「□」，从金得聲。我們以爲漆文「□」即古文瑟，□、□皆取三「辛」，从辛从辡，辡亦聲。瑟所从必，擊（編按：「擊」當即「系」之訛）附加的聲符。

不妨先來分析楚簡及璽印裏的幾個字：

A1 □　　A2 □

見於江陵望山楚簡（望・2.49、50）：二□，米；一非衣；其一□，丹秋（紬）之阩𢇘（絕）；其一□，需（練）光之阩𢇘（絕）（湖北省文物考古研究所：《江陵望山沙塚楚墓》，北京文物出版社，1996年，圖版九四—九五）。

B 

見於荊門包山楚簡（包 260）：一，又（有）柣（湖北省荊沙鐵路考古隊：《包山楚墓》，　北京：文物出版社，1991 年，下冊，圖版二〇二）。

C 

見於信陽長台關楚簡（信 203）：二笙，一簾竽，皆又（有）絛；一□□；一彫（雕）鼓；二棗；四楇；一咸盈之櫃，邊土螠，鄚（漆）有青黃之彖（緣）；二鄚（漆），柣（河南省文化局文物工作隊第一隊：《我國考古史上的空前發現　信陽長台關發掘一座戰國大墓》，載《文物參考資料》1957 年 9 期，頁 21）。

D 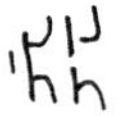

見於《古璽彙編》0279：童（鐘）弄京鉨（羅福頤：《古璽彙編》，北京：文物出版社，1981年，47頁）

例上舉之字，A1與A2顯然是同一個字，兩字字形中的穴、八互作，應無別。从三穴，一穴在上，二穴並在下。B下部當从必，上部所从應即是A1、A2，惟結構作一穴在下，二穴並在上。C出現在記有一組樂器名的句子裏，下部亦當从必，上部从三。D作一穴在上，二並在下，同漆文「」所从。

B，劉信芳先生釋爲瑟（劉信芳《楚簡文字考釋五則》，載《于省吾教授百年誕辰紀念文集》，吉林：吉林大學出版社，1996年，頁186），這是正確的，惟上部字形無説。

包山楚簡有字作「」（包164）（湖北省荊沙鐵路考古隊：《包山楚墓》，北京：文物出版社，1991年，下冊，圖版二〇七），上部从二穴並置。《包山楚墓》報告據《漢簡》麗作，釋此字爲纚。下列是麗的幾種寫法，爲行文簡便，字形出處從略：

（周原甲骨）　（周原甲骨）

（師旋簋）（師旋簋）

（耶盧匜）（三體石經）

（曾侯乙墓竹簡164）

以上麗之諸形，上部「丽」異形頗多，所从兩個並置的相同字符，我們以爲是辛。辛，郭沫若先生在《甲骨文字研究》一著中認爲：辛象古之剞劂形，剞劂即曲刀，乃施黥之刑具，其形如今之圓鑿而鋒其末，刀身作六十度之弧形，辛字金文之作若，即其正面之圖形，作若者則縱斷之側面也，知此則知辛、䇂、辛何以爲一字之故。應該說，辛、䇂皆爲帶干柄的刀類工具，恐怕沒有什麽疑問，兩者實際用途可能因刀刃形制差異而有區別。在文字上，由於兩者屬性接近，作爲表意符號是可以通用的，不便嚴格。辛之字形上部表示柄，下部示刃，寫法不僅有正、側之分，且多省變，並注重突出刃部。這在下列辛（或以辛作偏旁的字）的一些寫法裏可以體現：

辛 （甲骨粹405） （甲骨粹511）

（甲骨乙3119） （甲骨京津4802）

（《汗簡》） （《汗簡》）

辟 （《汗簡》） （《汗簡》）

（三體石經） （出土石經）

辠 （中山王鼎） （三體石經）

辯 （辨毀） （作冊虢卣） （《汗簡》）

辡 （《汗簡》）

比較字形「丽」所从兩個並置的相同字符應是辛字的省變形。麗作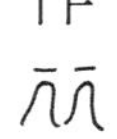（《說文》古文鉉本）、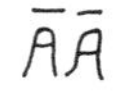（古文鍇本）、（「篆文」鉉本）、（篆文鍇本）、（《汗簡》）、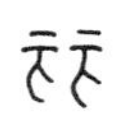（汗簡）、（陳麗子窹戈），實際上都爲麗所从「丽」，从二辛。還可以用來證明的是：麗所从「鹿」之字形所表現出的兩鹿角不如單個鹿字兩鹿角突出，顯得短平，有的甚至沒

有表現出鹿角。麗的這一字形結構特徵可以說明麗从「丽」是表示用兩個並行刀類工具並割鹿角，使其兩角平齊、諧和。作二辛並置的「丽」字可能就是後來《說文》說成「辠人相與訟也，从二辛」的辡字（辡有平獄的意思）。

如是，則包山楚簡中的「□」當釋爲辮。而前舉楚簡及璽印諸字所从亓、八、▽及漆文「□」所从丁，皆爲辛的省變形，字形取三辛，从辛从辡。

古文瑟作□，段本改作□以合琴之古文□，此大可不必。《古文四聲韻》錄古文瑟作□、□等形。□、□應是辛的省變形，與上述辛作□、□、□等字形接近。□、□、□亦是辛的省變形，前二字形突出刃部，後一字形突出辛之柄（又古字辛、王兩字形近，秦以辠似皇字改作罪。王本象斧戉工具，故古文瑟从王也有可能是表意符號通用）。□、□、□應視作辡的省變形。古文瑟可能从辡得聲，辡、必古音相近，瑟所从必當繫附加的聲符。

綜上所述，前舉楚簡及璽印諸字和漆文「□」當釋爲瑟。則漆文「□」應即是琴。

最後，我們結合墓葬考古資料來檢驗一下遣策簡中的瑟字。

包山二號楚墓共出土了三種樂器，即一件銅鐃，一件漆鼓和一件木瑟。鼓、鐃皆出自南室，與記南室隨葬物的遣策簡中所記「一敀（雕）梏（橐）、一鐃」相合。瑟出自北室，合於記北室及西室隨葬物遣策簡所記「一瑟，又（有）栿」。栿，疑指墓葬中與瑟疊壓放置的一張髹黑漆、凹面板長案几。用作彈瑟時承架瑟體。在信陽、望山遣策簡中，瑟、栿（又作关）之僩（編按：「僩」字當是「閒」之訛）不點逗，蓋因是相附之具。但包山遣策簡明記「一瑟，有栿」，瑟、栿當爲二類器物。

望山遣策簡記瑟時言：「其一瑟，丹紬之阩絕；其一瑟，練光之阩絕。」練，原簡作霝。《尚書・呂刑》：「苗民弗用靈」，《墨子》引「靈」作「練」。「阩絕」疑指的是瑟弦。「練光」、「丹紬」是來描述製作弦用的絲物。《尚書大傳》云：「古有帝王升歌，清廟之樂，大琴，練弦達越，大瑟，朱弦達越。」（王國維《釋樂次》，載《觀堂集林》，北京，中華書局，1959年，第一冊，頁102）練是經煮湅的生絲，成品光澤感強。《釋名》云：「練，爛也。煮使委爛也。」故謂「練光」。練絲作弦發濁聲。

至於璽印「鐘瑟京鉩」疑爲當時樂府用鉩。《「瑟」考》，《第三屆國際中國古文字學研討會論文集》，香港中文大學中國文化研究所、中國語言文學系，1997年10月，第699～710頁。

何琳儀：

楚系　童幵京鉨

幵，从二丌，疑亓之繁文。

楚璽「童幵」，讀「童其」，地名。其爲地名後綴。參亓字。　《戰國古文字典》，中華書局，1998年9月，第22頁。

何琳儀：

楚系　童亓京鉨

楚璽「童亓」，讀「僮其」，其爲地名後綴。《漢書·地理志》臨淮郡「僮」，在今安徽睢寧東南。　《戰國古文字典》，中華書局，1998年9月，第366頁。

何琳儀：

楚系　童亓京鉨

京，甲骨文作（前四二·三八·四），象高臺上有建築物之形。金文作（班簋）。

戰國文字承襲金文。或在中間豎筆加點，橫爲飾。楚系文字形變爲、，與三體石經《僖公》京作基本吻合。《説文》：「，人所爲絕高丘也。从高省，京象高形。（舉卿切）」（五下十一）

楚器京，讀亭。《戰國古文字典》，中華書局，1998年9月，第639～640頁。

徐　暢：

東周・楚系公鉨　童其京（亭）鉨　《中國篆刻全集》，黑龍江美術出版社，2000年7月，第14頁。

莊新興：

1071　童□□鉨　楚系・楚　《戰國璽印分域編》，上海書店出版社，2001年10月，第190頁。

吴振武：

童瑟亭鉨　《蔡家崗越王者旨於睗戈新釋（提要）》，《古文字研究》第二十三輯，中華書局，2002年6月，第100頁。

徐暢主編：

戰國公鉩與印跡·楚系鉩印　164　童其京（亭）鉩　《中國書法全集》第92卷，榮寶齋出版社，2003年2月，第47頁。

徐暢主編：

164　童其京（亭）鉩

作於戰國時期。楚官鉩。《古璽彙編》〇二七九號著録。

第二、三字何琳儀釋爲「其京（亭）」。「童其亭」何氏推測可能就是《漢書·地理志》的「僮」，在今安徽省泗縣。

參考　何琳儀《古璽雜識續》　《中國書法全集》第92卷，榮寶齋出版社，2003年2月，第209頁。

莊新興：

童其□璽　《戰國璽印》，上海書畫出版社，2003年8月，第127頁。

小林斗盦：

童天□鉢　《中國璽印類編》，天津人民美術出版社，2004年6月，第81頁。

小林斗盦：

童□市鉢　《中國璽印類編》，天津人民美術出版社，2004年6月，第157頁。

肖曉輝：

江蘇鹽城曾出土一枚楚封泥，其上印文曰「不其京鉨」，和楚璽「童其京鉨」（《古璽彙編》0279）、楚印文陶文「鑄其京鉨」（連雲港博物館藏）是同一類，對楚國的亭里制度有所反應。　《書法新鑒：古璽文新鑒》，世界圖書出版公司，2005年6月，第33頁。

肖曉輝：

童幵京鉨　《書法新鑒：古璽文新鑒》，世界圖書出版公司，2005年6月，第73頁。

施謝捷：

楚系官璽　童弄京鉨（璽）　《古璽彙考》，安徽大學博士學位論文，2006年5月，第182頁。

陳光田：

楚系古璽　「童其京（亭）鉨（璽）」（0279）。……璽文第二、三字舊不識，當釋爲「其亭」。（何琳儀：《古璽雜識續》），《古文字研究》第19輯，中華書局，1992年，第470頁。）童地名；亭同「里」一樣，爲最基層的行政機構。《戰國璽印分域研究》，嶽麓書社，2009年5月，第148頁。

趙平安：

古璽「童（鍾）麗（離）亭璽」（《璽彙》0279）《「京」、「亭」考辨》，《復旦學報》（社會科學版），2013年第4期，第92頁。

李守奎按：

上博《性情論》「琴瑟」，《孔子詩論》作，郭店《性自命出》作。或是楚之「瑟」字，可以做琴的表意偏旁。劉國勝釋璽文爲「瑟」，可信。構形不明。

官璽第三二一：鄙（鐊）郘（𨝨）京（亭）鉨（璽）

印面：

現藏南京博物院、鹽城市博物館

著　錄：

《古璽彙考》，安徽大學博士學位論文，2006年5月，第182頁。

《戰國璽印分域研究》，長沙：嶽麓書社，2009年5月，第148頁。

《二十世紀出土璽印集成》，北京：中華書局，2010年1月，第148頁。

集　釋：

何琳儀：

……陶文「亭」作「」、「」等形（《匋文》五·三七），其年代上限不會早於戰國晚期。因此，有的學者認爲古文字「亭」即「京」（馬敘倫《讀金器刻辭》一五二頁），不無道理。「京」字本像高臺上有亭形。「𩫏」（郭），甲骨文作「」形，《說文》云「象城郭之重，兩亭相對也」，可資參證。秦漢「亭」字陶文甚多，「亭」前之字均爲

地名（俞偉超《秦漢的亭市陶文》，《先秦兩漢考古學論集》一三二至一四一頁）。上揭璽文和陶文首二字均爲地名（詳下文），地名下的「京」應據秦漢陶文的辭例讀「亭」。上揭陶文「亭」上二字均从「邑」，無疑是地名。第一字與三晉布幣「鄙」（《古幣》二三二）實乃一字。此字或不从「邑」作「」形（《古幣》二三三），與陶文右部所从如出一轍。（「」右下横筆與「」右上横筆共用一筆，屬借用筆劃現象。「」是「」（酓肚鼎）的省簡，應隸定爲「𥁕」，釋爲「鑄」。「」應隸定爲「鄙」，釋爲「鑄」。「弄」乃「亓」之疊體……

「鑄邔」即「祝其」。《禮記·樂記》「封帝堯之後於祝」。注「祝或爲鑄」。又《後漢書·郡國志》「濟北國」注亦作「鑄」。《淮南子·俶真訓》「冶工之鑄器」，注「鑄讀作祝」。凡此「鑄」可讀「祝」之確證。「祝其」，見《左傳》定公十年「公會齊侯於祝其，實夾谷」。即《漢書·地理志》「東海郡」之「祝其」。《地理志》「東海郡」又有「厚丘，莽曰祝其亭」。以上「祝其」和「祝其亭」分别在今江蘇省東海縣北和縣南，相距六十多公里，戰國後期均屬楚境。楚國陶文至爲罕見，「鑄邔亭鉨」陶文國别的確認，使我們對楚國陶文有所瞭解。

根據陶文「鑄其亭」可以推斷：璽文「童其亭」也應該是楚地名。……史稱漢高祖秦末官爲「泗水亭長」，「泗水亭」舊爲楚地。陶文「鑄其亭」、璽文「童其亭」亦均屬楚境。這爲推溯秦漢時代亭里制度的起源提供了考古方面的線索　編按：詳見「童亓（瑟）京（亭）鉨（璽）」條。

《古璽雜識續》，《古文字研究》第十九輯，中華書局，1992年8月，第480～482頁。

何琳儀：

楚系　鄙邔京鉨

楚器京，讀亭。

《戰國古文字典》，中華書局，1998年9月，第639～640頁。

肖曉輝：

江蘇鹽城曾出土一枚楚封泥，其上印文曰「不其京鉨」，和楚璽「童其京鉨」（《古璽彙編》0279）、楚印文陶文「鑄其京鉨」（連雲港博物館藏）是同一類，對楚國的亭里制度有所反應。

《書法新鑒：古璽文新鑒》，世界圖書出版公司，2005年6月，第33頁。

肖曉輝：

鑄幵京鉩　《書法新鑒：古璽文新鑒》，世界圖書出版公司，2005年6月，第73頁。

施謝捷：

楚系官璽　鄙（鑄）郊京鉩（璽）　《古璽彙考》，安徽大學博士學位論文，2006年5月，第182頁。

陳光田：

楚系古璽「□其京（亭）鉩（璽）」（《考古》64.1）　詳見「童𦈢（瑟）京（亭）鉩（璽）」條。《戰國璽印分域研究》，嶽麓書社，2009年5月，第148頁。

周曉陸主編：

二-GP-0085　貴其亭鈦　東周（齊）　泥封　《二十世紀出土璽印集成》，中華書局，2010年1月，第148頁。

趙平安：

封泥　「□□亭璽」（《考古》2005年第5期第68頁）　《「京」、「亭」考辨》，《復旦學報》（社會科學版），2013年第4期，第92頁。

李守奎按：

左上角之字當以釋「亭」爲是。包山120號簡之，亦當釋爲「停」，讀爲「亭」，與（京）字形有別，楚文字「亭」與「京」可能已經分化。

官璽第三二二：京（亭）

印面：

著錄：

《文物》，北京：文物出版社，1959年第9期，第61頁。

《中國肖形印大全》，太原：山西古籍出版社，1995年5月，第418頁。

《書法新鑒：古璽文新鑒》，西安：世界圖書出版公司，2005年6月，第73頁。

《古璽彙考》，安徽大學博士學位論文，2006年5月，第197頁。

集　釋：

李學勤：

毫字三合印（高：3釐米；寬1.7釐米）

在楚國璽印中有一種特殊的「三合印」，即一鈕圓印可拆爲三個部份，必須三塊相合，才能鈐用。　《戰國題銘概述》（下），《文物》，1959年第9期，第61頁。

李家浩：

據目前所知，戰國印裏由兩塊以上組合而成的，有「大厩（廄）」二合印（李正光、彭青野：《長沙湖橋一帶古墓發掘報告》，《考古學報》1957年4期44頁圖十一·2，圖版肆·10），「京」字三合印，「起」字三合印（李學勤：《戰國題銘概述（下）》，載《文物》1959年9期61頁圖5、6），加上「菱邦」三合印共四枚。「大厩（廄）」二合印是管理楚王馬廄官署所用的印（參看朱德熙《戰國文字中所見有關廄的資料》，載《古文字學論集》初編419-420頁，香港中文大學，1983年），與「菱邦」三合印都是官印。「京」字三合印和「郘」字三合印因僅存三分之一字，不能斷定是官印還是私印。以「市亭」印文（《古璽彙編》29.3093）和「昃亭」、「斛（？）亭」陶文（牛濟普：《鄭州、滎陽兩地新出土戰國陶文介紹》，《中原文物》1981年1期14頁圖10、15頁圖11、13）的「亭」以「京」字爲之來看，「京」字三合印的「京」也可能用爲「亭」，此印即某市亭官署所用的印。

《楚國官印考釋（四篇）》，《江漢考古》1984年第2期，第47頁。

李家浩：

（二）本文第三篇說：「以『市亭』印文和『昃亭』、『斛（？）亭』陶文的『亭』以『京』字爲之來看，『京』字三合印的『京』也有可能用爲『亭』。」按此說似不可信。所謂的「市亭」印是一枚小型朱文圓印，見於《古璽彙編》291頁，該書釋讀爲「京市」。《簠齋手拓古印集》49頁下著錄一枚「焦市」朱文小型方印，「焦」是地名，在今河南陝縣南，戰國時屬魏。《史記·魏世家》：「襄王……五年，秦……圍我焦、曲沃。」「焦市」即焦邑市府所用的印。「京市」與「焦市」文例相同，可見《古璽彙編》的釋讀是對的。古代有地名「京」，故城在今河南滎陽東南二十餘里，原爲鄭邑，公元前375年韓哀侯滅鄭，其地應該歸韓所有。「京市」當是京邑市府所用的印。至於所謂的「昃亭」、「斛（?）亭」陶文是否應該讀爲「京昃」、「京斛（?）」，待考。《楚國官印考釋（四篇）·補正》，《著名中年語言學家自選集·李家浩卷》安徽教育出版社，2002年12月，第140頁。

肖曉輝：

李學勤先生在《戰國題銘概述》一文中曾提到兩方楚系三合印，都僅餘其中一塊而已。其一印文殘留「京」字，「京」讀爲「亭」，是古代行政區劃，原文當作「□□亭」。《書法新鑒：古璽文新鑒》，世界圖書出版公司，2005年6月，第73頁。

施謝捷：

楚系官璽　京

三合璽之一　《古璽彙考》，安徽大學博士學位論文，2006年5月，第197頁。

李守奎按：

「京」字見於上博簡，璽文與簡文同。

官璽第三二三：𧿹（？）

印面：

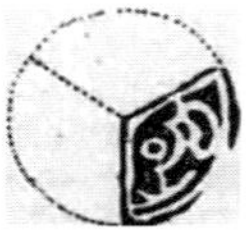

著錄：

《文物》，北京：文物出版社，1959年第9期，第61頁。

《書法新鑒：古璽文新鑒》，西安：世界圖書出版公司，2005年6月，第74頁。

集釋：

李學勤：

𧿹字三合印

在楚國璽印中有一種特殊的「三合印」，即一鈕圓印可拆爲三個部份，必須三塊相合，才能鈐用。……

郘字三合印

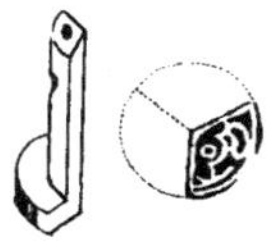

祇存一塊的還有兩鈕，前一鈕傳出土於長沙（編按，即此璽）　《戰國題銘概述》（下），

《文物》，1959年第9期，第61頁。

李家浩：

據目前所知，戰國印裏由兩塊以上組合而成的，有「大𢊁（廄）」二合印，（李正光、彭青野：《長沙湖橋一帶古墓發掘報告》，《考古學報》1957年4期44頁圖十一·2，圖版肆·10）「京」字三合印，「郘」字三合印，（李學勤：《戰國題銘概述（下）》，載《文物》1959年9期61頁圖5、6），加上「菱邧」三合印共四枚。「大𢊁（廄）」二合印是管理楚王馬廄官署所用的印（參看朱德熙《戰國文字中所見有關廄的資料》，載《古文字學論集初編419-420頁，香港中文大學，1983年），與「菱邦」三合印都是官印。　《楚國官印考釋（四篇）》，《江漢考古》，1984年第2期，第47頁。

肖曉輝：

另一枚上有「跽」，其印文含義尚難以明瞭。《書法新鑒：古璽文新鑒》，世界圖書出版公司，2005年6月，第73頁。

李守奎按：

「起」（氾之聲旁）

釋「跽」釋「起」均可疑。楚文字的「巳」旁見於「肥」、「範」等字，「巳」字習見，均與璽文所从不合。此璽僅見於摹本，辭例不明。

左側的「疋」，右側不清，難以識別，待考。

官璽第三二四：跽（？）

印面：

民國年間湖南長沙出土

著錄：

《古璽彙考》，安徽大學博士學位論文，2006年5月，第196頁。

《二十世紀出土璽印集成》，北京：中華書局，2010年1月，第30頁。

集釋：

施謝捷：

楚系官璽 □

三合璽之一。民國年間湖南長沙出土。《古璽彙考》，安徽大學博士學位論文，2006年5月，第196頁。

周曉陸主編：

二-SY-0197 吧 東司（巴蜀） 銅 柄紐 15×9- 《二十世紀出土璽印集成》，中華書局，2010年1月，第30頁。

官璽第三二五：陸（陳）之新（新）都

印面：

上海市文管會藏印三冊，上海博物館藏印

著録：

《上海博物館藏印選》，上海：上海書畫出版社，1979年8月，第10頁。
《古璽彙編》，北京：文物出版社，1981年12月，第47頁。
《印典》（四），北京：國際文化出版公司，1994年1月，第2895頁。
《古璽通論》，上海：上海書畫出版社，1996年3月，第112頁。
《篆字印彙》，上海：上海書店出版社，1999年1月，第660頁。
《中國璽印篆刻全集》，上海：上海書畫出版社，1999年11月，第49頁。
《中國篆刻全集》，哈爾濱：黑龍江美術出版社，2000年7月，第13頁。
《古印集萃・戰國卷》，北京：榮寶齋出版社，2000年11月，第37頁。
《古璽漢印集萃》上冊，南寧：廣西美術出版社，2001年10月，第22頁。

《戰國璽印分域編》，上海：上海書店出版社，2001年10月，第180頁。
《中國書法全集》第92卷，北京：榮寶齋出版社，2003年2月，第42頁。
《戰國璽印》，上海：上海書畫出版社，2003年8月，第4、151頁。
《古璽印通論》，北京：紫禁城出版社，2003年9月，第11頁。
《中國璽印類編》，天津：天津人民美術出版社，2004年6月，第463、476頁。
《古璽印賞析》，濟南：山東美術出版社，2005年6月，第59頁。
《古璽彙考》，安徽大學博士學位論文，2006年5月，第173頁。
《歷代名印鑒賞》，鄭州：河南美術出版社，2008年4月，第24頁。
《我愛收藏：古璽印收藏知識三十講》，北京：榮寶齋出版社，2008年4月，第43頁。
《寸心籀篆——中國古代璽印鑒賞》，長沙：湖南美術出版社，2009年5月，第34頁。
《戰國璽印分域研究》，長沙：嶽麓書社，2009年5月，第149頁。
《先秦印風》，重慶：重慶出版社，2011年5月，第33頁。
《先秦古璽集粹》，長春：吉林文史出版社，2011年11月，第22頁。

集釋：

上海博物館：

陳之新都　《上海博物館藏印選》，上海書畫出版社，1979年8月，第10頁。

葉其峰：

陲之新鄙。陲即陳，禽肯盤陳字作，可證。

陳是春秋列國之一，在今河南省淮陽。據《史記·楚世家》，楚莊王十六年曾破陳，隨後又讓陳復國。楚靈王八年「使公子棄疾將兵滅陳」，後五年，楚平王即位又復陳。楚惠王十年（公元前479年）再滅陳，自後陳歸入楚版圖。　《戰國官璽的國別及有關問題》，《故宮博物院院刊》，1981年第3期，第87頁。

羅福頤：

0281　陲（陳）之新□　《古璽彙編》，文物出版社，1981年12月，第47頁。

牛濟普：

戰國古鉨中稱「都」的印據黃盛璋說：「皆等於縣，與國都、首都無關，三晉和秦皆稱

『縣』，楚在鉨印中稱『邑』，如『上場行邑大夫』、『下蔡邑大夫』（皆壽縣出土），僅齊國稱都，但齊之五都相當于郡，將縣稱爲『都』，也是燕國所特有的，他國沒有」而據「都」字的寫法，黄盛璋認爲：「『都』字从『邑，者聲』，而『者』一般下面都从『日』或『口』，例如三晉『都』或『者』字有从『止』从『日』的，燕國鉨印的都字，上从『止』，下卻从『𠆢』。這方「陳之新都」，「都」字上从「止」下从「回」，非燕國印制，近三晉式，我疑爲古陳國之印章。陳國故址在今河南省周口地區淮陽縣及陳留區域，今南陽之新野縣東古爲新都。　《中州古代篆刻選》，中州書畫社，1983年4月，第32～33頁。

湯餘惠：

楚璽　陲（陳）之新郜（造）　《略論戰國文字形體研究中的幾個問題》，《古文字研究》第十五輯，中華書局，1986年6月，第76頁。

何琳儀：

鄙

《彙》0281收錄一方官璽，其文如下：

之新

首字亦見禽肯盤和楚金版「陳爯」，是典型的楚文字形體，而與田齊之不盡相同。應隸定爲⿰⿱止皿阝。⿱止皿見信陽簡篮字偏旁作。其所从「皿」，古璽習見，孟作（彙1362）⿱田皿作（彙0198）是其證。⿰⿱止皿阝，从邑⿱止皿聲，爲地名。⿱止皿从止聲，以聲類求之，當讀邿。邿爲春秋古國，其地在今山東省濟寧市東南。《春秋襄公十三年傳》：「夏，取邿。」邿成爲魯國附庸。公元前256年魯被楚考烈王所滅，邿又歸屬楚國。因爲邿是戰國晚期楚遷陳後所開闢的新土，所以稱「陳之新邿」。至於《彙》2096之，《彙》2097之乃邿本字，它與楚文字⿰⿱止皿阝有地域性的差別。這一現象與上揭陳字的齊和楚的異體是一致的，不足爲怪。

《古璽雜識》，《遼海文物學刊》，1986年第2期，第140～141頁。

劉 釗：

三、陳之新都

舊著錄於《上海市文館會藏印》，後收錄於《古璽彙編》，編號爲0281。《古璽彙編》釋爲「陳之新□」，後一字不識。此璽爲方形白文帶有邊框，陳字和之字的寫法爲典型的楚文字風格，爲楚璽無疑。《上海博物館藏印選》將此璽釋爲「陳之新都」非常正確。按信陽楚簡「戔（賤）人剛恃，天迲（作）於刑者……」、「以成其明者」，者字都作「」，與璽文都字所从之者作「」形體相同，祇不過璽文都字所从「者」字下部一横與兩邊的筆劃連寫在一起而已。「陳」爲地名，即今河南淮陽，本爲陳國國都，魯昭公八年爲楚所滅。楚頃襄王二十一年（BC278年）楚自郢遷至此爲都。此璽當爲徙陳建都後不久所製，故曰「陳之新都」。《楚璽考釋》（六篇），《江漢考古》，1991年第1期，第74頁。

周世榮：

陲（陳）之新□　《湖南戰國秦漢魏晉銅器銘文補記》，《古文字研究》第十九輯，中華書局，1992年8月，第199頁。

康　殷、任兆鳳：

陳之新□　《印典》（四），國際文化出版公司，1994年1月，第2895頁。

曹錦炎：

37.陳之新都

陳，本古國，舊地位於今河南淮陽縣。據《史記》記載，楚國數次滅陳又復陳，楚惠王十年（公元前478年）滅陳國後，陳遂爲楚邑。公元前278年，秦軍攻破楚國郢都後，楚頃襄王遷都於陳，並擴建陳都。楚國貨幣有「陳爯（稱）」金鈑，即鑄於此地，可證。

新都，地名，也見於包山楚簡（簡102號反、113號）。地在今河南新野縣東，漢封王莽爲新都侯國，後漢省。或謂新都之得名，乃本新野之都鄉（《中國古今地名大辭典》「新都城」條，商務印書館1931年版），據璽文及包山楚簡，春秋戰國時已有新都之名。璽文稱「陳之新都」，則新都邑隸屬於陳。此璽爲新都邑所用印。　《古璽通論》，上海書畫出版社，1996年3月，第112頁。

何琳儀：

楚系　陳之新都

楚器新都，地名。　《戰國古文字典》，中華書局，1998年9月，第519頁。

何琳儀：

楚系　陳之新都

楚璽「新都」，新建都城。《舊唐書·地理志》：「隋開皇二年，自是漢長安故城，東南移二十里置新都，今京師是也。」《戰國古文字典》，中華書局，1998年9月，第1161～1162頁。

傅嘉儀：

陲之新□《篆字印彙》，上海書店出版社，1999年1月，第660頁。

莊新興：

陳之新都　戰國《中國璽印篆刻全集》，上海書畫出版社，1999年11月，第49頁。

徐　暢：

東周·楚系公鉩　陳之新都　《中國篆刻全集》，黑龍江美術出版社，2000年7月，第13頁。

來一石：

陳之新□　《古印集萃·戰國卷》，榮寶齋出版社，2000年11月，第37頁。

葉其峰：

（一）地方基層行政官署用璽

1、城邑官署璽。此類官璽有的鐫有「都」字，如「陲之新都」（彙0281）「□□都鉩」（彙0366）「平□都鉩」（彙5556）。有的無都字，如「□郕之鉩」（彙0204），「周城之鉩」（彙0207），「泃城」（彙0359）、「□陵之鉩」（彙0209）。古代的「都」最早是指國君廟宇所在的城邑，《說文》「有先君之舊宗廟曰都」。但到春秋戰國時期「都」則成爲城邑的泛稱。《詩・小雅・都人士》：「彼都人士」箋：「城郭之域曰都」。《公羊傳・僖十六年傳》「六鷁退飛過宋都」，注「人所聚曰都」。所以上述數種官璽中的地名不管有無「都」的稱謂，均屬城邑名。從現存官璽考察，戰國時期城邑的官吏多使用官名印，如燕「文安都司徒」（彙0012），「泃城都司徒」（彙0017），韓「武隊大夫」（彙0103）。但前述數璽卻無官名，究其原因可能有三：①戰國時期，戰爭頻繁，城邑今得明失，對新得之城邑，王國政府未能及時委任主吏，於是發給無官名之官署璽，以便臨時主事的官員行使權力時使用。前引之「郵之新都」璽可能就屬此類官璽；②城邑小，主吏品位低。在古代，具備如下兩個條件的地方就可稱城：其一，易以（編按：「以」疑「於」字譌）百姓繁衍生息。《說文》：「城，以盛民也。」其二，有防衛外敵的建築如圍城等

《墨子七患》：「城者，所以自守也。」所以，古代城的概念比較空泛，其規模並不都是很大的。至於稱爲「都」的地方，大小差別亦很大，有國都，亦有小邑。《廣雅·釋地》「十鄉爲都」。《管子·度地》：「州十爲都」《詩·干旄》：「在浚之都」傳：「下邑曰都」。城邑小，主吏品位自然低，於是就不發官名璽，而僅發給官署璽；③特殊用途。古代城邑有不少是人口集中，經濟發達，過往客商多的地方。這樣的城邑，需要處理的公務自然相當頻繁，而有些公務，如對進出貨物征收賦税等，又必須鈐蓋官璽以爲憑證。若每例都鈐用主吏的官璽顯然會產生諸多不便，於是鐫刻一種可以代表主吏及官署權力的公章——官署璽供處理某一特殊事務時使用，完全是可能的。 《戰國官署璽》，《中國古璽印學國際研討會論文集》，香港中文大學文物館，2000年3月，第15～16頁。

戴山青：

陳（陲）之新□ 《古璽漢印集萃》上册，廣西美術出版社，2001年10月，第22頁。

莊新興：

1012 陳之新都 楚系·楚 《戰國璽印分域編》，上海書店出版社，2001年10月，第180

頁。

徐暢主編：

戰國公鉨與印跡・楚系鉨印　112　陳之新都　《中國書法全集》第92卷，榮寶齋出版社，2003年2月，第42頁。

徐暢主編：

112　陳之新都

作於戰國時期。楚國公鉨。《古璽彙編》〇二八一號著錄。

陳字寫法爲典型的楚文字。第四字《上海博物館藏印》釋爲都。信陽楚簡中「者」字形體與鉨文的「者」字相同。陳即今河南淮陽，本爲陳國國都，魯昭公八年被楚所滅。楚頃襄王二十一年（前二七八年）楚國郢遷至此爲都。此鉨當爲徙都後不就所製。故曰「陳之新都」。

參考　劉釗《楚璽考釋（六篇）》　《中國書法全集》第92卷，榮寶齋出版社，2003年2月，第206頁。

莊新興：

陳之新都（楚）　《戰國璽印》，上海書畫出版社，2003年8月，第4、151頁。

小林斗盦：

陳之新□　《中國璽印類編》，天津人民美術出版社，2004年6月，第463頁。

小林斗盦：

陳之新都　《中國璽印類編》，天津人民美術出版社，2004年6月，第476頁。

魏永年：

陳之新都　據《史記》記載，楚國數次滅陳又復陳，楚惠王十年（公元前478年）滅陳過後，陳遂爲楚邑。公元前278年，秦軍攻破楚國郢都後，楚頃襄王遷都於陳，並擴建陳都。楚國貨幣有「陳爯（稱）」金鈑，即鑄於此地，可證。

楚文字在結構、筆勢、體態方面均有獨特之處，除了縱、橫和斜向的主要幾筆是直線外，其他筆畫大多是弧線。「陳」字的「阝」部上提，留出下空與下面「之」字左右空地連成一片。「新」字結構左大右小，左部件傾向右方，右邊「斤」部上提以弧線作回應狀，有順勢欹側，彼此顧盼之感。「都」字部首左右移位，右偏旁「者」上端幾條交叉短線與

「新」字「斤」部上呼下應，氣脈充盈。通觀此印，飄灑流轉中時見豪縱不羈的氣勢。

《古璽印賞析》，山東美術出版社，2005年6月，第59頁。

肖曉輝：

官署璽　陳之新都　《書法新鑒：古璽文新鑒》，世界圖書出版公司，2005年6月，第77頁。

施謝捷：

楚系官璽　陲（陳）之新（新）都　《古璽彙考》，安徽大學博士學位論文，2006年5月，第173頁。

沈沉主編：

戰國（楚）·陳之新都　《中國印》（上），黑龍江美術出版社，2007年12月，第21頁。

杜志宇：

陳之新都　戰國·楚

與上一方（編按，即「郢粟客璽」）相比，這方「陳之新都」中，除了「新」的結字略有形變，其他三字基本都是按照楚篆字形的正局來處理的，兩璽這一點上應該有相近處。然而不同之處在於，此璽不像前一方印文緊逼四邊。推究其緣由，是因爲這四個字由於字形的繁簡，自然形成了疏密的空間關係，而不需要擴張中宮來調節。可見，古璽印在處理章法時往往因字因形而變通，靈活機智。此璽异於前者的另外一點是線條質感的不同，前一方以流走爽健的刀法爲主，這一方用刀則起伏跌宕，變化很大，或猛利痛快、或遲澀頓挫、或清靈婉約，所以線條生辣古拗、精幹簡凝而又清新活潑。《歷代名印鑒賞》，河南美術出版社，2008年4月，第24頁。

邵　磊：

戰國　陳之新都

邊長2.9釐米

銅質鼻鈕。印文佈局略呈順時針的態勢，不少楚璽都有這樣的特點。《我愛收藏：古璽印收藏知識三十講》，榮寶齋出版社，2008年4月，第43頁。

郭　兵：

陳之新都　銅璽

戰國楚　方形　臺鈕　上海博物館藏　《寸心籀篆——中國古代璽印鑒賞》，湖南美術出版社，2009年5月，第34頁。

陳光田：

楚系古璽「陲（陳）之新都」（0281）。「陳」爲地名，本爲陳國的國都（其地在今淮陽縣），魯昭公八年爲楚所滅，公元前278年，楚遷都至此。該璽當爲楚都城的地方官署所用之物。《戰國璽印分域研究》，嶽麓書社，2009年5月，第149頁。

徐　暢：

戰國楚系官鉨　陲（陳）之新都　《先秦印風》，重慶出版社，2011年5月，第33頁。

王義驊：

陳之新都　《先秦古璽集粹》，吉林文史出版社，2011年8月，第22頁。

楊　勇：

陳之新都

戰國楚銅質官鉨，「陳」本是國名，舊地位於今河南淮陽縣，後爲楚邑。「新都」是地名，位於今河南新野縣東，此印爲新都邑所用印，現藏上海博物館。

印學史上有「印從書出」的說法，是說以書法入印，講求筆墨韻味，以清代的鄧石如爲代表。「陳之新都」一印即是以書入印的典型代表。此印與楚簡書法相比，無論是篆法結構，還是筆墨意韻，完全一脈相承，楚文字流麗奇詭的書風在此印中展露無遺。當然這種筆墨意趣與此印是鑿而非鑄不無關係，即鑿刻産生了兩頭尖或一頭尖一頭大而鋒芒顯露的線條。整方印的印面秩序井然。在章法上，四個字三密一疏，「陳」「都」大，「新」「之」小，呈對角呼應，中部大塊留紅與四角及字內空間氣息流通。在字法上，三個左右結構的字處理方法各不相同，「陳」字兩部分左右錯位，左耳旁小而偏上，「都」字的「邑」部窄而居中，「新」字兩部分左低右高，左欹右正，二字上下咬合緊密，高低錯落，主次分明。整體來看，此印恣肆率真，鑿刻嫻熟凌厲，筆墨意味濃厚。《先秦古璽賞析100例》，江西美術出版社，2015年7月，第44頁。

李守奎按：

齊楚文字「陳」字區别甚明，齊作「塦」，楚作「陲」。楚所从之「重」雖然與《說文》

之「重」同形，但來源不同。楚之「重」形是變形的「東」與「土」的結合。重量之「重」，楚作「至」。

官璽第三二六：坪（平）阿

印　面：

陳簠齋手拓古印集四冊、濱虹草堂藏古璽印二集八冊，浙江省博物館藏印

著　錄：

《古璽彙編》，北京：文物出版社，1981年12月，第55頁。
《印典》（四），北京：國際文化出版公司，1994年1月，第2881頁。
《古璽通論》，上海：上海書畫出版社，1996年3月，第112頁。
《中國歷代璽印藝術》，香港：浙江省博物館、香港中文大學文物館，2000年初版，第51頁。

《中國篆刻全集》，哈爾濱：黑龍江美術出版社，2000年7月，第15頁。

《古印集萃·戰國卷》，北京：榮寶齋出版社，2000年11月，第35頁。

《中國書法全集》第92卷，北京：榮寶齋出版社，2003年2月，第41頁。

《中國璽印類編》，天津：天津人民美術出版社，2004年6月，第451、473頁。

《古璽彙考》，安徽大學博士學位論文，2006年5月，第177頁。

《戰國璽印分域研究》，長沙：嶽麓書社，2009年5月，第158頁。

《先秦印風》，重慶：重慶出版社，2011年5月，第40頁。

集　釋：

裘錫圭：

坪（平）阿　詳見「坪（平）夜（與）大夫之鉨（璽）」條。　《談談隨縣曾侯乙墓的文字資料》，《文物》，1979年第7期，第31頁。

羅福頤：

0317　平阿　《古璽彙編》，文物出版社，1981年12月，第55頁。

葉其峰：

（齊官璽）平阿。《史記・田敬仲完世家》：宣王「七年與魏王會平阿南」。《呂覽・離俗》：「平阿之余子」，高誘注：「平阿，齊邑也。」從地名知此是齊璽。署平阿地名的還有平阿左稟，此璽第一字書法特殊，但與古陶文平字□、□等體近，故知是平字。

《戰國官璽的國別及有關問題》，《故宮博物院院刊》，1981年第3期，第88頁。

吳振武：

〔八五九〕按：此字習見於楚文字資料，裘錫圭先生在《談談隨縣曾侯乙墓的文字資料》（《文物》一九七九年七期）一文中釋爲坪，讀作平。原璽全文作「坪（平）阿」，裘先生指出：「西漢時沛郡有平阿侯國，在今安徽懷遠縣一帶，戰國時正在楚境內。」其說甚是。坪字作□皆見於楚系文字資料，顯然是楚系文字的特有寫法。這裏需要指出的是，葉其峰先生在《戰國官璽的國別及有關問題》一文中將此璽和齊「平阿左禀（稟）」璽（《彙》〇三一三）混爲一談，都是定爲齊璽是不正確的。楚「平阿」璽「平阿」二字作□□（反書），齊「平阿左禀（稟）」璽「平阿」二字作□□，兩者在風格上和書寫習慣上完全不同。後者平字作和齊文字中所見平字作、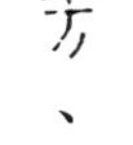、、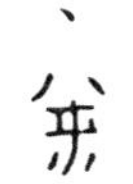者同（參本文「六八三」條），阿字从土作和齊兵器中的「平陽」之陽作（《三代》十九·四十四·一），齊璽中的「平陵」之陵作（《全集》二七·二〇·三）同例（齊銘刻中凡兩字地名往往在後一字上加注土旁，猶如三晉銘刻中的兩字地名往往在前一字上加注邑旁）。此外，璽中亩（稟）字从米作也是齊文字的特有寫法（參拙作《戰國「亩（稟）」字考察》）。因此，「平阿」璽中的平阿是楚平阿，「平阿左亩（稟）」璽中的平阿是齊平阿，（齊平阿見於《史記·田敬仲完世家》和《呂氏春秋·離俗》，詳上引葉文），兩者同名異地，不能混爲一談。齊平阿亦兩見於齊兵器銘文，一作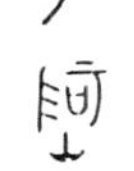（从山），一作（《周金》六·三十一·二、六·四十四·一），可參看。故依本書體例，此字既可入三一七頁坪字條下，亦可入一〇五頁平字條下。《〈古璽文編〉校訂》，吉林大學博士學位論文，1984年12月，第619~621頁。

何琳儀：

塝阿　《戰國文字通論》，中華書局，1989年4月，第86頁。

牛濟普：

3.平阿

此璽第一字作「」，即「平」字。長沙帛書「九州不平」，「平」字作「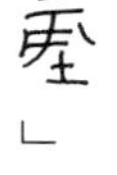」，與璽文同。商承祚先生隸定爲「塝」，《雲夢》的「旁」作「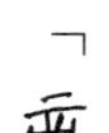」，與楚文字「」、「」字形近。《集韻》：「塝，地畔也。」《康熙字典》「吳楚間方語，土之平阜曰塝」，可見「塝」有「平」義，爲楚方言。《説文》「坪，地平也，从土平，平亦聲」，可知「坪」亦有「平」義，「塝」與「坪」義近聲亦近，故相通，讀爲「平」。據文字特點，此璽「平阿」爲楚璽。「平阿」一地爲齊地，也曾爲楚地，故地在今安徽省懷遠縣西南六十里平阿集，集在平阿山下。《楚系官璽例舉》，《中原文物》1992年第3期，第88~89頁。

康　殷、任兆鳳：

阿□　《印典》（四），國際文化出版公司，1994年1月，第2881頁。

曹錦炎：

36.坪（平）阿

平阿，地名。西漢時沛郡有平阿侯國，在今安徽懷（編按：此處脱「遠」字）縣一帶，戰國時其地正在楚國境内（裘錫圭、李家浩《曾侯乙墓竹簡釋文與考釋》，載《曾侯乙墓》）。此璽爲楚國平阿邑所用之印。　《古璽通論》，上海書畫出版社，1996年3月，第112頁。

何琳儀：

楚系　坪阿

《説文》：「坪，地平也。从土从平，平亦聲。」（十三下七）《集韻》：「坪或書作坙。」楚璽「坪阿」，讀「平阿」，地名，見平字條。　《戰國古文字典》，中華書局，1998年9月，第831頁。

王人聰、游學華：

12.平阿　《中國歷代璽印藝術》，浙江省博物館、香港中文大學文物館，2000年初版，第51頁。

來一石：

平阿　《古印集萃・戰國卷》，榮寶齋出版社，2000年11月，第35頁。

徐　暢：

東周・楚系公鉨　平阿　《中國篆刻全集》，黑龍江美術出版社，2000年7月，第15頁。

徐暢主編：

戰國公鉨與印跡・楚系鉨印　102　平阿　《中國書法全集》第92卷，榮寶齋出版社，2003年2月，第41頁。

徐暢主編：

102　平阿

作於東周時期。楚官鉨。《古璽彙編》〇三一七號著録。

此鉨爲反文。第一字與長沙子彈庫帛書「九洲不平」的「平」字同形，商承祚隸定爲「塝」，《康熙字典》：「吳楚間方語，土之平阜曰塝」。與坪義同聲近，可讀爲「平」。平阿在今安徽懷遠。

無邊厚重渾成。在楚鉨中風格特異。

參考 何琳儀《戰國文字通論》二五四頁 《中國書法全集》第92卷，榮寶齋出版社，2003年2月，第206頁。

小林斗盦：

阿塝 《中國璽印類編》，天津人民美術出版社，2004年6月，第451、473頁。

肖曉輝：

官署璽 坪阿 《書法新鑒：古璽文新鑒》，世界圖書出版公司，2005年6月，第77頁。

施謝捷：

楚系官璽 坪（平）阿 《古璽彙考》，安徽大學博士學位論文，2006年5月，第177頁。

陳光田：

楚系古璽 「坪（平）阿」（0137）。璽文「平」字與長沙楚帛書中的「平」字構形相同。平阿，地名，其地在今安徽懷遠。（何琳儀：《戰國文字通論（訂補）》，江蘇教育出版社，2003年，第156頁。）該璽當爲平阿之地的官署所用之物。 《戰國璽印分域研究》，嶽麓書社，2009年5月，第158頁。

徐　暢：

戰國楚系官鉨　塝（平）阿　《先秦印風》，重慶出版社，2011年5月，第40頁。

官璽第三二七：沅陽

印　面：

1998年出土於湖南黔陽縣黔城鎮107號墓

著　錄：

《湖南古代璽印》，上海：上海辭書出版社，2004年12月，第28、38頁。

《古璽彙考》，安徽大學博士學位論文，2006年5月，第173頁。

《二十世紀出土璽印集成》，北京：中華書局，2010年1月，第48頁。

集　釋：

陳松長：

沅陽　銅質，鼻鈕，直徑1.8釐米，通高1.1釐米，1998年黔陽黔城鎮107號戰國墓出土。按，「沅陽」之名不見史籍，《漢書·地理志》和《後漢書·郡國志》都無此名。很幸運的是，2003年11月長沙走馬樓古井中出土的漢武帝時期的漢簡文書中，多次出現了「沅陽」這個縣治的名稱，如編號爲024的簡中就有「沅陽爲屬」的清晰記載。據此，我們可以肯定的說，「沅陽」在漢初還是長沙國所屬的縣治之一，祇是史書缺載而已。因此，此璽的出土，也就爲戰國至漢初的史地研究，特別是漢初長沙國的所轄縣治情況提供了新的資料。　《湖南古代璽印》，上海辭書出版社，2004年12月，第38頁。

施謝捷：

楚系官璽　沅陽

此璽1998年出土於湖南黔陽縣黔城鎮107號墓。　《古璽彙考》，安徽大學博士學位論文，2006年5月，第173頁。

周曉陸主編：

二-GY-0024　沅陽　東周（楚）　銅　鼻紐　∅1B-11　《二十世紀出土璽印集成》，中華書局，2010年1月，第48頁。

官璽第三二八：沅昜（陽）僙（衡）

印面：

1956年國慶前夕湖南省銀行幹校出土，現藏湖南省文物管理委員會

著錄：

《文物參考資料》，北京：文物出版社，1956年第12期，第78頁。

《江漢考古》，武漢：1994年第12期，第69～70頁。

《楚文物圖典》，武漢：湖北教育出版社，2000年1月，第425頁。

《古代璽印》，北京：文物出版社，2002年7月，第28頁。

《中國書法全集》第92卷，北京：榮寶齋出版社，2003年2月，第48頁。

《書法新鑒：古璽文新鑒》，西安：世界圖書出版公司，2005年6月，第43頁。

《戰國璽印分域研究》，長沙：嶽麓書社，2009年5月，第148頁。

《二十世紀出土璽印集成》，北京：中華書局，2010年1月，第155頁。

集釋：

吳銘生：

國慶節前夕，湖南省文物管理委員會文物工作隊在省銀行幹校，清理了一座戰國晚期的木槨墓（編號56、長、4號）……在外槨的左上角發現三個圓形「烙印」，右下角發現兩個圓形「烙印」，烙印的排列成直綫形，徑大5釐米，每個烙印上有四個文字（陰文），五個烙印上的文字都相同，顯係一個印烙成，字體仰天湖出土之竹簡都屬於同一類型，初步辨識認爲「沅昜于國」。這些烙印或是古代的「商標」。　《長沙戰國墓槨上發現「烙印」文字》，《文物參考資料》，1956年第12期，第78頁。

曹錦炎：

傳世的楚國官璽是研究春秋戰國時期楚國官制及歷史地理的重要實物資料，考古發掘中，出土遺物上留存的楚璽印痕，同樣也是十分珍貴的資料。本文考釋于（編按：「于」字疑

衍文）楚墓椁木上發現的幾方烙印。（編按：圖略）

一、

1956 年國慶節前夕，湖南省文物管理委員會文物工作隊在省銀行幹校清理了一座戰國晚期木椁墓（編號 56，長 4 號）。在外椁的左上角發現了三方圓形「烙印」痕，右下角也發現兩方，五方烙印文字相同，顯係用一個印烙成（吳銘生：《長沙戰國墓木椁上發現「烙印」文字》，《文物參考資料》1956 年 12 期）。原報道同時刊佈了烙印的照片（圖一）和拓本（圖二）。

報道作者將這方印文釋爲「沅易于國」，並認爲這是古代的商標。按此印實爲三字，印文爲「沅昜（陽）徻（衡）」，刊佈的拓本雖然因製版時放反成爲反文，但「衡」字下部所从的「大」卻比照片更爲清楚。

沅水是湖南省境內的一條大江，「沅陽」當在此水之北岸，其確切地待考。

衡，原篆作徻，爲「衡」字之省。按衡字本从奥，行聲。西周金文及秦漢簡牘中的衡字構形均不省。但《說文》古文作「奥」，从角从火，可見戰國文字的衡字可省「行」聲作。

另外，古文字的簡化按理說不能將聲旁（編按：原作「傍」誤）簡省，但戰國文字變化詭異，濫省成風，例如古璽中人名「相如」或省作「目女」，簡直是毫無道理可言。所以，「衡」字省作「奐」也不奇怪。當然，作爲形旁，「行」、「彳」尚可勉強互作，但作爲聲旁，「行」省爲「彳」就省之不當了。

「衡」是古代掌管山林的職官，《漢書·百官公卿表》「水衡督尉」，應劭注：「古山林之官曰衡。」據《周禮·地官·林衡》，「衡」的職司是「掌巡林麓之禁令而平其守，以時計林麓而賞罰之。若斬材木，則受法於山虞，而掌其政令」。開採木材之事屬「衡」主管，故而椁木上會有「衡」的烙印。「沅陽衡」，即沅陽地方掌管山林的機構（官署）。傳世齊官璽有「平易（陽）桁（《簠齋手拓古印集》19 頁）」，「桁」讀爲「衡」（朱德熙：《釋桁》，《古文字研究》第十二輯，中華書局，1983 年），也是林衡官印，印文格式與土璽相合。傳世實物有「左桁（衡）廩木」璽，形如圓筒，中空，一端下面有一穿孔，便於安裝木柄。將印面在火上上燒紅後即可使烙。此印，現藏天津藝術館（參見石志廉：《戰國古璽考釋十種》，《中國歷史博物館館刊》2 期，1980 年）。《釋楚國的幾方烙印》，《江漢考古》，1994年第12期，第69～70頁。

羅運環：

沅易于魚　《論楚璽及其他》，《容庚先生百年誕辰紀念文集》，廣東人民出版社，1998年4月，第642頁。

高至喜：

沅易（陽）僙（衡）烙印　戰國官璽烙印。1956年湖南長沙市省銀行幹校工地4號墓出土。印烙在外槨左上角，有三方，右下角兩方，排成一直線。印痕直徑約5釐米。陰文。五方烙印的文字相同。原簡報釋爲「沅易（陽）于國」，並認爲「是古代的商標」。曹錦炎釋爲「沅易（陽）僙（衡）」，「沅」即沅水，「沅易（陽）」在沅水北岸，確切地點待考。「衡」是古代掌管山林的職官。《漢書·百官公卿表》有「水衡都尉」，應劭注：「古山林之官曰衡。」開采木材之事屬「衡」主管，故在木槨上有「衡」的烙印，由此可見楚國對山林管理是相當嚴格的。「沅陽衡」即沅陽地方掌管山林的官，這對研究楚國官職有重要價值。原藏湖南省文物管理委員會。　《楚文物圖典》，湖北教育出版社，2000年1月，第425頁。

曹錦炎：

1956年秋，在湖南長沙銀行幹校清理的戰國楚墓中，發現在外槨板上烙有五方相同的圓印，文爲「沅昜（陽）⿰亻奐（衡）」，原報導釋爲「沅昜于國」（吴銘生，《長沙戰國墓木槨上發現『烙印』文字》，載《文物》1956年第12期）。沅水爲湖南省境内的一條大河，「沅陽」當在此水的北岸「衡」是古代掌管山林的職官，《漢書百官公卿表》：「水衡都尉」，應劭注：「古山林之官司曰衡。」據《周禮·地官·林衡》，開採木材之事屬「衡」主管，所以在椁板上會有「衡」的烙印。「沅陽衡」即沅陽地方掌管山林的機構（官署），可知這批木材爲沅陽地方所採伐、加工。　《古代璽印》，文物出版社，2002年7月，第28頁。

徐暢主編：

戰國公鉨與印跡·楚系鉨印　182　沅昜（陽）于□　木板火烙印跡　《中國書法全集》第92卷，榮寶齋出版社，2003年2月，第48頁。

徐暢主編：

182　沅昜（陽）于□·木板火烙印跡

作於戰國時期。一九五六年九月長沙省銀行幹校戰國晚期木槨墓（編號五六長四號）出土。《文物參考》一九五六·十二著錄。在外槨的左上角發現三方圓形印跡，右下角二方印跡。五方印跡顯系用同一印烙成。直徑五·〇釐米。陰文四字，大篆。搨本，其二製版時誤成反文。

原報告作者釋爲「沅昜（陽）于魚」，並認爲是古代的商標。曹錦炎釋爲三字：「沅昜（陽）⿰彳奐（衡）」。但「沅昜于」三字清晰可辨，第四字不似「⿰彳奐」字，也不似「魚」字，暫不確定，留待詳考。

參考　吳銘生《長沙戰國木槨上發現「烙印」文字》；曹錦炎《釋楚國的幾方烙印》《中國書法全集》第92卷，榮寶齋出版社，2003年2月，第210頁。

肖曉輝：

1956年湖南長沙省銀行幹校14號戰國楚墓中發現棺槨木板上烙有幾處印記，這些印記是由同一方璽印所烙，圓形，直徑5釐米，印文前兩字爲「沅昜」，第三字或釋爲「寊」，或釋爲「衡」（曹錦炎《釋楚國的幾方烙印》，載《江漢考古》1994年第2期）。印記文字内凹，原璽當是陽文。古人建城多選址於江河之側畔，水之南謂之「陰」，水之北謂之「陽」，沅陽當是沅水北岸的都邑。沅水處於湖南省境内，戰國時期正是楚國地界。「衡」是古代管理林木的官職，《周禮·地官》中有「林衡」一職，其職責爲：「掌巡林麓之禁令，而平其守，以時計林麓而賞罰之。若斬木材，則受法於山虞，而掌其政令。」《周禮》中另有「山虞」官，地位在「林衡」之上，主管山中物産，包括動物及木材。山麓和山下的林木則歸林衡管理。林衡平時負責巡視樹林，防止百姓未經允許砍伐林木。每年定時由上級考察其政績，清點林木數量，一旦發現林木被伐毁，就會遭到處罰。古人對山林的管理是非常嚴格的，在樹木生長的季節裏禁止砍伐，百姓只能在指定的時間裏進入山林伐取樹木。所以《孟子》裏説：「斧斤以時入山林，林木不可勝用也。」具體開放山林的時間由山虞製定，林衡須依循其時間安排，管理好自己轄内的樹木。凡是官方許可的砍伐行爲，都要處於林衡等官員的監督之下，運出的木材要烙上官署璽印。長沙銀行幹校楚墓槨木上的印記表明這些木材是由官方砍伐並加工的。

《書法新鑒：古璽文新鑒》，

世界圖書出版公司，2005年6月，第41頁。

陳光田：

楚系古璽　「沅昜（陽）𠊹（衡）鉩（璽）」（《古璽通論》52）。該璽1956年出土於長沙戰國楚墓。第三字舊不識，當釋爲衡，沅陽在沅水的北岸。（曹錦炎：《古璽通論》，上海書畫出版社，1996年，第52頁。）衡是掌管山水的職官，該璽當爲沅陽地區的「衡」所用之物。　《戰國璽印分域研究》，嶽麓書社，2009年5月，第149頁。

周曉陸主編：

二-GP-0145　沅昜于國　東周（楚）　木烙印　《二十世紀出土璽印集成》，中華書局，2010年1月，第155頁。

官璽第三二九：周族鉨（璽）

印 面：

凝清室所藏周秦璽印

著 錄：

《古璽彙考》，安徽大學博士學位論文，2006年5月，第183頁。

集 釋：

施謝捷：

楚系官璽  族之鉨（璽）

「」字與魏石經「忱」字古文「」相似。 《古璽彙考》，安徽大學博士學位論文，2006年5月，第183頁。

李守奎按：

首字當是「周」，楚文字習見。

官璽第三三〇：鄝族之鉨（璽）

印　面：

藤井靜堂氏藏印

著　錄：

《書道全集》第廿七卷，東京：平凡社，1932年4月，第20頁。

《古璽彙考》，安徽大學博士學位論文，2006年5月，第183頁。

集　釋：

施謝捷：

楚系官璽　鄝族之鉨（璽）　《古璽彙考》，安徽大學博士學位論文，2006年5月，第183頁。

官璽第三三一：筥

印面：

20世紀90年代後期，河南省駐馬店市新蔡縣城東部新蔡故城遺址出土，北京古陶文明博物館收藏

著錄：

《古陶文明博物館藏戰國封泥》，北京：文雅堂，2003年8月。

《收藏家》，北京：2003年第3期，第5頁。

《文物》，北京：文物出版社，2005年第1期，第59頁。

《書法新鑒：古璽文新鑒》，西安：世界圖書出版公司，2005年6月，第34頁。

《古璽彙考》，安徽大學博士學位論文，2006年5月，第184頁。

《二十世紀出土璽印集成》，北京：中華書局，2010年1月，第148頁。

集釋：

路東之：

第八十品　篤　B式

楚系。單字（篤）封泥甚多，印別版式各異。《說文・竹部》：「䈞，厚也，从亯，竹聲，讀若篤。」段玉裁注：「䈞，篤亦古今字。䈞與《二部》竺音義同。今字篤行而䈞、竺廢矣。」《集韻・茯韻》：「竺，或作䈞，通作篤。」一說或爲地名，應通「篤」。《管子・君臣下》：「小民篤于農，則財厚而備足。」《呂氏春秋・孝行》：「朋友不篤，非孝也。」高誘注：「篤，信也。」

《古陶文明博物館藏戰國封泥》，文雅堂，2003年8月。

周曉陸、路東之：

66.「䈞」A式。此單字封泥數量極多，版別也非常多。標本A：12印面方形，有邊框，陽文（封二：3；圖一一：5）。《說文・竹部》：「䈞，厚也，从亯，竹聲，讀若篤。」段玉裁注：「䈞，篤亦古今字。䈞與《二部》竺音義皆同。今字篤行而䈞、竺廢矣。」《集韻・茯韻》：「竺，或作䈞，通作篤。」一說可能爲地名，我們以爲通「篤」。《管子・君臣下》：「小民篤於農，則財厚而備足。」《呂氏春秋・孝行》：「朋友不篤，非孝也。」高誘注：「篤，信也。」大量「䈞」字封泥，和前面所列舉「信」字封泥意義相同，對認識新蔡古代市場經貿有著特殊的價值。《新蔡故城戰國封泥的初步考察》，《文物》，2005年第1期，第57頁。

肖曉輝：

……「箮」是「篤信」的意思，也有可能是地名。《書法新鑒：古璽文新鑒》，世界圖書出版公司，2005年6月，第34頁。

施謝捷：

楚系官璽　箮【封泥】　《古璽彙考》，安徽大學博士學位論文，2006年5月，第184頁。

周曉陸主編：

二-GP-0089　篤　東周（楚）　泥封　《二十世紀出土璽印集成》，中華書局，2010年1月，第148頁。

官璽第三三二：箮

印　面：

20世紀90年代後期，河南省駐馬店市新蔡縣城東部新蔡故城遺址出土，北京古陶文明博物館收藏

著　錄：

《古陶文明博物館藏戰國封泥》，北京：文雅堂，2003年8月。
《文物》，北京：文物出版社，2005年第1期，第59頁。
《古璽彙考》，安徽大學博士學位論文，2006年5月，第184頁。

集　釋：

路東之：

第八十二品　篤　D式

楚系。單字（篤）封泥甚多，印別版式各異。《說文・竹部》：「篙，厚也，从亯，竹聲，讀若篤。」段玉裁注：「篙，篤亦古今字。篙與《二部》竺音義同。今字篤行而篙、竺廢矣。」《集韻・茨韻》：「竺，或作篙，通作篤。」一說或爲地名，應通「篤」。《管子・君臣下》：「小民篤于農，則財厚而備足。」《呂氏春秋・孝行》：「朋友不篤，非孝也。」

高誘注：「篤，信也。」　《古陶文明博物館藏戰國封泥》，文雅堂，2003年8月。

周曉陸、路東之：

67.「筥」B式（3-36：4）。印面方形，有邊框，陰文。字下部簡化爲兩小横（圖一一：6）。

《新蔡故城戰國封泥的初步考察》，《文物》，2005年第1期，第55頁。

施謝捷：

楚系官璽　筥【封泥】　《古璽彙考》，安徽大學博士學位論文，2006年5月，第184頁。

官璽第三三三：筥

印　面：

北京古陶文明博物館收藏

著　錄：

《古璽彙考》，安徽大學博士學位論文，2006年5月，第184頁。

集　釋：

施謝捷：

楚系官璽　箮【封泥】《古璽彙考》，安徽大學博士學位論文，2006年5月，第184頁。

官璽第三三四：箮

印　面：

北京古陶文明博物館收藏

著　錄：

《中國國家地理》，北京：地理知識雜志社，2003年第3期。

《古璽彙考》，安徽大學博士學位論文，2006年5月，第184頁。

集　釋：

施謝捷：

楚系官璽　箮【封泥】　《古璽彙考》，安徽大學博士學位論文，2006年5月，第184頁。

官璽第三三五：箮

印面：

北京古陶文明博物館收藏

著錄：

《中國國家地理》，北京：地理知識雜志社，2003年第3期。

《古璽彙考》，安徽大學博士學位論文，2006年5月，第184頁。

集釋：

施謝捷：

楚系官璽　箮【封泥】　《古璽彙考》，安徽大學博士學位論文，2006年5月，第185頁。

官璽第三三六：筥

印　面：

20 世紀 90 年代後期，河南省駐馬店市新蔡縣城東部新蔡故城遺址出土，北京古陶文明博物館收藏

著　錄：

《文物》，北京：文物出版社，2005 年第 1 期，第 59 頁。

《古璽彙考》，安徽大學博士學位論文，2006 年 5 月，第 185 頁。

集　釋：

周曉陸、路東之：

68.「所」（A：14）。印面三角形，陽文（圖一一・7）。疑爲「筥」省略「竹」字頭（義見標本 66）。　《新蔡故城戰國封泥的初步考察》，《文物》，2005 年第 1 期，第 57 頁。

施謝捷：

楚系官璽　筥【封泥】　《古璽彙考》，安徽大學博士學位論文，2006年5月，第185頁。

官璽第三三七：筥

印面：

北京古陶文明博物館收藏

著錄：

《中國國家地理》，北京：地理知識雜志社，2003年第3期。

《古璽彙考》，安徽大學博士學位論文，2006年5月，第184頁。

集釋：

施謝捷：

楚系官璽　筥【封泥】　《古璽彙考》，安徽大學博士學位論文，2006年5月，第184頁。

官璽第三三八：筥

印面：

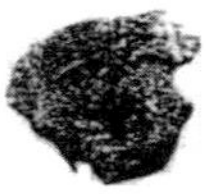

北京古陶文明博物館收藏

著錄：

《中國國家地理》，北京：地理知識雜志社，2003年第3期。

《古璽彙考》，安徽大學博士學位論文，2006年5月，第184頁。

集釋：

施謝捷：

楚系官璽　筥【封泥】　《古璽彙考》，安徽大學博士學位論文，2006年5月，第184頁。

官璽第三三九：筥

印面：

北京古陶文明博物館收藏

著錄：

《中國國家地理》，北京：地理知識雜志社，2003年第3期。

《古璽彙考》，安徽大學博士學位論文，2006年5月，第184頁。

集釋：

施謝捷：

楚系官璽　筥【封泥】　《古璽彙考》，安徽大學博士學位論文，2006年5月，第184頁。

官璽第三四〇：筥

印面：

20世紀90年代後期，河南省駐馬店市新蔡縣城東部新蔡故城遺址出土，北京古陶文明博物館收藏

著　錄：

《古陶文明博物館藏戰國封泥》，北京：文雅堂，2003年8月。

《二十世紀出土璽印集成》，北京：中華書局，2010年1月，第148頁。

集　釋：

路東之：

第七十九品　篤　A式

楚系。單字（篤）封泥甚多，印別版式各異。《說文・竹部》：「䈞，厚也，从亯，竹聲，讀若篤。」段玉裁注：「䈞，篤亦古今字。䈞與《二部》竺音義同。今字篤行而䈞、竺廢矣。」《集韻・沃韻》：「竺，或作䈞，通作篤。」一說或爲地名，應通「篤」。《管子・君臣下》：「小民篤于農，則財厚而備足。」《呂氏春秋・孝行》：「朋友不篤，非孝也。」

高誘注：「篤，信也。」《古陶文明博物館藏戰國封泥》，文雅堂，2003年8月。

周曉陸主編：

二-GP-0088　篤　東周（楚）　泥封　《二十世紀出土璽印集成》，中華書局，2010年1月，第148頁。

官璽第三四一：埅（城）

印面：

鑒印山房藏印

著錄：

《古璽彙考》，安徽大學博士學位論文，2006年5月，第197頁。

《鑒印山房藏古璽印菁華》，鄭州：河南美術出版社，2006年7月，第5頁。

《我愛收藏：古璽印收藏知識三十講》，北京：榮寶齋出版社，2008年4月，第43頁。

集　釋：

施謝捷：

楚系官璽　（□）𡋝（城）（□□）（三合璽之一）

此謂三合璽之一，惜僅餘一「城」字。　《古璽彙考》，安徽大學博士學位論文，2006 年 5 月，第 197 頁。

許雄志：

9.□城□□

銅質　柱鈕　三合缺失二

通高 25mm　《鑒印山房藏古璽印菁華》，河南美術出版社，2006 年 7 月，第 5 頁。

邵　磊：

戰國　□城□□

通高 2.5 釐米

銅質柱鈕。爲楚國特有的三合官璽，其鈕體有榫卯可供拼合使用，現三合已缺二，僅存其一。《我愛收藏：古璽印收藏知識三十講》，榮寶齋出版社，2008年4月，第43頁。

官璽第三四二：鉨（璽）

印面：

上海博物館收藏

著錄：

《孫慰祖論印文稿》，上海：上海書店出版社，1999年1月，第89頁。

《古璽彙考》，安徽大學博士學位論文，2006年5月，第196頁。

集釋：

施謝捷：

楚系官璽　鉨（璽）

三合璽之一　《古璽彙考》，安徽大學博士學位論文，2006年5月，第196頁。

官璽第三四三：鉨（璽）

印　面：

鴨雄綠齋藏印

著　錄：

《鴨雄綠齋藏中國古璽印精選》，東京：アートﾗｲライフ社，2004年8月，第69頁。

《書法新鹽・古璽文新鹽》，西安：世界圖書出版公司，2005年6月，第72頁。

《古璽彙考》，安徽大學博士學位論文，2006年5月，第196頁。

集　釋：

菅原石盧：

023　鉨

三合印（二印欠）

全高　25.5mm

臺高　6.0mm

印面　19.0mm の內（其中二合欠）　《鴨雄綠齋藏中國古璽印精選》，アートライフ社，2004年8月，第69頁。

肖曉輝：

《中國璽印集萃》錄有一枚三合印中的一塊，其上有「鉨」字。　《書法新鑒：古璽文新鑒》，世界圖書出版公司，2005年6月，第72～73頁。

施謝捷：

楚系官璽　鉨（璽）

三合璽之一　《古璽彙考》，安徽大學博士學位論文，2006年5月，第196頁。

官璽第三四四：北孚東三

印　面：

故宮博物院藏印

著錄：

《古璽彙編》，北京：文物出版社，1981年12月，第59頁。

《印典》（一），石家莊：河北美術出版社，1989年8月，第577頁。

《古印集萃・戰國卷》，北京：榮寶齋出版社，2000年11月，第3頁。

《古璽漢印集萃》上冊，南寧：廣西美術出版社，2001年10月，第10頁。

《中國璽印類編》，天津：天津人民美術出版社，2004年6月，第282頁。

《古璽彙考》，安徽大學博士學位論文，2006年5月，第185頁。

《戰國璽印分域研究》，長沙：嶽麓書社，2009年5月，第156頁。

集釋：

羅福頤：

0339　北孚□□　《古璽彙編》，文物出版社，1981年12月，第59頁。

吴振武：

〔八六三〕今按：此字應分成、二字。上部應釋爲東，入一三〇頁東字條下。古璽東字或作（一三〇頁），與此字同。下部不識。　《〈古璽文編〉校訂》，吉林大學博士學位論文，1984年12月，第636頁。

康　殷、任兆鳳：

北孚□□　《印典》（一），河北美術出版社，1989年8月，第577頁。

何琳儀：

楚系　北孚東曲

楚璽孚，讀郛。《説文》：「郛，郭也。」　《戰國古文字典》，中華書局，1998年9月，第249頁。

來一石：

北孚□□　《古印集萃·戰國卷》，榮寶齋出版社，2000年11月，第3頁。

戴山青：

北孚□□　《古璽漢印集萃》上册，廣西美術出版社，2001年10月，第10頁。

小林斗盦：

北孚□□　《中國璽印類編》，天津人民美術出版社，2004年6月，第282頁。

施謝捷：

楚系官璽　北孚東匸（匸—曲）

此璽「東匸」二字原闕釋（《古璽彙編》0339），或作爲一字處理（《古璽文編》557頁附錄96。參看吳振武1984a〔八六三〕條）。《古璽彙考》，安徽大學博士學位論文，2006年5月，第186頁。

陳光田：

楚系古璽　「北孚東曲」（0339）。「北孚」爲地名，「東曲」爲官名，璽文含義待考。《戰國璽印分域研究》，嶽麓書社，2009年5月，第156頁。

李守奎按：

0339號璽「東」下一字全形作，上邊兩橫相連，似橫躺的「人」字，與三橫平行排列的「三」不同。除此之外，楚文字中尚未見到這個構字偏旁。疑是「三」的壞字，其意義與「公卒之四」、「西州之四」等相同，同屬璽節的計數。包山簡有「……昜慶吉啓漾陵之三璽」、「漾陵三璽間禦之典匱」（《包山楚簡》12～13，圖版六），可知楚國戶籍稱「典」，「典」裝在匱中，匱用「三璽」加封，三璽相間而用，也就是錯雜戳印。「三璽」可能就是「漾陵之一」、「漾陵之二」、「漾陵之三」。「北孚東三」的性質可能與包山簡中的「三璽」相類似。

楚文字中的「三」和「晶」兩種異體，用法似無差別。

官璽第三四五：海上□鉨（璽）

印　面：

莫繩孫集古印譜、胡石查集古印、鋤經堂集古印譜、積古齋印存

著錄：

《中國璽印類編》，天津：天津人民美術出版社，2004年6月，第2、364頁。

《古璽彙考》，安徽大學博士學位論文，2006年5月，第187頁。

集釋：

小林斗盦：

海上□鉥　《中國璽印類編》，天津人民美術出版社，2004年6月，第2、364頁。

施謝捷：

楚系官璽　洀（海）上腹鉨（璽）　《古璽彙考》，安徽大學博士學位論文，2006年5月，第187頁。

李守奎按：

右下角字釋「腹」可疑。待考。

官璽第三四六：⿰身皇（⿰阝⿱㒸火）革

印面：

珍秦齋藏印

著錄：

《珍秦齋藏印・戰國篇》，澳門：澳門基金會出版，2001年6月，第6頁。

《古璽彙考》，安徽大學博士學位論文，2006年5月，第165頁。

《戰國璽印分域研究》，長沙：嶽麓書社，2009年5月，第157頁。

集釋：

吳振武：

𨺅（𤏩）革：烽燧之「燧」《說文》籀文作「𨽌」，小篆作「𤏩」。本璽首字从「𨺅」，與《說文》籀文合；又从「朮」聲，則與古文字借「述」爲「遂」合。革謂兵革，即指甲、胄、盾等革製用具。本璽當用於封印烽燧革製軍需物資。楚璽。

質料：銅

尺寸（公分）：1.95×2.10×1.05　《珍秦齋藏印·戰國篇》，澳門基金會出版，2001 年 6 月，第 6 頁。

施謝捷：

楚系官璽　䱛（鱳？）革　《古璽彙考》，安徽大學博士學位論文，2006 年 5 月，第 165 頁。

陳光田：

楚系古璽　「䱛（燧即燧革）」（《珍秦齋藏印（戰國篇）》19.6）。璽文第一字乃烽燧之「燧」的籀文，小篆則作燧。革即兵革，該璽當爲楚負責製造烽燧兵革等軍需物資的官署用璽。　《戰國璽印分域研究》，嶽麓書社，2009 年 5 月，第 158 頁。

官璽第三四七：□中言信（信）

印　面：

安昌里館璽存

著　錄：

《古璽彙考》，安徽大學博士學位論文，2006年5月，第187頁。

集　釋：

施謝捷：

楚系官璽　善言□□　《古璽彙考》，安徽大學博士學位論文，2006年5月，第187頁。

李守奎按：

璽文反書，似當讀爲「□中言信」。

官璽第三四八：鈘鉛

印　面：

鑒印山房藏印

著　錄：

《古璽彙考》，安徽大學博士學位論文，2006年5月，第196頁。

《鑒印山房藏古璽印菁華》，鄭州：河南美術出版社，2006年7月，第218頁。

集　釋：

施謝捷：

楚系官璽　鈙鉛（□□）【二合璽之一】

此爲二合璽之一。　《古璽彙考》，安徽大學博士學位論文，2006年5月，第196頁。

許雄志：

鈙鉛□□

銅質　獸鈕　《鑒印山房藏古璽印菁華》，河南美術出版社，2006年7月，第218頁。

官璽第三四九：紋（絮）鉩（璽）

印面：

待時軒印存初集十八冊續集十五冊，上海博物館藏印

著錄：

《上海博物館藏印選》，上海：上海書畫出版社，1979年8月，第12頁。
《古璽彙編》，北京：文物出版社，1981年12月，第333頁。
《印典》（四），北京：國際文化出版公司，1994年1月，第2648頁。
《篆字印彙》，上海：上海書店出版社，1999年1月，第973頁。
《中國篆刻全集》，哈爾濱：黑龍江美術出版社，2000年7月，第368頁。
《戰國璽印分域編》，上海：上海書店出版社，2001年10月，第229頁。
《戰國璽印》，上海：上海書畫出版社，2003年8月，第43、205頁。
《古璽印通論》，北京：紫禁城出版社，2003年9月，第6頁。

《中國璽印類編》，天津：天津人民美術出版社，2004年6月，第422頁。

《古璽彙考》，安徽大學博士學位論文，2006年5月，第188頁。

集　釋：

上海博物館：

紋鈢　《上海博物館藏印選》，上海書畫出版社，1979年8月，第12頁。

羅福頤：

3596　紋鈢　《古璽彙編》，文物出版社，1981年12月，第333頁。

湯餘惠：

齊私名璽　紋鈢　《略論戰國文字形體研究中的幾個問題》，《古文字研究》第十五輯，中華書局，1986年6月，第85頁。

施謝捷：

紋（絮、綮）鈢。　《〈古璽彙編〉釋文校訂》，《容庚先生百年誕辰紀念文集》，廣東人民出版社，1998年4月，第650頁。

何琳儀：

楚系　紋鉨

紋，从糸，女聲。疑絮之省文。《說文》：「絮，敝緜也，从糸，如聲。」紋與春秋金文繁或作（吳王禦士𠤳）相似，並非一字。

楚璽紋，人名。　《戰國古文字典》，中華書局，1998年9月，第562頁。

傅嘉儀：

紋璽　《篆字印彙》，上海書店出版社，1999年1月，第973頁。

徐　暢：

六國．私鉨　紋鉨　《中國篆刻全集》，黑龍江美術出版社，2000年7月，第368頁。

莊新興：

1304　紋鉨　楚系．楚　《戰國璽印分域編》，上海書店出版社，2001年10月，第229頁。

莊新興：

紋璽　楚系　《戰國璽印》，上海書畫出版社，2003年8月，第43、205頁。

小林斗盦：

紋鉨　《中國璽印類編》，天津人民美術出版社，2004年6月，第422頁。

肖曉輝：

……古璽中有「紋鉨」（《古璽彙編》3596），恰好也是楚璽，可以與包山封泥印記相互對照。這兩枚璽印中的「紋」字，疑皆爲人名。《書法新鑒：古璽文新鑒》，世界圖書出版公司，2005年6月，第33頁。

施謝捷：

楚系官璽　紋鉨（璽）　《古璽彙考》，安徽大學博士學位論文，2006年5月，第188頁。

官璽第三五〇：倓鉨（璽）

印面：

待時軒印存初集十八冊續集十五冊

著錄：

《古璽彙編》，北京：文物出版社，1981年12月，第335頁。

《印典》（三），北京：國際文化出版公司，1994年1月，第1661頁。

《中國篆刻全集》，哈爾濱：黑龍江美術出版社，2000年7月，第369頁。

《戰國璽印分域編》，上海：上海書店出版社，2001年10月，第80頁。

《中國璽印類編》，天津：天津人民美術出版社，2004年6月，第272頁。

《戰國璽印分域研究》，長沙：嶽麓書社，2009年5月，第182頁。

《先秦印風》，重慶：重慶出版社，2011年5月，第99頁。

集釋：

羅福頤：

3616　倓鈢　《古璽彙編》，文物出版社，1981年12月，第335頁。

康殷、任兆鳳：

倓　《印典》（三），國際文化出版公司，1994年1月，第1661頁。

何琳儀：

楚璽　倓鈢

《說文》：「倓，安也。从人，炎聲。讀若談。㷋，或从剡。」（八上二）

楚璽倓，《後漢書·南蠻傳》「殺人者，得以倓錢贖死」，注：「何承天曰，倓，蠻夷贖罪貨也。」集解：「惠棟曰，字書皆作賧，錢大昕曰，《說文》無賧字，當以倓爲正。」

《戰國古文字典》，中華書局，1998年9月，第1441頁。

徐　暢：

六國·私鈢　倓鈢　《中國篆刻全集》，黑龍江美術出版社，2000年7月，第369頁。

莊新興：

455　倓鈢　燕　《戰國璽印分域編》，上海書店出版社，2001年10月，第80頁。

小林斗盦：

倓鉢　《中國璽印類編》，天津人民美術出版社，2004年6月，第272頁。

陳光田：

楚系古璽　倓鉨（璽）（3616）（編按：作者以爲楚系姓名私璽。）《戰國璽印分域研究》，嶽麓書社，2009年5月，第182頁。

徐　暢：

倓鉨　《先秦印風》，重慶出版社，2011年5月，第99頁。

官璽第三五一：紋垣

印　面：

北京古陶文明博物館

著　錄：

《古陶文明博物館藏戰國封泥》，北京：文雅堂，2003年8月。

《古璽彙考》，安徽大學博士學位論文，2006年5月，第188頁。

《二十世紀出土璽印集成》，北京：中華書局，2010年1月，第150頁。

集釋：

路東之：

第十四品　紋垣　B式

楚系。「紋」或作「汝水」解，或作「女紅」解。「垣」釋作短墻，或又釋作糧倉，《荀子・富國》：「垣窌倉廩者，財之來也。」楊倞注：「垣，築墻四周以藏谷（編按：「谷」當爲「穀」之誤植。）也。」　《古陶文明博物館藏戰國封泥》，文雅堂，2003年8月。

施謝捷：

楚系官璽　紋（𦃇）垣【封泥】　《古璽彙考》，安徽大學博士學位論文，2006年5月，第188頁。

周曉陸主編：

二-GP-0104　紋塭　東周（楚）　泥封　《二十世紀出土璽印集成》，中華書局，2010年1月，第150頁。

官璽第三五二：紋垣

印　面：

20世紀90年代後期，河南省駐馬店市新蔡縣城東部新蔡故城遺址出土，北京古陶文明博物館收藏

著　錄：

《文物》，北京：文物出版社，2005年第1期，第56頁。

《古璽彙考》，安徽大學博士學位論文，2006年5月，第188頁。

集　釋：

周曉陸、路東之：

21.「紋垣」（A：17）。印面圓形，有邊欄，陽文（圖九・21）。「紋」或作「汝（女）」水解，或作「女紅」解，以「汝」較適。「垣」釋作短墻，或又釋作糧倉，《荀子・富國》：「垣窌倉廩者，財之末也。」楊倞注：「垣，筑墻四周以藏穀也。」《新蔡故城戰國封泥的初步考察》，《文物》，2005年第1期，第54頁。

施謝捷：

楚系官璽　紋（綮）垣【封泥】　《古璽彙考》，安徽大學博士學位論文，2006年5月，第188頁。

官璽第三五三：紋垣

印面：

20世紀90年代後期，河南省駐馬店市新蔡縣城東部新蔡故城遺址出土，北京古陶文明博物館收藏

著錄：

《古陶文明博物館藏戰國封泥》，北京：文雅堂，2003年8月。

《文物》，北京：文物出版社，2005年第1期，第56頁。

《古璽彙考》，安徽大學博士學位論文，2006年5月，第188頁。

《二十世紀出土璽印集成》，北京：中華書局，2010年1月，第150頁。

集釋：

路東之：

第十五品　紋塭

楚系。逆讀。「汝」字見前解，「塭」字待考，或與城垣有關。僅見一品。　《古陶文明博物館藏戰國封泥》，文雅堂，2003年8月。

周曉陸、路東之：

22.「紋塭」（2-16‥2）。印面圓形，有邊欄，陽文（圖九・22）。「紋」字見標本21之解，「塭」字待攷，參見標本18「昷」字，或與紡織手工貨物之寄有關。　《新蔡故城戰國封泥的初步考察》，《文物》，2005年第1期，第54頁。

施謝捷：

楚系官璽　紋（䋚）垣【封泥】　《古璽彙考》，安徽大學博士學位論文，2006年5月，第188頁。

周曉陸主編：

二-GP-0105　紋堛　東周（楚）　泥封　《二十世紀出土璽印集成》，中華書局，2010年1月，第150頁。

官璽第三五四：綮

印　面：

湖北江陵天星觀楚墓出土，現藏湖北省文物考古研究所

著　錄：

《中國書法全集》第92卷，北京：榮寶齋出版社，2003年2月，第135頁。

《書法新鑒：古璽文新鑒》，西安：世界圖書出版公司，2005年6月，第33頁。

《古璽彙考》，安徽大學博士學位論文，2006年5月，第189頁。

集　釋：

徐暢主編：

戰國私鉨　1065　紋　《中國書法全集》第92卷，榮寶齋出版社，2003年2月，第135頁。

徐暢主編：

1065　紋

作於戰國中期，公元前三一六年以前。一九八七年湖北省荆門市十里鋪鎮王場村包山崗二號楚墓出土。湖北省博物館收藏。《包山楚墓》上冊六八頁、下冊圖版四七著録。泥質。中棺第六層絲綿被上八枚相同文字圓形封泥，直徑一・五釐米，厚〇・六釐米。封泥有一圓形陽文邊框，內有陽文「紋」字，應是私名。字跡圓潤秀美，與楚文字風格相似。楚文字封泥極爲罕見，此爲圓形，與齊秦等國封泥異式，頗可珍貴。　《中國書法全集》第92卷，榮寶齋出版社，2003年2月，第251頁。

肖曉輝：

湖北江陵天星觀楚墓有幾塊封泥與陶甕同出，可能就是用來封存陶甕的。封泥上有印記，但文字不識。荆門包山二號楚墓出土的多件陶罐上有封泥，有的還粘連在繩結上，保存完好，其下或有簽牌。這些封泥上的印記多數是由圖像璽所鈐成的，如圓形渦紋印、圓形牛紋印，也有一枚單字印記，印文爲「紋」。古璽中有「紋鈢」（《古璽彙編》3596），恰好也是楚璽，可以與包山封泥印記相互對照。這兩枚璽印中的「紋」字，疑皆爲人名。《書法新鑒：古璽文新鑒》，世界圖書出版公司，2005年6月，第33頁。

施謝捷：

楚系官璽　綮【封泥】　《古璽彙考》，安徽大學博士學位論文，2006年5月，第189頁。

李守奎按：

字跡不清。復原字形未必可信。

官璽第三五五：綮

印　面：

出土於湖北省荆州市

著　錄：

《二十世紀出土璽印集成》，北京：中華書局，2010年1月，第117頁。

集　釋：

周曉陸主編：

二-SP-0528　紋（m）　東周（楚）　泥封　《二十世紀出土璽印集成》，中華書局，2010年1月，第117頁。

官璽第三五六：金塭

印　面：

20世紀90年代後期，河南省駐馬店市新蔡縣城東部新蔡故城遺址出土，北京古陶文明博物館收藏

著　錄：

《古陶文明博物館藏戰國封泥》，北京：文雅堂，2003年8月。

《文物》，北京：文物出版社，2005年第1期，第56頁。

《古璽彙考》，安徽大學博士學位論文，2006年5月，第188頁。

《二十世紀出土璽印集成》，北京：中華書局，2010年1月，第150頁。

集　釋：

路東之：

第十六品　金塭　A式

楚系。或與地名有關。如前印「紋」字解釋爲「女工」，則本印又與手工業分工有關。

《古陶文明博物館藏戰國封泥》，文雅堂，2003年8月。

周曉陸、路東之：

23.「金塭」（2-20：1）。印面圓形，有邊欄（圖九：23）。或與手工業有關。如「紋」解釋爲　「女工」，則又與手工業分工有關。待考。　《新蔡故城戰國封泥的初步考察》，《文物》，2005年第1期，第54頁。

施謝捷：

楚系官璽　金坦【封泥】　《古璽彙考》，安徽大學博士學位論文，2006年5月，第188頁。

周曉陸主編：

二-GP-0106　金塩　東周（楚）　泥封　《二十世紀出土璽印集成》，中華書局，2010年1月，第150頁。

官璽第三五七：兩

印　面：

20世紀90年代後期，河南省駐馬店市新蔡縣城東部新蔡故城遺址出土，北京古陶文明博物館收藏

著　錄：

《古陶文明博物館藏戰國封泥》，北京：文雅堂，2003年8月。

《文物》，北京：文物出版社，2005年第1期，第59頁。

《古璽彙考》，安徽大學博士學位論文，2006年5月，第194頁。

《二十世紀出土璽印集成》，北京：中華書局，2010年1月，第149頁。

集　釋：

路東之：

第八五品　兩　A式

楚系。此字與《信陽楚簡》、《天星觀楚簡》「兩」字一致。或爲特有記號。　《古陶文明博物館藏戰國封泥》，文雅堂，2003年8月。

周曉陸、路東之：

72.「兩」（C：37）。印面方形，有邊欄，陽文（圖一一：11）。標本C：57、3-25：2印面近圓形，陽文（圖一一：11）。此字與信陽楚簡、天星觀楚簡「兩」字一致，爲記號。《新蔡故城戰國封泥的初步考察》，《文物》，2005年第1期，第60頁。

施謝捷：

楚系官璽　兩【封泥】　《古璽彙考》，安徽大學博士學位論文，2006年5月，第194頁。

周曉陸主編：

二-GP-0097　兩　東周（楚）　泥封　《二十世紀出土璽印集成》，中華書局，2010年1

月，第149頁。

官璽第三五八：睘

印面：

20世紀90年代後期，河南省駐馬店市新蔡縣城東部新蔡故城遺址出土，北京古陶文明博物館收藏

著錄：

《古陶文明博物館藏戰國封泥》，北京：文雅堂，2003年8月。

《文物》，北京：文物出版社，2005年第1期，第56頁。

《古璽彙考》，安徽大學博士學位論文，2006年5月，第188頁。

《二十世紀出土璽印集成》，北京：中華書局，2010年1月，第116頁。

集釋：

路東之：

第五品　睘

楚系。或可釋爲「還」、「環」等，意義猶待考定。僅見一品。　《古陶文明博物館藏戰國封泥》，文雅堂，2003年8月。

周曉陸、路東之：

13.「睘」（2-26：5）。印面方形，陽文。或可釋作「還」、「環」等，意義待考（圖九：13）。　《新蔡故城戰國封泥的初步考察》，《文物》，2005年第1期，第54頁。

施謝捷：

楚系官璽　睘（睘—縣）【封泥】　《古璽彙考》，安徽大學博士學位論文，2006年5月，第188頁。

周曉陸主編：

二-SP-0524　睘　東周（楚）　泥封　《二十世紀出土璽印集成》，中華書局，2010年1月，第116頁。

官璽第三五九：身睘

印　面：

20世紀90年代後期，河南省駐馬店市新蔡縣城東部新蔡故城遺址出土，北京古陶文明博物館收藏

著　錄：

《文物》，北京：文物出版社，2005年第1期，第59頁。

《古璽彙考》，安徽大學博士學位論文，2006年5月，第194頁。

集　釋：

周曉陸、路東之：

78.蔡睘（C：10）。印面方形，似有邊欄，陽文（圖一一：17）。「蔡」即新蔡，「睘」見標本13，待考。此封泥比較特殊，上有井字形陰格，將兩字欄於中間。《新蔡故城戰國封泥的初步考察》，《文物》，2005年第1期，第60頁。

施謝捷：

楚系官璽　帟（蔡）還（縣）【封泥】《古璽彙考》，安徽大學博士學位論文，2006年5月，第194頁。

李守奎按：

右字或當釋「身」，與讀爲蔡之「犮」字相去甚遠。「身」或爲地名。古文字中或以「睘」代縣。身縣，其詳待考。

官璽第三六〇：鹽（？）

印面：

20世紀90年代後期，河南省駐馬店市新蔡縣城東部新蔡故城遺址出土，北京古陶文明博物館收藏

著錄：

《文物》，北京：文物出版社，2005年第1期，第56頁。

《古璽彙考》，安徽大學博士學位論文，2006年5月，第188頁。

集釋：

周曉陸、路東之：

18.「昷」（A：31）。印面方形，似有邊欄，陽文（圖九：18）。疑「昷」爲「盧（廬）」，即「廬」字，或加土傍（編按：「傍」當「旁」字訛）作「壚」，見標本22、23。「廬」爲屋宇，《荀子·富國》：「君盧屋妾，由將不足以免也。」楊倞注：「盧當爲廬。」《周禮·地官·遺人》：「十里有廬，廬有飲食。」鄭玄注：「廬，若今野候，徙有庌也。」《詩經·大雅·公劉》：「京師之野，於時處處，於時廬旅。」毛傳：「廬，寄也。」此泥約爲商舍貨寄之印記。　《新蔡故城戰國封泥的初步考察》，《文物》，2005年第1期，第54頁。

施謝捷：

楚系官璽　廬（？）【封泥】　《古璽彙考》，安徽大學博士學位論文，2006年5月，第188頁。

李守奎按：

字可隸作「𥂁」，釋「鹽」當是。

官璽第三六一：宊亭

印　面：

20世紀90年代後期，河南省駐馬店市新蔡縣城東部新蔡故城遺址出土，北京古陶文明博物館收藏

著　錄：

《古陶文明博物館藏戰國封泥》，北京：文雅堂，2003年8月。

《文物》，北京：文物出版社，2005年第1期，第58頁。

《二十世紀出土璽印集成》，北京：中華書局，2010年1月，第152頁。

集　釋：

路東之：

第七四品　栗府？

楚系。此泥上殘，釋讀或未準，猶待考定。僅見一品。《古陶文明博物館藏戰國封泥》，文雅堂，2003年8月。

周曉陸、路東之：

61.「粟賔」2-18：5。印面方形，有邊欄，陽文（圖一〇：32）。封泥上部殘，釋讀可能不準確。《新蔡故城戰國封泥的初步考察》，《文物》，2005年第1期，第57頁。

周曉陸主編：

二-GP-0121　粟府　東周（楚）　泥封　《二十世紀出土璽印集成》，中華書局，2010年1月，第152頁。

李守奎按：

「𡧍亭」可能是地名。

官璽第三六二：南傿

印　面：

20世紀90年代後期，河南省駐馬店市新蔡縣城東部新蔡故城遺址出土，北京古陶文明博物館收藏

著　錄：

《古陶文明博物館藏戰國封泥》，北京：文雅堂，2003年8月。

《文物》，北京：文物出版社，2005年第1期，第58頁。

《古璽彙考》，安徽大學博士學位論文，2006年5月，第191頁。

《二十世紀出土璽印集成》，北京：中華書局，2010年1月，第153頁。

集　釋：

路東之：

第卌二品　新蔡？

楚系。逆讀。當爲地名，是否「新蔡」，猶待考定。僅見一品。　《古陶文明博物館藏戰國封泥》，文雅堂，2003年8月。

周曉陸、路東之：

36.「新蔡（?）」（2-20：2）。印面正方形，陽文（圖一〇：7）。兩字清晰，是否爲「新蔡」待考。《新蔡故城戰國封泥的初步考察》，《文物》，2005年第1期，第55頁。

施謝捷：

楚系官璽　南□【封泥】　《古璽彙考》，安徽大學博士學位論文，2006年5月，第191頁。

周曉陸主編：

二-GP-0134　新蔡　東周（楚）　泥封　《二十世紀出土璽印集成》，中華書局，2010年1月，第153頁。

李守奎按：

印面反書，當是「南偪」二字。

官璽第三六三：北門□

印　面：

20世紀90年代後期，河南省駐馬店市新蔡縣城東部新蔡故城遺址出土，北京古陶文明博物館收藏

著錄：

《古陶文明博物館藏戰國封泥》，北京：文雅堂，2003年8月。

《文物》，北京：文物出版社，2005年第1期，第58頁。

《二十世紀出土璽印集成》，北京：中華書局，2010年1月，第153頁。

集釋：

路東之：

第卅三品　蔡北門

楚系。「蔡」字與東周銅器上之「蔡」字相近。「北門」待考。僅見一品。《古陶文明博物館藏戰國封泥》，文雅堂，2003年8月。

周曉陸、路東之：

37.蔡北門（2-19：2）。印面正方形，有邊欄，陽文（圖一〇：8）。「蔡」與東周銅器銘文中的「蔡」字相近。「北門」在以下標本中多見。《新蔡故城戰國封泥的初步考察》，《文物》，2005年第1期，第55頁。

周曉陸主編：

二-GP-0133　蔡北門　東周（楚）　泥封　《二十世紀出土璽印集成》，中華書局，2010年1月，第153頁。

邱傳亮按：

封泥右邊之字殘缺，僅餘「羊」旁，釋「蔡」不當，此存疑待考。

官璽第三六四：北□

印　面：

20世紀90年代後期，河南省駐馬店市新蔡縣城東部新蔡故城遺址出土，北京古陶文明博物館收藏

著　錄：

《古陶文明博物館藏戰國封泥》，北京：文雅堂，2003年8月。
《文物》，北京：文物出版社，2005年第1期，第56頁。
《古璽彙考》，安徽大學博士學位論文，2006年5月，第195頁。

集　釋：

路東之：

第十一品　北邑　A式

楚系。當爲地名。或屬來從「北邑」貨物之記號、標識之用。　《古陶文明博物館藏戰國封泥》，文雅堂，2003年8月。

周曉陸、路東之：

20.「北邑」（1-11：2）。印面圓形，未見邊框，陽文。當爲地名（圖九：20）。　《新蔡故城戰國封泥的初步考察》，《文物》，2005年第1期，第54頁。

施謝捷：

楚系官璽　北□（璽）【封泥】　《古璽彙考》，安徽大學博士學位論文，2006年5月，第

195頁。

官璽第三六五：北□

印　面：

20世紀90年代後期，河南省駐馬店市新蔡縣城東部新蔡故城遺址出土，北京古陶文明博物館收藏

著　錄：

《古陶文明博物館藏戰國封泥》，北京：文雅堂，2003年8月。

《二十世紀出土璽印集成》，北京：中華書局，2010年1月，第152頁。

集　釋：

路東之：

第十二品　北邑　B式

楚系。當爲地名。或屬來從「北邑」貨物之記號、標識之用。《古陶文明博物館藏戰國封泥》，文雅堂，2003年8月。

周曉陸主編：

二-GP-0124　北邑　東周（楚）　泥封　《二十世紀出土璽印集成》，中華書局，2010年1月，第152頁。

官璽第三六六：□□

印面：

20世紀90年代後期，河南省駐馬店市新蔡縣城東部新蔡故城遺址出土，北京古陶文明博物館收藏

著錄：

《古陶文明博物館藏戰國封泥》，北京：文雅堂，2003年8月。

《文物》，北京：文物出版社，2005年第1期，第58頁。

《古璽彙考》，安徽大學博士學位論文，2006年5月，第191頁。

《二十世紀出土璽印集成》，北京：中華書局，2010年1月，第154頁。

集　釋：

路東之：

第廿七品　新野？

楚系。印文殘缺，似爲「新野」二字。「新野」，地名，漢時置縣，屬南陽郡，距新蔡不遠。僅見一品。　《古陶文明博物館藏戰國封泥》，文雅堂，2003年8月。

周曉陸、路東之：

30.「新野（？）」（2-26：3）。印面方形，有邊欄，陽文（圖一〇：1）。印文殘缺，似爲「新野」二字。新野，地名，漢時置縣，屬南陽郡，距新蔡不遠。　《新蔡故城戰國封泥的初步考察》，《文物》，2005年第1期，第55頁。

施謝捷：

楚系官璽　新□【封泥】　《古璽彙考》，安徽大學博士學位論文，2006年5月，第191頁。

周曉陸主編：

二-GP-0136　新野　東周（楚）　泥封　《二十世紀出土璽印集成》，中華書局，2010 年 1 月，第 154 頁。

李守奎按：

字跡不清，待考。

官璽第三六七：□□

印　面：

20 世紀 90 年代後期，河南省駐馬店市新蔡縣城東部新蔡故城遺址出土，北京古陶文明博物館收藏

著　錄：

《古陶文明博物館藏戰國封泥》，北京：文雅堂，2003 年 8 月。

《文物》，北京：文物出版社，2005 年第 1 期，第 58 頁。

《古璽彙考》，安徽大學博士學位論文，2006年5月，第194頁。

集　釋：

路東之：

第廿八品　甘宮

楚系。當爲地名，待考。僅見一品。　《古陶文明博物館藏戰國封泥》，文雅堂，2003年8月。

周曉陸、路東之：

31.甘宮（2-27：5）。印面近方形，陽文。當爲地名（圖一〇：2）。　《新蔡故城戰國封泥的初步考察》，《文物》，2005年第1期，第55頁。

施謝捷：

楚系官璽　□□【封泥】　《古璽彙考》，安徽大學博士學位論文，2006年5月，第194頁。

官璽第三六八：□□

印面：

20世紀90年代後期，河南省駐馬店市新蔡縣城東部新蔡故城遺址出土，北京古陶文明博物館收藏

著錄：

《古陶文明博物館藏戰國封泥》，北京：文雅堂，2003年8月。

《文物》，北京：文物出版社，2005年第1期，第58頁。

《古璽彙考》，安徽大學博士學位論文，2006年5月，第194頁。

《二十世紀出土璽印集成》，北京：中華書局，2010年1月，第149頁。

集釋：

路東之：

第卅四品　蔡

楚系。此泥邊有花瓣狀抑紋。「蔡」字與楚系銅器、簡牘上之蔡字相近。　《古陶文明博物館藏戰國封泥》，文雅堂，2003年8月。

周曉陸、路東之：

38.「蔡」（2-17：4），印面長方形，陽文，封泥邊飾花辦紋（圖一○：9）。這些標本上的文字皆與楚係銅器、楚簡上的蔡字相近。　《新蔡故城戰國封泥的初步考察》，《文物》，2005年第1期，第55頁。

施謝捷：

楚系官璽　□□【封泥】　《古璽彙考》，安徽大學博士學位論文，2006年5月，第194頁。

周曉陸主編：

二-GP-0092　蔡　東周（楚）　泥封　《二十世紀出土璽印集成》，中華書局，2010年1月，第149頁。

官璽第三六九：□□

印　面：

20世紀90年代後期，河南省駐馬店市新蔡縣城東部新蔡故城遺址出土，北京古陶文明博物館收藏

著錄：

《古陶文明博物館藏戰國封泥》，北京：文雅堂，2003年8月。

《二十世紀出土璽印集成》，北京：中華書局，2010年1月，第153頁。

集釋：

路東之：

第六五品　北府　C式

楚系。當爲官營市場倉庫之一。　《古陶文明博物館藏戰國封泥》，文雅堂，2003年8月。

周曉陸主編：

二-GP-0126　北府　東周（楚）　泥封　《二十世紀出土璽印集成》，中華書局，2010年1月，第153頁。

邱傳亮按：

封泥文字漫漶不清，存疑待考。

官璽第三七〇：□□鉨（璽）

印面：

20世紀90年代後期，河南省駐馬店市新蔡縣城東部新蔡故城遺址出土，北京古陶文明博物館收藏

著錄：

《古陶文明博物館藏戰國封泥》，北京：文雅堂，2003年8月。

《文物》，北京：文物出版社，2005年第1期，第56頁。

《古璽彙考》，安徽大學博士學位論文，2006年5月，第195頁。

《二十世紀出土璽印集成》，北京：中華書局，2010年1月，第154頁。

集釋：

路東之：

第十品　右□將鉢

楚系。第二字殘，衹見金部，或似「鐸」字。「⿰爿酉」，國文字中常假作「將」。僅見一品。

《古陶文明博物館藏戰國封泥》，文雅堂，2003年8月。

周曉陸、路東之：

19.「右□⿰爿酉鉢」（4-39：3）。印面方形，有邊欄，陽文（圖九：19）。爲比較正規的楚式璽，第二字殘，只見金旁，或似「鐸」字。「⿰爿酉」，戰國文字中常假爲「將」。《新蔡故城戰國封泥的初步考察》，《文物》，2005年第1期，第54頁。

施謝捷：

楚系官璽　□□鉨（璽）【封泥】　《古璽彙考》，安徽大學博士學位論文，2006年5月，第195頁。

周曉陸主編：

二-GP-0138　右□將鉢　東周（楚）　泥封　《二十世紀出土璽印集成》，中華書局，2010

年1月，第154頁。

官璽第三七一：□

印　面：

20世紀90年代後期，河南省駐馬店市新蔡縣城東部新蔡故城遺址出土，北京古陶文明博物館收藏

著　錄：

《古陶文明博物館藏戰國封泥》，北京：文雅堂，2003年8月。

《收藏家》，北京：2003年第3期，封底。

《文物》，北京：文物出版社，2005年第1期，第59頁。

《古璽彙考》，安徽大學博士學位論文，2006年5月，第195頁。

《二十世紀出土璽印集成》，北京：中華書局，2010年1月，第149頁。

集　釋：

路東之：

第八九品　則

楚系。此字在《郭店楚簡》六德（二十五）、忠信之道（一）中見到，釋爲「則」，《說文・刀部》：「則，等畫物也，从刀从貝。貝，古之物貨也。」《周禮・天官・大宰》：「以八則治都鄙。」鄭玄注：「則亦法也。」僅見一品。　《古陶文明博物館藏戰國封泥》，文雅堂，2003年8月。

周曉陸、路東之：

74.「冥」（2-16：3）。印面近橢圓形，陽文（圖一一：13）。此字在《郭店楚簡・六德》25，忠信1中釋爲「則」。《說文・刀部》：「則，等畫物也，从刀从貝，貝，古之物貨也。」《周禮・天官・大宰》：「以八則治都鄙。」鄭玄注：「則亦法也。」　《新蔡故城戰國封泥的初步考察》，《文物》，2005年第1期，第60頁。

施謝捷：

楚系官璽　□　【封泥】　《古璽彙考》，安徽大學博士學位論文，2006年5月，第195頁。

周曉陸主編：

二-GP-0091　則　東周（楚）　泥封　《二十世紀出土璽印集成》，中華書局，2010年1月，第149頁。

官璽第三七二：器（？）

印　面：

20世紀90年代後期，河南省駐馬店市新蔡縣城東部新蔡故城遺址出土，北京古陶文明博物館收藏

著　錄：

《古陶文明博物館藏戰國封泥》，北京：文雅堂，2003年8月。

《文物》，北京：文物出版社，2005年第1期，第59頁。

《古璽彙考》，安徽大學博士學位論文，2006年5月，第195頁。

《二十世紀出土璽印集成》，北京：中華書局，2010年1月，第149頁。

集　釋：

路東之：

第七八品　器

楚系。該字與《郭店楚簡・性自》（三十）中「器」很像，均少下兩「口」。或爲記號類印。僅見一品。　《古陶文明博物館藏戰國封泥》，文雅堂，2003年8月。

周曉陸、路東之：

65.「器」（4-40：2）。　印面圓形，有邊欄，陽文（圖一一：4）。該字與《郭店楚簡・性自（編按：此脫「命出」二字）》30中的「器」很像，均少下兩「口」。爲記號類印。

《新蔡故城戰國封泥的初步考察》，《文物》，2005年第1期，第57頁。

施謝捷：

楚系官璽　□　【封泥】　《古璽彙考》，安徽大學博士學位論文，2006年5月，第195頁。

周曉陸主編：

二-GP-0095　器　東周（楚）　泥封　《二十世紀出土璽印集成》，中華書局，2010年1

月，第149頁。

李守奎按：

釋「器」。

釋「器」可疑。從字形上說，當是「哭」字。《郭店楚簡·性自命出》29號簡：「凡至樂必悲，哭亦悲，皆至其情也。」30號簡「哭之動心也」與下文「樂之動心也」相對，皆爲「哭」字無疑，與「器」無涉。雖然封泥中釋爲「哭」不可解，但釋「器」亦無據。

官璽第三七三：□

印面：

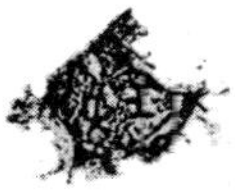

20世紀90年代後期，河南省駐馬店市新蔡縣城東部新蔡故城遺址出土，北京古陶文明博物館收藏

著錄：

《文物》，北京：文物出版社，2005年第1期，第59頁。

《古璽彙考》，安徽大學博士學位論文，2006年5月，第195頁。

集　釋：

周曉陸、路東之：

70.「金□」（A：21）。印面圓形，有邊欄，陽文（圖一一：9）。後一字殘，待考。《新蔡故城戰國封泥的初步考察》，《文物》，2005年第1期，第60頁。

施謝捷：

楚系官璽　□　【封泥】　《古璽彙考》，安徽大學博士學位論文，2006年5月，第195頁。

官璽第三七四：□

印　面：

20世紀90年代後期，河南省駐馬店市新蔡縣城東部新蔡故城遺址出土，北京古陶

文明博物館收藏

著　錄：

《古陶文明博物館藏戰國封泥》，北京：文雅堂，2003年8月。

《文物》，北京：文物出版社，2005年第1期，第56頁。

《古璽彙考》，安徽大學博士學位論文，2006年5月，第196頁。

集釋：

路東之：

第三品　幸童

三晉系。陰文。或可釋作「幸童」，猶待考定。僅見一品。　《古陶文明博物館藏戰國封泥》，文雅堂，2003年8月。

周曉陸、路東之：

三晉系　4.「□□」（C：47）。　印面方形，有邊欄，陰文。似可釋爲「幸童」（圖九：4）。　《新蔡故城戰國封泥的初步考察》，《文物》，2005年第1期，第53頁。

施謝捷：

楚系官璽　□　【封泥】　《古璽彙考》，安徽大學博士學位論文，2006年5月，第196頁。

官璽第三七五：□

印　面：

20世紀90年代後期，河南省駐馬店市新蔡縣城東部新蔡故城遺址出土，北京古陶文明博物館收藏

著　錄：

《古陶文明博物館藏戰國封泥》，北京：文雅堂，2003年8月。

《文物》，北京：文物出版社，2005年第1期，第59頁。

《古璽彙考》，安徽大學博士學位論文，2006年5月，第196頁。

集　釋：

路東之：

第九一品　⿰丰足

楚系。此印文怪異，待考。僅見一品。　《古陶文明博物館藏戰國封泥》，文雅堂，2003年8月。

周曉陸、路東之：

77.「□」（2-27：3）。印面圓形，陽文（圖一一：16）。待考。《新蔡故城戰國封泥的初步考察》，《文物》，2005年第1期，第60頁。

施謝捷：

楚系官璽 □ 【封泥】《古璽彙考》，安徽大學博士學位論文，2006年5月，第196頁。

官璽第三七六：□

印　面：

20世紀90年代後期，河南省駐馬店市新蔡縣城東部新蔡故城遺址出土，北京古陶文明博物館收藏

著　錄：

《古陶文明博物館藏戰國封泥》，北京：文雅堂，2003年8月。

《文物》，北京：文物出版社，2005年第1期，第56頁。

《古璽彙考》，安徽大學博士學位論文，2006年5月，第194頁。

《二十世紀出土璽印集成》，北京：中華書局，2010年1月，第149頁。

集　釋：

路東之：

第廿四品　襄　A式

楚系。「⿰吕合」或即「襄」字異體，此字進一步簡化即爲楚「蟻鼻錢」之「⿱吅八」字。襄，即襄城，地名，東周時曾爲魏地，後乃楚，爲楚之西境，今年出土之「襄城楚境尹」可證。

《古陶文明博物館藏戰國封泥》，文雅堂，2003年8月。

周曉陸、路東之：

27.「⿰吕合」（2-25：5）。印面方形，有邊欄，陽文（圖九：27）。「⿰吕合」字或即「襄」字異體，此字進一步簡化即爲楚蟻鼻錢的「⿱吅八」字。襄，即襄城，地名，東周時曾爲魏地，後爲楚之西境，近年出土的「襄城楚境尹戈」可證（周曉陸、雞達凱《江蘇連云港市出土襄城楚境尹戈讀考》，《考古》1995年第1期）。　《新蔡故城戰國封泥的初步考察》，

《文物》，2005年第1期，第55頁。

施謝捷：

楚系官璽　□【封泥】　《古璽彙考》，安徽大學博士學位論文，2006年5月，第194頁。

周曉陸主編：

二-GP-0094　襄　東周（楚）　泥封　《二十世紀出土璽印集成》，中華書局，2010年1月，第149頁。

官璽第三七七：□

印　面：

20世紀90年代後期，河南省駐馬店市新蔡縣城東部新蔡故城遺址出土，北京古陶文明博物館收藏

著　錄：

《古陶文明博物館藏戰國封泥》，北京：文雅堂，2003年8月。

《二十世紀出土璽印集成》，北京：中華書局，2010年1月，第149頁。

集　釋：

路東之：

第廿五品　襄　B式　楚系。「嚣」或即「襄」字異體，此字進一步簡化即爲楚「蟻鼻錢」之「哭」字。襄，即襄城，地名，東周時曾爲魏地，後乃楚，爲楚之西境，今年出土之「襄城楚境尹」可證。　《古陶文明博物館藏戰國封泥》，文雅堂，2003年8月。

周曉陸主編：

二-GP-0093　襄　東周（楚）　泥封　《二十世紀出土璽印集成》，中華書局，2010年1月，第149頁。

官璽第三七八：□

印　面：

20世紀90年代後期，河南省駐馬店市新蔡縣城東部新蔡故城遺址出土，北京古陶文明博物館收藏

著　錄：

《古陶文明博物館藏戰國封泥》，北京：文雅堂，2003年8月。

《文物》，北京：文物出版社，2005年第1期，第59頁。

《古璽彙考》，安徽大學博士學位論文，2006年5月，第195頁。

集　釋：

路東之：

第八四品　

楚系。此字上面半個「竹」字頭，下面竟如草書筆劃，似信手隨意爲之，或爲「」字草寫，或爲特有記號。僅此一品。　《古陶文明博物館藏戰國封泥》，文雅堂，2003年8月。

周曉陸、路東之：

69. （A：4）。　印面三角形，陽文（圖一一：8）。字上面爲半個「竹」字頭，下面

像草書筆畫，顯系信手劃刻之印，可能爲「筥」字的草寫，或爲記號。《新蔡故城戰國封泥的初步考察》，《文物》，2005年第1期，第57頁。

施謝捷：

楚系官璽　□　【封泥】　《古璽彙考》，安徽大學博士學位論文，2006年5月，第195頁。

官璽第三七九：□

印　面：

20世紀90年代後期，河南省駐馬店市新蔡縣城東部新蔡故城遺址出土，北京古陶文明博物館收藏

著　錄：

《文物》，北京：文物出版社，2005年第1期，第59頁。

《古璽彙考》，安徽大學博士學位論文，2006年5月，第196頁。

集　釋：

周曉陸、路東之：

71.「木」（D：1）。　印面倒三角形，陽文（圖一一：10）。即「璽」，爲記號。　《新蔡故城戰國封泥的初步考察》，《文物》，2005年第1期，第60頁。

施謝捷：

楚系官璽　□【封泥】　《古璽彙考》，安徽大學博士學位論文，2006年5月，第196頁。

官璽第三八〇：□

印　面：

20世紀90年代後期，河南省駐馬店市新蔡縣城東部新蔡故城遺址出土，北京古陶文明博物館收藏

著　錄：

《古陶文明博物館藏戰國封泥》，北京：文雅堂，2003年8月。

《文物》，北京：文物出版社，2005年第1期，第59頁。

《古璽彙考》，安徽大學博士學位論文，2006年5月，第195頁。

集　釋：

路東之：

第七七品　四

楚系。或爲記號類印。僅見一品。　《古陶文明博物館藏戰國封泥》，文雅堂，2003年8月。

周曉陸、路東之：

64.「四」（1-7：1）。印面圓形，有邊欄，陽文（圖一一：3）。爲記號類印。　《新蔡故城戰國封泥的初步考察》，《文物》，2005年第1期，第57頁。

施謝捷：

楚系官璽　□　【封泥】　《古璽彙考》，安徽大學博士學位論文，2006年5月，第195頁。

官璽第三八一：□

印　面：

20世紀90年代後期，河南省駐馬店市新蔡縣城東部新蔡故城遺址出土，北京古陶文明博物館收藏

著　錄：

《古陶文明博物館藏戰國封泥》，北京：文雅堂，2003年8月。

《文物》，北京：文物出版社，2005年第1期，第59頁。

《古璽彙考》，安徽大學博士學位論文，2006年5月，第196頁。

《二十世紀出土璽印集成》，北京：中華書局，2010年1月，第151頁。

集　釋：

路東之：

第九十品　關？

楚系。此字疑爲「關」字，僅見一品。　《古陶文明博物館藏戰國封泥》，文雅堂，2003年8月。

周曉陸、路東之：

75. （C：66）。　印面橢圓形，陽文（圖一一：14）。此字疑爲「關」字。　《新蔡故城戰國封泥的初步考察》，《文物》，2005 年第 1 期，第 60 頁。

施謝捷：

楚系官璽　□【封泥】　《古璽彙考》，安徽大學博士學位論文，2006 年 5 月，第 196 頁。

周曉陸主編：

二-GP-0116　關　東周（楚）　泥封　《二十世紀出土璽印集成》，中華書局，2010 年 1 月，第 151 頁。

邱傳亮按：

文字漫漶不清，釋「關」不確，存疑待考。

官璽第三八二：□

印　面：

20世紀90年代後期，河南省駐馬店市新蔡縣城東部新蔡故城遺址出土，北京古陶文明博物館收藏

著　錄：

《古陶文明博物館藏戰國封泥》，北京：文雅堂，2003年8月。

《文物》，北京：文物出版社，2005年第1期，第59頁。

《古璽彙考》，安徽大學博士學位論文，2006年5月，第195頁。

集　釋：

路東之：

第七六品　昌

楚系。或爲記號類印。僅見一品。　《古陶文明博物館藏戰國封泥》，文雅堂，2003年8月。

周曉陸、路東之：

63.「昌」（A：11）。印面三角形，陽文（圖一一·2）。爲記號類印。　《新蔡故城戰國封泥的初步考察》，《文物》，2005年第1期，第57頁。

施謝捷：

楚系官璽　□　【封泥】　《古璽彙考》，安徽大學博士學位論文，2006年5月，第195頁。

官璽第三八三：郢[爯女]（爯）

印面：

1984年河南息縣臨河鄉宣樓村霸王臺古城附近出土，現藏河南省息縣文管會

著　錄：

《中國文物報》，北京：1989年7月28日。

《古璽通論》，上海：上海書畫出版社，1996年3月，第9頁。

《中國篆刻全集》，哈爾濱：黑龍江美術出版社，2000年7月，第977頁。

《中國璽印真僞鑒別》，合肥：安徽科學技術出版社，2001年1月，第31頁。

《古代璽印》，北京：文物出版社，2002年7月，第37頁。

《中國書法全集》第92卷，北京：榮寶齋出版社，2003年2月，第50頁。
《文物》，北京：文物出版社，2004年第3期，第93頁。
《書法新鑒：古璽文新鑒》，西安：世界圖書出版公司，2005年6月，第46頁。
《古璽彙考》，安徽大學博士學位論文，2006年5月，第187頁。
《戰國璽印分域研究》，長沙：嶽麓書社，2009年5月，第159頁。

集釋：

曹錦炎：

楚國貨幣中有一種黃金鑄幣，學術界稱之爲「金鈑」，金鈑的文字以「郢爯（稱）」、「陳爯（稱）」爲多見，尚有其他文字。其文字即是用印模戳打的，中國歷史博物館就藏有兩件「郢稱」的印模，銅製，傳安徽壽縣出土（中國歷史博物館《簡明中國歷史圖冊》第三冊，第107頁，天津人民美術出版社1979年版）。「郢」是楚國的都城，「陳」也一度作過楚都，貨幣上打有「郢稱」或「陳稱」的印文，表明它們是楚國的國家信用貨幣，可見其性質已同璽印的作用毫無二致（沙孟海先生也認爲郢稱金鈑銘文是用璽印蓋成的，見其所著《印學史》第8頁，西泠印社1987年版）。由於壽縣是楚國的晚期都城，公元前241年楚考烈王遷都於壽春（即今壽縣），所以出土於壽縣的這兩方銅印模無法證明是早期遺物。1984年8月，在河南息縣臨河鄉宣樓村霸王臺古城址附近，又出土了一方「郢稱」銅印模，柱狀方形，邊長1.1釐米，通高3.7釐米，重68.2克；「郢爯（稱）」兩字爲陽文，郢字右上角略殘；印模的柄部頂端有多次使用過的痕跡。息縣古爲息國，公元前682年被楚國所滅，立爲息縣，成爲楚國北部的重要門戶。霸王臺古城址與文獻記載的春秋晚期楚丘城地望基本一致，其文化遺物的時代也相當。該城址附近出土的這方印模，印文具有春秋晚期到戰國早期的字體風格，因此，當是這一時期的遺物（張澤松《息縣發現「郢爯」銅印模》，《中國文物報》，1989年7月28日）。這也可以作爲當時已流行璽印的旁證。《古璽通論》，上海書畫出版社，1996年3月，第8～9頁。

羅運環：

楚金幣是我國所見最早的一種黃金稱量貨幣。主要有金鈑和金餅兩種形態，金鈑大都有鈐印，就鈐印文字而言，有「郢爯」、「陳爯」、「鄗爯」、「專爯金」（此釋讀之理解詳見下）、「覃金」（作者另有專文考釋）「少貞」、「羕㚇」、「弋」等數種。由於郢爯等金幣佔鈐印金幣總數的百分之九十以上，所以爯字在全部金幣文字中使用頻率最高。歷來學者都非常重視此字的考釋，然乞（編按：「乞」當爲「迄」字訛）今尚難定論，故作此新考。

一、問題的症結之所在

爯字，見於「郢爯」、「陳爯」、「鄗爯」、「專爯金」等四種金幣，作（郢爯，鄂宜昌一九七一年出土）、（郢爯，豫襄城，一九七八年出土）、（郢爯，皖壽縣出土）、（郢爯，蘇江陰一九六〇年出土）、、（郢爯，皖阜南，一九七〇年出土）、（陳爯，皖壽縣一九〇三年）、（陳爯，陝咸陽一九七三年出土）、（鄗爯，豫扶溝一九七四年出土）、（郢爯，上海博物館藏）、（專爯金，皖壽縣一九〇三年出土）等形。

此字自晚清學者方濬益父子以及龔心銘（字景張）等人釋「爰」（方濬益：《綴遺齋彝器考釋》，商務印書館，一九三五年版；龔心銘：《楚金爰考》，光緒甲辰（一九〇四年）刊本）。以後，學術界較長時期作爲定論沿用。二十世紀六十年代末，日本學者林巳奈夫先生始改釋爲「爯」〔林巳奈夫：《戰國時代的重量單位》，《史林》，五一卷二號，一九六八年〕。七十年代初，我國考古學家安志敏先生在《金版與金餅》一文中介紹了林巳奈夫的釋讀，並進一步作了考釋（安志敏：《金版與金餅—楚、漢金幣及其有關問題》，《考古學報》一九七三年第二期）。此後，雖也有主張釋爯者（如：李學勤：《東周與秦代文明》，文物出版社一九八二年版，一九九一年增訂本亦同；高明：《古文字類編》，中華書局，一九八〇年版；黄錫全：《湖北出土商周文字輯證》，武漢大學出版社一九九二年版。這三家雖主張釋「稱」，但均未加以論證），但在大量公開出版和發表的論著、文章中，許多學者仍然堅持釋「爰」，甚至釋「寽」的錯誤。其中影響較大的如：一九八三年出版的《先秦貨幣文編》（商承祚、王貴忱、譚棣華合編）、一九八六年出版的《古幣文編》（張頷編著）、《中國大百科全書·考古學》「東周貨幣」條（吳榮曾撰）、一九八八年出版的《中國歷代貨幣大系（一）》（汪正慶主編、馬承源審校）、一九九〇年出版的《中國古代貨幣的起源和發展》（王毓銓著）、一九九一年出版的《古錢新典》（朱活著）、《楚爰金研究》（黄德馨著），均從釋「爰」。在個別著作中，甚至有專門的章節詳論釋「爰」爲是，力斥釋「爯」爲非（黃德馨：《楚爰金研究》，《光明日報》出版社一九九一年版）。凡此，皆引人深思：爲什麼正確的釋讀不被採納，反遭貶斥呢！問題的關鍵是沒有弄清楚此字的演變規律，以及他與爰、寽二字的真正區別。下面將就此作些探索。

二、爯字演變的軌跡

爯即古稱字。甲骨文作（《甲骨文合集》六一六三正）、（《合集》七四二四）、（《合集》二八〇四三）、（《合集》三八一三二）、（周原甲骨文）形；西周金文作（爯罍）、（仲爯簋）、（㝬簋）形。到東周時，此字分作兩大系列演變。其一，爲秦系。如雲夢睡虎地秦簡《秦律》篇作、形，兩詔楕量和泰山刻石分別作、等形。《說文解字》作、形。

其二，爲六國系（包括東周王國）。如：戰國時期魏國的信安君鼎的稱字作、楕形；東周王國的僖公左官方壺和公左私官鼎的稱字分別作、形。此三器的有關銘文辭例分別爲：

信安君私官……。十二年，爯二益（鎰）六釿。下官，賡（容）𣁬（半）。（信安君鼎蓋銘）

信安君私官……。十二年，爯九益。下官，官賡（容）𣁬（半）。（信安君鼎器銘）

徝（僖）公左𠂤（官），十九（年），爯四寽（鋝），廿九升。（僖公左官方壺）

公左厶（私）　𠂤（官），重爯三寽，七斗。（公左私官鼎）

其中第一器的蓋銘和器銘分別記載了該鼎的容量，同時，又分別記載了蓋及器身的各自重量。後兩器也分別記載了自身的重量與容量，均省容字。在這三件器的銘文中，重量與容量相對爲文，尤其是第一器容字與稱字相對而言，均表明此三器銘文重量數詞之前的字，均非爰字而是稱字。

包山楚簡第二四四號簡，也有一字與金幣爯字形體寫法相同，作形。其有關的辭例爲：「贛（貢）之衣裳各三爯。」整理小組隸定爲「爯」是正確的。稱字在此用作物量詞。即用以計算衣服，相當於今日的物量詞「套」。《禮記・喪大記》「袍必有表，不單；衣

必有裳，謂之一稱」，《左傳》閔公二年載，齊國饋衛戴公「祭服五稱」，均其證。包山楚簡所謂「衣裳各三稱」，就是指衣裳各三套。在這樣的語境中，如果釋成爰字就講不通了。這些都是金幣稱字的鐵證。

過去，一些學者之所以不相信金幣上的那個字是稱字，問題就在於不瞭解西周以後稱字分秦系與六國系的演變規律；而是把與秦系並行演變的六國系的稱字形體放在西周與秦系之間來考察，所以得出了金幣上稱字是爰字的錯誤結論。

三、爰字的演變及其與爯字的區別

爰字，甲骨文作（《合集》一九二三八）、（《合集》二二二四六）等形；西周金文作（辛伯鼎）、（虢季子白盤）等形。東周時期，此字也分兩大系列演變。其一，爲秦系。如：商鞅量銘文作形，雲夢睡虎地秦簡《治獄程式》篇作、《日書》作形，《說文解字》作形。諸形體下部的、、、等形，顯然是由西周金文爰字下部等形體演變而來的。其二，爲六國系。如春秋晚期晉國的侯馬盟書作形，戰國中期楚國的鄂君啓節舟節作、等形、包山楚簡緩字所从的作

（七十六號簡）、（一八九號簡）、瑗字所从的作（五號簡）形。顯然，諸形體下部的、、、、、等形，也是由西周金文爰字下部類演變來的。

由此可見，六國系的爰字形體與六國系爯字形體較接近，若不細細辨別則易弄混，尤其是楚國系列的最易弄混。其區別的標志在二字的中間，爰字的中間作、、、形，爯字的中間作、、、形。

當然，同任何事物都有特例一樣，個別的爯字和爰字旁在特定的條件下省寫，則易出現混淆的情況。如楚金幣專爯金的爯字作形、楚璽中人名楊緩的緩字所从偏旁爰作形。二者均省具有標志意義的筆劃。不過，二者都是專有名詞用字，而且都是在特定條件下出現，還是可以辨認的。

四、孚字的演變及其與爯字的區別

孚字，西周金文作（曶鼎）、（毛公鼎）等形，《中國歷代貨幣文大系（一）》所著錄的戰國時魏國的布幣作（一三三六號）、（一三四八號）等形。《說文解

字》作形。此字始終變化不大。

孚字與在特定條件下省寫的六國系爰字偏旁和稱字形體相近。若細心審視，還是有區別的。他們的區別標志也在字的中間。孚字中間衹有一橫（或斜）劃，而省寫的六國系的偏旁爰和爯字不僅有一斜（嚮左下方）劃，而且在斜劃的右上端有一嚮右下方的小斜劃（湯餘惠先生在分析爰、爯二字的區別時也有類似的看法。見其著作《戰國銘文選》吉林大學出版社一九九三年版）。這就是爯與省體的偏旁爰和爯字形體的區別標志。

至於與六國系正體爯字的區別則更爲明顯。前面所引的《僖公左官方壺》及《左私官鼎》銘文，爯、孚二字形體同辭並見，爯字中間作、形，而孚字中間均爲一斜劃，二者迥然有別，互不混淆。

五、楚金幣中爯字與戰國秦漢有關冥幣爯字的問題

以上分別探討了爯、爰、孚三字的演變規律，以及三者間的區別。此三字都是按照各自的軌道演變，孚字中間作、形，六國系爰字中間作、、、形，六國系爯字中間作、、、形，這就是孚字和六國系的爯字、爰字的三者間區別的標志。

楚金幣中的爯字，與上舉六國系的，尤其是與包山楚簡中爯字的形體結構完全一致；而與上舉六國系的，包括包山楚簡、鄂君啓節舟節中的爰字判然有別，與寽字更是迥異，其爲爯字無疑。

過去所釋的「郢爰（或寽）」、「陳爰（或寽）」、「鄗爰」，都應改釋爲「郢爯」、「陳爯」、「鄗爯」。至於「專鍰（或鋝）」的釋讀，不僅釋爰或寽是錯誤的，而且字數也存在問題。該金幣鈐印作，印中三字所佔空間相等，參考長沙烈士公園一號漢墓出土的土金（仿楚金幣）冥幣幣文「賜上金稱於郢」中「金稱」之語，當改釋此幣文爲「專爯金」。專當如諸家所考，應是今山東境內的楚國專縣。從鈐印字體來看，尤其是金字作田字狀，其下加一橫劃，顯係戰國晚期的書體風格。（羅運環：《論楚璽及其他》，《江漢考古》一九九四年第四期）。此金幣鑄造於楚考烈王滅魯以後的說法甚是。

另外，還應當特別提到的是，戰國秦漢時仿楚金幣的土金冥幣中「郢稱」的稱字，其形體作（黃宣佩：《上海市外岡古墓清理》，《考古》一九五九年第十二期；安志敏：《金鈑與金餅》，《考古學報》一九七三年第二期）、（湖南省博物館：《汨羅、東周、

秦、西漢、南朝墓發掘報告》，《湖南考古輯刊》第三集，嶽麓書社，一九八六年版）、等形（中國歷史博物館：《楚文物展覽圖錄》，北京歷史博物館出版，一九五四年；安志敏：《金鈑與金餅》，《考古學報》一九七三年第二期；周世榮：《長沙衡陽出土西漢貨幣研究》，《中國錢幣論文集》，中國金融出版社一九五八年版）。在這些形體中，明顯地分爲兩個系列，若不明白稱字在東周分秦系與六國系演變的規律，釋讀起來就有一定的難度，以往有的學者將這些形體分別釋爲「爰」、「守」、「稱」就是出於這種原因。反之，如果根據我們上文所研究的稱字在東周分兩大系列的規律來釋讀，就很容易了。在這些形體中，前四者是當地楚文化的書寫傳統；後面幾個形體則是秦文化作用的結果，其字體書法秦風猶存。其實上列各形體均一個字，即稱字。同時，冥幣中秦、楚兩種書寫風格的並存，進一步說明了東周時稱字分秦與六國系演變規律的客觀性，再一次證實了楚金幣中所使用的確不是爰字，更不是守字，而是爯字。《楚金幣「爯」字新考》，《于省吾教授百年誕辰紀念文集》，吉林大學出版社，1996年9月，第194～196頁。

徐　暢：

各種材質印蹟　郢鉨・楚金同印　《中國篆刻全集》，黑龍江美術出版社，2000 年 7 月，第 977 頁。

后曉榮、丁鵬勃、渭　父：

春秋時代的璽印，許多研究者都在努力發現，例如曹錦炎等先生，指出「曹逸饋府」印（圖 1-233）、「郢妟」印（圖 1-234）等爲春秋遺物。《中國璽印真僞鑒别》，安徽科學技術出版社，2001 年 1 月，第 31 頁。

徐暢主編：

192　郢鉨（稱）　息縣銅印　《中國書法全集》第 92 卷，榮寶齋出版社，2003 年 2 月，第 50 頁。

徐暢主編：

戰國公鉨　與印跡・楚系鉨印　192　郢鉨（稱）・息縣銅印

作於春秋晚期至戰國早期。一九八四年八月河南息縣臨河鄉宣樓村霸王臺古城出土。《中國文物報》一九八九年七月二十八日著錄。柱狀方形，邊長一・一釐米，通高三・七釐米，重六八・二克。銘陽文「郢爯」兩字，大篆，鈐本。

息縣古爲息國，公元前六八二年被楚國所滅，立爲息縣，成爲楚國北部的重要門戶，霸王臺古城址與文獻記載的春秋晚期楚丘城地望基本一致，其文化遺物的時代也相當。該城址附近出土的這方印模，印文具有春秋晚期到戰國早期的字體風格，因此當是者一時期的遺物。

參考 張澤松《息縣發現「郢爯」銅印模》《中國書法全集》第92卷，榮寶齋出版社，2003年2月，第211頁。

張澤松：

1984年8月，河南省息縣臨河鄉宣樓村高店莊一農民翻地時發現一枚楚國「郢爰」銅戳。戳身爲長方體，頂面長1.9、寬1.6釐米，戳文所在面長寬各1.4、通高3.7釐米，重68.2克。戳文爲陽文「郢爰」二字，四周有方形邊框，長1.1釐米。戳面左上角已破損，似爲硬器所傷，頂面有錘打的坑痕。此戳當系楚國製作金幣「郢爰」時所用。《河南息縣出土楚國「郢爰」銅戳》，《文物》，2004年第3期，第93頁。

肖曉輝：

戰國時楚國有一種金幣較爲特殊，剛出爐的完整的形態是一張薄木板式的長方形金塊，略微呈弧曲，四角向上微翹，其上戳打排列均勻的印記。使用時，按照每個印記來切割。這種金幣因爲呈版形，所以叫金鈑或鈑金。

目前出土的金鈑數量較多，出土地點集中在原楚國境內，多數是使用、切分過的，其上有一個或多個印記，也有少量完整的金鈑。印記以方形爲主，圓形較少，這是因爲圓形不便於切分。印記文字有多種，如「郢爯」、「陳爯」、「鄗爯」、「專鍰」、「盬金」、「鍰」、「⿰卢少」等。這些印記應該是在素面金鈑剛鑄成，尚未完全冷卻時，使用模印戳打而成，即一手持印按壓金鈑，另一手持物擊打模印頂端，在金鈑上留下印痕。這種模印山東嶧縣出土，印體呈倒圓錐形，印面方形，由印面向模印頂端逐漸變粗，印文爲陽文「郢爯」。中國歷史博物館收藏有兩件「郢爯」印模，銅質，一粗一細，據傳出自壽縣。1984年，河南息縣臨河鄉宣樓村霸王臺春秋戰國遺址又出土一件「郢爯」印模，銅質，方塊，方柱狀，印面右上角略有殘缺，恐怕是在敲擊戳打金鈑時崩掉的（張澤松《息縣發現「郢爯」銅印模》、載《中國文物報》1989年第29期）。《書法新鑒：古璽文新鑒》，世界圖書出版公司，2005年6月，第46頁。

施謝捷：

楚系官璽　郢（郢）郢𡟰（爯）

1984年河南息縣選樓村霸王臺古城址附近出土。《古璽彙考》，安徽大學博士學位論文，2006年5月，第187頁。

陳光田：

楚系古璽　「郢爰」（《印典》）。郢爲楚之國都，爰讀做鍰（駢宇騫：《試論楚貨幣文字「巽」》，1979年中國古文字學年會論文），爲楚貨幣名稱。《戰國璽印分域研究》，嶽麓書社，2009年5月，第159頁。

官璽第三八四：郢𡟰（爯）

印　面：

傳安徽壽縣出土，現藏中國國家博物館

著錄：

《古璽彙考》，安徽大學博士學位論文，2006年5月，第187頁。

集釋：

施謝捷：

楚系官璽　郘（郢）郢𤔲（爯）

傳安徽壽縣出土，共二枚。《古璽彙考》，安徽大學博士學位論文，2006年5月，第187頁。

官璽第三八五：郢𤔲（爯）

印面：

著　錄：

《古代璽印》，北京：中國書店，1998年6月，第256頁。
《中國璽印真僞鑒别》，合肥：安徽科學技術出版社，2001年1月，第40頁。
《中國印學》，杭州：中國美術學院出版社，2010年6月，第122頁。

集　釋：

小　鹿：

288「郢爯」　《古代璽印》，中國書店，1998年6月，第256頁。

后曉榮、丁鵬勃、渭　父：

⑤郢爯戳印。楚國金幣戳記專用印，印本身爲陽文，鑄文，長柄，印面長寬1釐米左右。目前所見金幣面戳印痕跡拓片有「郢爯、陳爯、盧金」等（圖1-312至圖1-313）。《中國璽印真偽鑒别》，安徽科學技術出版社，2001年1月，第40頁。

吳清輝：

十、印子金

指用印單戳壓金板製作印子錢。傳世有戰國楚國印子金「郢爰」、「陳爰」。《中國印學》，中國美術學院出版社，2010年6月，第122頁。

官璽第三八六：郢爰（爯）

印面：

著錄：

安徽壽縣出土，中國歷史博物館收藏

《中國書法全集》第92卷，北京：榮寶齋出版社，2003年2月，第50頁。

集　釋：

徐暢主編：

戰國公鉨與印跡・楚系鉨印　193　郢爯（稱）　壽縣銅印　《中國書法全集》第92卷，榮寶齋出版社，2003年2月，第50頁。

徐暢主編：

193　郢爯（稱）　壽縣銅印

作於戰國晚期。安徽壽縣出土。中國歷史博物館收藏。《簡明中國歷史圖冊》第三冊著錄。兩件，未記尺寸。影像圖片。

據圖像看，有「郢爯」兩字爲反文，相當清楚。鑿打後，印跡即成正文。一件印面正方形稍長，圓柱鈕，頂端略粗。另一件印模印面呈扁方形。印鈕橢圓柱體狀，非常粗大。公元前楚考烈王遷都於壽春（即今壽縣），此印似應爲戰晚期之物。

據朱活《古錢新探》記載，「山東嶧縣通陽城曾經出土過兩件銅圓錐狀面一端較細呈方形刻有反書陽文「郢爯」二字的銅印。另一端留有捶打痕跡。」此兩器王獻唐曆親自過目，斷爲真器。

綜上所述，「郢爯」銅印在嶧縣出土兩件，壽縣出土兩件，息縣出土一件，共計已出土伍件。這種圓錐狀銅印，就是鈐打爯金印跡的範印。

參考　中國歷史博物館《簡明中國歷史圖冊》第三冊；朱活《古錢新探》二二一頁　《中國書法全集》第92卷，榮寶齋出版社，2003年2月，第211頁。

官璽第三八七：陸（陳）叟（爯）

印面：

著錄：

《古代璽印》，北京：中國書店，1988年6月，第256頁。

《中國璽印真僞鑒別》，合肥：安徽科學技術出版社，2001年1月，第40頁。

集　釋：

小　鹿：

287「陳爯」　《古代璽印》，中國書店，1988年6月，第256頁。

后曉榮、丁鵬勃、渭　父：

⑤郢爯戳印。楚國金幣戳記專用印，印本身爲陽文，鑄文，長柄，印面長寬1釐米左右。目前所見金幣面戳印痕跡拓片有「郢爯、陳爯、盧金」等（圖1-312至圖1-313）。《中國璽印真偽鑒別》，安徽科學技術出版社，2001年1月，第40頁。

官璽第三八八：囚□

印　面：

1957年湖南長沙左家塘長方形土坑豎穴木槨楚墓出土，湖南省博物館收藏

著錄：

《文物》，北京：文物出版社，1975年第2期，第49頁。

《中國書法全集》第92卷，北京：榮寶齋出版社，2003年2月，第49頁。

集釋：

徐暢主編：

戰國公鉨與印跡·楚系鉨印　183　四□　長沙矩紋錦朱砂印跡　《中國書法全集》第92卷，榮寶齋出版社，2003年2月，第49頁。

徐暢主編：

183　囚□・長沙矩紋錦朱砂印跡

作於戰國中期。一九五七年長沙左家塘長方形土坑豎穴木槨楚墓出土。《文物》一九七五年二期四九頁著録。湖南省博物館收藏。一塊褐地矩紋錦，殘長一九・九釐米，寬八・二釐米。此塊絲織殘片由二塊錦拼縫，在錦的一邊有〇・八釐米的黄絹作邊，絹上墨書有「女五氏」三字，在錦面上蓋有朱文印跡一枚，印呈長方形，由於絲織品已殘，印跡也殘缺。寬二・二釐米，殘長二・四釐米—三・二釐米，陽文，古隸。影像及摹本。

戰國楚地長沙、江陵等地出土大量的精美絲織品物，品種有羅、紈、綺、錦、繡、絹、帛等。官府手工業中設有紡織作坊，國家有掌管織造的官吏，這種紡織作坊的產品主要供統治階級享用，或作賞賜、饋贈之物。

戰國時期在絲織品蓋有朱色印跡及墨書題字還是首次發現。據報告稱：「很可能是當時絲織業作坊和織造者姓氏的標記。也可能是當時絲織物一匹的開頭或結尾的標記。」徐暢案：原圖版倒置，故未識。此印跡作斜角鈐記，第一字應是「囚」字，此字與湖北雲夢睡虎地秦簡的「囚」字（《睡虎地秦墓竹簡》一三・六〇）極爲相似，從人在□（圍的古體字）

中會意。人字尚有篆意，但□有兩筆書寫，晚期是隸筆隸意。《禮記・月令仲夏之月》：「挺重囚，益其食」。囚即罪犯。第二字殘缺太甚，無法識讀。應爲囚犯名。印文「囚某」二字表明織造者的身份和名字。即物勒工名的印記。墨書「女五（伍）氏）」，「女」即「女倌」的省稱，應是督造者驗收者的簽名。「伍、氏」兩字較清晰，皆古隸的寫法，自由率意，秀麗飄逸。長沙「囚某」朱砂印跡的文化內涵和意義，首先它是迄今所見最早的一方鉨印朱砂真跡，説明朱砂製成印泥施於縑帛，在戰國中期已經發端，是物勒工名的反映。其二，戰國時期，印章已和社會生產實際相結合，使用「印泥」鈐壓在絲織品上。這枚朱跡歷時二千三百多年沒有發生化學變化，仍鮮豔亮麗，有厚實的質感。遠勝於絲織物的朱色彩紋，與當今特等印泥所鈐記的印跡不相上下，很可能其中已摻有增加黏度的物質。有進一步研究的必要。長沙、江陵馬山發現的朱色印跡，都是我國已知最早的朱色印跡，後世在紙上鈐蓋朱色印跡當是由此逐漸發展而來。

參考　熊傳新《長沙新發現的戰國絲織物》；徐暢《戰國朱砂印跡的啓示》，《書法報》一九九六年第二十三期。　《中國書法全集》第92卷，榮寶齋出版社，2003年2月，第210頁。

官璽第三八九：出（？）□

印　面：

1982年湖北江陵縣馬山一號楚墓出土，荊州地區博物館收藏

著　錄：

《江陵馬山一號楚墓》，北京：文物出版社，1985年2月，第16頁。

《中國書法全集》第92卷，北京：榮寶齋出版社，2003年2月，第49頁。

集　釋：

湖北省荊州地區博物館：

在小菱形紋錦面綿袍的渾黃絹裏，有墨書「柬」字（圖版三〇，3）。另蓋有朱色方形印，印文已無法辨識，邊長0.6釐米。　《江陵馬山一號楚墓》，文物出版社，1985年2月，第68-71頁。

徐暢主編：

戰國公鉨與印跡・楚系鉨印　186　囚□・馬山絲織品印跡三　《中國書法全集》第92卷，榮寶齋出版社，2003年2月，第49頁。

徐暢主編：

186　囚□・馬山絲織品印跡三

出土、收藏等情況同前例。《江陵馬山一號楚墓》著錄。圖版一九・二。在八—十一號竹笥中置有錦、紗、絹、繡絹和繡錦碎片共計四五二片，其中一片上有一「囚」字。影像圖片。此「囚」字無邊框，是朱文印跡，這是墨書文字報告中未詳細說明。但此字與長沙左家塘楚墓出土的「囚□」朱跡的「囚」字相同無別，很可能就是朱文印跡，也是織造者的身份和名字。再次印證了這些絲織品爲囚犯所作的推斷。

參考　徐暢《寓石齋璽印考》　《中國書法全集》第92卷，榮寶齋出版社，2003年2月，第210頁。

官璽第三九〇：出

印面：

1982年湖北江陵縣馬山一號楚墓出土，荊州地區博物館收藏

著錄：

《江陵馬山一號楚墓》，北京：文物出版社，1985年2月，第71頁。

《中國書法全集》第92卷，北京：榮寶齋出版社，2003年2月，第49頁。

《二十世紀出土璽印集成》，北京：中華書局，2010年1月，第48頁。

集釋：

湖北省荊州地區博物館：

在塔形紋錦帶（N3）上多處蓋有相同的朱印，印爲正方形，邊長0.9釐米，印文有的不夠清晰。《江陵馬山一號楚墓》，文物出版社，1985年2月，第71頁。

徐暢主編：

戰國公鉨與印跡・楚系鉨印　185　出・馬山絲織品印跡二　《中國書法全集》第92卷，榮寶齋出版社，2003年2月，第49頁。

徐暢主編：

185　出・馬山絲織品印跡二

作於戰國中晚期之際。《江陵馬山一號楚墓》圖六〇，一，彩版九，二，著錄。在塔形紋錦帶（N3）上多處蓋有相同的朱印，印爲正方形，邊長〇・九釐米，印文有些不夠清晰。報告稱「有幾處」，但未具確數，據彩版看已見兩枚，可能還不止此數。摹本。

原報告缺釋，至今未見考釋者。徐暢認爲報告將印文倒置，原文作「」，與侯馬盟書出字「」、長沙楚帛書出字「」字形相近，疑其爲「出」字印跡。表示產品合格，准予出口。如果能採用高科技攝影技術，即用航空攝影的紅外線膠片攝製，將會使這些珍貴的印跡文字更爲明晰，有利於學者研究考證。

參考　徐暢《寓石齋璽印考》　《中國書法全集》第92卷，榮寶齋出版社，2003年2月，第210頁。

周曉陸主編：

二-GY-0025 □（m） 東周（楚） 絹帛鈴印 9×9- 《二十世紀出土璽印集成》，中華書局，2010年1月，第48頁。

邱傳亮按：

應以釋「出」爲是。

官璽第三九一：文（守）

印面：

1982年湖北江陵縣馬山一號楚墓出土，荊州地區博物館收藏

著錄：

《江陵馬山一號楚墓》，北京：文物出版社，1985年2月，第71頁。

《中國書法全集》第92卷，北京：榮寶齋出版社，2003年2月，第49頁。

《二十世紀出土璽印集成》，北京：中華書局，2010年1月，第48頁。

集釋：

湖北省荊州地區博物館：

在對龍對鳳紋繡淺黃絹面錦袍（M4）的灰白絹裏，有朱印，印文是「㐅」，邊長0.7，寬0.5釐米（圖文0，2）。　《江陵馬山一號楚墓》，文物出版社，1985年2月，第71頁。

徐暢主編：

戰國公鉨與印跡・楚系鉨印　184　府・馬山絲織品印跡　《中國書法全集》第92卷，榮寶齋出版社，2003年2月，第49頁。

徐暢主編：

184　府・馬山絲織品印跡

作於戰國中晚期之際（約公元前三四〇至前二七八年）。一九八二年一月湖北省江陵縣馬山公社磚瓦廠馬山一號楚墓出土。《江陵馬山一號楚墓》著錄。荊州地區博物館收藏。在小菱形飾面錦袍的深黃絹裏有墨書「朿」字。另蓋有朱色正方形印，印文已無法辨識，邊長〇·六釐米。在對龍對鳳紋繡淺黃絹面錦袍（M4）的灰白絹裏有朱印。印文一字，邊長〇·七釐米，寬〇·五釐米。摹本。

此印跡或有殘損，原報告未釋，至今未見考釋者。徐暢考爲府的省文。楚文字府作，此字从宀从付，省貝，爲府之省文。或从宀从又，即（守）字。是表示督造的政府機構或官員。

參考　徐暢《寓石齋璽印考》《中國書法全集》第92卷，榮寶齋出版社，2003年2月，第210頁。

周曉陸主編：

二-GY-0026　府（m）　東周（楚）　絹帛鈐印　5×5-　《二十世紀出土璽印集成》，中華書局，2010年1月，第48頁。

邱傳亮按：

字當隸定爲「宊」，或當釋爲「守」。

官璽第三九二：出

印面：

1984年湖北陽新縣半壁山一號戰國墓出土，咸寧地區博物館收藏

著錄：

《考古》，北京：1994年第6期，第528頁。

《中國篆刻全集》，哈爾濱：黑龍江美術出版社，2000年7月，第982頁。

《中國書法全集》第92卷，北京：榮寶齋出版社，2003年2月，第52頁。

集釋：

徐暢主編：

戰國公鉨與印跡・楚系鉨印　200　半壁山陶質印跡　《中國書法全集》第92卷，榮寶齋出版社，2003年2月，第52頁。

徐暢主編：

200　半壁山陶質印跡

作於戰國晚期。一九八四年三月湖北省陽新縣半壁山一號戰國墓出土。咸寧地區博物館收藏。《考古》一九九四年第六期五二八頁著録。泥質灰陶質，表面施以黑衣。二二塊，呈不規整長方形，每塊長七・二五釐米，寬五釐米。單面有鉨記印跡。六—八方，陽文。除第一枚印跡略大以外，餘皆高一・一釐米，寬一・二五釐米。

近接何琳儀君函示，疑此字爲「冡」，待詳考。除第一印略大外，餘皆一印所壓，邊框右高左低，字跡偏左空右，字形傾欹如醉漢栽葱，頗有情趣。

參考　《湖北陽新縣半壁山一號戰國墓》《中國書法全集》第92卷，榮寶齋出版社，2003年2月，第52頁。

官璽第三九三：不貞旦鉨（璽）

印　面：

萬印樓藏印六十四卷，故宮博物院藏印

著　錄：

《古璽彙編》，北京：文物出版社，1981年12月，第346頁。

《十鐘山房印舉》，北京：中國書店，1985年3月。

《印典》（四），北京：國際文化出版公司，1994年1月，第2386頁。

《中國篆刻全集》，哈爾濱：黑龍江美術出版社，2000年7月，第378頁。

《戰國璽印分域編》，上海：上海書店出版社，2001年10月，第232頁。

《中國璽印類編》，天津：天津人民美術出版社，2004年6月，第380頁。

集　釋：

羅福頤：

3745　□□□鈢　《古璽彙編》，文物出版社，1981年12月，第346頁。

吴振武：

不負□鉨　《〈古璽彙編〉釋文訂補及分類修訂》，《古文字學論集》（初編），香港中文大學，1983年9月，第518頁。

湯餘惠：

楚私名璽　不□鉨　《略論戰國文字形體研究中的幾個問題》，《古文字研究》第十五輯，中華書局，1986年6月，第78頁。

康殷、任兆鳳：

不□□　《印典》（四），國際文化出版公司，1994年1月，第2386頁。

何琳儀：

楚系　不貞明鉨

楚璽不，姓氏。　《戰國古文字典》，中華書局，1998年9月，第116～117頁。

徐暢：

東周・楚系公鉨　瀘州・兩合鉨　《中國篆刻全集》，黑龍江美術出版社，2000年7月，第13頁。

徐　暢：

六國·私鈢　不貞□鈢　《中國篆刻全集》，黑龍江美術出版社，2000年7月，第378頁。

莊新興：

1321　□□□鈢　楚系·楚　《戰國璽印分域編》，上海書店出版社，2001年10月，第232頁。

小林斗盦：

不□□鉩　《中國璽印類編》，天津人民美術出版社，2004年6月，第380頁。

李守奎按：

楚簡「旦」與此類似，包山簡中「旦」或「䢍」當爲司法職官，或以官爲氏。

官璽第三九四：陞（陳）□

印　面：

湖南長沙出土

著錄：

《長沙出土楚漆器圖錄》，北京：中國古典藝術出版社，1957年5月，圖版二五。

《古代璽印》，北京：中國書店，1988年6月，第255頁。

《中國篆刻全集》，哈爾濱：黑龍江美術出版社，2000年7月，第975頁。

《中國璽印真僞鑒別》，合肥：安徽科學技術出版社，2001年1月，第40頁。

《中國書法全集》第92卷，北京：榮寶齋出版社，2003年2月，第49頁。

《戰國璽印》，上海：上海書畫出版社，2003年8月，第12頁。

集釋：

小鹿：

湖南出土戰國漆器烙印（摹本）　《古代璽印》，中國書店，1988年6月，第255頁。

徐　暢：

各種材質印蹟　陳迁・楚・長沙黑漆羽觴外底火烙印蹟，摹本，14.6×9.6cm。　《中國篆刻全集》，黑龍江美術出版社，2000年7月，第975頁。

后曉榮、丁鵬勃、渭　父：

烙漆器印：湖南出土楚國漆器，上見「陳、□」烙印痕跡（圖1-320）　《中國璽印真偽鑒別》，安徽科學技術出版社，2001年1月，第40頁。

徐暢主編：

戰國公鉨與印跡・楚系鉨印　187　陳遷・長沙漆器印跡　《中國書法全集》第92卷，榮寶齋出版社，2003年2月，第49頁。

徐暢主編：

187　陳遷・長沙漆器印跡

作於戰國時期。湖南長沙出土。《長沙出土楚漆器圖錄》圖版二五、羽觴（六）著錄。此器已毀。黑漆羽觴，連身高四・四釐米，體高三・〇釐米，深二・八釐米，面長徑一四・

六釐米，面廣徑九·六釐米，口厚〇·二釐米，底外胎有烙印兩個，一方形一三角形，各銘陰文一字。摹本。

方印跡報告釋作陲（重）實誤，應釋爲陳，典型楚系文字。三角形印跡「千」旁明顯，下部壓抑太輕未顯，推測應爲走之一部，故徐暢隸定爲「遷」。據載，楊家灣六號楚墓出土挑耳羽觴十個，三角印字與此大體相同。這些印跡是製胎工人的姓名，即物勒工名。

參考　徐暢《寓石齋璽印考》《中國書法全集》第92卷，榮寶齋出版社，2003年2月，第210頁。

莊新興：

陳（楚）　《戰國璽印》，上海書畫出版社，2003年8月，第12頁。

參考文獻

專著

B

本社編　《上海博物館藏印選》，上海：上海書畫出版社，1979年8月。

C

曹錦炎　《古璽通論》，上海：上海書畫出版社，1996年3月。
曹錦炎　《古代璽印》，北京：文物出版社，2002年7月。
陳寶琛　《澂秋館藏古封泥》，上海：上海書店，1991年8月。
陳光田　《戰國璽印分域研究》，長沙：嶽麓書社，2009年5月。
陳漢平　《屠龍絶緒》，哈爾濱：黑龍江教育出版社，1989年10月。
陳介祺　《十鐘山房印舉》，北京：中國書店，1985年3月。

陳介祺　《十鐘山房印舉選》，上海：上海書畫出版社，1985年11月。

陳松長　《璽印鑒賞》，桂林：灕江出版社，1993年11月。

陳松長　《湖南古代璽印》，上海：上海辭書出版社，2004年12月。

陳　偉　《包山楚簡初探》，武漢：武漢大學出版社，1996年8月。

陳　直　《漢書新證》，北京：中華書局，2008年4月。

D

董蓮池　《説文解字考正》，北京：作家出版社，2006年12月第二版。

戴山青　《古璽漢印集萃》上冊，南寧：廣西美術出版社，2001年10月。

戴山青　《古璽漢印集萃》下冊，南寧：廣西美術出版社，2001年10月。

丁佛言　《説文古籀補補》，北京：中華書局，1988年2月。

杜志宇　《歷代名印鑒賞》，鄭州：河南美術出版社，2008年4月。

F

方去疾　《中國美術全集·書法篆刻編·7·璽印篆刻》，上海：上海人民美術出版社，

1989年5月。
伏海翔　《陝西新出土古代璽印》，上海：上海書店出版社，2005年1月。
傅嘉儀　《印彙》，上海：上海書店出版社，1999年1月。

G

[清]高慶齡藏輯　《齊魯古印攈》，上海：上海書店，1989年9月。
[清]高慶齡藏輯　《續齊魯古印攈》，上海：上海書店，1989年9月。
高　明　《中國古文字學通論》，北京：北京大學出版社，1996年6月。
高至喜主編　《楚文物圖典》，武漢：湖北教育出版社，2000年1月。
郭　兵　《寸心籀篆——中國古代璽印鑒賞》，長沙：湖南美術出版社，2009年5月。

H

韓天衡、孫慰祖　《古玉印精萃》，上海：上海書店，1989年9月。
韓天衡、孫慰祖　《古玉印集存》，上海：上海書店出版社，2002年10月。
韓天衡、陳道義　《點擊中國篆刻》，上海：上海人民美術出版社，2006年8月。

何琳儀　《戰國古文字典》，北京：中華書局，1998年9月。

何琳儀　《戰國文字通論（訂補）》，南京：江蘇教育出版社，2003年1月。

后曉榮、丁鵬勃、渭　父編著　《中國璽印真僞鑒別》，合肥：安徽科學技術出版社，2001年1月。

湖南省博物館編　《湖南省博物館藏古璽印集》，上海：上海書店，1991年6月。

華光普主編　《中國歷代印章目錄》，北京：中國民族攝影藝術出版社，1998年9月。

黃賓虹　《黃賓虹集古璽印存》，杭州：西泠印社出版社，2009年7月。

黃賓虹　《賓虹草堂鉩印釋文》石印本，1958年12月。

黃錫全　《古文字論叢》，臺北：藝文印書館，1988年10月。

J

紀宏章　《羅福頤印選》，北京：文物出版社，1986年10月。

吉林大學歷史系文物陳列室編　《吉林大學藏古璽印選》，北京：文物出版社，1987年1月。

[日]菅原石廬　《鴨雄綠齋藏中國古璽印精選》，東京：二玄社，2004年8月。

K

康　殷　《古圖形璽印彙》，石家莊：河北美術出版社，1983年8月。

康　殷　《古圖形璽印彙續集》，石家莊：河北美術出版社，1991年8月。

康　殷、任兆鳳　《印典》（一），石家莊：河北美術出版社，1989年8月。

康　殷、任兆鳳　《印典》（二），北京：國際文化出版公司，1993年5月。

康　殷、任兆鳳　《印典》（三），北京：國際文化出版公司，1994年1月。

康　殷、任兆鳳　《印典》（四），北京：國際文化出版公司，1994年1月。

L

來一石　《古印集萃·戰國卷》，北京：榮寶齋出版社，2000年11月。

賴　非主編　《山東新出土古璽印》，濟南：齊魯書社，1998年2月。

李家浩　《九店楚簡》，湖北省文物考古研究所、北京中文大學出版社編，北京：中華書局，2000年5月。

李家浩　《著名中年語言學家自選集·李家浩卷》，合肥：安徽教育出版社，2002年12月。

李守奎　《楚文字編》，上海：華東師範大學出版社，2003年12月。
李學勤　《東周與秦代文明》，北京：文物出版社，1984年1月。
林乾良　《中國印》，杭州：西泠印社出版社，2008年4月。
劉　翔、陳　抗、陳初生、董　琨編著　《商周古文字讀本》，北京：語文出版社，1989年9月。
羅伯健　《璽印鑒賞與收藏》，長春：吉林科學技術出版社，1996年1月。
羅伯健　《璽印鑒藏》，長春：吉林科學技術出版社，2004年1月。
羅福頤、王人聰　《印章概述》，北京：中華書局，1973年2月。
羅福頤主編　《古璽文編》，北京：文物出版社，1981年10月。
羅福頤主編　《古璽彙編》，北京：文物出版社，1981年12月。
羅福頤　《古璽印概論》，北京：文物出版社，1981年12月。
羅福頤　《近百年來對古璽印研究之發展》，杭州：西泠印社，1982年5月。
羅福頤主編　《故宮博物院藏古璽印選》，北京：文物出版社，1982年12月。

羅福頤　《漢印文字徵》，北京：文物出版社，1987年9月。
羅振玉編　《赫連泉館古印存》，上海：上海書店，1988年11月。

N

牛濟普主編　《中州古代篆刻選》，鄭州：中州書畫社，1983年4月。

Q

裘錫圭　《古文字論集》，北京：中華書局，1992年8月。

S

沙孟海　《印學史》，杭州：西泠印社，1987年6月。
沈　沉　《中國篆刻全集》，哈爾濱：黑龍江美術出版社，2000年7月。
沈沉主編　《中國印》（上），哈爾濱：黑龍江美術出版社，2007年12月。
沈沉主編　《中國印》（下），哈爾濱：黑龍江美術出版社，2007年12月。
施謝捷　《新見古代玉印選》，臺北：藝文書院，2016年5月。
孫家潭編著　《大風堂古印舉》，杭州：西泠印社出版社，2009年12月。

孫慰祖　《古封泥集成》，上海：上海書店，1994年11月。

孫慰祖　《中國古代封泥》，上海：上海人民出版社，2002年12月。

邵　磊　《我愛收藏：古璽印收藏知識三十講》，北京：榮寶齋出版社，2008年4月。

T

湯餘惠　《戰國銘文選》，長春：吉林大學出版社，1993年9月。

湯餘惠主編　《戰國文字編》，福州：福建人民出版社，2005年8月。

天津市藝術博物館　《周叔弢先生捐獻璽印選》，天津：天津人民美術出版社，1984年3月。

天津市藝術博物館　《天津市藝術博物館藏古璽印選》，北京：文物出版社，1998年8月。

W

[清]汪啓叔編　《漢銅印原》，杭州：西泠印社，1996年10月。

[清]汪啓叔集印、徐敦德釋文　《漢銅印叢》，杭州：西泠印社，1998年4月。

王人聰　《香港中文大學文物館藏印集》，香港：香港中文大學文物館，1980年初版。

王人聰　《香港中文大學文物館藏印續集》（一），香港：香港中文大學文物館，1996年12月。

王人聰　《香港中文大學文物館藏印續集》（二），香港：香港中文大學文物館，1999年12月。
王人聰　《古璽印與古文字論文集》，香港：香港中文大學文物館，2000年初版。
王人聰、遊學華　《中國歷代璽印藝術》，香港：浙江省博物館、香港中文大學文物館，2000年初版。
王人聰　《香港中文大學文物館藏印續集》（三），香港：香港中文大學文物館，2001年12月。
王獻唐　《臨淄封泥文字》，山東：山東省立圖書館出版，1926年。
[清]吳大澂　《說文古籀補》，上海：商務印書館，1936年3月初版。
[清]吳大澂輯　《十六金符齋印存》，上海：上海書店，1989年9月。
[清]吳大澂、丁佛言、強運開輯　《說文古籀補三種》，北京：中華書局，2011年6月。
[清]吳式芬　《雙虞壺齋印存》，上海：上海書店，1987年6月。
吳清輝　《中國篆刻學》，杭州：西泠印社，1999年5月。
吳清輝　《中國印學》，杭州：中國美術學院出版社，2010年6月。
吳振武　《〈古璽文編〉校訂》，長春：吉林大學博士學位論文，1984年12月。

溫廷寬　《中國肖形印大全》，太原：山西古籍出版社，1995年5月。
魏宜輝　《楚系簡帛文字構形研究》，南京：南京大學博士學位論文，2003年4月。
魏永年　《古璽印賞析》，濟南：山東美術出版社，2005年6月。
韋　佳、孟兆波編著　《中國印》，北京：當代中國出版社，2008年8月。

X

蕭春源　《珍秦齋古印展》，澳門：澳門市政廳，1993年3月。
蕭春源　《珍秦齋藏印·戰國篇》，澳門：澳門基金會出版，2001年6月。
蕭高洪　《中國歷代璽印精品博覽》，南昌：江西人民出版社，1995年9月。
肖曉輝　《書法新鑒：古璽文新鑒》，西安：世界圖書出版公司，2005年6月。
[日]小林斗盦　《中國璽印類編》，天津：天津人民美術出版社，2004年6月。
小　鹿編著　《古代璽印》，北京：中國書店，1998年6月。
徐　暢　《先秦印風》，重慶：重慶出版社，2011年5月。
徐　暢主編　《中國書法全集》第92卷，北京：榮寶齋出版社，2003年2月。

許雄志　《鑒印山房藏古璽印菁華》，鄭州：河南美術出版社，2006年7月。

Y

楊廣泰　《新出封泥彙編》，杭州：西泠印社出版社，2010年9月。

葉其峰主編　《故宫博物院藏肖形印選》，北京：人民美術出版社，1984年9月。

葉其峰　《古璽印與古璽印鑒定》，北京：文物出版社，1997年10月。

葉其峰　《古璽印通論》，上海：上海古籍出版社，2006年1月。

Z

張　榮、馬雲賢　《古璽印精品選·單字璽》，北京：北京工藝美術出版社，2001年1月。

張　榮、馬雲賢　《古璽印精品選·花押》，北京：北京工藝美術出版社，2001年1月。

張　榮、馬雲賢　《古璽印精品選·私印》，北京：北京工藝美術出版社，2001年1月。

張　榮、馬雲賢　《古璽印精品選·吉語璽印》，北京：北京工藝美術出版社，2001年1月。

張　榮、馬雲賢　《古璽印精品選·多面印和套印》，北京：北京工藝美術出版社，2001年1月。

張　榮、馬雲賢　《古璽印精品選·肖形印》，北京：北京工藝美術出版社，2001年1月。
張　榮、馬雲賢　《古璽印精品選·私璽印》，北京：北京工藝美術出版社，2001年1月。
張　榮、馬雲賢　《古璽印精品選·官璽印一》，北京：北京工藝美術出版社，2001年1月。
張　榮、馬雲賢　《古璽印精品選·官璽印二》，北京：北京工藝美術出版社，2001年1月。
張錫瑛　《中國古代璽印》，北京：地質出版社，1995年11月。
浙江省博物館編　《黃賓虹古璽印釋文選》，上海：上海書畫出版社，1995年9月。
周　進藏輯　《魏石經室古璽印景》，上海：上海書店，1989年9月。
周曉陸編著　《二十世紀出土璽印集成》，北京：中華書局，2010年1月。
朱德熙　《朱德熙古文字論集》，北京：中華書局，1995年2月。
莊新興　《古璽印精品集成》，上海：上海古籍出版社，1998年9月。
莊新興　《中國璽印篆刻全集》（1），上海：上海書畫出版社，1999年8月。
莊新興　《中國璽印篆刻全集》（2），上海：上海書畫出版社，1999年8月。
莊新興　《戰國璽印分域編》，上海：上海書店出版社，2001年10月。

莊新興《戰國璽印》，上海：上海書畫出版社，2003年8月。

論文

B

白於藍《古璽印文字考釋（四篇）》，西安：《考古與文物》，1999年第3期。

C

曹錦炎《戰國璽印文字考釋（三篇）》，西安：《考古與文物》，1985年第4期。

曹錦炎《戰國古璽考釋（三篇）》，《第二屆國際古文字學研討會論文集》，香港：香港中文大學中國語言及文學系，1993年10月。

曹錦炎《釋楚國的幾方烙印》，武漢：《江漢考古》，1994年第2期。

曹錦炎《上相邦璽考》，北京：1995年12月17日《中國文物報》。

曹錦炎《關於真山出土的「上相邦璽」》，北京：《故宮博物院院刊》，1999年第2期。

陳秉新《古文字考釋三題》，《古文字研究》第二十一輯，北京：中華書局，2001年10月。

陳麗紅　《說朋倗》，《第三十屆全國暨海峽兩岸中國文字學學術研討會論文集》，國立花蓮師範學院語教系編，花蓮：2002年4月初版。

陳漢平　《古文字釋叢》，《出土文獻研究》，北京：文物出版社，1985年6月。

陳爾俊　《戰國古璽文字考釋補正》，《文物研究》總第二輯，合肥：黃山書社，1986年12月。

陳松長　《湖南省博物館藏出土璽印分期淺論》，《中國古璽印學國際研討會論文集》，香港：香港中文大學文物館，2000年3月初版。

陳松長　《湖南新出土戰國楚璽考略（四則）》，《第四屆國際中國古文字學研討會論文集》，香港：香港中文大學中國語言及文學系，2003年10月。

程鵬萬　《古璽複姓考釋三篇》，合肥：《古籍研究》，2005年第1期。

程　燕　《〈戰國古文字典〉訂補》，《古文字研究》第二十三輯，北京：中華書局，2002年6月。

程　燕　《楚「集蜜」之璽考》，鄭州：《中國文字研究》，2009年第一輯（總第十二輯），大象出版社，2009年6月。

程　燕　《「苑璽」考》，西安：《考古與文物》，2012年第2期。

D

董蓮池　《釋戰國楚系文字中从的幾組字》，《古文字研究》第二十五輯，北京：中華書局，2004年10月。

G

高　智　《古璽文徵十則》，《第三屆國際中國古文字學研討會論文集》，香港：香港中文大學中國文化研究所、中國語言及文學系，1997年10月。

H

郝本性　《壽縣楚器集脰諸銘考釋》，《古文字研究》第十輯，北京：中華書局，1983年7月。

郝本性　《試論楚國器銘中所見的府和鑄造組織》，《楚文化研究論文集》第一集，武漢：荊楚書社，1987年1月。

韓自強　《安徽阜陽博物館藏印選》，北京：《文物》，1988年第6期。

韓自強、韓　朝　《安徽阜陽出土的楚國官璽》，《古文字研究》第二十二輯，北京：中華書局，2000年7月。

何　浩　《楚國封君封邑續考》，武漢：《江漢考古》，1991年第4期。

何家興　《璽陶文字叢釋》，復旦大學出土文獻與古文字研究中心網站論文，http://www.gwz.fudan.edu.cn/SrcShow.asp? Src_ID=1265，2010年9月11日。

何琳儀　《古璽雜識》，瀋陽：《遼海文物學刊》，1986年第2期。

何琳儀　《古璽雜識續》，《古文字研究》第十九輯，北京：中華書局，1992年8月。

何琳儀　《古璽雜釋再續》，《中國文字》新十七期，臺北：藝文印書館，1993年3月。

何琳儀　《戰國文字與傳鈔古文》，《古文字研究》第十五輯，北京：中華書局，1986年6月。

何琳儀　《戰國官璽雜識》，臺北：《印林》，第16卷第2期，1995年。

何琳儀　《楚官璽雜識》，南京：《南京師範大學文學院學報》，2002年3月。

何琳儀、胡長春　《釋販》，《第四屆國際中國古文字學研討會論文集》，香港：香港中文大學中國語言及文學系，2003年10月。

胡仁宜　《「大莫囂」古官璽》，北京：《文物》，1988年第2期。

黃德寬　《古文字考釋二題》，《于省吾教授百年誕辰紀念文集》，長春：吉林大學出版社，1996年9月。

黃錫全　《利用〈汗簡〉考釋古文字》，《古文字研究》第十五輯，北京：中華書局，1986年6月。

黃錫全　《考辨》，武漢：《江漢考古》，1991年第1期。

黃錫全　《古文字中所見楚官府名輯證》，《文物研究》總第七輯，合肥：黃山書社，1991年12月。

黃錫全　《介紹兩枚楚官璽》，《古文字研究》第二十八輯，北京：中華書局，2010年10月。

黃盛璋　《戰國「江陵」璽與江陵之興起因沿考》，武漢：《江漢考古》，1986年第1期。

黃盛璋　《關於安徽阜陽博物館藏印的若干問題》，北京：《文物》，1993年第6期。

J

季旭昇　《古璽雜識二題》，《第十一屆中國文字學全國學術研討會論文集》，臺南：臺南師範學院，2000年3月初版。

蔣耀輝　《「安陽三璽」與印璽起源》，北京：《中國書畫》，2004年第11期。

L

李學勤　《戰國題銘概述》（下），北京：《文物》，1959年第8期。

李學勤　《楚國夫人璽與戰國時的江陵》，武漢：《江漢論壇》，1982年第7期。

李家浩　《信陽楚簡「澮」字及从「关」之字》，北京：《中國語言學報》第一期，1983年。

李家浩　《楚國官印考釋（兩篇）》，武漢：《語言研究》，1987年第1期。

李家浩　《戰國官印考釋兩篇》，《于省吾教授百年誕辰紀念文集》，長春：吉林大學出版社，1996年9月。

李家浩　《楚國官印考釋（四篇）》，武漢：《江漢考古》，1984年第2期。

李家浩　《從戰國「忠信」印談古文中的異讀現象》，北京：《北京大學學報》，1987年第2期。

李家浩　《先秦文獻中的「縣」》，《文史》第二十八輯，北京：中華書局，1987年3月。

李家浩　《戰國官印考釋（二篇）》，《文物研究》總第七輯，合肥：黃山書社，1991年12月。

李家浩　《戰國官璽考釋（六篇）》，1992年中國古文字學年會論文，南京。

李家浩　《戰國官印「尚路璽」考釋》，《揖芬集——張政烺先生九十華誕紀念文集》，北京：社會科學文獻出版社，2002年5月。

李家浩　《戰國官印考釋三篇》，《出土文獻研究》第六輯，上海：上海古籍出版社，2004年12月。

李天虹　《〈包山楚簡〉釋文補正》，武漢：《江漢考古》，1993年第3期。

李天虹　《上海簡書文字三題》，《上博館藏戰國楚竹書研究》，上海：上海書店出版社，2002年3月。

李立芳　《楚文字中所見楚史資料輯考》，《楚文化研究論集》第四集，鄭州：河南人民出版社，1994年6月。

李　零　《包山楚簡研究（占卜類）》，《中國典籍與文化論叢》第一輯，北京：中華書局，1993年9月。

李　零　《古文字雜識二則》，《第三屆國際中國古文字學研討會論文集》，香港：

香港中文大學中國文化研究所、中國語言及文學系，1997年10月。

李祥林　《「璽之再認識」》，南京：《江海學刊》，1997年第5期。

李守奎　《釋楚簡中的「惥」字——兼釋楚璽中的「弜」》，《簡帛研究二〇〇一》上冊，桂林：廣西師範大學出版社，2001年9月。

李守奎　《楚璽文字六考》，《古文字研究》第二十五輯，北京：中華書局，2004年10月。

李守奎　《〈九店楚簡〉相宅篇殘簡補釋》，《新出土文獻與古代文明研究》，上海：上海大學出版社，2004年4月。

林清源　《楚國官璽考釋（五篇）》，《中國文字》新廿二期，臺北：藝文印書館，1997年7月。

林素清　《古璽叢考》，第一屆古文字研討會論文，1990年，臺北。

林素清　《古璽叢考》，《古文字學論文集》，北京：國家圖書館出版社，1999年初版。

林文彥　《古璽中的「數字印」》，臺南：《臺南女院學報》第24期，2005年10月。

林文彥　《古璽擴遺》，臺北：《書畫藝術學刊》，2013年第16期。

林文彦　《古璽掇遺》，臺北：《書畫藝術學刊》，2014 年第 16 期。

劉國勝　《包山二七號簡釋文及其歸屬問題》，國立花蓮師範學院語教系編，《第十三屆全國暨海峽兩岸中國文字學學術研討會論文集》，花蓮：2002 年 4 月出版，晟齊實業有限公司印。

劉和惠　《春申君墓之謎》，《文物研究》總第十一輯，合肥：黃山書社，1998 年 10 月。

劉洪濤　《戰國官印考釋兩篇》，復旦大學出土文獻與古文字研究中心網站論文，http://www.gwz.fudan.edu.cn/SrcShow.asp? Src_ID=1666，2011 年 8 月 16 日。

劉樂賢　《古璽文字考釋（十則）》，古文字研究會十週年學術論文，1988 年，長春。

劉樂賢　《古璽文字考釋（十則）》，《古文字研究》第二十一輯，北京：中華書局，2001 年 10 月。

劉樂賢　《古璽人名考釋六則》，《中國文字研究》第二輯，南寧：廣西教育出版社，2001 年 10 月。

劉樂賢　《古璽人名考釋六則》，《追尋中華古代文明的蹤跡——李學勤先生學術活動五十年紀念文集》，上海：復旦大學出版社，2002年8月。

劉少剛　《釋郭店楚簡中的「達」》，《出土文獻研究》第六輯，上海：上海古籍出版社，2004年12月。

劉信芳　《蒿宮、蒿閒、蒿里》，《中國文字》新廿四期，臺北：藝文印書館，1998年12月。

劉信芳　《包山楚簡解詁試筆十七則》，《中國文字》新廿五期，臺北：藝文印書館，1999年12月。

劉信芳　《古璽試解十則》，《中國文字》新廿六期，臺北：藝文印書館，2000年12月。

劉信芳　《楚簡釋字四則》，《古文字研究》第二十四輯，北京：中華書局，2002年7月。

劉　釗　《璽印文字釋叢（一）》，西安：《考古與文物》，1990年第2期。

劉　釗　《楚璽考釋（六篇）》，武漢：《江漢考古》，1991年第1期。

劉　釗　《〈香港中文大學文物館藏印續集一〉讀後記》，杭州：《中國篆刻》，1997年第4期。

劉　釗　《璽印文字釋叢（二）》，西安：《考古與文物》，1998年第3期。

劉　釗　《〈香港中文大學文物館藏印集〉釋文訂補》，《中國文字》新廿四期，臺北：藝文印書館，1998年12月。
劉　釗　《讀郭店楚簡字詞答記》，《郭店楚簡國際學術研究會論文集》，武漢：湖北人民出版社，2000年5月。
劉　釗　《戰國楚「作詩逞志」璽考釋》，《語言》第四卷，北京：首都師範大學出版社，2003年12月。
魯　鑫　《新發現的幾則有關楚縣的戰國文字資料》，簡帛研究網站，2013年9月19日。
羅福頤　《近百年來對古璽文字之認識和發展》，《古文字研究》第五輯，北京：中華書局，1981年1月。
羅運環　《論楚文字及其他》，武漢：《江漢考古》，1994年第4期。
羅運環　《論楚璽及其他》，《容庚先生百年誕辰紀念文集》，廣州：廣東人民出版社，1998年4月。
羅運環　《𨚕字考辨》，《古文字研究》第二十四輯，北京：中華書局，2002年7月。

駱科強　《「上相邦鉩」新考》，南京：《東南文化》，2005年第6期。

M

馬國權　《古璽文字初探》，中國古文字研究會第三屆年會論文，1980年，成都。

莫小不　《「隸定古文」及古璽印釋文問題》，杭州：《浙江大學學報》（人文社會科學版），2008年第5期。

莫小不、鄭　晨　《〈陝西新出土古代璽印〉部份釋文考訂》，杭州：《杭州師範大學學報》（社會科學版），2012年第6期。

N

牛濟普　《古璽初探》，鄭州：《河南文博通訊》，1979年第4期。

牛濟普　《「亳丘」印陶考》，鄭州：《中原文物》，1983年第3期。

牛濟普　《楚系官璽例舉》，鄭州：《中原文物》，1992年第3期。

Q

裘錫圭　《談談隨縣曾侯乙墓的文字資料》，北京：《文物》，1979年第7期。

裘錫圭　《戰國文字中的「市」》，北京：《考古學報》，1980 年第 3 期。
裘錫圭　《戰國璽印文字考釋三則》，《古文字研究》第十輯，北京：中華書局，1983 年 7 月。
裘錫圭　《釋求》，《古文字研究》第十五輯，北京：中華書局，1986 年 6 月。
裘錫圭　《淺談璽印文字的研究》，北京：1989 年 1 月 20 日《中國文物報》。
裘錫圭　《「諸侯之旅」等印考釋》，《文物研究》總第六輯，合肥：黄山書社，1990 年 10 月。
裘錫圭　《古璽印考釋四篇》，《文博研究論集》，上海：上海古籍出版社，1992 年 3 月。

R

任海林　《古印辨義（十一則）》，復旦大學出土文獻與古文字研究中心網站論文，http://www.gwz.fudan.edu.cn/SrcShow.asp? Src_ID=2123，2013 年 9 月 28 日。

S

邵　磊　《戰國古璽分域叢談（附戰國古璽辨僞例證）》，南昌：《南方文物》，1996 年第 4 期。
石志廉　《館藏戰國七璽考》，北京：《中國歷史博物館館刊》，1979 年第 1 期。

石志廉　《戰國古璽考釋十種》，北京：《中國歷史博物館館刊》，1980年第2期。

石志廉　《戰國古璽文字考釋十一種》，北京：《中國歷史博物館館刊》第13、14期，1989年3月。

施謝捷　《古璽印考釋五篇》，臺北：《印林》，第16卷第2期，1995年。

施謝捷　《古璽文字考釋五篇》，南京：《南京師範大學學報》，1996年第4期。

施謝捷　《〈古璽彙編〉釋文校訂》（1994年修訂稿），臺北：《印林》，第16卷第5期，1995年。

施謝捷　《古璽彙編釋文校訂》，臺北：《印林》，第16卷第5期，1995年。

施謝捷　《古璽印考釋十篇》，臺北：《印林》，第17卷第2期，1996年。

施謝捷　《釋戰國楚璽中的「登徒」複姓》，北京：《文教資料》，1997年第4期。

施謝捷　《古璽印文字叢考（十篇）》，南京：《南京師範大學學報》，1998年第1期。

施謝捷　《古璽彙編》釋文校訂》，《容庚先生百年誕辰紀念文集》，廣州：廣東人民出版社，1998年4月。

施謝捷　《古璽雙名雜考》，《中國古文字研究》第一輯，長春：吉林大學出版社，1999年6月。

施謝捷　《古璽文字考釋（十篇）》，《語言研究集刊》第六輯，南京：江蘇教育出版社，1999年12月。

施謝捷　《古璽複姓雜考（六則）》，《中國古璽印學國際研討會論文集》，香港：香港中文大學文物館，2000年3月初版。

施謝捷　《楚簡文字中的「悰」字》，《古文字研究》第二十四輯，北京：中華書局，2002年7月。

施謝捷　《古璽彙考》，合肥：安徽大學博士學位論文，2006年5月。

蘇建洲　《戰國古陶文雜識》，《中國文字》新廿六期，臺北：藝文印書館，2000年12月。

孫新生　《山東青州發現二方先秦古璽》，西安：《考古與文物》，1999年第5期。

T

譚宏姣　《戰國古璽印文字考釋兩篇》，西安：《考古與文物》，2000年第4期。

湯餘惠　《楚器銘文八考》，《古文字論集》（二），西安：《考古與文物》叢刊第二號，《考古與文物》編輯部出版，1983年11月。

湯餘惠　《楚璽兩考》，武漢：《江漢考古》，1984年第2期。

湯餘惠　《略論戰國文字形體研究中的幾個問題》，《古文字研究》第十五輯，北京：中華書局，1986年6月。

湯餘惠　《「於王既正」烙印文考——兼論望山二號楚墓年代》，《文物研究》總第七輯，合肥：黃山書社，1991年12月。

湯餘惠　《古璽文字七釋》，《第二屆國際古文字學研討會論文集》，香港：香港中文大學中國語言及文學系，1993年10月。

W

汪冰冰、鵬　宇　《戰國官璽考釋三則》，南京：《東南大學學報》（哲學社會科學版），2008年12月。

王保成　《20 世紀出土吉語璽釋文補正》，安慶：《安慶師範學院學報》（社會科學版）

2012年6月。
王　輝　《戰國「府」字之考察》，《中國考古研究論集》，西安：三秦出版社，1987年12月。
王　輝　《古璽釋文二則》，西安：《人文雜誌》，1986年第2期。
王凱博　《楚璽劄記（一則）》，復旦大學出土文獻與古文字研究中心網站論文，http://www.gwz.fudan.cn/srcshow.asp? src-ID=2118，2013年9月19日。
王人聰　《古璽考釋》，《古文字學論集》（初編），香港：香港中文大學，1983年9月。
王人聰　《香港中文大學文物館藏官印略考》，北京：《故宮博物院院刊》，1987年第3期。
王人聰　《戰國璽印考釋七篇》，《于省吾教授百年誕辰紀念文集》，長春：吉林大學出版社，1996年9月。
王人聰　《戰國吉語箴言璽考釋》，北京：《故宮博物院院刊》，1997年第4期。
王人聰　《真山墓出土「上相邦璽」辨析》，北京：《故宮博物院院刊》，1998年第12期。
文炳淳　《先秦楚璽文字研究》，臺北：國立台灣大學，中國文學研究所博士學位論文，2002年12月。

吳同玲　《六安發現一枚東周大莫囂官璽》，北京：1986年9月15日《中國文物報》。

吳同玲　《新發現的「大莫囂」古璽考略》，《文物研究》總第三輯，合肥：黃山書社，1988年9月。

吳銘生　《長沙戰國木槨上發現「烙印」文字》，《文物參考資料》，北京：文物出版社，1956年第12期。

吳銘生、戴亞東　《長沙出土的三座大型木槨墓》，北京：《考古學報》，1957年第1期。

吳良寶　《璽陶文字零釋（三則）》，《中國古文字研究》第一輯，長春：吉林大學出版社，1999年6月。

吳良寶　《古璽複姓統計及相關比較》，長春：《古籍整理研究學刊》，2002年第7期。

吳振武　《〈古璽彙編〉釋文訂補及分類修訂》，《古文字學論集》初編，香港：香港中文大學，1983年9月。

吳振武　《古璽文編》校訂，長春：吉林大學博士學位論文，1984年12月。

吳振武　《古璽合文考（十八篇）》，《古文字研究》第十七輯，北京：中華書局，1989

年6月。

吳振武《戰國璽印中「虞」和「衡鹿」》，武漢：《江漢考古》，1991年第3期。

吳振武《釋戰國「可以正民」成語璽》，《湖南博物館文集》，長沙：嶽麓書社，1991年1月。

吳振武《戰國璽印中的「申屠」氏》，《文史》第三十五輯，北京：中華書局，1992年6月。

吳振武《釋戰國文字中的从「虘」和从「朕」之字》，《古文字研究》第十九輯，北京：中華書局，1992年8月。

吳振武《鄂君啓節「舿」字解》，《第二屆國際古文字學研討會論文集》，香港：香港中文大學中國語言及文學系，1993年10月。

吳振武《古璽辨僞二例》，北京：《文物》，1993年第11期。

吳振武《古璽和秦簡中的「穋」字》，《文史》第三十八輯，北京：中華書局，1994年7月。

吳振武《戰國官璽釋解兩篇》，《金景芳九五誕辰紀念文集》，長春：吉林文史出版社，1996年4月。

吳振武《陳曼瑚「逐」字新證》，《吉林大學古籍整理研究所建所十五週年紀念文集》，長春：吉林大學出版社，1998 年 12 月。

吳振武　《古璽姓氏考（複姓十五篇）》，《出土文獻研究》第三輯，北京：中華書局，1998 年 10 月。

吳振武　《釋三方收藏在日本的中國古代璽印》，《中國文字》新廿四期，臺北：藝文印書館，1998 年 12 月。

吳振武　《戰國璽印中所見的監官》，《中國古文字研究》第一輯，長春：吉林大學出版社，1999 年 6 月。

吳振武　《古文字中的借筆字》，《古文字研究》第二十輯，北京：中華書局，2000 年 3 月。

吳振武　《古文字中的「注音形聲字」》，《第三屆國際漢學會議論文集文字學組：古文字與商周文明》，臺北：中央研究院歷史語言研究所，2002 年 6 月。

吳振武　《朱家集楚器銘文辨析三則》，第二十五屆古文字研討會論文，2004 年，臺北。

魏宜輝、申　憲　《古璽文字考釋（十則）》，南京：《東南文化》，1999 年第 3 期。

X

肖　毅《古璽所見楚系官府官名考略》，武漢：《江漢考古》，2001年第2期。
肖　毅《釋虍》，《古文字研究》第二十四輯，北京：中華書局，2002年7月。
肖　毅《楚璽劄記二則》，《古文字研究》第二十五輯，北京：中華書局，2004年10月。
肖　毅《楚系成語璽輯略》，《漢字研究》第一輯，北京：學苑出版社，2005年6月。
肖　毅《楚璽考釋二則》，《古文字研究》第二十八輯，北京：中華書局，2010年10月。
肖　毅《楚官璽札記二則》，中國文字學會第六屆學術年會論文集，2011年8月，張家口。
熊傳新、盛定國《湖南益陽戰國兩漢墓》，北京：《考古學報》，1981年第4期。
熊傳新《長沙樹木嶺戰國墓阿彌嶺西漢墓》，北京：《考古學報》，1984年第9期。
許學仁《楚文字考釋》，《中國文字》新七期，臺北：藝文印書館，1983年4月。
徐寶貴《戰國古璽文考釋五則》，四平：《松遼學刊》，1988年第2期。
徐寶貴《戰國璽印文字考釋》，古文字研究會十週年學術論文，1988年，長春。
徐寶貴《戰國璽印文字考釋》，《中國文字》新十五期，臺北：藝文印書館，1991年5月。
徐寶貴《戰國璽印文字考釋七篇》，西安：《考古與文物》，1994年第3期。

徐寶貴　《戰國璽印文字考釋》，《古文字研究》第二十輯，北京：中華書局，2000年3月。

徐寶貴　《戰國古璽文考釋十三則》（一），西安：《考古與文物》，2004年第6期。

徐　暢　《楚「畋雁之鈢」考釋》，北京：《中國國家博物館館刊》，2016年第2期。

徐在國　《包山楚簡文字考釋》（四則），《于省吾教授百年誕辰紀念文集》，長春：吉林大學出版社，1996年9月。

徐在國　《古璽文字八釋》，《吉林大學古籍整理研究所建所十五週年紀念文集》，長春：吉林大學出版社，1998年12月。

徐在國　《「信士」璽跋》，長沙：《古漢語研究》，1998年第4期。

徐在國　《戰國成語璽考釋四則》，《中國古文字研究》第一輯，長春：吉林大學出版社，1999年6月。

徐在國　《戰國官璽考釋三則》，西安：《考古與文物》，1999年第3期。

徐在國　《山東新出土古璽印考釋》（九則），《中國文字研究》第二輯，南寧：廣西教育出版社，2001年10月。

徐在國　《古璽文釋讀九則》，西安：《考古與文物》，2002年第5期。
徐在國　《楚國璽印中的兩個地名》，《古文字研究》第二十四輯，北京：中華書局，2002年7月。

Y

楊澤生　《古陶文字零釋》，《中國文字》新廿二期，臺北：藝文印書館，1997年7月。
葉其峰　《試釋幾方工官璽印》，北京：《故宮博物院院刊》，1979年第2期。
葉其峰　《戰國官璽的國別及有關問題》，北京：《故宮博物院院刊》，1981年第3期。
葉其峰　《戰國成語璽析義》，北京：《故宮博物院院刊》，1983年第1期。
葉其峰　《戰國官署璽——兼談古璽印的定義》，《中國古璽印學國際研討會論文集》，香港：香港中文大學文物館，2000年3月初版。
遊國慶　《珍秦齋古印展釋文補說》，《中國文字》新十九期，臺北：藝文印書館，1994年9月。
尤仁德　《春秋戰國八璽考釋》，西安：《考古與文物》，1982年第3期。

尤仁德　《館藏戰國六璽考釋》，西安：《考古與文物》，1990年第3期。

于豪亮　《古璽考釋》，《古文字研究》第五輯，北京：中華書局，1981年1月。

Z

曾憲通　《論齊國「遷盟之璽」及其相關問題》，《華學》第一期，廣州：中山大學出版社，1995年8月。

曾憲通　《从「䖵」符之音讀再論古韻部東冬的分合》，《第三屆國際中國古文字學研討會論文集》，香港中文大學中國文化研究所、中國語言及文學系，1997年10月。

曾憲通　《㐭及相關諸字考辨》，《第三屆國際漢學會議論文集文字學組：古文字與商周文明》，臺北：中央研究院歷史語言研究所，2002年6月。

曾憲通　《再說「䖵」符》，《古文字研究》第二十五輯，北京：中華書局，2004年10月。

趙　超　《「鑄師」考》，《遠望集——陝西考古研究所華誕四十週年紀念文集》，西安：陝西人民美術出版社，1998年12月。

趙　超　《「鑄師」考》，《古文字研究》第二十一輯，北京：中華書局，2001年10月。

趙　宏　《「篆刻」釋源——兼論篆刻與印章的關係》，合肥：《書法世界》，2003年第4期。
趙平安　《湖南省博物館藏古璽印集釋補正》，武漢：《江漢考古》，1996年第4期。
趙平安　《釋古文字資料中的「𡚁」及相關諸字——從郭店楚簡談起》，《中國文字研究》第二輯，南寧：廣西教育出版社，2001年10月。
趙平安　《「達」字兩系說——兼釋甲骨文所謂「途」和金文中所謂「造」字》，《中國文字》新廿七期，臺北：藝文印書館，2001年12月。
趙平安　《釋「𡗜」及相關諸字——論兩周時代的職官「醓」》，《古文字研究》第二十四輯，北京：中華書局，2002年7月。
趙平安　《戰國文字中的「宛」及其相關問題研究——以與縣有關的資料爲中心》，《第四屆國際中國古文字學研討會論文集》，香港：香港中文大學中國語言及文學系，2003年10月。
張　靜　《古璽考釋六則》，《古文字研究》第二十三輯，北京：中華書局，2002年6月。
張照根　《蘇州真山墓地出土大量珍貴文物》，北京：1995年11月19日《中國文物報》。

鄭　超　《楚國官璽考述》，《文物研究》總第二輯，合肥：黃山書社，1986年12月。

鄭　剛　《戰國文字中的「陵」和「李」》，《楚簡道家文獻辨正》，汕頭：汕頭大學出版社，2004年3月。

周世榮　《長沙出土西漢印章及有關問題研究》，北京：《考古》，1978年第4期。

周世榮　《湖南戰國秦漢魏晉銅器銘文補記》，《古文字研究》第十九輯，北京：中華書局，1992年8月。

周曉陸、路東之　《泥上的歷史與古城——東周封泥發現記》，北京：《收藏家》，2003年第3期。

周曉陸、路東之　《新蔡故城戰國封泥的初步考察》，北京：《文物》，2005年第1期。

朱德熙、裘錫圭　《戰國文字研究（六種）》，北京：《考古學報》，1972年第1期。

朱德熙　《戰國陶文和璽印文字中的「者」字》，《古文字研究》第一輯，北京：中華書局，1979年8月。

後記

《楚官璽集釋》從開始收集整理材料，到書的出版，中間數易其稿，艱辛自不必說。但畢竟這种付出再多都是値得的。

首先感謝業師李守奎先生及師母李佚女士！用同門的話講，李老師對大家是父子的情懷。從讀研到讀博，跟隨李老師一路走來。李老師及師母，對我們不單單學業上指導，生活上也是親人般關懷備至，使我在異土他鄉有家的感覺。高情厚誼，溢於言表。但會銘記於心。

感謝同門的師弟師妹們！在吉大讀書期間，李老師帶領大家，幾次修改書稿，他們爲了本書的出版提供了很多的幫助。對他們的辛勤付出，真誠說聲謝謝！

感謝當年吳振武先生慷慨贈送《于省吾先生百年誕辰紀念文集》和《〈古璽文編〉釋文校訂》兩書；感謝復旦大學的施謝捷先生，當時把自己有關研究成果，複印了贈送於我，其博士學位論文尚未公開發表，慷慨提出供我們使用。先生寛宏無私，惠及學林，令人感佩！

感謝南開大學的蔣玉斌先生。從吉林大學讀碩士時候，就得到他許多的引導和啓示；本書修改過程中，電腦方面的操作，資料的處理，到最後的定稿，先生都多有指點，這裏深表謝意。

感謝衡陽師範學院各級領導的支持與鼓勵。皮修平校長、劉沛林書記和鄭金華副校長等幾位校領導聽説要出書，都給予很大幫助與關懷，許多方面大開方便之門。

感謝衡陽師範學院文學院的前院長朱迪光教授。得知要出書，先生一直大力支持。經常詢問出版情況。因爲先生鼎力相助，《楚官璽集釋》纔得以獲得「衡陽師範學院中國古代文學省級重點建設學科」和「湖南省船山學研究基地」的出版資助。感謝衡陽師範學院文學院院長任美衡教授和副院長李振中教授以及其他各位領導。任院長上任以來，一直關注本書的進展，並且作爲特殊情況，對本書的出版，也給予一定資助。各位領導對本人的深情厚誼，自當鳴謝。

感謝古陶文明博物館館長董瑞女士。跟董瑞先生素不相識，貿然前去，先生問明原因，欣然應允拍照使用。對董先生的慷慨應允，深表感謝。先生熱情邀請參觀古陶文明博物館。

衹是由於時間緊迫，沒能參觀實物，有負先生美意。

感謝幕後辛勤付出的王炘先生。先生爲本書的出版，付出了太多太多。好多本該屬於我做的事情都是王先生代勞的。感謝侯瑋和王亞維兩位女士，她們兢兢業業、一絲不苟、极度認真，令人感動。每次去北京修改稿件，王亞維女士都會加班。最晚一次，加班到凌晨兩點多。每個文字，每張圖片，每個版式，都凝聚了兩位女士太多的汗水。感謝美編曹全弘先生爲封面設計付出的努力，他的設計深得我的同門認可。

最後，感謝母親、兄嫂們。常回家看看，有時候衹能是一種心願，現實總是身不由己。母親兄嫂們對我一直包容，這給予我很大的支持，我倍感慚愧，也備受鼓舞。妻子朱艷芬，在家裏任勞任怨。許多工作上的事情，都是她爲我分擔的。

最后，再次感謝我的老師、我的領導、我的同學，以及所有幫助過我的朋友們！

邱傳亮　二〇一七年九月於衡陽師範學院

編後記

這套楚璽集釋叢書從交稿到今天，十年有餘。

真正的啓動，大約是在2013年初吧。記得我在電話裏跟守奎先生説，書稿得抓緊，時間太長了。他説那就讓邱傳亮來幹這個活兒吧，他是最合適的人選，從一開始就深度參與楚璽集釋這個課題，比其他的學生都更深入。

「楚璽集釋」起初並沒有成套出書的想法，但隨著時間的推移，編輯工作的深入，書稿體例的全面調整，邱傳亮對書稿源源不斷的補充，眼瞅著體量在不停的增大，當然書稿的內容也在豐富，想不擴充都不成。這個書到底該咋出？也就是以甚麼樣的規模和面目出版？幾經考慮反復再三，我決定將體量越來越大的「楚璽集釋」順勢而爲擴展成叢書或者套書來出版，就按「楚官璽集釋」、「楚私璽集釋」、「楚吉語璽、待考璽集釋」、「楚璽文字編」這幾大板塊陸續出版，至于風險，壓根儿沒想過。我的想法夠大膽，也夠刺激，讓我著實興奮不已了一陣子。因爲對於編輯來說，還有甚麼事情能比讓一個選題在自己手中昇華，並親自推動其出版行世而令人高興呢？能讓人內生精神動力呢？這是2015年年初的事兒。

書稿從全面鋪開到《楚官璽集釋》上下編按計劃出版，幾年裏曲曲折折，反反復復。想起來有點兒像看病的經歷：順的時候少，不順的時候多。

就拿排版來說，給我的是電子版。既然如此，爲了加快進度就用國內的排版系統排唄。但實際上這裏有很多很多的問題。作者造好的隸定古文，根本達不到出版要求。守奎先生在《序》中說我「看到密密麻麻的造字，我很感動」，我是說過，也是我的真心話，因爲作者盡力了，但那是排版之前。若在排版的技術編輯告訴我同一個隸定古文，造字大小不一、高矮不一、寬窄不一後，也許我會補一句「都是無用功」。這還不算，作者的電子文檔雖然是繁體字，但他用的是新宋，而非老宋。因此，感動歸感動，二校之後，衹能推倒重來，必須另起爐灶，重新造字，重新插圖。

再說圖片處理。很多古文字是以圖片方式呈現的，隸定古文人腦能對付，很簡單，手抄。

電腦對付起來有些麻煩，最方便的就是直接從電腦裏剪切下來，但分辨率很低，根本達不到印刷要求（這種情況依然存在，通常作者所用的那些古文字圖片，都是從網上剪切的，在筆記本上能看，清晰沒問題），但是作者不明白，覺得好好的圖片爲啥不能用，還說大家都這樣用的，動輒還搬出中華書局啊、上海古籍社啊這些大社的書說事兒，這種理由簡直讓人很想憤怒。就爲圖片效果，幾年時間裏爭執就沒停過。不過也實在怨不得作者，因爲别說邱傳亮了，我的其他作者，之前也都沒有見過我這種堅決拒絶此類分辨率圖片的編輯。我歷來拒絶拿作者的電子文件直接就印書，這是我的底線。

當然，不同的作者對在網上裁剪古文字圖片的事，態度是有差異的：有的作者聽編輯、技術編輯這麼一講，馬上就改，圖片效果就很好，後續出版的速度就很快，起碼不拖後腿。而有的作者明白的就晚，怎麼都想不明白，就是不改，我行我素，直接影響出版進度。在某種意義上，《楚官璽集釋》應當但沒有更早出版，編輯和作者在這方面的溝通不夠，是一個原因。

我有追求完美的習慣，喜歡追求完美。既然作者解決不了圖片的效果問題，解決的辦法衹有修圖了。修圖總的進度並不快，有的圖快，有的沒辦法快，一上午也就是幾個。幫我修圖的王元旦、郭喜珠，都是高手，兩個專業編輯把書稿裏的圖片按照最基本的印刷標準全部修了一遍，集中修圖的時間不止半年。這還不算侯瑋處理邱傳亮爲《楚官璽集釋》增補、替換的那些圖片，以及邱傳亮在硫酸紙上摹寫的字形。看她修圖那個慢啊，實在是太慢了，以致於我心裏都不由自主地總覺得侯瑋是成心的慢，磨洋工。幾年下來，所修究竟多少，我沒有統計，但上萬總是有的。因爲《楚官璽集釋》上下編用到的圖片就有4352之多。實事求是的說，邱傳亮付出了極大的努力。他先是用兩年多的時間對「楚官璽集釋」「楚私璽集釋」「楚吉語璽、待考璽集釋」核對、修訂、補充、完善，然後轉身集中精力攻克「楚官璽集釋」。他克服了很多很多的困難。其中有些困難不大，但是放在他的身上就是一個大困難。比如他在衡陽師範學院供職，學院圖書館於他等於無有。再放眼衡陽市圖書館，幾乎沒有他所需要的東西。唯一能幫他的是長沙的省圖。他衹能利用週末衡陽長沙之往返，在省圖書館借閱資料。

借閱過期期刊，是一件很麻煩的事，我深有體會。

2015年天氣最熱的那幾個月，我和我的團隊爲編輯一種工具書奔波於首都圖書館、國家圖書館、北大文博學院、以及北大圖書館、沙灘的文物書店。印象最深最難忘的就是國家圖書館。借閱過期期刊，每次不能超過四種，由於網路上人太多，查一個期刊信息速度很慢很慢，甚至開不了機的時候也有。等你查到期刊信息填好借閱單，起碼大概半個小時過去了。而從你把借閱單遞給工作人員，到他把你要借的期刊用小車推出來，到你拿到手裏，至少得四十分鐘。這樣，一個上午你實際上借不了幾本。我們早晨六點起床，風塵僕僕，幾天下來，我就明白了爲啥好多人會帶著麵包去查閱過期期刊了。不爲別的，因爲中午有休息時間，下午四點半就要收回期刊，爲啥，五點要下班了。這樣一天查閱的有效時間實際是很有限的。以前對首師大的教授、著名音韻學家馮蒸先生收集資料不惜花錢之用心不理解，這回算是明白了，錢可以賺，時間沒法賺，因此時間比錢重要。算算時間，還真不如自己花錢買期刊。跟陝西考古研究院聯繫了，說五千元就能辦齊《考古與文物》。我算過賬：五千元，也就是四個人一個禮拜的勞務費用。

在國家圖書館查閱過期期刊的經歷，讓我切身體會到邱傳亮的確不容易。他不僅把2007年以前的內容，與原文核對了一遍（有的還不止一遍），還花了大量的精力，補進了 2007 年到 2016 年這段時間楚璽的研究成果，尤其是還補充了一些書法篆刻藝術和古璽印鑒别方面的重要的研究成果，從而使「楚璽官集釋」客觀、全面。我相信，作爲集釋，能做到「客觀、全面」，就有權威可言。

邱傳亮他努力了，當然是好事兒，但他一努力，編輯、排版就麻煩。他每增加一次內容，就會串版，有時他的努力似乎很隨意，不知啥時候就通過 QQ 出現了，並且説「這裏要加兩句話，很重要」，或者説「有個新的內容得補充進來」，於是，排版的人就有的幹了，如此反復，再一再二，還有再三再四，就像馮小剛那個電影的名字：沒完沒了。難怪守奎先生曾對他的學生誇我：「王老師是允許改稿子的。」知我者，守奎也。

作爲編輯，應當發自內心歡迎作者的這種修改上的沒完沒了（我最畏懼作者交了書稿就萬事大吉，樣稿極少改動）。因爲這樣的「沒完沒了」，是保證書稿的學術品質的必要的重要的條件，對那些專業性極強，體量又巨大的學術專著，編輯不能埋怨作者「爲啥不一次搞定？都發稿了，都好幾個校次了，你咋還要修改啊」。作者有新見有發現纔會提出修改的，這是好事不是壞事，編輯不能嫌麻煩。就拿《新金文編》來說，剛剛印完，要裝訂了，董蓮池先生說有一個字形不妥，問能不能換，我說可以，重印就是了，於是我們就打車直奔印刷廠了。《新金文編》能有學界好評，引用率高，與作者反復修改太有關係了，不能不說得益於作者「沒完沒了」的修改，也不能不說得益於編輯喜歡作者「沒完沒了」的修改。但願《楚官璽集釋》好運如此。

對於作者的反復修改，要有認識上的高度：能夠提出修改意見的作者，是有能力的作者。

王　炘　丁酉年十月於通州積字樓

图书在版编目（CIP）数据

楚官玺集释下编 / 邱传亮编著 . -- 北京 : 学苑出版社，2017.10

ISBN 978-7-5077-5359-2

Ⅰ. ①楚… Ⅱ. ①邱… Ⅲ. ①古印文字—研究—中国—楚国（?- 前 223）②古印（考古）—研究—中国—楚国（?- 前 223）Ⅳ. ①K877.64

中国版本图书馆 CIP 数据核字（2017）第 260711 号

出 版 人：孟　白
选题策划：王　炘
责任编辑：洪文雄　杨　雷
特约编辑：翟婧婧
封面设计：曹全弘
出版发行：学苑出版社
社　　址：北京市丰台区南方庄 2 号院 1 号楼
邮政编码：100079
网　　址：www.book001.com
电子信箱：xueyuanpress@163.com
联系电话：010-67601101（销售部）　67603091（总编室）
经　　销：新华书店
印 刷 厂：中国农业出版社印刷厂
开本尺寸：787×1092　1 / 16
印　　张：78
字　　数：650 千字
版　　次：2017 年 10 月北京第 1 版
印　　次：2017 年 10 月第 1 次印刷
定　　价：2400.00 元（特精装 全三册）